Die echte italienische Küche

Die echte italienische Küche

Typische Rezepte und kulinarische Impressionen aus allen Regionen.

Autoren: Reinhardt Hess und Sabine Sälzer
Einführung Franco Benussi
Gestaltung der Rezeptseiten: Foodfotografie Eising

Inhalt

6	Vorwort und Einführung
8	Die kulinarischen Regionen

10 Ligurien und Toskanaküste
- 12 Fels und Meer: Das Land und seine Produkte
- 14 Menschen, Feste, Sehenswertes
- 16 Die Weine
- 17 Rezepte der Region
- 42 Spezialität Olivenöl

48 Die Po-Ebene
Emilia-Romagna, Venetien, Süden der Lombardei
- 50 Flaches Land und feuchte Felder: Das Land und seine Produkte
- 52 Menschen, Feste, Sehenswertes
- 54 Die Weine
- 55 Rezepte der Region
- 80 Spezialitäten Käse, Schinken und Wurst

88 Die Alpengebiete
Aostatal, Piemont, Norden der Lombardei, Südtirol, Trentino, Friaul-Julisch Venetien
- 90 Gipfel und Täler: Das Land und seine Produkte
- 92 Menschen, Feste, Sehenswertes
- 94 Die Weine
- 95 Rezepte der Region
- 122 Spezialität Grappa

126 Toskana, Umbrien und die Marken
- 128 Hügel und Zypressen: Das Land und seine Produkte
- 130 Menschen, Feste, Sehenswertes
- 132 Die Weine
- 133 Rezepte der Region
- 164 Spezialität Chianti classico

168 **Latium und Sardinien**	206 **Abruzzen, Molise, Apulien**	272 **Kalabrien und Sizilien**	310 Register und Glossar von A bis Z
170 Metropole und Provinz: Das Land und seine Produkte	208 Tradition und Trulli: Das Land und seine Produkte	274 Hügelland und Insel: Das Land und seine Produkte	317 Die Rezepte von Antipasti bis Dolci
174 Menschen, Feste, Sehenswertes	210 Menschen, Feste, Sehenwertes	276 Menschen, Feste, Sehenswertes	319 Küchen-Italienisch
176 Die Weine	212 Die Weine	278 Die Weine	
175 Rezepte der Region	213 Rezepte der Region	279 Rezepte der Region	
202 Spezialität Kaffee	234 Spezialität Fisch	306 Spezialität Tomaten	
	238 **Kampanien und Basilicata**		
	240 Vulkane und Strände: Das Land und seine Produkte		
	242 Menschen, Feste, Sehenswertes		
	244 Die Weine		
	245 Rezepte der Region		
	268 Spezialität Pasta		

Über dieses Buch

Kein anderes Land ist so eng mit unserer Sehnsucht nach Sonne, nach milder Luft und blauem Meer verbunden wie Italien. Und gleich tauchen Erinnerungen an die Küche auf, an das einfache Essen auf einer Terrasse unter freiem Himmel, an dampfende Pasta, den Duft des frisch geriebenen Parmesans, an den guten, einfachen Landwein. Essen heißt hier, die jahrtausendealte Kultur eines schöpferischen Volkes mit allen Sinnen aufzunehmen. Kann ein Buch über die Küche überhaupt diese Fülle von Eindrücken wiedergeben, sie über die Vorstellungskraft zum Leben erwecken? Wir meinen, es ist uns hier gelungen. Die einmalig und unverwechselbar fotografierten Rezeptbilder strahlen im Licht der südlichen Sonne, Schatten wie von Zweigen huschen über die Teller, die Reflexe von Weingläsern setzen Farbakzente. Und die Arbeitsschritte bei vielen Rezepten zeigen auch ohne viele Worte, wie das Gericht zubereitet wird. Auch weniger Geübte wollen sofort in die Küche gehen und mit dem Kochen beginnen.

Für die Regionen haben wir 230 typische Rezepte zusammengetragen und so ursprünglich, wie es unser Lebensmittelangebot möglich macht, aufbereitet. Sicher werden bald viele davon zu Ihren neuen Favoriten zählen, denn die unverfälschten Gerichte spiegeln die ganze Genußfreude der Menschen in ihrer regionalen Ursprünglichkeit wider, die Tag für Tag in ihren Küchen weitergeführt und zur vollendeten Einheit entwickelt wurde. Zu jeder Region finden Sie eine komplette Speisenfolge, von Antipasti bis Dolci, so daß Sie leicht ein originales Menü zusammenstellen können. Hinweise zur Entstehung des Gerichtes liefern Gesprächsstoff, Getränketips und die Weinseiten helfen bei der Auswahl der passenden Begleiter.

Daneben ist dieses Buch eine Reise durch ganz Italien, zeigt die natürlichen Grundlagen der kulinarischen Regionen, die Landschaften, die die köstlichen Produkte für die jeweilige Küche hervorbringen, den Fischfang, den Ackerbau, die unverwechselbaren Eigenheiten und vor allem auch die Menschen. In ihrem Alltag, beim Essen, bei ihren Festen. Und zum ersten Mal wird versucht, die Fülle der Faktoren, die sich in der regionalen Küche niederschlagen, aus ihren Ursprüngen zu verdeutlichen, aus den geografischen Grundlagen, der Geschichte und der typischen Mentalität der Bewohner mit ihren Traditionen zu erklären. Dieses Buch sollte bei keiner Italienreise fehlen, denn so wird man auf die regionalen Spezialitäten aufmerksam und findet noch Hinweise für kulinarisch interessante Ausflüge zu Sehenswürdigkeiten, Museen oder traditionellem Handwerk und für Feste, die mit Essen und Trinken zu tun haben.

Und schließlich werden die Produkte Italiens vorgestellt, die für die jeweilige Region charakteristisch sind, seien es nun Olivenöl, Wurst oder Käse, Pasta, Fisch und Meeresfrüchte – alles ist in stimmungsvollen Bildern lebendig geschildert. Ist es vermessen zu behaupten, wir hätten damit die echte italienische Küche in einer neuen, einmaligen Form dargestellt? Wir glauben nicht. Doch urteilen Sie selbst.

Die Autoren und der Verlag

Die Vielfalt der italienischen Küche

Sie können heute in vielen Restaurants italienisch essen, in vielen Büchern auf kulinarische Entdeckungsreise gehen. Und die Produkte Italiens, die Sie jetzt in Lebensmittelgeschäften und auf Märkten erhalten, machen es Ihnen leichter, Rezepte aus Italien nachzukochen. Vielleicht verbringen Sie auch gern Ihren Urlaub dort und lernen so die heimische Küche kennen. Sie werden dabei feststellen, daß viele Rezepte, die in Kochbüchern stehen, nur in ganz bestimmten Regionen Italiens zu finden sind und daß man sie da oft anders zubereitet, als Sie es von zu Hause kennen.

Die gastronomische Kultur eines Volkes ist auf das engste mit geografischen Bedingungen, geschichtlichen Ereignissen und gesellschaftlichen Eigenheiten verknüpft. So auch die ursprüngliche italienische Küche. Es ist zwar üblich, aber keinesfalls richtig, von »der« italienischen Küche zu sprechen. Jede Region hat ihre eigene Küche als natürliche Folge einer vielschichtigen Entwicklung. Will man die jeweilige kulinarische Kultur erschließen, muß man sich in die Zeit der italienischen Staaten vor der nationalen Einigung im Jahr 1860 zurückversetzen, aus der ein Großteil der Rezepte der klassischen Küche und vor allem die regionalen Küchentraditionen stammen. Sie wurden wenig von der Küche der Höfe oder der adligen Familien beeinflußt, die mit den französischen und mitteleuropäischen beziehungsweise transalpinen Höfen in Verbindung standen.

Die traditionellen Gerichte spiegeln die bodenständige Kultur des Volkes wider, sie sind natürlich, einfach und köstlich. Da die einzelnen Regionen klimatisch und geologisch sehr differenziert sind, unterscheiden sich auch die Naturprodukte und sogar der Geschmack der Bewohner. So kann es sein, daß ein Gericht, das in verschiedenen Regionen seinen Ursprung hat, in jedem Gebiet anders schmeckt, anders zubereitet wird.

Es mag zwar zutreffen, daß man von einer klassischen italienischen Küche sprechen kann, wenn man dabei einige weit verbreitete und allseits bekannte Rezepte im Auge hat. Aber die Glanzlichter der kulinarischen Tradition finden Sie in den regionalen Küchen. Schließlich erstreckt sich das Land vorwiegend von Nord nach Süd, die großen klimatischen Unterschiede sind ausschlaggebend für die jeweils vorherrschenden Agrarprodukte – ein Grund für die Verschiedenartigkeit der Küchen der nördlichen und der südlichen Regionen. Denken Sie nur daran, daß im Aostatal, in Piemont, in der Lombardei, in Venetien und Julisch Venetien, also in den nördlichen Gebieten des Landes, früher die Verwendung von Tomaten kaum gebräuchlich war, während diese aus der Neuen Welt eingeführten Früchte in den südlichen Landesteilen schon seit langer Zeit zu den wichtigsten Produkten gehören. Olivenöl und Peperoncini werden in den alpinen Regionen nicht in der traditionellen Küche verwendet, während sie im Flachland und in den zentralen und südlichen Regionen in vielen Gerichten vorkommen.

Selbst die Nudeln, außerhalb des Landes ein gemeinsames Merkmal der italienischen Küchen, zeigen, daß jede Region ihre eigene Tradition hat, ihre eigene Zubereitungsart kennt, so daß man auch bei Pasta nicht von dem gemeinsamen Nenner sprechen kann.

Die Reiselust der heutigen Gesellschaft hat allerdings bewirkt, daß man in touristisch geprägten Gebieten auch Gerichten anderer Regionen begegnet. Das ist darauf zurückzuführen, daß die Köche auf die Wünsche ihrer Gäste eingehen, ist aber keinesfalls ein Beweis für eine nunmehr durchgesetzte Einheitlichkeit der italienischen Küche. Daß die örtlichen Traditionen weitergeführt werden, zeigt sich in der heutigen Küche italienischer Familien am deutlichsten. Nur mit einer Darstellung der Rezepte nach weitgehend einheitlichen Regionen kann man die Merkmale und Eigenschaften der italienischen Küchen herausarbeiten, die so reich sind an Düften, einzigartigen Speisen und außergewöhnlichen kulinarischen Traditionen.

Professor Franco Benussi

Die kulinarischen Regionen

Lange Jahre dachte man bei italienischer Küche in unseren Landen nur an Pizza und Spaghetti. Als ob man in ganz Italien Tag für Tag die gleichen Gerichte essen würde. Dabei haben die ersten Pizza-Restaurants bei uns einen ernsten Hintergrund: Sie wurden oft von Auswanderern aus der Umgebung von Neapel eröffnet, die im Ausland einen neuen Broterwerb suchen mußten. In Neapel hat die Pizza ihren Ursprung – und spiegelt mit ihren spartanischen Zutaten eine Region wider, in der die Bewohner mit einfachen Mitteln satt werden mußten. Auch die übrigen Regionen haben ihre typischen Gerichte, die man nur dort findet. Doch die Küchentraditionen hielten sich nie an die verwaltungsmäßigen Grenzen, sondern zeigen, wie sich Gestein und Boden, Meer und Land, Ackerbau und Fischfang, Menschen und deren Vorlieben und Geschichte auf die täglichen Mahlzeiten ausgewirkt haben.

Vergleichbare Grundlagen der Küchen waren der Anlaß, die 21 Regionen Italiens zu acht kulinarischen Kapiteln zusammenzufassen. Und eben diese Grundlagen aufzuzeigen. In jedem Kapitel finden Sie zu Beginn eine Einführung in das Gebiet, in die Hintergründe der speziellen Küche, in die Mentalität der Menschen und Hinweise auf kulinarische Sehenswürdigkeiten und Feste. Im Anschluß werden typische regionale Rezepte vorgestellt – von Antipasti (Vorspeisen) über Primi Piatti (Teigwaren, Reis und Suppen) und Secondi Piatti (Fisch, Fleisch, Geflügel, Wild und Eiergerichte) bis zu Dolci (Desserts) – die auch bei uns ohne große Mühe nachgekocht werden können. Diese acht Kapitel sind:

Ligurien und Toskanaküste

Wie in allen Küstenregionen prägt auch hier der Fischfang die Speisenkarte. Doch etwas Unverwechselbares kommt dazu: Kräuter, die jedes Gericht intensiv und aromatisch würzen. Aus Ligurien stammt der Pesto, eine intensiv-aromatische Paste aus Basilikum, Knoblauch, Pinienkernen, Käse und Olivenöl. Auch gekocht wird mit Olivenöl, deshalb wird über diese Spezialität ausführlich berichtet. Die Küche ist weitgehend auf Gemüse ausgerichtet – »di magro« nennen das die Italiener. Es wird auf schmalen Terrassen oder in kleinen Gärten gezogen und schmeckt besonders würzig. Liebevolle, zeitaufwendige Zubereitungsmethoden machen die Schlichtheit der Zutaten wieder wett.

Die Po-Ebene

Die ausgedehnte, fruchtbare Landschaft mit den Regionen Emilia-Romagna, Venetien und dem Süden der Lombardei ist das Gebiet der Reisgerichte, zum Beispiel Risotto, den es in vielen Varianten gibt. Kein Wunder, denn auf den feuchten Feldern findet der Reisanbau die besten Voraussetzungen. Eine intensive Weidewirtschaft liefert Fleisch, Milch und Sahne, beliebt sind Käse, Schinken und Wurst sowie Gerichte aus Kalb- und Rindfleisch, die bei niedriger Hitze mit Tomaten und Wein sanft geschmort werden – wie bei Ossobuco, Kalbshaxenscheiben auf Mailänder Art. Butter ist hier wichtiger als Olivenöl. Die Emilia-Romagna ist die Region, in der hausgemachte Pasta, Lasagne, Tortellini und Tagliatelle am häufigsten zu finden sind.

Die Alpengebiete

Sie sind mit am schwierigsten unter einen Hut zu bringen: Fast jedes Tal hat eigene Traditionen, eigene Gerichte. Gemeinsam ist eine einfache, sättigende Küche, die auf den Produkten der Almwirtschaft basiert. Butter und Speck, Käse und Brot stellen die wichtigsten Zutaten dar. Knödel und Schupfnudeln aus Kartoffelteig zeigen die Verwandtschaft zu nördlicheren Gebieten, Fische kommen aus Gebirgsbächen, nicht aus dem Meer, Süßspeisen spielen eine wichtige Rolle. Berühmte Köstlichkeiten sind weiße Trüffeln aus dem Piemont und die immer beliebter werdenden Grappe.

Toskana, Umbrien und die Marken

Anspruchsvolle Einfachheit bis bäuerliche Derbheit kennzeichnen die Küche dieser Regionen, die von sanften Hügelgebieten bis in die rauhen Bergzüge des Apennin reichen. Hier wird mit Olivenöl gekocht, als Antipasti gibt es Schinken und Wurst. Tomaten und Hülsenfrüchte spielen eine wichtige Rolle. Fleisch wird viel gegessen, vorwiegend auf dem Rost oder am Spieß gebraten so wie die Bistecca alla Fiorentina, ein riesiges Steak vom Chianina-Rind, das über Holzglut gegrillt wird. An die Stelle der Teigwaren tritt das helle Brot mit knuspriger Kruste. Aus der Toskana stammt einer der bekanntesten Weine Italiens, der Chianti. An der Küste werden köstliche Fischsuppen bereitet, im Bergland kommen Forellen und Karpfen aus Flüssen und Seen.

Latium und Sardinien

Latium ist auf Rom ausgerichtet, hier haben sich traditionelle Gerichte erhalten, die ungekünstelt, kräftig und gehaltvoll sind. Fleisch wird gern in Sauce geschmort, gebraten wird mit Schweineschmalz und Speck. Und hier wird auf den Kaffee besonderer Wert gelegt. Die Küche auf Sardinien basiert auf wenigen Grundzutaten, mit Latium teilt man sich die Vorliebe für Produkte aus Schafmilch: Pecorino und Ricotta.

Abruzzen, Molise, Apulien

Gemeinsames Merkmal dieser Regionen sind die Schäfer, die mit ihren Herden umherzogen und nicht nur Fleisch und Käse, sondern auch neue Kochrezepte brachten. Neben dem apulischen Olivenöl werden reichlich Peperoncini für die einfachen, ursprünglichen Gerichte verwendet, denen sie Feuer und Schärfe verleihen. Hausgemachte Pasta und Hülsenfrüchte spielen eine wichtige Rolle sowie der Fischfang entlang der Küste.

Kampanien und Basilicata

Charakteristisch für die Küche sind schlichte Zutaten für würzige, originelle Gerichte, Paradebeispiel ist die neapolitanische Pizza. Die Vielfalt der Pasta, der Nudelsorten, ist besonders in Neapel beachtlich. Gemüse, Tomaten und Käse gehören zu jedem Essen. Die Basilicata steuert noch die Vorliebe für Schweinernes und Würste bei, dazu einen unglaublichen Verbrauch an höllisch-scharfen Peperoncini.

Kalabrien und Sizilien

Je südlicher, karger und vegetationsärmer die Regionen, desto wichtiger werden Schaf- und Ziegenzucht und die Käseproduktion, früher die einzige Möglichkeit, die Milch der Tiere haltbar zu machen. Auch hier wird die Schärfe der Gewürze geschätzt. In Küstengebieten stellt der Fischfang die Basis für die Kochkunst dar, im Binnenland Schweinefleisch und Würste. Als Gemüse stehen Tomaten und Auberginen im Mittelpunkt, üppige Süßspeisen sowie Zimt und Rosinen in pikanten Gerichten verraten einen orientalischen Einfluß.

Die kulinarischen Regionen

Ligurien und Toskanaküste

Fels und Meer:
Vernazza, eines der Dörfer
von Cinqueterre

Ligurien und Toskanaküste

Das Land und seine Produkte

Im Nordwesten, wo der Stiefel Italiens sich zur Stulpe weitet, erstreckt sich Ligurien, den Golf von Genua umarmend. Daran schließen sich die Küstengebiete der Toskana an, von den Marmorsteinbrüchen Carraras bis hin zur Maremma, dem Marschland im Südosten. Die schmale, nach Süden orientierte Küste Liguriens ist zerklüftet und steigt rasch zum Gebirge an, läßt kaum Platz für Viehzucht und ausgedehnten Ackerbau. Als Entschädigung ist sie reich an schönen Küstenorten und glänzt mit Obst und Gemüse aus winzigen Gärten und schmalen Terrassen. Das milde Klima läßt alles früh gedeihen, begünstigt eine üppige Blumenzucht (vor allem Nelken und Rosen), den Anbau von Spargel, Erdbeeren und Zitrusfrüchten.

Vom Gipfel des Mesco bis zum Montenero reicht ein Abschnitt der Riviera, der als Cinqueterre bekannt ist. Fünf Ortschaften an der steilen Felsküste bilden ein abgegrenztes, vom Land aus schwer zugängliches Gebiet, in dem die ligurische Kultur fast unverfälscht erhalten geblieben ist.

Die Toskanaküste zeigt einen Wechsel von langen Sandstränden, Vorgebirgen, felsigen Vorsprüngen und sichelförmigen Sandstreifen. Die Flüsse haben an ihren Mündungen Ebenen aus Sand aufgeschüttet: Das Meer reichte früher viel weiter ins Land hinein. So war Pisa im Mittelalter eine der größten Seemächte, der Arno bis zur Stadt schiffbar. Heute erstreckt sich vor der Stadt eine weite Ebene zum Meer, Schwemmland des Arno. Sein Mündungsdelta liefert eine Spezialität von Pisa: Le Cee, junge, noch durchsichtige Aale, vom Ufer aus mit großen Netzen gefangen, werden in Olivenöl mit Salbei gebraten.

Einen eigenen Charakter zeigt die Maremma, bis vor wenigen Jahrzehnten noch »die Bittere« genannt. Das einstige Sumpfgebiet wurde erst im letzten Jahrhundert trockengelegt, vorher mußten die Bewohner in den Bergen aus kargem Boden Land schaffen, das sie bewirtschaften konnten. Jetzt ist die Maremma Kulturland, statt Schafzucht bestimmen heute Getreide, Olivenhaine und Weinanbau den Erwerb.

Fischfang, Olivenanbau und vor allem die wilden Kräuter aus den Bergen prägen die Küche Liguriens. Sie war immer einfach, überwiegend vegetarisch – Italiener nennen das »di magro«. Doch die Schlichtheit der Zutaten wird durch zeitaufwendige und liebevolle Zubereitungen wieder wettgemacht. Zum Kochen und Braten wird

*Was den Schafen als Futter willkommen ist, findet auch in Liguriens Küche Anklang: würzige Gebirgskräuter.
Der Fischfang an der Küste liefert eine zweite wichtige Zutat.*

Ganz oben: Aalfang am Mündungsdelta des Arno. In Olivenöl mit Salbei ausgebacken ergeben Aale die Spezialität von Pisa: Le Cee.

Oben: Obst und Gemüse für die Märkte Liguriens werden mühevoll angebaut, erzielen aber höhere Preise, weil das Klima alles früher reifen läßt.

Das Land und seine Produkte

vorwiegend das besonders aromatische ligurische Olivenöl verwendet. Zwei Zutaten charakterisieren die Rezepte dieser Region: Fisch und die Kräuter, die überall auf den Hügeln wild wachsen oder in den Gärten gezogen werden. Fisch wird nur als gut eingestuft, wenn er aus dem Golf von Genua stammt. Obwohl heute die Fänge eher mager sind und den Gästen schon mal tiefgekühlter Fisch vorgesetzt wird. Auch die Küste der Toskana am Thyrrhenischen Meer sorgt für frischen Fisch, Schal- und Krustentiere. Die Fischsuppe aus Livorno, der Cacciucco, gehört zu den besten ihrer Art. Daneben spielt die Jagd eine wichtige Rolle, Rezepte mit Kaninchen sind sehr beliebt. Pastagerichte tauchen nur in einigen regionalen Varianten auf.

Die Liebe der Ligurer zu ihrer intensiv kräutergewürzten Küche kann man gut verstehen, wenn man sich vorstellt, wie früher die Seefahrer nach dem kargen Essen auf See, nach Salzfisch und Zwieback, bei glücklicher Heimkehr den Duft von Basilikum, Salbei, Rosmarin und Majoran in die Nase bekamen, die würzigen Gemüse auf den Feldern sahen. So gehört der Pesto aus Basilikum, Olivenöl, Knoblauch, Pinienkernen und Käse zu den berühmtesten Zutaten. Doch nirgends schmeckt er so wie hier: Das ligurische Basilikum ist eine

Oben: Zucchini und vor allem deren Blüten werden in Ligurien gern mit Fisch, Pilzen oder Kartoffelpüree und Kräutern gefüllt.

Links oben: Eher mager sind heute die Fänge aus dem Mittelmeer, trotzdem beginnt der Einkauf immer am Fischmarkt.

Links Mitte: Ungewöhnlich ist die Verwendung von Stockfisch, Stoccafisso. Ein Beweis, daß sich die mutigen Fischer bis in nordeuropäische Meere vorwagten und von dort diese Spezialität mitbrachten. Er wird als traditionelles Fastengericht am Freitag gegessen.

Oben: Kein Gericht ohne Kräuter – und die reichlich. Wo werden sonst schon zwei Bündel Thymian für ein Schmorgericht oder reichlich Salbei und Rosmarin für gegrillten Hummer verwendet? Fast undenkbar ist die ligurische Küche ohne Pesto, im Mörser mit Knoblauch und Käse zerstampftes Basilikum.

kleinblättrige und würzige Sorte, ganz anders als die großblättrige Art, die es bei uns zu kaufen gibt.

Drei Verwendungen kennen die Ligurer für Pesto: in einer – hier besonders dicken und gemüsereichen – Minestrone, als schmelzende Würze auf heißen Trenette (Bandnudeln) und als Sauce zu Trofie, den genuesischen Gnocchi.

Würzige Kräuter gehören auch in den Genueser Salat Cappon magro, übersetzt »magerer Masthahn«, an sich ja schon paradox. Noch mehr, als dafür nicht Geflügel verwendet wird, sondern Fisch, Meeresfrüchte und viel Gemüse.

Menschen, Feste, Sehenswertes

Die Menschen Liguriens sind so verschieden wie ihre Landschaft. An der Küste kontaktfreudig und fortschrittlich, seit jeher weltoffen und auf der Suche nach neuen Kontinenten. So ist es nicht verwunderlich, daß Christoph Kolumbus ein Sohn Genuas ist. Oft erscheint die Seele der Ligurer gespalten: Sie lieben das Abenteuer und die Ferne und haben gleichzeitig einen starken Bezug zu ihrem Land, ihren Freunden und ihrer Kultur. Die ligurische Küche hat den Beinamen »Cucina del ritorno«, die Küche der Wiederkehr, geprägt von der Sehnsucht der Seefahrer nach ihrer Heimat, nach Kräutern und Grün.

Die Bevölkerung des Hinterlandes dagegen ist ernst, verschlossen, zurückhaltend und vom harten Existenzkampf geprägt. Die Dörfer sind oftmals wie Adlerhorste an die schroffen Felsen gebaut, die Häuser schmal, die Gassen eng und steil. Selten verirrt sich ein Tourist einmal ins Hinterland – ganz im Gegensatz zur Küste, wo es in den Sommermonaten schon sehr lebhaft zugeht.

Die Toskaner stehen in enger Beziehung zu ihrer Landschaft. Überall ist ihr Wirken spürbar, ordnend greifen sie mit sparsamsten Mitteln in die Natur ein, geben ihr ein eigenes Gepräge. Man sagt, sie seien geizig und mißtrauisch, aber auch wach und witzig.

Die ganze Küste entlang reihen sich bekannte Dörfer und Städtchen, in denen man unter freiem Himmel gut essen kann. Namen wie Finale Ligure, San Remo, Portofino, Cinqueterre, Viareggio, Pisa und Livorno verraten, daß eine der Haupteinnahmequellen der Küste der Tourismus ist. Doch wer dem Rummel entfliehen will, findet schon wenige Kilometer weiter im Landesinneren paradiesisch gelegene Dörfer, in denen es sich gut und günstig leben läßt. Auf jeden Fall gehört der Besuch einer Bar zur Lebensart, schließlich hat Italien jede Menge Aperitifs zu bieten, die dem Menü den nötigen Platz schaffen sollen.

Was man sich ansehen könnte: In Pontedassio (Ligurien) das Spaghetti-Museum in der Residenz der Agnesi, wichtiger Teigwarenproduzenten. Hier werden alte und moderne Maschinen für die Pastabereitung gezeigt sowie Dokumente über die verschiedenen Sorten, die bis ins 13. Jh. zurückreichen. In Cassago gibt es ein

Oben: Auf einer Terrasse in Monterosso, Cinqueterre, sitzen, aufs Meer schauen und sich mit ligurischen Spezialitäten verwöhnen lassen – wen packt da nicht das Fernweh?

Oben: Im mit Holzkohle beheizten Ofen wird die Farinata gebacken, eine Pizzavariante Liguriens aus Kichererbsenmehl, Öl und Wasser. Dazu gibt es nur Salat.

Oben: Die Ruhe täuscht, denn Portofino mit seinem weltberühmten Jachthafen an der ligurischen Küste ist Treffpunkt des Jet-sets. Die Preise in den Restaurants und Bars sind entsprechend, aber das Flair, die Mischung aus Schönheit und Spaß, ist unwiderstehlich und einen Besuch auf jeden Fall wert.

Menschen, Feste, Sehenswertes

Bauernmuseum, das Schüler eingerichtet haben, die wissen wollten, wie ihre Großeltern lebten. Sehenswert ist auch der Markt von Chiavari, der an jedem Freitag stattfindet. Er gilt als einer der schönsten und buntesten.

Die Feste: Santa Margherita Ligure bei Genua feiert am 19. März den Frühling. Am Strand gibt es dann Eierkuchen mit Fisch, Kräutern, Honig und Äpfeln. In Camogli findet am Wochenende um den 13. Mai ein großes Fischfest statt, wo in zwei riesigen Pfannen tonnenweise Fisch ausgebacken wird. Lavagna feiert am 14. August das Volksfest »La Torta dei Fieschi«, bei dem eine

Oben: Eine alte Olivenmühle im Ölmuseum von Toirano. Sie lieferte ein trübes, sehr fruchtiges Öl.

Oben: Mai-Singen in Varese Ligure. Beim Vortragen der traditionellen Lieder denkt keiner mehr daran, daß die Menschen sonst eher verschlossen und zurückhaltend sind.

Links: Beim Fischfest in Camogli wird tonnenweise Fisch für alle ausgebacken. Die Pfannen haben einen Durchmesser von fünf Metern und werden Paddelone genannt.

riesige Torte – es heißt, es sei die größte überhaupt – zur Erinnerung an eine Adeligenhochzeit vor über 700 Jahren zwischen allen Besuchern aufgeteilt wird. In Belstrino (Provinz Savona) werden 17 verschiedene Olivenqualitäten angebaut. Grund genug, im März ein Fest mit Verkostung und Auszeichnung der besten Oliven und Öle zu feiern, bei dem auch die Zuschauer zum Probieren aufgefordert werden.

Massa an der Toskanaküste feiert jährlich im August ein Winzerfest, bei dem der Wein von Candia ausgeschenkt wird, ein typischer Wein dieser Region, der aber nur in begrenzter Menge gekeltert wird. In der Maremma findet am zweiten Wochenende im Oktober das Reiterfest der Butteri, der berittenen Rinderhirten, statt. Wenn dieses Ereignis auch für die Gäste abenteuerlich hochgespielt ist, gehört doch beträchtliches Geschick dazu, die wilden Rinder mit den riesigen Hörnern zur Marcatura, dem Einprägen des Brandzeichens, zu treiben.

Ligurien und Toskanaküste

Die Weine

Oben: Oft steil und nur mühsam zu erreichen sind die Weinberge Liguriens, so wie hier in Cinqueterre.

Ligurer trinken ihre Weine meist selbst, vorwiegend die Nostralini, die »unsrigen«. Das sind einfache Landweine, auf Terrassen an steilen Felswänden dem Boden abgetrotzt. Viele Weinberge werden nicht mehr bewirtschaftet, doch die Weinerzeugung ist heute noch in den Dörfern verbreitet: Man kauft Trauben aus der Toskana, aus Piemont und Süditalien auf und bereitet seinen Hauswein daraus.

Ein meist einfacher Wein ist der *Barbarossa Ligure*, roséfarben oder hellrot, leicht und trocken. Bekannt sind die Weißweine von *Cinqueterre*: strohgelb mit grünlichen Reflexen, trocken und leicht bitter mit typischem Aroma. Passend zu Fisch, Meeresfrüchten und Krustentieren. Sie sollen jung getrunken werden, obwohl gute Jahrgänge auch älter werden dürfen. Aus diesem Gebiet kommt auch der *Sciacchetrà,* ein wuchtiger Dessertwein. Der *Pigato*, aus gleichnamigen Trauben gekeltert, ist ein hellgelber, trockener und frischer Weißwein, aber recht stark. Der *Vermentino*, nach der Rebsorte benannt, ist ein hellgelber Weißwein, auch als *Coronata* im Handel, trocken und frisch bis spritzig. Paßt zu Vorspeisen, »Frutti di Mare« und Fisch.

Vom *Rossese Dolceacqua* sagt man, es sei Napoleons Lieblingswein gewesen. Dieser Rotwein ist warm, aber nicht schwer, hat viel Charakter mit zart pfeffrigem Nachgeschmack und duftet dezent nach Erdbeeren und Rosen. Er paßt zu hellem und dunklem Fleisch, Geflügel und Braten und läßt sich gut einige Jahre lagern.

Die Weine der Toskanaküste sind wenig bekannt, dabei finden sich entdeckenswerte darunter. So der *Montescudaio*, nach der Stadt und Region östlich von Cécina benannt. Als Weißwein ist er angenehm trocken, strohgelb, überwiegend aus Trebbiano-Toskano-Trauben. Der Rotwein ist intensiv rubinrot, weich, fruchtig mit trockenem, manchmal tanninbetontem Geschmack. Der *Morellino di Scansano* zeigt eine rubinrote, beim Altern ins Granatrote übergehende Farbe, dabei wird sein Charakter noch interessanter. Im Geschmack kräftig, warm und leicht gerbsäurebetont. Er ist mehr als acht Jahre lagerbar, vor allem wenn er – nach mindestens zweijähriger Faßreife – den Zusatz »Riserva« führt. Erst 1982 erhielt der *Bolgheri* den Status eines DOC-Weins. Das Anbaugebiet liegt in der Provinz Livorno.

Der *Rosato* (Rosé) ist trocken, harmonisch und wird jung und gut gekühlt zu Vorspeisen, Meeresfrüchten und Fisch getrunken. Den *Parrina* aus dem Gebiet nordöstlich von Orbetello gibt es als Rot- und Weißwein, der weiße ist trocken mit zartem Mandelaroma und sollte frisch getrun-

Oben: Findige Weinbauern erleichtern sich die Arbeit mit einem Aufzug.

ken werden, der rote ist samtig und harmonisch und altert gut. Aus dem Gebiet um Pitigliano stammt der *Bianco di Pitigliano*, aus vier weißen Traubensorten gekeltert. Er ist trocken, leicht bitter und paßt sehr gut zu Fisch. Nicht zu vergessen die Weine der Insel Elba, die es als Weiß- und Rotweine gibt. Die weißen sind blaßgelb mit delikatem Aroma und sollen jung getrunken werden. Auch die roten sind nur mäßig lange lagerbar, trocken, leicht und aromatisch.

Weine der Region: von links Pigato (Ramoino), Vermentino, Bolgheri Rosato (Scalabrone), Cinqueterre, Rossese Dolceacqua, Morellino di Scansano.

Rezepte der Region

Antipasti
18 Torta pasqualina
Ostertorte
20 Sardenaira
Pikanter Kuchen mit Sardellen
20 Focaccia al formaggio
Brotfladen mit Käse
21 Torta di biete e carciofi
Mangold-Artischocken-Torte

Primi Piatti
22 Ravioli alla genovese
Gefüllte Teigtäschchen
24 Trenette col pesto
Nudeln mit Pesto
24 Pansoòti con salsa di noci
Gefüllte Teigecken mit Nußsauce
25 Trofie con salsa di funghi
Nocken mit Pilzsauce
26 Minestrone col pesto
Gemüsesuppe mit Pesto
27 Zuppa di cozze
Muschelsuppe
27 Zuppa alla genovese
Brühe mit Kräuteromelett

Secondi Piatti
28 Cacciucco alla livornese
Gemischter Fisch-Eintopf
30 Stoccafisso
Stockfisch-Eintopf
30 Sarde in marinata
Marinierte Sardinen
31 Moscardini alla genovese
Geschmorter Tintenfisch
31 Triglie alla livornese
Meerbarben mit Tomaten
32 Cima ripiena alla genovese
Gefüllte Kalbsbrust
34 Spezzatino con zucchine
Kalbsragout mit Zucchini
34 Bollito freddo
Mariniertes Rindfleisch
35 Coniglio in umido
Geschmortes Kaninchen
35 Vitello all'uccelletto
Kalbfleisch in Weißwein

Contorni
36 Fiori di zucchini ripieni
Gefüllte Zucchiniblüten
38 Fagiolini alla genovese
Grüne Bohnen
38 Frittata di carciofi
Artischockenomelett
39 Scorzonera fritta
Ausgebackene Schwarzwurzeln
39 Scorzonera in umido
Schwarzwurzel-Ragout

Dolci
40 Canestrelli
Mandelkringel
40 Latte dolce fritto
Gebackene süße Creme
41 Ravioli dolci
Süße Teigtaschen

Ligurien und Toskanaküste

Torta pasqualina
Ostertorte (Ligurien)

Zutaten für 8 Portionen:

Für den Teig:
500 g Mehl + Mehl zum Ausrollen
2 EL Olivenöl + Öl zum Bestreichen
Salz

Für die Füllung:
1 kg Blattspinat
1–2 TL Majoran (frisch oder getrocknet)
1 trockenes Brötchen ohne Rinde
80 g frisch geriebener Parmesan
etwa 100 ml Milch
500 g Ricotta (italienischer Frischkäse, ersatzweise Speisequark)
50 g Butter
8 Eier
Salz, Pfeffer

Zubereitungszeit: 3 Std.
Pro Portion: 2620 kJ / 620 kcal

Etwas aufwendig ist sie schon, diese ungewöhnliche Spezialität aus Genua, die früher hauptsächlich zur Osterzeit liebevoll fabriziert wurde. Nicht weniger als 33 Schichten knusprigen Teiges durften es damals sein – als Symbol für die 33 vollendeten Lebensjahre Jesu Christi. Heute läßt man sich die Torte auch dann schmecken, wenn sie etwas weniger Mühe bereitet hat. Ein bequemer Trick, aber durchaus keine Sünde wäre es, wenn Sie der Einfachheit halber einmal auf tiefgekühlten Blätterteig zurückgreifen würden...

In Italien recht beliebt ist die Variante, Ricotta und Gemüse nicht zu vermischen, sondern als getrennte Schichten aufzutragen.

Ganz wichtig: nicht direkt aus dem Kühlschrank heraus servieren – lauwarm schmeckt die Torte am allerbesten!

1 Für den Teig 500 g Mehl mit einer Prise Salz auf das Backbrett geben, 2 EL Öl untermischen und mit soviel Wasser (etwa ¼ l) verkneten, daß ein glatter, geschmeidiger Teig entsteht. Etwa 10 Min. kräftig durchkneten. Teig in 12 gleichmäßig große Stücke teilen, zu kleinen Kugeln formen und auf ein mit Mehl bestäubtes Tuch legen. Mit einem leicht angefeuchteten Tuch abdecken, etwa 1 Std. ruhen lassen.

2 Für die Füllung Spinat putzen und waschen. Tropfnaß in einen Topf geben, salzen und kurz aufkochen. Danach die Blätter gut abtropfen und abkühlen lassen, fest auspressen. Spinat fein hacken und mit Salz, Pfeffer und Majoran würzen.

3 Das Brötchen kleinschneiden und in etwa 100 ml Milch einweichen. 2 Eier verquirlen und 2–3 EL Parmesan einrühren. Mit dem leicht ausgedrückten Brötchen vermischen, Ricotta oder gut abgetropften Quark unterrühren, Spinat vorsichtig unterheben. Kräftig würzen.

4 Eine der Teigkugeln auf bemehlter Fläche so dünn wie möglich ausrollen, danach mit den Händen vorsichtig in alle Richtungen noch dünner ausziehen (vergleichbar mit einem Strudelteig).

5 Eine Springform (26 cm ø) ölen, die Teigplatte so hineinlegen, daß sie den Rand der Backform etwa 1 cm überlappt. Leicht mit Öl einstreichen. 5 weitere Teigportionen ebenso verarbeiten und nacheinander in die Form legen. Jede Schicht, außer der letzten, mit Öl bestreichen.

6 Vorbereitete Füllung auf dem Teig verteilen, glattstreichen und mit etwas Öl beträufeln. Mit einem Löffelrücken in gleichmäßigen Abständen sechs Vertiefungen in die Füllung drücken. Jeweils 1 Flöckchen Butter hineingeben. 6 Eier nacheinander vorsichtig aufschlagen, in die Vertiefungen gleiten lassen, ohne daß der Dotter verletzt wird. Eier salzen und pfeffern, mit restlichem Käse bestreuen. Backofen auf 200° vorheizen.

7 Die übrigen Teigportionen ausrollen, dünn ausziehen und ebenfalls nacheinander in die Form legen, dabei jeweils dünn mit Öl bestreichen, am Rand mit Butterstückchen belegen. Die überlappenden Teigränder nach innen aufrollen und andrücken.

8 Teigoberfläche mit Öl einstreichen. Vorsichtig einige Löcher einstechen, damit der Dampf entweichen kann (dabei die Eier nicht verletzen!). In den vorgeheizten Backofen schieben (Gas: Stufe 3) und in etwa 75 Min. goldbraun backen. Lauwarm oder abgekühlt servieren.

Sardenaira
Pikanter Kuchen mit Sardellen (Ligurien)

Zutaten für 8–10 Portionen:

Für den Teig:
500 g Mehl
30 g Hefe
4 EL lauwarme Milch
4 EL Olivenöl + Öl fürs Blech
Salz

Für den Belag:
1 kg frische Tomaten
1–2 TL Oregano (frisch oder getrocknet)
frisches Basilikum
2 weiße Zwiebeln
100 g schwarze Oliven
100 g eingelegte Sardellenfilets
3 Knoblauchzehen
6 EL Olivenöl

Zubereitungszeit: 2 Std.
Bei 10 Portionen pro Portion: 1300 kJ / 310 kcal

1 Teig: 500 g Mehl auf die Arbeitsfläche häufen, eine Mulde hineindrücken. 30 g Hefe in 4 EL lauwarmer Milch auflösen, dazugeben. ½ TL Salz, 4 EL Olivenöl und etwa ¼ l lauwarmes Wasser einarbeiten, bis ein glatter Teig entsteht. Mit einem Tuch bedecken, an einem warmen Ort 1 Std. gehen lassen.

2 Belag: Tomaten kurz überbrühen und enthäuten, kleinschneiden. 2 Zwiebeln fein hacken, in 4 EL heißem Olivenöl andünsten. Tomaten dazugeben. Im offenen Topf sanft köcheln, bis alle Flüssigkeit verdampft ist. 100 g Sardellenfilets abspülen, fein hacken und untermischen. Backofen auf 175° vorheizen.

3 Ein großes Blech ölen, Teig mit den Händen darauf verteilen und flachdrücken. Tomaten aufstreichen. Knoblauch in Scheibchen schneiden, mit 100 g Oliven und Oregano auf dem Teig verteilen. 45 Min. in den Backofen (Gas: Stufe 2) schieben. Zum Schluß Basilikum aufstreuen.

Focaccia al formaggio
Brotfladen mit Käse (Ligurien)

Zutaten für 6 Portionen:
250 g Ziegenfrischkäse (oder sehr frischer Blauschimmelkäse)
200 g Mehl
etwa 100 ml feines Olivenöl
½ TL Salz

Zubereitungszeit: 1½ Std.
Pro Portion: 1500 kJ / 360 kcal

1 Teig: 200 g Mehl mit 50 ml Olivenöl mischen und auf dem Backbrett verkneten. Soviel kaltes Wasser zufügen, daß ein glatter Teig entsteht. Zu einer Kugel formen, in eine Plastiktüte wickeln und etwa 1 Std. ruhen lassen.

2 Danach den Teig einige Min. kräftig durchkneten, zu zwei Kugeln formen und auf dem Backbrett nochmals 5 Min. ruhen lassen. Eine Teigportion mit dem Nudelholz dünn ausrollen, vorsichtig mit den Händen nach allen Richtungen so dünn wie möglich ausziehen. Backofen auf höchste Stufe vorheizen.

3 Mit der Teigplatte eine gut gefettete, möglichst große, runde Backform auskleiden (in Ligurien verwendet man dafür Formen von 50 cm ø oder größer – falls in einem der typischen Holzkohlenöfen gebacken wird). Oder statt dessen ein normales Backblech verwenden.

4 Ziegenkäse würfeln und auf dem Teig verteilen. Mit der zweiten, ebenso dünn ausgezogenen Teigplatte abdecken, Ränder andrücken. Mit der Fingerspitze an einigen Stellen markstückgroße Vertiefungen eindrücken. Teigoberfläche mit Salz bestreuen, mit dem restlichen Öl beträufeln. Das Öl mit der Handfläche auf dem Teig verteilen. Die Käsestückchen dabei leicht zerdrücken.

Torta di biete e carciofi
Mangold-Artischocken-Torte (Ligurien)

Zutaten für 8–10 Portionen:

Für den Teig:
500 g Mehl + Mehl zum Ausrollen
4 EL Olivenöl
Salz

Für die Füllung:
1 kg Mangold
12 junge, zarte Artischocken (ersatzweise Artischockenherzen aus der Dose)
1 TL frischer Majoran (oder ½ TL getrockneter)
150 g frisch geriebener Parmesan
50 g Butter
5 EL Olivenöl + Öl zum Bestreichen
1 Zwiebel
3 EL Semmelbrösel
Salz, Pfeffer aus der Mühle

Zubereitungszeit: 2 Std.
Bei 10 Portionen pro Portion: 1500 kJ / 360 kcal

1 Teig: 500 g Mehl auf ein Backbrett häufen, 1 TL Salz, 4 EL Olivenöl und ¼ l kaltes Wasser zufügen. Zutaten sorgfältig verkneten, bis ein glatter, homogener Teig entstanden ist. Zugedeckt ruhen lassen.

2 Füllung: Mangold waschen, die Rippen herausschneiden. Blätter zerpflücken, tropfnaß in einen heißen Topf geben, zusammenfallen lassen. Auspressen und kleinhacken.

3 Artischocken putzen, äußere, harte Blätter und die Spitzen abschneiden, Heu herauszupfen. Artischocken in dünne Scheibchen schneiden, 1 Zwiebel fein hacken. 3 EL Olivenöl erhitzen, Zwiebel und Artischocken anbraten (Artischockenherzen aus der Dose aber erst ganz zum Schluß zur Füllung geben). Mangold untermischen und kurz mitbraten.

4 50 g Butter zerlassen, 2 EL Semmelbrösel anrösten. 150 g Parmesan und die Butterbrösel zu den Artischocken geben. 2 EL Olivenöl, 1 TL Majoran, Salz und Pfeffer zufügen, alles gründlich mischen und abschmecken. Backofen auf 200° vorheizen. Eine runde, flache Form (26 cm ø) ölen.

5 Teig halbieren und zwei dünne Kreise ausrollen, mit einer davon die Form auskleiden. 1 EL Semmelbrösel aufstreuen. Füllung auftragen und 2 cm dick verstreichen. Mit der zweiten Teigplatte abdecken, Rand festdrücken. Aus Teigresten eventuell eine dünne Rolle formen, um den Rand legen.

6 Die Oberfläche der Torte mit Öl bestreichen, mit einer Gabel einige Löcher einstechen. In den vorgeheizten Backofen (Gas: Stufe 3) schieben und 55 Min. backen. Lauwarm oder kalt servieren.

5 Für etwa 10 Min. in den sehr heißen Backofen schieben (Gas: Stufe 6), bis die Oberfläche schön gebräunt ist. In große Stücke schneiden und sofort servieren.

• Falls Sie keinen frischen Ziegenkäse bekommen (diese ligurische Käsespezialität heißt im Original übrigens »formaggetta«), können Sie statt dessen auch Blauschimmelkäse für das Focaccia-Rezept verwenden. Auch dieser Käse sollte jedoch so frisch wie möglich sein.

• Gebacken wird der würzige Fladen im Idealfall in einem Holzkohlenofen. Zu Hause mit Elektro- oder Gasherd sollten Sie darauf achten, daß die Ofentür bis zum Schluß immer fest geschlossen bleibt.

Ligurien und Toskanaküste

Ravioli alla genovese
Gefüllte Teigtäschchen (Ligurien)

Zutaten für 6 Portionen:

<u>Für den Teig:</u>
400 g Mehl + Mehl zum Ausrollen
4 Eier
Salz

<u>Für die Füllung:</u>
150 g Kalbsbries
150 g Hackfleisch vom Kalb
100 g Kalbsbrät
200 g Mangoldblätter ohne Stiele
150 g frischer Borretsch (ersatzweise Petersilie und Basilikum)
3 EL frisch geriebener Parmesan
100 ml Kalbsfond
2 Eier
1 Brötchen vom Vortag
½ TL getrockneter Majoran
Salz, Pfeffer aus der Mühle

<u>Zum Servieren:</u>
1 TL frische Majoranblättchen
50 g zerlassene Butter
50 g frisch geriebener Parmesan

<u>Zubereitungszeit:</u> 70 Min.
Pro Portion: 2400 kJ / 570 kcal

Pasta-Kenner in aller Welt nennen sie fast in einem Atemzug mit den berühmten Spaghetti: Ravioli aus Ligurien! Seit dem Mittelalter erfreuen sich die raffiniert gefüllten Teigtaschen einer selten erreichten Beliebtheit. In der nobelsten Variante aus Genua stecken laut Original allein fünf verschiedene Fleischsorten – eine ausgeklügelte Mixtur aus Innereien und zartem Kalbfleisch. Dazu allerlei aromatische Kräuter, die in dem schmalen Küstenlandstrich ein ideales Klima vorfinden.

Wir haben das traditionelle Rezept leicht abgewandelt – um den Aufwand in der Küche nicht auf die Spitze zu treiben. Wenn Sie jedoch einmal größere Mengen Ravioli produzieren wollen, lohnt es sich, die angegebenen Zutaten mit Kalbshirn und Milz zu ergänzen.

1 Für den Teig 400 g Mehl auf ein Holzbrett häufen, in die Mitte eine Vertiefung drücken. 4 Eier nacheinander aufschlagen, in die Mulde geben, salzen. Mehl vom Rand aus mit den Eiern vermischen, gut durchkneten, bis der Teig glatt und elastisch ist. Zur Kugel formen, mit einem feuchten Tuch bedeckt ruhen lassen.

2 Füllung: Mangold- und Borretschblätter waschen, in kochendem Salzwasser etwa 3 Min. blanchieren. Kalt abbrausen und abtropfen lassen, gut ausdrücken und fein hacken. In eine Schüssel geben.

3 Kalbsbries in kochendem Salzwasser 5 Min. blanchieren, kalt abschrecken. Von Häuten und Gefäßen befreien, in kleine Würfelchen schneiden. Zum Gemüse geben.

4 Harte Rinde von 1 Brötchen rundum zu Bröseln abreiben, die weiße Krume in 100 ml Kalbsfond einweichen.

5 Hackfleisch und Kalbsbrät zum Gemüse in die Schüssel geben. 2 Eier, abgeriebene Semmelbrösel, ausgedrückte Brotkrume und 3 EL Parmesan mit einem Holzlöffel gründlich untermengen. Mit ½ TL Majoran, Salz und Pfeffer kräftig würzen.

6 Die Teigkugel halbieren, beide Stücke auf leicht bemehlter Fläche dünn ausrollen (2 mm). Mit einem Teigrädchen in 5 cm breite Streifen schneiden. Auf der Hälfte der Streifen im Abstand von etwa 3 cm mit einem Teelöffel kleine Portionen der Füllung verteilen. Die übrigen Teigstreifen vorsichtig darüber legen und Ravioli ausschneiden, Ränder leicht andrücken. Auf einem bemehlten Tuch ausbreiten und kurz antrocknen lassen.

7 3 l Salzwasser aufkochen. Ravioli in das sprudelnde Wasser geben, nach dem Aufwallen 3–4 Min. ziehen lassen. 50 g Butter zerlassen, 1 TL frische Majoranblättchen einrühren. Ravioli gut abtropfen lassen, mit Majoranbutter beträufeln und mit 50 g Parmesan bestreuen.

Ligurien und Toskanaküste

Trenette col pesto
Nudeln mit Pesto (Ligurien)

Zutaten für 4 Portionen:
1 großes Bund Basilikum
50 g geriebener Pecorino oder Parmesan
2 EL Pinienkerne
400 g Trenette (flache Spaghetti aus Ligurien) oder schmale Bandnudeln
3 Knoblauchzehen
etwa ⅛ l Olivenöl
Salz

Zubereitungszeit: 30 Min.
Pro Portion: 3000 kJ / 710 kcal

1. Pesto: Blättchen von 1 großen Bund Basilikum nur abreiben, nicht waschen. In einer Pfanne 2 EL Pinienkerne leicht anrösten. 3 Knoblauchzehen grob hacken. Alle drei Zutaten im Mörser mit einer Prise Salz zu einer Paste zerreiben (oder im Mixer fein pürieren).

2. In eine Schale umfüllen, abwechselnd eßlöffelweise ⅛ l Olivenöl und 50 g frisch geriebenen Käse unterrühren, bis eine sämige Creme entsteht.

3. In einem großen Topf 2–3 l Salzwasser zum Kochen bringen, 400 g Trenette darin bißfest garen. 3–4 EL heißes Nudelwasser unter den Pesto rühren.

4. Trenette abgießen, in einer vorgewärmten Schüssel mit ¾ der Sauce mischen. Restlichen Pesto zum Schluß darübergeben.

• Trenette – das sind lange, dünne und flache Nudeln, die noch am ehesten an Spaghetti erinnern und die man nur in Ligurien unter diesem Namen kennt. Und Pesto? Keine Frage – die wohl bemerkenswerteste Kombination von Basilikum, Knoblauch und Olivenöl!

Pansoòti con salsa di noci
Gefüllte Teigecken mit Nußsauce (Ligurien)

Zutaten für 4 Portionen:
100 g Borretsch
150 g Basilikum und Petersilie
100 g Ricotta (italienischer Frischkäse)
40 g frisch geriebener Parmesan
4 EL Dickmilch
100 g Walnußkerne + Walnußkerne zum Garnieren
⅛ l trockener Weißwein
1 Ei
2 Knoblauchzehen
4 EL Weißbrotkrume
300 g Weizenmehl + Mehl zum Ausrollen
4 EL Olivenöl
Salz, Pfeffer aus der Mühle

Zubereitungszeit: 1½ Std.
Pro Portion: 3100 kJ / 740 kcal

1. Füllung: Kräuter waschen, Borretsch in wenig Salzwasser kurz aufkochen. Abtropfen lassen, ausdrücken. Alle Kräuter sehr fein hacken.

2. 2 Knoblauchzehen durchpressen und mit den Kräutern, 1 Ei, 100 g Ricotta und 20 g Parmesan gründlich vermengen. Mit Salz und Pfeffer würzen.

3. Teig: Aus 300 g Mehl, ⅛ l Wein, 1 Prise Salz und etwas Wasser einen festen, elastischen Teig kneten. 20 Min. bedeckt ruhen lassen. Danach auf leicht bemehlter Fläche ausrollen (2–3 mm dick) und in Quadrate von 5–6 cm Kantenlänge schneiden.

4. Auf jedes Teigstückchen eine Portion der Füllung setzen. Teigränder mit Wasser bestreichen, zu Dreiecken zusammenklappen und die Ränder leicht andrücken.

5. Sauce: 100 g Walnußkerne kurz überbrühen und die feine Haut abziehen. 4 EL Brotkrume in Wasser einweichen, gut ausdrücken. Mit den

Trofie con salsa di funghi
Nocken mit Pilzsauce (Ligurien)

Nußkernen und etwas Salz im Mörser zu einer Creme zerreiben (oder im Mixer zerkleinern). Durch ein Sieb streichen, eßlöffelweise 4 EL Olivenöl und 4 EL Dickmilch unterrühren.

6 Reichlich Salzwasser aufkochen. Pansoòti etwa 15 Min. garen, abtropfen lassen und mit der Nußsauce mischen. Heiß servieren, mit restlichem Parmesan bestreuen. Nach Belieben mit halbierten Walnußkernen garnieren.

• Das Besondere steckt hier auch im Teig: Er wird mit Wein zubereitet. Dazu frischer Borretsch und fein zerriebene Walnüsse – ein traumhaft komponiertes Aroma.

Zutaten für 4 Portionen:
200 g frische Steinpilze (oder 20 g getrocknete, etwa 2 Std. eingeweichte Pilze)
400 g Tomaten
50 g frisch geriebener Parmesan
2 EL Tomatenmark
1 kleine Zwiebel
1 Knoblauchzehe
350 g Weizenmehl
50 g Weizenkleie
3 EL Olivenöl
30 g Butter
Salz, Pfeffer aus der Mühle

<u>Zubereitungszeit:</u> 80 Min.
Pro Portion: 2200 kJ / 520 kcal

1 Teig: Aus 350 g Weizenmehl, 50 g Weizenkleie, ½ TL Salz und etwa ¼ l lauwarmem Wasser einen glatten Teig kneten, mit einem feuchten Tuch bedeckt 20 Min. ruhen lassen.

2 Sauce: Frische Pilze putzen, vorsichtig abreiben und in feine Scheibchen schneiden. Tomaten kurz überbrühen, enthäuten und entkernen. Fruchtfleisch zerkleinern. 1 Zwiebel und 1 Knoblauchzehe fein hacken.

3 In einer Pfanne 3 EL Olivenöl erhitzen. Zwiebel und Knoblauch andünsten, Tomaten und 2 EL Tomatenmark einrühren, salzen und pfeffern. Bei starker Hitze einköcheln lassen, dann Pilze einrühren und zugedeckt bei kleinster Hitze schmoren.

4 Vom Teig kleine Stückchen abschneiden und zu bleistiftdünnen, etwa 5 cm langen Rollen formen. Einzeln spiralförmig um eine dicke Stricknadel wickeln, vorsichtig abstreifen und kurz antrocknen lassen.

5 In einem großen Topf 2–3 l Salzwasser aufkochen, die Nocken portionsweise hineingeben, kurz ziehen lassen. Sobald sie an die Oberfläche steigen, mit dem Schaumlöffel herausholen, abtropfen lassen und in eine vorgewärmte Schüssel geben.

6 30 g zerlassene Butter und die Hälfte des Parmesans untermischen. Die Pilzsauce eventuell mit etwas heißem Nudelwasser verdünnen und über die Nocken gießen. Restlichen Parmesan extra dazu servieren.

• Trofie: eine Gnocchispezialität, die nur in Genua diesen Namen trägt. Die spiraligen Nocken werden dort bevorzugt mit Pesto serviert – hier als Variante einmal mit einer warmen Gemüsesauce.

Ligurien und Toskanaküste

Minestrone col pesto
Gemüsesuppe mit Pesto (Ligurien)

Zutaten für 4–6 Portionen:

300 g frische Borlotti-Bohnen
(oder 200 g getrocknete)
4 kleine Kartoffeln (vorwiegend
festkochende Sorte)
2 Möhren
2 kleine Stangen Lauch
2 Stangen Staudensellerie
2 kleine Zucchini
2 Tomaten
1 Bund Borretsch (50 g),
eventuell mit Blüten
4 EL frisch geriebener
Parmesan
150 g Suppennudeln
1 Zwiebel
4 EL Olivenöl + Öl zum
Beträufeln
2 EL Pesto (Rezept Seite 24)
Salz, Pfeffer aus der Mühle

*Zubereitungszeit: 1½ Std.
(ohne Einweichzeit)
Bei 6 Portionen pro Portion:
1200 kJ / 290 kcal*

1 Frische Bohnen aushülsen, getrocknete über Nacht in Wasser einweichen. Kartoffeln, Möhren, Lauch, Sellerie, Zucchini und 1 Zwiebel waschen und schälen oder putzen, in Scheiben schneiden.

2 In einem großen Topf 2 l Wasser zum Kochen bringen, salzen. Bohnen und vorbereitetes Gemüse hineingeben. (Getrocknete Bohnen zuerst 15 Min. alleine garen, dann übriges Gemüse in den Topf geben). 4 EL Olivenöl einrühren und den Topf zudecken. 30 Min. bei kleinster Hitze zu einer dicken Suppe köcheln.

3 2 Tomaten kurz überbrühen, enthäuten und entkernen, Fruchtfleisch grob zerteilen. Borretschblätter waschen und hacken. Beides nach 30 Min. zum Gemüse geben, weitere 15 Min. garen. Kurz vor Garzeitende die Suppe nochmals richtig aufkochen, 150 g Suppennudeln hineingeben und bißfest garen.

4 2 EL Pesto mit einem Schöpflöffel heißer Brühe mischen und in die Suppe rühren. Sofort servieren, bei Tisch mit etwas frischem Öl beträufeln, pfeffern und mit 4 EL Käse bestreuen. Falls vorhanden, mit den dekorativen Borretschblüten garnieren.

• Falls Sie keine Borlotti-Bohnen im Handel finden, nehmen Sie einfach Wachtel- oder Lumé-Bohnen – zu erkennen am rotgesprenkelten Muster.

Pesto – das grüne Wunder

Drei wichtige Verwendungen kennen die Ligurer für Pesto: als schwimmende Insel in einer Minestrone, als schmelzende Würze auf heißen Trenette und als Sauce zu Trofie, den genuesischen Gnocchi. Der Name Pesto kommt von pestare = zerdrücken, denn das wichtigste Werkzeug ist der Marmor-Mörser, in dem die Zutaten ganz fein zerstampft werden. Das klassische Rezept schreibt zwei Käsesorten vor: Parmesan und frischen, scharfen Pecorino. Ein Tip für die Praxis: Bereiten Sie gleich eine ausreichend große Menge Pesto auf Vorrat, solange es frisches Basilikum zu kaufen gibt. Im Tiefkühlfach hält sich die Superpaste (vielleicht!?) bis zum nächsten Frühjahr!

Zuppa di cozze
Muschelsuppe (Ligurien)

Zutaten für 4 Portionen:
2 kg Miesmuscheln
1 Zitrone
1 Bund glatte Petersilie
2 Knoblauchzehen
3 EL Olivenöl
200 ml trockener Weißwein
1/8 l Brühe
1 EL Butter
1 EL Mehl
8 kleine Weißbrotscheiben
Salz

Zubereitungszeit: 45 Min.
Pro Portion: 1900 kJ / 450 kcal

1 Muscheln gründlich putzen, unter fließendem Wasser abbürsten. Bereits geöffnete Muscheln wegwerfen.

2 In einem großen Topf 3 EL Olivenöl erhitzen, 2 Knoblauchzehen hineinpressen. 1 Bund Petersilie grob hacken, die Hälfte davon mit dem Knoblauch andünsten.

3 Gesäuberte Muscheln tropfnaß dazugeben und so lange garen, bis sich die Schalen öffnen (etwa 5 Min.). Mit 200 ml Weißwein und 1/8 l Brühe begießen, salzen und in 10 Min. fertiggaren.

4 1 EL Butter mit 1 EL Mehl verkneten, in der Brühe auflösen und glattrühren. Sud abschmecken. Zitrone achteln, Weißbrot im Toaster rösten. Nur die geöffneten Muscheln auf Suppenteller verteilen, mit der Brühe beträufeln und restliche Petersilie aufstreuen. Zitronenachtel und geröstetes Weißbrot dazu servieren.

• **Variante:** Zum Schluß 500 g geschälte und durchpassierte vollreife Tomaten mit in den Sud geben, kräftig durchköcheln und die Sauce heiß über die Muscheln gießen.

Zuppa alla genovese
Brühe mit Kräuteromelett (Ligurien)

Zutaten für 4 Portionen:
1 Kopf Endiviensalat (250 g)
1 Bund gemischte Kräuter (Basilikum, Schnittlauch, Petersilie, Borretsch, Thymian)
1 TL Zitronensaft
3 EL frisch geriebener Parmesan
3 Eier
1 kleine Zwiebel
3 EL Olivenöl
1 l kräftige Fleischbrühe
Salz, Pfeffer aus der Mühle
Muskatnuß

Zubereitungszeit: 45 Min.
Pro Portion: 980 kJ / 230 kcal

1 Endiviensalat putzen und waschen, in kochendem Salzwasser 2 Min. blanchieren, kalt abschrecken und gut abtropfen lassen.

2 Kräuter und 1 Zwiebel fein hacken. In einer Pfanne 3 EL Olivenöl erhitzen, Kräuter und Zwiebel andünsten. Salat fest auspressen, in feine Streifen schneiden. 3/4 davon zusammen mit Zwiebel und Kräutern 10 Min. garen. Mit 1 TL Zitronensaft, Salz, Pfeffer und frisch geriebener Muskatnuß würzen.

3 3 Eier mit 3 EL Parmesan verquirlen. Über das Gemüse gießen, vorsichtig mischen und bei sehr milder Hitze stocken lassen. Aus der Pfanne nehmen und etwas abkühlen lassen. 1 l Fleischbrühe aufkochen.

4 Omelett in feine Streifen schneiden. Mit den restlichen Salatstreifen in die Brühe einlegen, heiß werden lassen und sofort servieren.

• Wenn Sie reichlich frischen Borretsch bekommen, verwenden Sie diesen an Stelle des Salates für die Suppe!

Ligurien und Toskanaküste

Cacciucco alla livornese
Gemischter Fisch-Eintopf (Toskana)

Zutaten für 6 Portionen:

1,5 kg gemischte Fische
 (zum Beispiel Seezunge,
 Knurrhahn, Meerbarbe,
 Dorsch, Heilbutt, Makrele)
250 g kleine Tintenfische
500 g Miesmuscheln
2 Stangen Staudensellerie
600 g reife Tomaten
1 Bund glatte Petersilie
1 Möhre
1 große Zwiebel
5 Knoblauchzehen
¼ l trockener Weißwein
100 ml Olivenöl
frisches Weißbrot in Scheiben
Salz, schwarzer Pfeffer

Zubereitungszeit: 1 ¾ Std.
Pro Portion: 2100 kJ / 500 kcal

Die ungewöhnliche Vielfalt der Fischsorten, Schal- und Krustentiere macht den Reiz dieses Eintopfs aus und sorgt für ein unvergleichliches Aroma. Experimentieren Sie ruhig mit allem, was der Fischhändler zu bieten hat – in der Mischung liegen Sie immer richtig.

Und: Es müssen nicht immer die teuersten Fischsorten sein, achten Sie auf preisgünstige Angebote!

Beim Garen unbedingt beachten: ausgelöste, zarte Filets erst ganz zum Schluß mit in den Topf geben und nur wenige Minuten ziehen lassen!

• Weinempfehlung: trockener Weißwein, zum Beispiel Bianco di Pitigliano oder Weißwein aus Cinqueterre.

1 Fische ausnehmen, unter fließendem Wasser abspülen, in Portionsstücke teilen, Köpfe und Flossen abschneiden. Seezunge filetieren. Die Fischabschnitte mit ½ l Wasser in einen Topf geben und erhitzen. Tintenfische putzen und abspülen, kleinschneiden. Muscheln waschen, kräftig abbürsten, bereits geöffnete Muscheln nicht verwenden.

2 2 Selleriestangen, 1 Möhre, ½ Zwiebel und 2 Knoblauchzehen kleinschneiden, zu den Fischabschnitten in den Topf geben. ½ TL Salz einstreuen, die Brühe 30 Min. köcheln. Danach durch ein feines Sieb gießen und beiseite stellen.

3 6 EL Olivenöl in einer großen Kasserolle erhitzen. ½ Zwiebel und 2 Knoblauchzehen kleinschneiden, mit den Tintenfischen andünsten. Tomaten kurz überbrühen, enthäuten, zerkleinern und dazugeben. ¼ l Wein angießen, 15 Min. köcheln. Mit Salz und Pfeffer würzen.

4 Nun als erstes die festfleischigen Fischsorten (Knurrhahn, Seehecht, Dorsch, Heilbutt, Makrele) in die Tomatensauce einlegen, die Hälfte der vorbereiteten Fischbrühe angießen und sachte 10 Min. garen.

5 Zuletzt Muscheln, Meerbarben und ausgelöste Seezungenfilets hineingeben, übrige Brühe angießen, alles in weiteren 10–15 Min. fertiggaren. Petersilie fein hacken und untermischen, mit Salz und Pfeffer abschmecken.

6 Weißbrotscheiben im Toaster rösten, mit der übrigen Knoblauchzehe einreiben und mit restlichem Olivenöl beträufeln. Als Beilage zum Fischeintopf reichen.

Stoccafisso
Stockfisch-Eintopf (Ligurien)

Zutaten für 4 Portionen:

600 g Stockfisch
500 g reife Tomaten
1 Stange Staudensellerie
1 Möhre
300 g Kartoffeln
½ Bund glatte Petersilie
½ Bund Basilikum
3 EL Pinienkerne
1 kleine Zwiebel
2 Knoblauchzehen
5 EL Olivenöl
etwa 1 l Gemüsebrühe
Salz, Pfeffer aus der Mühle

Zubereitungszeit: 2 ¼ Std.
 (+ 24 Std. Einweichen)
Pro Portion: 3200 kJ / 760 kcal

1 Stockfisch 24 Std. wässern, das Wasser dabei 1–2mal wechseln. Fisch danach gut abwaschen, enthäuten und entgräten, in mundgerechte Stücke schneiden.

2 Tomaten überbrühen, enthäuten und entkernen, zerkleinern. Die Selleriestange, 1 Möhre, 1 Zwiebel und 2 Knoblauchzehen kleinhacken.

3 In einem Schmortopf 5 EL Olivenöl erhitzen. Sellerie, Möhre, Zwiebel und Knoblauch andünsten. Stockfisch einrühren und kurz anbraten. Tomaten und 1 l Brühe dazugeben, mit Salz (wenig!) und Pfeffer würzen. Zugedeckt bei kleiner Hitze 1 Std. schmoren.

4 Kartoffeln schälen und in zentimetergroße Würfel schneiden. Nach 1 Std. zum Fisch geben, noch 30 Min. garen. Fertigen Eintopf abschmecken, mit Petersilienblättchen, Basilikum und 3 EL Pinienkernen bestreuen.

Sarde in marinata
Marinierte Sardinen (Ligurien/Toskana)

Zutaten für 4 Portionen:

750 g frische Sardinen
1 Zitrone
½ Bund glatte Petersilie
½ Bund Basilikum
2 Knoblauchzehen
1 kleine Zwiebel
1 Lorbeerblatt
1 TL getrockneter Rosmarin
⅛ l trockener Weißwein
⅛ l Weißweinessig
2 EL Mehl
5 EL Olivenöl
Salz, Pfeffer

Zubereitungszeit: 25 Min.
Pro Portion: 1600 kJ / 380 kcal

1 Frische Sardinen ausnehmen, gut waschen und die Köpfe abschneiden. Sardinen abtrocknen, mit dem Saft von ½ Zitrone beträufeln und von beiden Seiten leicht mit 2 EL Mehl bestäuben. In einer großen Pfanne 5 EL Olivenöl erhitzen, die Fische darin von jeder Seite etwa 2 Min. braten.

2 Marinade: 2 Knoblauchzehen und 1 kleine Zwiebel sehr fein hacken. Mit ⅛ l Weißwein, ⅛ l Weißweinessig, 1 Lorbeerblatt, 1 TL getrocknetem Rosmarin und ½ TL Salz in einen Topf geben. 2 Min. kräftig durchköcheln. Petersilie fein hacken, Basilikum in Streifen schneiden. Sud vom Herd nehmen, die frischen Kräuter einrühren, mit Pfeffer abschmecken.

3 ½ Zitrone in Scheiben schneiden. Fertig gebratene Sardinen mit den Zitronenscheiben in eine Form schichten. Mit dem Kräutersud begießen und zugedeckt kurz durchziehen lassen.

• Auch als warme oder kalte Vorspeise für 6–8 Personen geeignet.

Moscardini alla genovese
Geschmorter Tintenfisch (Ligurien)

Zutaten für 6 Portionen:
1 kg kleine Tintenfische
20 g getrocknete Pilze
600 g reife Tomaten
1 Bund glatte Petersilie
½ Bund Basilikum
¼ l trockener Weißwein
⅛ l Fischbrühe (oder fertiger Fischfond)
2 Zwiebeln
3 Knoblauchzehen
4 EL Olivenöl
Salz, Pfeffer aus der Mühle

Zubereitungszeit: 1 ½ Std.
Pro Portion: 960 kJ / 230 kcal

1 20 g getrocknete Pilze in ¼ l Weißwein einweichen. Tintenfische gründlich putzen und waschen, Haut abziehen. Tentakel jeweils mit Kopf vom Mantel abschneiden, Augen, Kauwerkzeuge und Innereien entfernen. Mantel in ½ cm breite Streifen schneiden.

2 Tomaten kurz überbrühen, enthäuten und entkernen. 2 Zwiebeln und 3 Knoblauchzehen fein hacken.

3 In einer breiten Pfanne 4 EL Olivenöl erhitzen. Zwiebel und Knoblauch darin andünsten. Pilze abtropfen lassen, Weinsud auffangen. Pilze kleinschneiden, kurz anbraten. Tomaten und Sud dazugeben, salzen und pfeffern. 10 Min. köcheln, ab und zu umrühren.

4 Tintenfische einlegen, zugedeckt etwa 50 Min. weich schmoren. Nach und nach die Fischbrühe angießen, dabei kräftig durchrühren.

5 Petersilie fein hacken, Basilikum in Streifen schneiden. Tintenfisch abschmecken, frische Kräuter einstreuen.

• Mit geröstetem Knoblauchbrot servieren.

Triglie alla livornese
Meerbarben mit Tomaten (Toskana)

Zutaten für 4 Portionen:
8 kleine Meerbarben
500 g reife Tomaten
2 Stangen Staudensellerie
½ Bund glatte Petersilie
3 Knoblauchzehen
5 EL Olivenöl
2–3 EL Mehl
Salz, Pfeffer aus der Mühle

Zubereitungszeit: 40 Min.
Pro Portion: 1500 kJ / 360 kcal

1 Für die Sauce Tomaten kurz überbrühen, enthäuten und entkernen, grob zerkleinern. Selleriestangen und 3 Knoblauchzehen fein hacken. In einem breiten Topf 2 EL Olivenöl erhitzen, Sellerie und Knoblauch andünsten. Tomaten hineingeben, salzen und pfeffern, etwa 15 Min. köcheln lassen. Eventuell einige EL Wasser angießen.

2 Meerbarben gründlich waschen und abtrocknen. Leicht mit 2–3 EL Mehl bestäuben. In einer Pfanne 3 EL Olivenöl erhitzen, die Barben darin von beiden Seiten jeweils 1 Min. anbraten.

3 Tomatensauce durch ein Sieb streichen, wieder in den Topf geben. Die kurz angebratenen Meerbarben aus der Pfanne nehmen und in die Tomatensauce legen. In etwa 5 Min. garziehen lassen. Mit Petersilienblättchen garnieren, abschmecken.

• Meerbarben, auch Schnepfen des Meeres genannt, besitzen keine Gallenblase. Aus diesem Grunde darf man, gerade bei kleineren Exemplaren, auf das Ausnehmen der Fische verzichten.

Ligurien und Toskanaküste

Cima ripiena alla genovese
Gefüllte Kalbsbrust (Ligurien)

Zutaten für 6–8 Portionen:

1 entbeinte Kalbsbrust (1,2 kg)
200 g Kalbshirn oder Bries
200 g Hackfleisch vom Kalb
30 g getrocknete gemischte Pilze
80 g Erbsen (frisch gepalt oder tiefgekühlt)
1 mittelgroße Möhre
½ Bund Petersilie
1 TL frische Majoranblättchen (oder ½ TL getrocknete)
2 EL Pinienkerne oder geschälte Pistazien
3 EL frisch geriebener Parmesan
3 Eier
30 g Butter
2 Knoblauchzehen
2 l Gemüsebrühe
Salz, Pfeffer aus der Mühle
Muskatnuß

Zubereitungszeit: 3 Std.
Bei 8 Portionen pro Portion:
1700 kJ / 400 kcal

Die Zubereitung der Füllung läßt genügend Spielraum für Phantasie – in Italien sehr beliebt ist zum Beispiel auch eine Variante auf der Basis von frischem Schweinefleisch und Speck, mit gehackten Spinatblättern, Zwiebeln oder verschiedenen Kräutern, häufig ergänzt mit hartgekochten Eiern.

Normalerweise ißt man die gefüllte Brust kalt und in dünne Scheiben geschnitten, die Brühe wird extra gereicht oder für andere Zwecke in der Küche eingesetzt (zum Beispiel zum Garen von Risotto). Damit sich der Braten besser schneiden läßt, empfiehlt es sich, ihn während des Abkühlens mit einem Teller abzudecken und mit einem Gewicht zu beschweren.

Natürlich schmeckt die würzige Kalbsbrust auch warm und in dickeren Scheiben serviert – zumindest die Versionen ohne hartgekochte Eier.

• *Weinempfehlung:* Rosé oder leichter Rotwein.

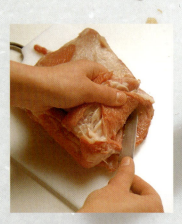

1 30 g getrocknete Pilze in Wasser einweichen. Kalbsbrust flach hinlegen, mit einem spitzen Messer eine Tasche einschneiden (oder den Braten schon beim Metzger zum Füllen vorbereiten lassen). Kurz abspülen und trockentupfen.

2 Kalbshirn oder Bries 5 Min. in kochendem Salzwasser blanchieren. Danach eiskalt abschrecken, sorgfältig von Häuten und Gefäßen befreien, in kleine Würfel schneiden.

3 In einer Pfanne 30 g Butter zerlassen, Hirn oder Bries darin sanft anbraten. In eine Schüssel umfüllen und etwas abkühlen lassen.

4 Pilze abtropfen lassen und kleinhacken, den Sud aufheben. 2 Knoblauchzehen und ½ Bund Petersilie fein hacken. 1 Möhre putzen und in Würfelchen schneiden. Alles in die Schüssel geben.

5 Hackfleisch, 80 g Erbsen, 2 EL Pinienkerne oder Pistazien sowie 1 TL Majoran zufügen, alles behutsam mischen. 3 Eier verquirlen, zusammen mit 3 EL Parmesan unterrühren. Mit Salz, Pfeffer und frisch geriebener Muskatnuß kräftig würzen.

6 Die vorbereitete Kalbsbrust nur zu etwa ⅔ mit der Mischung füllen, da diese sich beim Garen noch beträchtlich ausdehnt. Die Öffnung mit Küchenzwirn fest zunähen. Währenddessen in einem großen Topf 2 l Gemüsebrühe erhitzen, den Pilzsud angießen.

7 Kurz vorm Siedepunkt die gefüllte Kalbsbrust in die Brühe geben. Zugedeckt bei kleinster Stufe mindestens 2 Std. garen. Vom Herd nehmen, das Fleisch noch 30 Min. im Sud nachziehen lassen. Abkühlen lassen, in dünne Scheiben aufschneiden und servieren.

Ligurien und Toskanaküste

Spezzatino con zucchine
Kalbsragout mit Zucchini (Ligurien)

Zutaten für 6 Portionen:
750 g Kalbfleisch zum
    Schmoren (Schulter oder
    Brustspitze)
2 Stangen Staudensellerie
1 Möhre
500 g Kartoffeln (vorwiegend
    festkochend)
300 g reife Tomaten
300 g kleine Zucchini
1 TL frischer Rosmarin
1 Zwiebel
2 Knoblauchzehen
5 EL Olivenöl
1/8 l trockener Weißwein
etwa 1/8 l heiße Brühe
Salz, Pfeffer aus der Mühle

Zubereitungszeit: 1 Std.
Pro Portion: 1400 kJ / 330 kcal

1 Kalbfleisch in kleine Würfel schneiden. Selleriestangen, 1 Möhre, 1 Zwiebel und 2 Knoblauchzehen fein hacken. Kartoffeln schälen, in kleine Würfelchen schneiden.

2 In einem breiten Topf 5 EL Öl erhitzen. Fleischwürfel portionsweise ins heiße Öl geben, unter Rühren kräftig anbraten. Gemüse untermischen und kurz mitbraten. 1/8 l Wein und 1/8 l Brühe angießen, 1 TL Rosmarin einstreuen, Kartoffeln in den Topf geben. Zugedeckt schmoren.

3 Tomaten überbrühen, enthäuten, entkernen, grob zerteilen und hinzufügen. Mit Salz und Pfeffer kräftig würzen, etwa 20 Min. garen, bis die Kartoffeln fast weich sind.

4 Zucchini waschen, in 1/2 cm breite Scheiben schneiden. Zum Ragout geben und alles in 10 Min. fertiggaren.

• Ein sommerliches Ragout, das mit frischen Gemüsen der Saison abwechslungsreich zubereitet werden kann.

Bollito freddo
Mariniertes Rindfleisch (Ligurien)

Zutaten für 4 Portionen:
400 g gekochtes, mageres
    Rindfleisch (eventuell Reste
    von einem größeren Stück
    Suppenfleisch)
1/2 Bund glatte Petersilie
4–5 EL trockener Weißwein
4 eingelegte Sardellenfilets
2 EL Kapern
2 Brötchen vom Vortag
6 EL kaltgepreßtes Olivenöl
3 EL Weinessig
Salz, Pfeffer aus der Mühle

Zubereitungszeit: 20 Min.
    (ohne Kühlen)
Pro Portion: 1800 kJ / 430 kcal

1 2 Brötchen in Scheiben schneiden, auf eine Platte legen und mit 4–5 EL Wein beträufeln.

2 4 Sardellenfilets unter fließendem Wasser abspülen, trocknen und längs halbieren.

3 400 g gekochtes und gut gekühltes Rindfleisch in sehr dünne Scheiben aufschneiden, die Brötchen damit belegen. Halbierte Sardellenfilets darauf verteilen, bis zum Servieren kühl stellen.

4 2 EL Kapern sehr fein hacken, mit 6 EL Olivenöl, 3 EL Weinessig, wenig Salz und frisch gemahlenem Pfeffer zu einer sämigen Sauce verrühren. 1/2 Bund Petersilie fein hacken und untermischen. Belegte Brötchen mit der Sauce bestreichen.

Coniglio in umido
Geschmortes Kaninchen (Ligurien)

Zutaten für 6 Portionen:
1 küchenfertig vorbereitetes Kaninchen (etwa 1,5 kg)
500 g reife Tomaten
½ Bund glatte Petersilie
1 TL frischer Rosmarin (oder ½ TL getrockneter)
3 Salbeiblätter
2 EL Pinienkerne
⅛ – ¼ l trockener Weißwein
4 EL Olivenöl
2 EL Butter
2 Knoblauchzehen
2 Lorbeerblätter
Salz, Pfeffer aus der Mühle
Muskatnuß

Zubereitungszeit: 1¼ Std.
Pro Portion: 2200 kJ / 520 kcal

1 Das Kaninchen in 8–10 Teile zerlegen, unter fließendem Wasser kurz abspülen und gründlich trockentupfen.

2 2 Knoblauchzehen in Scheibchen schneiden. Zusammen mit 4 EL Olivenöl, 2 EL Butter, 1 TL Rosmarin, 3 Salbei- und 2 Lorbeerblättern in einen breiten Schmortopf geben und erhitzen.

3 Kaninchenteile ins heiße Fett geben und von allen Seiten kräftig anbraten. Mit Salz, Pfeffer und frisch geriebener Muskatnuß würzen, ⅛ l Wein angießen, kurz aufkochen, dann die Temperatur verringern.

4 Tomaten kurz überbrühen, enthäuten und grob hacken. Zum Kaninchen geben, zugedeckt bei niedriger Hitze in etwa 45 Min. fertigschmoren. Falls nötig, zwischendurch noch etwas Wein nachgießen. Mit 2 EL Pinienkernen und Blättchen von ½ Bund Petersilie bestreuen.

Vitello all'uccelletto
Kalbfleisch in Weißwein (Ligurien)

Zutaten für 4 Portionen:
600 g zartes Kalbfleisch (Nuß oder Lende)
100 g kleine grüne Oliven ohne Stein
6 Salbeiblätter
100 ml trockener Weißwein
4 EL Olivenöl
30 g Butter
1 Lorbeerblatt
Salz, Pfeffer aus der Mühle

Zubereitungszeit: 30 Min.
Pro Portion: 1400 kJ / 330 kcal

1 Kalbfleisch in große Würfel schneiden. 4 EL Olivenöl in einer großen Pfanne langsam erhitzen, 30 g Butter hineingeben und schmelzen lassen. 6 Salbeiblätter und 1 Lorbeerblatt sanft andünsten.

2 Temperatur erhöhen, Kalbfleisch portionsweise hineingeben und unter Rühren kräftig anbraten.

3 Salzen und pfeffern, 100 ml Weißwein angießen und etwa 10 Min. sanft schmoren. 100 g Oliven einrühren, kurz heiß werden lassen. Mit Salz und Pfeffer abschmecken und sofort servieren.

• Weinempfehlung: kräftiger, trockener Weißwein, zum Beispiel ein Pigato aus Ligurien.

Ligurien und Toskanaküste

Fiori di zucchini ripieni
Gefüllte Zucchiniblüten (Ligurien)

Zutaten für 4 Portionen:
8 schöne Zucchiniblüten
200 g Zucchinifruchtfleisch
2 Kartoffeln (etwa 150 g, mehligkochende Sorte)
1 Bund Basilikum
1 EL frischer Majoran (oder 1 TL getrockneter)
1 EL frisch geriebener Parmesan
1 Ei
2 Knoblauchzehen
5 EL Olivenöl
Salz, Pfeffer

<u>Zubereitungszeit:</u> 1 Std.
Pro Portion: 940 kJ / 220 kcal

Die Ligurer begeistern sich generell für Gemüse – besonders jedoch für alles, was sich leicht und köstlich füllen läßt. Kein Wunder, daß die leuchtenden Kelche der Zucchiniblüten hier oft und gerne serviert werden. Vom Frühsommer bis in den Herbst werden die hauchzarten Gebilde geerntet, entweder solo oder schon von einem jungen, hellgrünen Fruchtstiel begleitet. Den schneidet man vorm Überbacken, Braten oder Fritieren am besten fächerförmig auf, damit die Garzeit von Frucht und Blüte in etwa gleich lang dauert.

Zucchiniblüten, gefüllt mit Kräutern und Pilzen, mit feinem Hackfleisch, püriertem Gemüse, mit Pesto oder wie in diesem Rezept beschrieben – das kann eine raffinierte Vorspeise oder Beilage sein. Oder aber, mit knusprigem Weißbrot serviert, auch mal ein kleines Hauptgericht für 2 Personen.

Tip für blitzschnelle Garnierung: roh gehacktes Tomatenfruchtfleisch mit erstklassigem Olivenöl, wenig Salz und frisch gemahlenem Pfeffer würzen. Beim Anrichten als Klecks neben die gefüllten Blüten setzen.

1 Zucchiniblüten von eventuell vorhandenem Fruchtstiel trennen. Blüten nur kurz in kaltes Wasser tauchen, vorsichtig ausschütteln, in ein Sieb legen und gut abtropfen lassen.

2 2 Kartoffeln in Salzwasser weich kochen. 200 g Zucchinifruchtfleisch kleinschneiden, mit einigen EL Wasser und 1 Prise Salz in einen Topf geben. Zugedeckt in etwa 5 Min. weich garen.

3 Zucchini abtropfen lassen, in eine Schüssel geben, etwas abgekühlt fein pürieren. Kartoffeln noch heiß pellen, durch die Kartoffelpresse drücken und locker auf das Zucchinipüree häufen. Abkühlen lassen und untermischen.

4 Basilikum in feine Streifen schneiden, 1 EL Majoran fein hacken, beides unters Gemüsepüree mischen. 2 Knoblauchzehen dazupressen. 1 EL frisch geriebenen Parmesan, 1 Ei und 2 EL Olivenöl unterrühren, alles gründlich vermengen. Mit Salz und Pfeffer fein abschmecken.

5 Backofen auf 250° vorheizen. Eine feuerfeste Form mit 1 EL Olivenöl ausstreichen. Die Blütenstempel der Zucchiniblüten herausschneiden.

6 Zucchiniblüten mit dem vorbereiteten Gemüsepüree füllen, nebeneinander in die Form setzen. Mit 2 EL Öl beträufeln und im Ofen (Gas: Stufe 5) etwa 3 Min. überbacken. Heiß servieren.

Fagiolini alla genovese
Grüne Bohnen (Ligurien)

Zutaten für 4 Portionen:
600 g zarte grüne Bohnen
1 Bund glatte Petersilie
4 eingelegte Sardellenfilets
2 Knoblauchzehen
4 EL Olivenöl
1 EL Butter
Salz, Pfeffer aus der Mühle

Zubereitungszeit: 25 Min.
Pro Portion: 690 kJ / 160 kcal

1 Grüne Bohnen putzen und waschen. In kochendem Salzwasser 5 Min. blanchieren, kalt abschrecken und gut abtropfen lassen.

2 4 Sardellenfilets kurz abspülen und trocknen. 2 Knoblauchzehen abziehen, 1 Bund Petersilie waschen und die Blättchen abzupfen. Alle drei Zutaten fein hacken und mischen.

3 In einem breiten Topf 4 EL Olivenöl erhitzen, 1 EL Butter darin schmelzen lassen. Sardellenmischung hineingeben und bei milder Hitze unter Rühren andünsten.

4 Abgetropfte Bohnen hineingeben, untermischen und fertiggaren. Mit Salz und Pfeffer kräftig abschmecken und servieren.

• Vorzüglich als Beilage zu kurzgebratenem Fleisch – zum Beispiel Kalbsschnitzel oder Steaks, zarten Lammkoteletts, gegrilltem Kaninchen oder Geflügel.

Frittata di carciofi
Artischockenomelett (Toskana)

Zutaten für 4 Portionen:
4 junge, zarte Artischocken
2 EL Zitronensaft
4 Eier
2 EL Milch
4 EL Olivenöl
2 EL Butter
1 EL Mehl
Salz, Pfeffer

Zubereitungszeit: 20 Min.
Pro Portion: 1200 kJ / 290 kcal

1 Die holzigen äußeren Blätter der Artischocken entfernen, von den übrigen Blättern die Spitzen abschneiden. Artischocken achteln, das Heu entfernen. Geputzte Artischocken sofort in Wasser mit 2 EL Zitronensaft legen, damit sie sich nicht verfärben.

2 In einer Pfanne 4 EL Olivenöl erhitzen. Artischocken aus dem Zitronenwasser nehmen, gut trocknen und mit Salz und Pfeffer würzen. Mit 1 EL Mehl bestäuben und im heißen Öl goldgelb backen. Herausnehmen, auf Küchenkrepp abtropfen lassen. Pfanne säubern.

3 4 Eier mit 2 EL Milch verquirlen, salzen und pfeffern. In der Pfanne 2 EL Butter schmelzen lassen, Artischocken hineingeben und die Eiermischung angießen (oder nacheinander vier Portionen zubereiten). Die Unterseite goldgelb backen, dabei die Pfanne ab und zu rütteln. Omelett auf einen Teller gleiten lassen und wenden. Bei milder Hitze fertigbacken, heiß servieren.

• Omeletts mit frischem Gemüse oder Kräutern werden auch gerne als kleine Vorspeise oder als Imbiß serviert.

Scorzonera fritta
Ausgebackene Schwarzwurzeln (Ligurien)

Zutaten für 4 Portionen:
750 g frische Schwarzwurzeln
½ Zitrone (Saft)
30 g frisch geriebener
  Parmesan
2 EL trockener Weißwein
2 Eier
100 g Mehl
Öl zum Fritieren
Salz

Zubereitungszeit: 45 Min.
Pro Portion: 1800 kJ / 430 kcal

1 Schwarzwurzeln gründlich unter fließendem Wasser waschen und abschaben, mit einem kleinen Messer oder dem Sparschäler die schwarze Schale ablösen. Geschälte Stangen in 4 cm lange Stücke schneiden und sofort in kaltes Wasser mit dem Saft von ½ Zitrone legen. In kochendem Salzwasser 10–15 Min. bißfest garen.

2 2 Eier trennen. Eigelbe mit 100 g Mehl, 30 g frisch geriebenem Parmesan, 2 EL Wein und 50 ml kaltem Wasser verquirlen, salzen. Eiweiße steif schlagen und locker unterheben. Reichlich Öl in einem Topf oder einer Friteuse erhitzen.

3 Schwarzwurzeln abgießen, gut abtropfen lassen und mit Küchenkrepp trocknen. Durch den Ausbackteig ziehen und im heißen Öl knusprig fritieren. Auf Küchenkrepp abtropfen lassen und als Beilage zu Fleisch servieren.

• Das Wichtigste beim Fritieren: frisches Öl, das stark genug erhitzt ist. Wie Sie das feststellen? Einfach den Stiel eines Kochlöffels hineintauchen – sobald kleine Bläschen aufsteigen, kann's losgehen.

Scorzonera in umido
Schwarzwurzel-Ragout (Ligurien)

Zutaten für 4 Portionen:
750 g frische Schwarzwurzeln
1 Zitrone (Saft)
1 Zwiebel
1 Bund glatte Petersilie
4 EL Olivenöl
1 TL Mehl
gut ¼ l Brühe
2 Eigelb
Salz

Zubereitungszeit: 45 Min.
Pro Portion: 1200 kJ / 290 kcal

1 750 g Schwarzwurzeln unter fließendem Wasser gründlich abbürsten. So dünn wie möglich schälen und sofort in kaltes Wasser mit dem Saft von ½ Zitrone legen.

2 1 Zwiebel pellen, ½ Bund Petersilie waschen und beides kleinhacken. In einem breiten Topf 4 EL Olivenöl erhitzen, Zwiebel und Petersilie einrühren und kurz andünsten.

3 Schwarzwurzeln abtropfen lassen und in daumenlange Stücke schneiden. In den Topf geben, salzen. 5 Min. mitbraten. 1 TL Mehl darüberstäuben, etwas Farbe annehmen lassen und mit knapp ¼ l Brühe ablöschen. 15–20 Min. sanft köcheln.

4 2 Eigelb mit dem Saft von ½ Zitrone, etwa 2 EL Brühe und Salz verquirlen. In die Sauce rühren, nicht mehr kochen lassen. Mit übrigen Petersilienblättchen bestreuen.

• Das Schälen der Schwarzwurzeln nimmt immer etwas Zeit in Anspruch. Probieren Sie auch einmal diese Methode: Schwarzwurzeln waschen und gründlich bürsten, dann ungeschält in kochendem Salzwasser 10 Min. blanchieren. Abschrecken und mit einem Messer die Schale ablösen. Bei der Zubereitung verringert sich die Garzeit entsprechend.

Canestrelli

Mandelkringel (Ligurien)

Zutaten für etwa 60 Stück:
300 g geschälte Mandeln
200 g Zucker
5–6 EL Orangenblütenwasser
  (oder 2 EL Orangenlikör
  + 3–4 EL Wasser)
Fett fürs Blech
Orangensirup zum Glasieren

Zubereitungszeit: 50 Min.
Pro Stück: 200 kJ / 50 kcal

1 300 g geschälte Mandeln fein mahlen, in eine Schüssel geben, mit einem Holzlöffel 200 g Zucker gründlich untermischen. 5–6 EL Orangenblütenwasser kräftig unterkneten, bis ein geschmeidiger Teig entsteht.

2 Backofen auf 150° vorheizen. Den Teig in kleinen Portionen fingerdick ausrollen. Gleichmäßige Kringel daraus formen, auf leicht gefettete Bleche verteilen.

3 Die Bleche nacheinander auf die oberste Schiene des vorgeheizten Backofens schieben (Gas: Stufe 1), 15–20 Min. eher trocknen lassen als backen. Herausnehmen, noch heiß mit wenig Orangensirup glasieren. In bunte Konfekthüllen setzen, abkühlen lassen.

• Statt Orangensirup können Sie auch etwas Orangenmarmelade mit einem Spritzer Zitronensaft glatt rühren, leicht erwärmen und als Glasur für die Mandelkringel verwenden.

• Vorratstip: Bewahren Sie die Mandelkringel am besten in einer gut schließenden Blechdose auf – sie werden dadurch etwas weicher.

Latte dolce fritto

Gebackene süße Creme (Ligurien)

Zutaten für 6–8 Portionen:
8 Eier
1 unbehandelte Zitrone (Schale)
100 g Zucker
1 l Milch
150 g Mehl
8 EL Semmelbrösel
Öl zum Fritieren
Zimt und Zucker zum
  Bestreuen

Zubereitungszeit: 45 Min.
  (+ 30 Min. Ausquellen und
  etwa 1 Std. Abkühlen)
Bei 8 Portionen pro Portion:
  1800 kJ / 430 kcal

1 4 Eier trennen. In einem rundwandigen Topf 4 Eigelb mit 4 ganzen Eiern, der abgeriebenen Schale von 1 Zitrone und 100 g Zucker kräftig verquirlen. Nach und nach abwechselnd 1 l Milch und 150 g Mehl untermischen. Alles gründlich verrühren, bis eine schöne glatte Masse ohne Klümpchen entsteht.

2 Mischung 30 Min. quellen lassen. Danach unter ständigem Rühren allmählich zum Kochen bringen (am besten funktioniert das in einem Simmertopf oder im Wasserbad). Einmal kurz aufkochen, vom Herd ziehen und gut ausquellen lassen. Masse in eine kalt ausgespülte flache Form oder auf ein Blech mit Rand geben, 2 cm hoch gleichmäßig glatt streichen. Völlig auskühlen lassen.

3 Erstarrte Creme mit einem Messer in Rauten oder Rechtecke von etwa 5 cm Kantenlänge schneiden. 4 Eiweiß mit einer Gabel gut verquirlen, Rauten einzeln durchziehen und in Semmelbröseln wenden.

4 Reichlich Öl in einem Topf sehr heiß werden lassen (Temperaturprobe: An einem hineingehaltenen Holzstiel steigen kleine Bläschen auf). Panierte Rauten vorsichtig

Ravioli dolci
Süße Teigtaschen (Ligurien)

hineingeben, goldbraun ausbacken. Auf Küchenpapier abtropfen lassen und auf einer vorgewärmten Platte anrichten, mit Zimt und Zucker bestreuen, sofort servieren.

• Ein Dessert, das sich köstlich ergänzen läßt durch eine fruchtige Beilage: zum Beispiel pürierte Himbeeren – abgeschmeckt mit etwas Zitronensaft und Vanillezucker.

• Zu allen Nachspeisen paßt ein gehaltvoller Dessertwein, zum Beispiel der Sciacchetra aus Cinqueterre.

Zutaten für 6–8 Portionen:

1 unbehandelte Orange (Schale)
150 g kandierte Früchte
200 g Ricotta (italienischer Frischkäse, ersatzweise gut abgetropfter Speisequark)
300 g fertiger Blätterteig (eventuell tiefgekühlt und aufgetaut)
Mehl zum Ausrollen
Öl zum Ausbacken
Puderzucker zum Bestäuben

Zubereitungszeit: 30 Min.
Bei 8 Portionen pro Portion: 1200 kJ / 290 kcal

1 200 g Ricotta oder Quark gut abtropfen lassen. 1 Orange heiß abwaschen und abtrocknen. Schale fein abreiben. 150 g kandierte Früchte in sehr feine Würfel schneiden oder im Blitzhacker zerkleinern, mit Ricotta und abgeriebener Orangenschale mischen.

2 300 g Blätterteig auf leicht bemehlter Fläche dünn ausrollen (aufgetaute Platten dazu übereinanderlegen). Auf der Hälfte des Teiges im Abstand von 5 cm mit einem Teelöffel die Ricottafüllung verteilen. Zweite Teighälfte locker darüber klappen. Mit einem Glas um die Füllungen herum runde Teigtäschchen ausstechen, die Ränder festdrücken.

3 Zum Fritieren reichlich Öl in einem Topf sehr heiß werden lassen (Temperaturprobe: An einem hineingehaltenen Holzstiel steigen kleine Bläschen auf). Ravioli portionsweise hineingeben, goldbraun ausbacken. Auf Küchenkrepp abtropfen lassen, dünn mit Puderzucker bestäuben und sofort servieren.

• Ravioli dolci – ein typisches Karnevalsgebäck, das mit verschiedenen Füllungen und auch aus unterschiedlichen Teigarten zubereitet wird. Der tiefgekühlte Blätterteig ist eine bequeme Variante, wenn es mal schnell gehen soll.

• Dem Original noch etwas näher kommt ein knuspriger Mürbeteig: Kneten Sie 200 g Mehl, 125 g Butter und 1 Eigelb mit 1 Prise Salz rasch zu einem glatten Teig. 30 Min. im Kühlschrank ruhen lassen, dünn ausrollen und wie oben beschrieben weiterverarbeiten.

Olivenöl – goldener Nektar herber Früchte

Widerspenstig, knorrig und ganz tief in der Geschichte verwurzelt ist der Olivenbaum. Zu den ältesten Kulturpflanzen zählt er und gilt, wie auch das Öl, das aus seinen herben Steinfrüchten gewonnen wird, seit Jahrtausenden als Symbol für Reichtum, Frieden und Hoffnung. Denn auf schnellen Gewinn kann der Bauer nicht aus sein, der heute einen Olivenbaum pflanzt: Frühestens nach 5 Jahren trägt er die ersten Früchte, erst nach 50 Jahren ist der Ertrag auf dem Höhepunkt. So ernten Sohn und Enkel das, was der Vater als Vermächtnis hinterließ. Und auch der Urenkel wird noch davon profitieren, wenn nicht ein starker Frost dazwischenkommt. So genügsam der Olivenbaum auch in seinen Ansprüchen an den Boden ist, beim Klima ist er wählerisch: zwischen 12 und 18° C soll die mittlere Jahrestemperatur liegen, schon wenige Frostgrade über eine längere Zeit oder starker Wind können ihm schaden und zu jahrelangem Ernteausfall führen. Andererseits ist nur dann eine gute Ernte zu erwarten, wenn kurzzeitig im Winter Temperaturen um den Gefrierpunkt geherrscht haben, die Sonne im Sommer kräftig geschienen hat und dazu noch während der Reifezeit bis November wenig Niederschlag gefallen ist. Und der Bauer das ganze Jahr über die Bäume versorgt hat: sorgfältig Äste

Für gute Öle müssen die Oliven zur Zeit der »Rotreife« geerntet werden, das heißt, wenn sie sich gerade von grün nach violettrot verfärben.

Auf steinigen Terrassen wachsen die Olivenbäume in Ligurien. Obwohl die Bäume so knorrig und robust aussehen, stellen sie doch hohe Ansprüche an das Klima. Schon eine längere Kälteperiode oder kräftige Stürme können sie so schädigen, daß sie längere Zeit keinen Ertrag mehr bringen. Andererseits ist mit einer guten Ernte nur dann zu rechnen, wenn im Winter kurze Zeit leichter Frost herrscht und im Sommer kräftig die Sonne scheint. Dazu soll bis zur Erntezeit möglichst wenig Regen fallen.

Spezialität Olivenöl

Ligurien und Toskanaküste

beschnitt, damit die Zweige nicht verfilzen, die Bäume nicht zu groß werden, den Boden zwischen den Stämmen pflügte und mit Stickstoff düngte. Gifte gegen Schädlinge werden kaum eingesetzt, denn das Öl in den Früchten zieht jedes fremde Aroma begierig an – und wäre so nicht mehr zu gebrauchen.

Sind alle Voraussetzungen für einen guten Ölgehalt erfüllt, so fängt im November der arbeitsintensivste Teil der Olivenölproduktion an: die Ernte. Während man für die Oliven, die zum Verzehr eingelegt werden, grüne oder schwarze vollreife Früchte erntet, muß für die Ölgewinnung die Farbe gerade von grün nach blau umschlagen. Und zu diesem optimalen Zeitpunkt lösen sich die Oliven nun nicht gerade leicht vom Zweig.

Die widerspenstigen Früchte des Olivenbaums

Sie werden entweder mühselig von Hand gepflückt (diese Methode ist heute den allerfeinsten Ölsorten vorbehalten), oder mit Stöcken von den Zweigen geschlagen und fallen in darunter ausgespannte Netze. Ein geschickter Pflücker schafft etwa 40 Kilo Oliven am Tag – das ergibt in guten Jahren acht Liter Öl. So ist es nicht verwunderlich, wenn 70% des Herstellungspreises allein auf die Erntekosten entfallen.

Nun müssen die Oliven möglichst rasch weiterverarbeitet werden, nach 24 Stunden beginnt sich die Qualität zu verschlechtern, der Gehalt an freier Ölsäure wird größer. Deshalb werden die Früchte gleich nach der Ernte in die Ölmühlen gebracht, und tonnenschwere Mühlsteine aus Granit zerquetschen das Fruchtfleisch zu graubraunem Brei. Die Maische wird auf runde Bastmatten gestrichen, diese aufeinandergesetzt und zu einem Turm geschichtet. Zur Stabilisierung des Ganzen kommen noch Metallscheiben

Ab November, zur Zeit der Olivenernte, sind die Netze unter den Bäumen aufgespannt. Geduld zahlt sich dabei nicht aus: Wenn die Oliven von selbst abfallen, sind sie für gute Ölsorten zu reif, der Geschmack wäre zu »fettig«, das Öl bliebe am Gaumen haften.

dazwischen – und noch ehe Druck auf den Turm ausgeübt wird, fließen die ersten Tropfen des besten Öls aus den Matten. Wenn die heute hydraulisch betriebene Presse langsam ihren Druck von bis zu 400 Tonnen ausübt, fließt die grüngoldene, noch trübe Flüssigkeit kräftig aus dem Brei. Und gleich geht's ans Verkosten: Farbe und Duft werden geprüft, ebenso Konsistenz und Geschmack. Je nach Gebiet, Erntezeitpunkt und Mühle kann der Geschmack des rohen Saftes an Mandeln oder Pfirsiche erinnern, andere Öle sind kräftiger oder sogar leicht herb bis bitter. Wenn der tatsächliche Fettgehalt auch stets gleich ist, unterscheiden Verkoster zwischen »fetten«

und »mageren«, dünnen Ölen. Frisch geröstetes Brot wird damit beträufelt und mit Salz bestreut, köstlich zum Wein. Doch noch kann es nicht als Olio vergine extra – als jungfräuliches, natürliches Öl abgefüllt werden: Das darin enthaltene Wasser muß sich am Boden absetzen, und bestimmte Preßrückstände, »Sansa« genannt, müssen entfernt werden. Früher geschah dies durch einfaches Filtrieren durch Baumwolltücher, heute tritt für beide Trennvorgänge die Zentrifuge in Aktion. Dieses jetzt weitgehend klare Olivenöl kann in der Farbe von Sonnengelb bis zu deutlichem Grün spielen. Nur wenn das Grün sehr intensiv dunkel ist, liegt

Spezialität Olivenöl

Links: In mühevollster Handarbeit, bei winterlich kühlen Temperaturen, werden die Oliven von den Zweigen geschlagen oder mit grobzinkigen Rechen abgestreift. Gerade 40 Kilo schafft ein Pflücker pro Tag.

Oben: Die ersten Oliven liegen im Netz, ein langer Arbeitstag steht noch bevor. Vorteil der Netze: Die Früchte werden nicht beschädigt, kleine unreife fallen gleich durch die Maschen.

der Verdacht nahe, daß mit zu starkem Druck gepreßt wurde. Die besten Ölsorten tragen nach neuer EG-Kennzeichnung das Prädikat »natives Olivenöl extra« (aufs »extra« kommt's hier besonders an!). Als Qualitätsmaßstab wird der Gehalt an freier Ölsäure genommen: Maximal 1 g pro 100 g Öl dürfen es hier sein, die besten (und teuersten) Sorten liegen noch unter 0,5 g Ölsäure pro 100 g. Das »native Olivenöl«, also ohne »extra«, kann bis zu 2 g freier Ölsäure je 100 g enthalten. Der Verschnitt von raffiniertem Olivenöl (bei dem die Begleitstoffe entfernt sind) mit nativen Ölen mit einem Ölsäuregehalt von 1,5 g pro 100 g heißt dann schlicht »Olivenöl«.

Doch die Bezeichnung sagt noch nichts über den Geschmack aus, der beim toskanischen Öl von den sehr ausgeprägten, fast wilden Sorten aus der Maremma bis zu den eleganten, leichten Sorten aus der Lucchesia um Lucca reicht, die als die feinsten überhaupt gelten. Doch das ligurische Olivenöl wird von vielen sogar noch mehr geschätzt, da es sanft, weich und fruchtig ist und das manchmal herbe Olivenaroma eher zurücktritt.

Ligurien und Toskanaküste

Oben: Nach der Olivenernte muß die Weiterverarbeitung so rasch wie möglich vonstatten gehen, denn schon nach 24 Stunden steigt der Säuregehalt in den Früchten an, die Qualität wird schlechter.

Ganz oben: Schwere Granitsteine zerquetschen das Fruchtfleisch in den Kollergängen zu Brei. Bei dem ohrenbetäubenden Lärm ist eine Unterhaltung kaum noch möglich. Hinten stehen schon die runden Pressmatten bereit, auf die der Olivenbrei gestrichen wird.

Oben: Nach dem Pressen werden die Matten mit den ausgepreßten Rückständen entfernt.

Spezialität Olivenöl

Links: Das ausgepreßte Fruchtfleisch der Oliven und die zermahlenen Kerne bleiben nach der Pressung als Scheiben zurück.

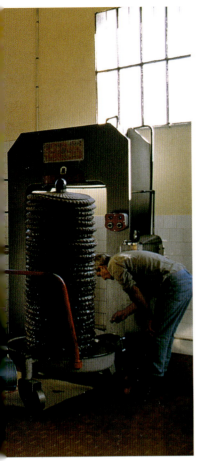

Links: Kleine Betriebe überlassen auch heute noch den Preßsaft sich selbst, bis das leichtere Öl sich über dem Wasser abgesetzt hat, füllen es in große Tonbehälter in kühlen Kellern ab und warten geduldig, bis die Trübstoffe von selbst zu Boden sinken. Wer das Glück hat, in Italien beim Händler loses Öl zu finden, wird erstaunt sein, daß es teurer ist als das in Flaschen abgefüllte. Aber von einzigartiger Qualität.

Oben: Frisch gepreßtes Olivenöl – durch die Zentrifuge sorgfältig vom Fruchtwasser getrennt und unvergleichlich aromatisch.

Die Po-Ebene

Emilia-Romagna, Venetien, Süden der Lombardei

Flaches Land und feuchte Felder:
Reisanbau in der Provinz Pavia

Die Po-Ebene

Das Land und seine Produkte

Die Feuchtgebiete der Po-Ebene sind bestens für den Reisanbau geeignet. Hier werden mit einer Pflanzmaschine junge Reispflanzen gesetzt.

Die Po-Ebene, die sich über eine Länge von rund 500 km erstreckt, ist keineswegs so einheitlich, wie der Name vermuten läßt. Im Westen greift sie weit um das Hügelland von Monferrato herum, südlich von Vicenza erheben sich die jungen Vulkangebirge der Colli Euganei und der Monti Berici. Die heutige Ebene war lange Zeit Meer. Erst im Eiszeitalter häuften vor allem die aus den Alpen kommenden Flüsse ihr mitgeführtes Material auf, aus Wasser wurde fruchtbares Land. Auch jetzt wächst das Delta, die verzweigte Mündung des Pos, noch beständig weiter in die Adria hinein. Einstige Hafenstädte wie Adria und Ravenna liegen heute weit ab vom Meer.

Betrachtet man die Po-Ebene von Nord nach Süd, so erstreckt sich vor den Alpen eine hügelige Moränenlandschaft, deren trockene Ebenen nur teilweise genutzt werden. Daran schließt eine Ackerbauzone an, wo intensiv Weizen und Mais angebaut werden.

Weiter Richtung Po folgt ein feuchteres Gebiet, früher der Bereich der Bruchwälder. Heute gedeiht hier Reis, sein Hauptanbaugebiet ist das Po-Tal der südlichen Lombardei. So ist es nicht verwunderlich, daß die Heimat des Risotto hier, genauer im Grenzgebiet zum Piemont, zu finden ist. Fast jede lombardische Hausfrau hat dafür ihr Spezialrezept. Die ausgedehnten Wiesen bieten die Grundlage für eine intensive Viehzucht mit Milchwirtschaft, die Käse, Sahne und Butter produziert, wobei Butter in der Po-Ebene vorwiegend und reichlich verwendet wird, viel mehr als Olivenöl. Beliebt sind Gerichte aus Kalb- und Rindfleisch, die mit vielen Kräutern, Tomaten und Wein zubereitet werden. Eine Spezialität ist Ossobuco, Kalbshaxen, die nach typisch Mailänder Art langsam und bei niedriger Hitze geschmort werden. Fast so berühmt ist Costoletta alla Milanese, paniertes, in Butter gebratenes Kalbskotelett, Vorbild für das Wiener Schnitzel. Dazu noch eine Fülle an Wurstwaren und Salami aus der Gegend von Brianza.

Für die Versorgung der großen Städte, vor allem der beiden wichtigsten Industriezentren Mailand und Turin, werden Obst und Gemüse angebaut, ein wesentlicher Bestandteil dieser Küche. Paprikaschoten, Tomaten und Zwiebeln gehören beispielsweise in die Peperonata, die es hier genauso wie in Sizilien gibt. Und in Cremona, der Geigenstadt, werden Mostardi di Frutta, kandierte, in Senfsirup einge-

Ganz oben: Kanäle bestimmen das Leben in Venedig, mit Booten werden Lebensmittel, Wein und Hausrat transportiert. Die Paläste erinnern an den einstigen Reichtum dieser Stadt.

Oben: Der Markt in Padua, Prato della Valle. Eine Spezialität der traditionsreichen Universitätsstadt sind Fiori di zucca alla Padovana, ein Gebäck aus den Blüten einer Kürbisart.

Das Land und seine Produkte

legte Früchte, zu gekochtem Fleisch serviert.

Von Ferrara bis zur Adria reicht das Sumpfgebiet des Deltas, in dem sich der Po in mehrere Arme aufteilt. Die Küste ist reich an Lagunen, durch Sandbänke mehr oder weniger vom Meer abgetrennte Bereiche, an denen bevorzugt Tourismuszentren entstanden sind. In der ausgedehntesten Lagune liegt Venedig, das im Mittelalter zu den mächtigsten Städten des östlichen Mittelmeers gehörte. Heute ist es Hauptstadt der Provinz Venetien und steuert ein klassisches Gericht bei: Risi e Bisi, Reis und Erbsen, bei dem Puristen darauf bestehen, daß es ausschließlich im Frühjahr gegessen wird und daß die Erbsen unbedingt von den Feldern zwischen Chioggia und Burano von den Ufern der venezianischen Lagune stammen müssen.

Die hinter der Küste gelegenen Strandseen, der größte ist der von Comacchio, stellen ideale Becken für die Fischzucht dar. Vor allem die Aalzucht wird hier intensiv betrieben. Comacchio und die anderen Orte des Gebietes von Ferrara sind von fruchtbarem Land umgeben, das durch die Trockenlegung der Sümpfe hinter der Küste entstanden ist. In großen Obstgärten werden Äpfel und Birnen – zum Beispiel die Passagrassana – angebaut.

Aceto Balsamico

Der Balsamessig aus der Gegend um Modena hat mit Salatessig wenig gemein. Dickflüssig, dunkelbraun und aromatisch wird er als Würze verwendet. Zur Herstellung wird bester Weißwein eingekocht und mit einer speziellen Essigmutter vergoren. Darauf folgt eine Reife in immer kleineren Fässern aus verschiedenen Holzarten wie Kastanie, Kirsche und Esche, schließlich aus Maulbeerholz und für die feinsten Sorten zum Schluß in nur 13 l fassenden Wacholderholzfäßchen. Die teuersten Sorten sind 50 bis über 100 Jahre alt.

Südlich des Flusses, zum Nordapennin hin, ist die Landschaft ziemlich einheitlich. Über ein schmales Hügelland steigt die Ebene zum Gebirge an, von den schluchtartigen Tälern der Fiumara zerschnitten, die nur bei Regen wasserführend sind. Hier in der Emilia-Romagna ist die Heimat der hausgemachten Pasta, der Lasagne, Tortelli, Tortellini, Tagliatelle, Anolini und Agnolotti. Zumindest am Sonntag werden sie heute noch selbst zubereitet. Füllungen und Saucen enthalten außer Fleisch meist auch Schinken, Parmesankäse und Ricotta, die typischen Produkte der Region. Alles wird mit viel Zeit und Geduld zubereitet, die Küche ist üppig und substantiell. Die Emilia-Romagna ist führend in der Verarbeitung von Schweinefleisch: Hier wird nicht nur die weltbekannte Mortadella (in Bologna), sondern auch der Parmaschinken (in Parma) und die Coppa (in Piacenza) erzeugt.

Ganz oben: Maisanbau, Grundlage für Polenta.

Oben Mitte: Ein Wurst- und Käse-Paradies ist die Emilia-Romagna.

Links unten: Radicchio von Treviso mit länglichen Blättern schmeckt bitter und scharf. Der rundliche Radicchio von Castelfranco ist milder im Geschmack.

Oben: Culatello, eine edle Delikatesse aus dem Herzen des Parmaschinkenstücks – und hausgemachte Cappelletti, mit Käse, Geflügel oder Schinken gefüllte kleine Pasta-Hütchen, die in Brühe gekocht und serviert werden.

Die Po-Ebene

Menschen, Feste, Sehenswertes

Der Po ist seit ältester Zeit der wichtigste Verbindungsweg zwischen dem Adriatischen Meer und den Alpen. Nach historischen Überlieferungen war er bis nach Pavia zur Mündung des Ticino schiffbar, es herrschte ein reger Handelsverkehr auf zwei parallelen Hauptdurchgangswegen durch die Ebene. Der weite Bogen des Golfs von Venedig war schon immer ein wichtiges Zentrum für den Handel, ebenso der Hafen von Adria.

Heute vermodern die Palazzi in Venedig, die Fassaden und Mauern bröckeln, die tragenden Pfähle zu erhalten kostet Unsummen. Doch die Venezianer tragen deswegen noch lange keine Trauer. Gelassen und klug wirken sie, höflich und entspannt. In den engsten Gassen schaffen sie es, aneinander vorbeizugehen ohne anzurempeln. Eine Ahnung vom Wohlstand früherer Zeiten und der Liebe zum Genießen zeigt das Museum in der Ca' Rezzonico. Und natürlich der legendäre Karneval mit den künstlerischsten Kostümen, den fantasievollsten Masken und Veranstaltungen.

Nicht weniger spektakulär die Historische Regatta Anfang September auf dem Canal Grande mit Bucintori, schönen alten Booten, und kostümierten Teilnehmern, die historische

Oben: Venedig – eine Gondel auf dem Canal Grande, den Goethe »die schönste Straße der Welt« genannt hat. Heute Wasserweg und Museum zugleich.

Oben: Die Paläste Venedigs erinnern an die Macht und den Reichtum dieser Stadt, die das Handelsmonopol für Kaffee, Gewürze, Zucker und Salz hatte und ganz Europa mit diesen kostbaren Gütern belieferte.

Ganz oben: Das »Caffè Pedrocchi« in Padua, der Stadt, in der Galilei lehrte und die bekannt für ihren Kaffee ist, vom pechschwarzen Espresso bis zum hellen Cappuccino. Hier trinkt man auch den Caffè alla Borgia – mit Aprikosenschnaps und Zimt.

Oben: Osteria in den Colli Euganei. Das Hinterland Venetiens ist noch ländlich, eingebunden in die Tradition einer bäuerlichen Gesellschaft, deren Genügsamkeit und Redlichkeit sprichwörtlich sind.

Rechts oben: »Galleria Vittorio Emanuele II.« in Mailand, wohl die schönste und berühmteste Einkaufspassage der Welt, mit Deckenfresken und Marmorböden, verschnörkelten Portalen, überdacht von einer gewaltigen Glaskuppel. Hier kann man die neueste Mode kaufen, hier treffen sich die eleganten Mailänder. Nicht weit entfernt, am Corso Matteotti, liegt die feinste Konditorei »Sant' Ambroeus«, bekannt für ihre Torten und ihr handgemachtes Konfekt.

Menschen, Feste, Sehenswertes

Persönlichkeiten darstellen. Verona feiert am Faschingsfreitag das Bacanal del Gnoco, das Gnocchifest. Ein Umzug in Kostümen wird vom »Papà del Gnoco« zur Piazza del Duomo geführt, wo um 12 Uhr Tonnen von Gnocchi gekocht und an alle verteilt werden. Teolo (bei Padua) feiert Mitte Oktober ein Kastanienfest. In Treviso findet Mitte Dezember alljährlich eine Radicchio-Ausstellung in den Arkaden des Palazzo dei Trecento statt.

Gegensatz zum ländlichen, von Traditionen geprägten Hinterland der Po-Ebene ist Mailand, Hauptstadt der Lombardei, von manchen »heimliche Hauptstadt« Europas genannt. Hier regieren Tempo und Business: »Roma mangia, ma Milano lavora« – Rom ißt, aber Mailand arbeitet. Internationale Firmen, Modeschöpfer und Designer findet man hier. Das Herz der Stadt schlägt zwischen Domplatz und Scala: in der »Galleria Vittorio Emanuele II.«, der weltberühmten Einkaufspassage.

Die Städte der Emilia-Romagna wie Bologna, Hauptstadt der historischen Provinz Emilia, Modena, Parma und Piacenza liegen an der großen Verkehrslinie von der Po-Ebene zur Ostküste und weiter nach Süditalien. Dabei hat Bologna noch etwas vom Charme einer Provinzstadt bewahren können. Die Altstadt, Centro Storico, mit 35 km Laubengängen ist die zweitgrößte nach Venedig.

Feste werden hier reichlich gefeiert: in Castel San Pietro Terme bei Bologna Mitte September das Braciola-Fest, bei dem es um Essen, Wein und Unterhaltung geht, ebenso beim Artusiana im Juni in Forlimpopoli. In Cattolica findet Mitte Juli ein großes Fisch-Grillfest statt, im September ein Weintraubenfest. In Dovadola gibt es Mitte Oktober ein Trüffelfest mit Jahrmarkt, in Cesenatico am ersten Sonntag im August das Garibaldi-Fest. Und Brisighella feiert ein Olivenfest Anfang Dezember, wo an Buden alle typischen regionalen Erzeugnisse angeboten werden.

Oben: Piadina – eine Spezialität der Emilia-Romagna – wird auf einer heißen Tonplatte gebacken. Das ist ein Fladen aus Mehl, Wasser, Salz und Schmalz, der an Stelle von Brot gegessen wird.

Links: Das berühmte Schachspiel in Marostica, das alle zwei Jahre stattfindet. Bereits im 14. Jh. feierte man in Venetien besondere Ereignisse mit Turnieren und öffentlichen Spielen.

Rechts: Der Karneval in Venedig ist eher ernst und artifiziell als ausgelassen und fröhlich.

53

Die Po-Ebene

Die Weine

Links: Die Colli Euganei stellen eine Weininsel in der Po-Ebene dar. Die Weine dürfen die Bezeichnung »Superiore« führen, wenn sie einen bestimmten Alkoholgrad erreichen und sechs beziehungsweise zwölf Monate gelagert wurden.

Beim *Valpolicella* aus Venetien denkt mancher heute eher an lieblichen Wein aus großen Flaschen denn an einen edlen Tropfen. Und doch gibt es noch den trockenen, leicht samtigen, rubinroten Valpolicella aus den 20 Gemeinden nördlich von Verona, der jung als Begleiter zu Nudelgerichten und zu Fleisch paßt. Der *Bardolino* aus Venetien wurde einst sogar am französischen Königshof getrunken, heute muß er sich anstrengen, von seinem Billigwein-Image wegzukommen. Die Versuche der engagierten Winzer am Ostufer des Gardasees, sich von der Massenvermarktung abzugrenzen, könnten dazu beitragen, das Ansehen der Weine wieder zu heben, die inzwischen schon weit besser als ihr Ruf geworden sind. Ein guter Bardolino ist ein volkstümlicher Wein, der jung und frisch zu trinken ist. Er paßt zu Nudelgerichten mit Fleischsauce, zu hellem Fleisch wie Kalb, Geflügel und Kaninchen. Als gehaltvolleren *Bardolino Classico Superiore* trinkt man ihn auch zu Wild und Käse.

Besser erging es dem *Soave*, dem Weißwein, der östlich von Verona gekeltert wird. Wird er aus Trauben der ältesten Soavezone hergestellt, darf er die Zusatzbezeichnung »Classico« tragen. Seine Farbe ist strohgelb, manchmal mit leicht grünlichem Einschlag, typisch sein trockener, leicht an Mandeln erinnernder Geschmack. Paßt gekühlt gut zu Fisch und Meerestieren.

Zu einem »Renner« hat sich in letzter Zeit der *Prosecco* entwickelt, ein im wesentlichen aus Prosecco-Trauben gewonnener Wein vom Typ »frizzante« oder »spumante«, also spritzig oder perlend, aus dem Gebiet der Provinz Treviso.

Diese strohgelben, leichten, prickelnden Perl- oder Schaumweine schmecken angenehm herb und frisch, passen gut gekühlt als Aperitif sowie zu Vorspeisen, Fischgerichten und pikanten Käsesorten. Die fruchtig-süßen »Amabile«-Sorten trinkt man vorzugsweise zu süßen Desserts.

Weininseln in der Po-Ebene sind die Colli Euganei, die auf ihren Vulkanböden Trauben für Weiß- und Rotweine und den hellen *Moscato* reifen lassen. Die Weißweine sind strohfarben und trocken oder leicht mild, die Rotweine, vorwiegend aus Merlottrauben gekeltert, rubinrot und ebenfalls trocken oder leicht süß.

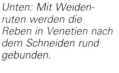

Unten: Mit Weidenruten werden die Reben in Venetien nach dem Schneiden rund gebunden.

Im Süden der Lombardei gibt es den *Oltrepò Pavese* als Rot- und Weißwein, beide trocken und fein.

Bekanntester Wein der Emilia-Romagna ist der *Lambrusco* mit ähnlichem Schicksal wie der Valpolicella. Vor allem in den Gebieten um Modena, Reggio Emilia und Parma wird er erzeugt, schmeckt aber nie gleich, da jedes Dorf seine eigene Kelter-Tradition hat. In den Gebieten um Piacenza stellt man auch den *Barbera* und den *Gutturnio* her. Der *Albana di Romagna* ist ein Weißwein, den es sowohl trocken als auch »amabile«, lieblich, gibt. Ein harmonischer Rotwein ist der *Sangiovese di Romagna*.

Weine der Region: von links Lambrusco Grasparossa di Castelvetro, Recioto della Valpolicella, Bardolino Classico Superiore, Soave Classico – und im Sektglas serviert ein prickelnder Vino spumante, Prosecco di Valdobbiadene.

Rezepte der Region

Primi Piatti
56 Risotto alla milanese
    *Safranreis
    auf Mailänder Art*
58 Risi e bisi
    Reis mit Erbsen
58 Risotto nero
    Schwarzer Tintenfischreis
59 Risotto con asparagi
    Reis mit Spargel
59 Risotto con fegatini
    Reis mit Geflügelleber
60 Lasagne verdi al forno
    Grüner Nudelauflauf
62 Tagliatelle al prosciutto
    Bandnudeln mit Schinken
62 Malfatti
    Spinat-Käse-Nocken
63 Maccheroni alla bolognese
    *Makkaroni mit
    Bologneser Fleischsauce*
64 Tortellini
    Gefüllte Nudelkringel

Secondi Piatti
66 Ossobuco alla milanese
    Geschmorte Kalbshaxe
68 Brasato alla milanese
    Schmorbraten in Rotwein
69 Involtini alla milanese
    Kalbsröllchen
70 Fegato alla veneziana
    Kalbsleber mit Zwiebeln
70 Scaloppine al limone
    *Kalbsschnitzel
    mit Zitronensauce*
71 Vitello al latte
    Kalbsbraten in Milch

Contorni
72 Radicchio rosso
    *Gebratener Radicchio
    mit Speck*
72 Asparagi alla parmigiana
    Überbackener Spargel
73 Melanzane marinate
    Marinierte Auberginen
74 Uova zuccate
    Kürbis-Mandel-Eier
74 Verdure alla primavera
    Frühlingsgemüse
75 Timballo verde
    Gemüseauflauf

Dolci
76 Semifreddo
    Eisgekühlte Schichttorte
78 Tirami su
    Mascarponecreme
78 Monte Bianco
    *Kastanienpüree mit
    Sahne*
79 Panna cotta
    Gestürzte Sahnecreme
79 Fragole all'aceto
    Marinierte Erdbeeren

Die Po-Ebene

Risotto alla milanese
Safranreis auf Mailänder Art (Lombardei)

Zutaten für 4–6 Portionen:

1 Markknochen
75 g frisch geriebener
 Parmesan
350 g Vialone- oder Avorio-Reis
etwa 1 l Brühe (Rinds- oder
 Geflügelbrühe)
5 EL Butter
1 Döschen Safranfäden
1 kleine Zwiebel
Salz, Pfeffer aus der Mühle

Zubereitungszeit: 35 Min.
Bei 6 Portionen pro Portion:
 1500 kJ / 360 kcal

Ein richtiger Risotto entspricht so ganz und gar nicht unserer Vorstellung von einem lockerkörnigen Reisgericht. Er ähnelt eher einem halbflüssigen Brei, der köstlich duftet und wunderbar saftig ist. Die Reiskörner haben nach dem Garen noch einen angenehm bißfesten Kern, deshalb wird ein Risotto immer frisch zubereitet.

Heimat der Risotti ist Mailand, wo jedes Restaurant ein eigenes Rezept hütet. Nur die Zubereitung folgt stets dem gleichen Grundprinzip: Rundkornreis wird in Butter glasig gebraten, nach und nach mit Flüssigkeit aufgegossen und unter ständigem Rühren gegart. Die feinste Reissorte heißt Carnaroli, die typischste Vialone, und am bekanntesten ist die Reissorte Arborio, die häufig unter dem Namen Avorio im Handel ist.
Am Fett zum Anbraten scheiden sich schon die Geister: Puristen nehmen nur Butter, sonst gibt man Ochsenmark als Geschmacksgeber dazu.

Beim klassischen Rezept kommt nur eine feingewürfelte Zwiebel ins Fett. Wer's gemüsiger mag, gesellt ihr 1 Möhre und etwas Staudensellerie, in kleine Würfel geschnitten, bei. Auch Knoblauch ist erlaubt. Zum Aufgießen wird heiße Rinds-, Kalbs- oder Hühnerbrühe verwendet, eventuell auch ein Schuß Weißwein. Wichtig ist, daß immer nur wenig Brühe angegossen wird, die kochend heiß sein muß, sonst wird der Garvorgang unterbrochen. Und wer's üppig mag, darf zum Schluß noch einen Löffel Sahne unterrühren.

1 Die Markknochen kurz in eiskaltes Wasser legen, dann das Mark herausdrücken, mit Küchenkrepp trocknen und klein würfeln. Den Inhalt von 1 Döschen Safran mit 2 EL kochendheißem Wasser übergießen. 1 Zwiebel fein würfeln. 1 l Fleischbrühe erhitzen.

2 In einer großen Kasserolle 2 EL Butter mit den Markwürfeln aufschäumen lassen, Zwiebelwürfel zugeben und bei nicht zu starker Hitze unter Rühren glasig braten.

3 350 g Reis einstreuen und unter Rühren braten, bis er hell und durchscheinend ist, er darf aber nicht bräunen. Einen kräftigen Schuß (etwa 1 Tasse voll) heiße Brühe aufgießen, dabei beständig weiterrühren.

4 Sobald die Flüssigkeit fast verdampft ist, wieder Brühe aufgießen, leise köchelnd weitergaren lassen, dabei rühren. Es soll stets nur so viel Brühe im Topf sein, daß der Reis eben bedeckt ist.

5 Nach etwa 15 Min. den aufgelösten Safran dazugeben. Noch 7 Min. weitergaren (dabei rühren und Brühe zugießen).

6 Nun probieren: Wenn die Reiskörner gar sind, aber noch Biß haben, die restlichen 3 EL Butter und 75 g geriebenen Parmesan unterrühren. Mit Salz und Pfeffer abschmecken.

7 Der Risotto soll jetzt so feucht und cremig sein, daß er im Topf beim Schräghalten fließt. Von der Kochplatte nehmen, einen Deckel auflegen und noch 1–2 Min. quellen lassen. Sofort servieren, nach Belieben noch Parmesan dazureichen.

Die Po-Ebene

Risi e bisi
Reis mit Erbsen (Venetien)

Zutaten für 4–6 Portionen:
80 g durchwachsener Speck
450 g junge Erbsen (frisch gepalt aus etwa 1 kg Schoten, ersatzweise tiefgekühlt)
1 Bund glatte Petersilie
80 g frisch geriebener Parmesan
250 g Vialone- oder Avorio-Reis
3 EL Butter
knapp 1 l heiße Fleischbrühe
1 Zwiebel
Salz, Pfeffer aus der Mühle

Zubereitungszeit: 45 Min.
Bei 6 Portionen pro Portion:
1600 kJ / 380 kcal

1 80 g Speck und 1 Zwiebel in kleine Würfel schneiden, ½ Bund Petersilie fein hacken. In einem Topf 2 EL Butter zerlassen. Speck, Zwiebel und Petersilie hineingeben, unter Rühren kurz anbraten.

2 Erbsen zufügen, ¼ l heiße Brühe angießen. Je nach Erbsensorte 5–15 Minuten köcheln (junge, zarte Erbsen kürzer). Restliche heiße Brühe angießen, aufkochen.

3 250 g Reis einstreuen, unter Rühren ausquellen lassen (etwa 20 Min.). Mit Salz und Pfeffer abschmecken. 1 EL Butter und 50 g geriebenen Parmesan unter den fertigen Reis mischen. ½ Bund Petersilie hacken, aufstreuen. Restlichen Parmesan extra dazu servieren.

• Ein weithin bekanntes Reisgericht, das hierzulande oft fest und körnig serviert wird, im Original jedoch eher einer recht flüssigen Suppe gleicht!

• Weinempfehlung zu den Reisgerichten: ein nicht zu herber Weißwein, zum Beispiel ein Colli Euganei bianco.

Risotto nero
Schwarzer Tintenfischreis (Venetien)

Zutaten für 4–6 Portionen:
750 g Tintenfische mit Tintenbeutel (im Fisch-Fachgeschäft zu kaufen)
1 kleine Zitrone (Saft)
250 g Vialone- oder Avorio-Reis
1 Bund glatte Petersilie
1 Zwiebel
2 Knoblauchzehen
7 EL Olivenöl
¼ l trockener Weißwein
etwa ¾ l heiße Fischbrühe (oder fertiger Fischfond)
Salz, Pfeffer aus der Mühle

Zubereitungszeit: 1 ¼ Std.
(+ 20 Min. Marinieren)
Bei 6 Portionen pro Portion:
1500 kJ / 360 kcal

1 Tintenfische putzen, waschen, die gefüllten Tintenbeutel vorsichtig in eine Schüssel legen. Tintenfischkörper und Tentakel in feine Streifen schneiden. 2 Knoblauchzehen fein hacken, mit 3 EL Olivenöl und Saft von 1 Zitrone mischen. Tintenfisch einlegen, 20 Min. marinieren.

2 1 Zwiebel fein hacken. In einem Topf 4 EL Olivenöl erhitzen. Zwiebel andünsten. Tintenfischstreifen abtropfen lassen, zufügen, unter Rühren anbraten. Marinade und ¼ l Weißwein angießen. Tintenbeutel öffnen, die Tinte mit in den Topf geben. 20 Min. köcheln. Ab und zu etwas Fischbrühe angießen.

3 250 g Reis einstreuen, restliche Fischbrühe nach und nach angießen und den Reis unter ständigem Rühren ausquellen lassen. Mit Salz und Pfeffer würzen. Petersilie fein hacken, aufstreuen.

• Eventuell mit Zitronenschnitzen garniert servieren.

Risotto con asparagi
Reis mit Spargel (Emilia-Romagna)

Zutaten für 4–6 Portionen:

500 g grüner Spargel
50 g frisch geriebener Parmesan
250 g Vialone- oder Avorio-Reis
1/8 l trockener Weißwein
6 EL Olivenöl
1 EL Butter
1 Zwiebel
Salz, Pfeffer aus der Mühle

<u>Zubereitungszeit:</u> 1 1/4 Std.
Bei 6 Portionen pro Portion:
1200 kJ / 290 kcal

1 Spargel waschen, die holzigen Enden wegschneiden. Die zarten Spitzen abschneiden und beiseite legen. Restabschnitte etwas zerkleinern, in knapp 1 l Salzwasser 25 Min. kochen. Gegarte Spargelabschnitte herausnehmen, mit dem Pürierstab fein zerkleinern oder durch ein Sieb streichen, dann in die Brühe zurückgeben.

2 In einem breiten Topf 6 EL Olivenöl erhitzen. 1 Zwiebel fein hacken, unter Rühren andünsten. Spargelspitzen kurz mitbraten, 250 g Reis einstreuen und glasig dünsten. Mit 1/8 l Weißwein ablöschen, nach und nach kochend heiße Spargelbrühe (etwa 3/4 l) angießen und den Reis unter ständigem Rühren ausquellen lassen.

3 1 EL Butter und 50 g frisch geriebenen Parmesan unter das fertige Risotto rühren, mit Salz und Pfeffer abschmecken.

• Nicht ganz original, aber eine reizvolle Ergänzung zum Spargel: frische Garnelen in Olivenöl anrösten, mit einem Hauch Knoblauch und Pfeffer würzen und dekorativ auf dem Spargelrisotto anrichten.

Risotto con fegatini
Reis mit Geflügelleber (Venetien)

Zutaten für 4–6 Portionen:

250 g frische Hühnerleber
50 g durchwachsener Speck
20 g getrocknete Steinpilze
4 EL frisch geriebener Parmesan
250 g Vialone-Reis (oder Avorio)
1/8 l trockener Weißwein
1 l heiße Geflügelbrühe
1 Zwiebel
3 EL Butter
Salz, Pfeffer aus der Mühle

<u>Zubereitungszeit:</u> 45 Min.
(+ 2 Std. Pilze einweichen)
Bei 6 Portionen pro Portion:
1400 kJ / 330 kcal

1 20 g getrocknete Steinpilze etwa 2 Std. in 1/8 l Weißwein einweichen.

2 50 g Speck und 1 Zwiebel in feine Würfel schneiden. Mit 2 EL Butter in einen Topf geben, langsam erhitzen. Pilze abtropfen lassen, den Sud auffangen. Pilze kleinhacken, kurz anbraten. 250 g Reis einstreuen, unter Rühren glasig werden lassen.

3 Nach und nach 1 l heiße Brühe angießen, den Reis unter ständigem Rühren ausquellen lassen. Mit Salz und Pfeffer abschmecken, 2 EL frisch geriebenen Parmesan untermischen.

4 Inzwischen Hühnerleber kleinschneiden. 1 EL Butter in einer kleinen Pfanne schmelzen, Leber einrühren und 3 Min. braten. Leicht salzen und pfeffern, Wein-Pilzsud angießen und kurz aufkochen. Leber auf dem fertigen Risotto anrichten. Mit restlichem Parmesan bestreuen.

• Noch edlere Variante: Mit frischen Steinpilzen!

Die Po-Ebene

Lasagne verdi al forno
Grüner Nudelauflauf (Emilia–Romagna)

Zutaten für 4–6 Portionen:

Für den Teig:
150 g Spinat
2 Eier
100 g Hartweizengrieß
200 g Weizenmehl + Mehl zum Ausrollen
Salz

Fürs Ragout:
100 g mageres Schweinefleisch
100 g Rindfleisch
100 g roher Schinken
50 g fetter Speck
100 g Hähnchenleber
1 mittelgroße Möhre
1 Stange Staudensellerie (oder kleines Stück Knollensellerie)
2 EL Butter
2 EL Tomatenmark
¼ l Fleischbrühe
1 Zwiebel
1 TL getrockneter Oregano
Salz, Pfeffer aus der Mühle

Für die Béchamelsauce:
2 EL Butter
2 leicht gehäufte EL Mehl
½ l Milch
Salz, Muskatnuß

Zum Fertigstellen:
100 g frisch geriebener Parmesan
3 EL Butter zum Fetten der Form und zum Belegen

Zubereitungszeit: 1 ¾ Std.
Bei 6 Portionen pro Portion: 2900 kJ / 690 kcal

Natürlich kann man sich viel Arbeit sparen – mit fertig gekauften grünen Lasagnenudeln und gemischtem Hackfleisch. Doch dann ist es eben nicht mehr das Original.

Sicher, ein aufwendiges Rezept, das aber gerade durch die Schlichtheit der Zutaten zu einer unvergleichlichen Nudel-Wonne wird.

Die Raffinesse liegt im Detail: Drei Sorten Fleisch und roher Schinken gehören ins Ragout, da bedarf es keiner aufwendigen Würze. Geschmack gibt echter Parmigiano Reggiano, natürlich frisch gerieben. Und Butterflöckchen, zum Schluß auf den Auflauf gesetzt, lassen die herrlich duftende Kruste knusprig geraten.

1 Für den Teig Spinat putzen, waschen und tropfnaß in einem Topf bei starker Hitze zusammenfallen lassen. Ganz fest ausdrücken und zweimal durch den Fleischwolf (feine Scheibe) drehen.

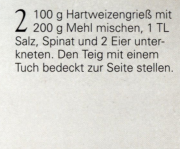

2 100 g Hartweizengrieß mit 200 g Mehl mischen, 1 TL Salz, Spinat und 2 Eier unterkneten. Den Teig mit einem Tuch bedeckt zur Seite stellen.

3 Für das Ragout Schweinefleisch, Rindfleisch und rohen Schinken durch den Fleischwolf drehen. 50 g Speck, 1 Zwiebel, 1 Möhre und die Selleriestange fein würfeln.

4 In einer Kasserolle 2 EL Butter erhitzen, Speckwürfel und Gemüse anbraten. Hackfleisch dazugeben, unter Rühren anbraten. 2 EL Tomatenmark, 1 TL Oregano und ¼ l Brühe einrühren, sparsam salzen, pfeffern. Zugedeckt etwa 20 Min. sanft köcheln lassen.

5 Béchamelsauce: In einem Topf 2 EL Butter zergehen lassen, 2 EL Mehl einrühren. Vom Herd nehmen und nach 1 Min. ½ l Milch zurühren. Zurück auf die Herdplatte stellen, unter Rühren aufkochen, 10 Min. leise köcheln lassen. Mit Salz und 1 Prise frisch geriebener Muskatnuß würzen.

6 In einem großer Topf 2 l Salzwasser aufsetzen. Nudelteig dritteln, jedes Stück auf bemehlter Arbeitsfläche millimeterdick ausrollen. Einzeln im kochenden Wasser 3 Min. garen, in kaltem Wasser abschrecken und auf einem Tuch abtropfen lassen.

7 Hähnchenleber putzen, in Würfel schneiden und zum Fleischragout geben. Mit Salz und Pfeffer abschmecken, dann den Topf zur Seite ziehen. Eine große rechteckige Auflaufform mit 1 EL Butter fetten. Backofen auf 200° vorheizen.

8 Abwechselnd ein Nudelblatt, darauf Fleischragout, Béchamelsauce und geriebenen Parmesan in die Form schichten.

9 Den Abschluß bildet Béchamelsauce mit Parmesan, darauf noch 2 EL Butter in kleinen Flöckchen setzen. In den Ofen schieben (Gas: Stufe 3) und in 30 Min. goldbraun backen.

Tagliatelle al prosciutto
Bandnudeln mit Schinken (Emilia-Romagna)

Zutaten für 4–6 Portionen:
150 g Parmaschinken (eventuell gekochter Schinken)
50 g frischer Parmesan
3 Eier
1 kleine Zwiebel
50 g Butter
300 g Mehl + Mehl zum Ausrollen
Salz, Pfeffer aus der Mühle

Zubereitungszeit: 1¼ Std.
Bei 6 Portionen pro Portion:
2000 kJ / 480 kcal

1 Teig: 300 g Mehl, 3 Eier und 1 Prise Salz zu einem geschmeidigen Teig kneten. Mit einem feuchten Tuch bedecken, 30 Min. ruhen lassen.

2 Teig auf bemehlter Fläche sehr dünn ausrollen, in etwa 5 mm breite und 10 cm lange Streifen schneiden. In einem großen Topf 3 l Salzwasser zum Kochen bringen.

3 Schinken in kleine Würfel schneiden, dabei den fetten vom mageren Teil trennen. In einer großen Pfanne 50 g Butter schmelzen. Das Fett vom Schinken dazugeben und leicht anbraten. 1 Zwiebel fein hacken, dazugeben und glasig dünsten. Dann magere Schinkenwürfel einrühren, unter Rühren sanft braten.

4 Nebenbei die Nudeln in kochendem Salzwasser in etwa 10 Min. bißfest garen, abgießen, gut abtropfen lassen und sofort in die Pfanne geben. Gründlich untermischen, mit Salz und Pfeffer abschmecken. 50 g frischen Parmesan hobeln, dazu servieren.

• Eine Spezialität der Stadt Parma – die Sie natürlich auch mit fertig gekauften Tagliatelle zubereiten können!

Malfatti
Spinat-Käse-Nocken (Lombardei)

Zutaten für 6 Portionen:
600 g frischer Blattspinat
150 g Ricotta (italienischer Frischkäse, ersatzweise gut abgetropfter Magerquark)
100 g frisch geriebener Parmesan
2 Eier
1 Eigelb
100 g Butter
200 g Mehl
1 kleine Zwiebel
Muskatnuß
Salz, Pfeffer aus der Mühle

Zubereitungszeit: 1 Std.
Pro Portion: 2000 kJ / 480 kcal

1 Blattspinat putzen und waschen, tropfnaß in einen Topf geben, erhitzen und zusammenfallen lassen. Etwas abkühlen lassen, die Blätter auspressen und fein hacken.

2 1 Zwiebel grob hacken, in 30 g zerlassener Butter glasig dünsten. Gehackten Spinat untermischen, vom Herd nehmen und abkühlen lassen.

3 Ricotta cremig rühren, abgekühlten Spinat und die Hälfte des geriebenen Parmesans untermischen. 2 Eier und 1 Eigelb einrühren, mit Salz, Pfeffer und frisch geriebener Muskatnuß kräftig würzen.

4 Nach und nach 200 g Mehl einarbeiten, zu einem glatten Teig rühren, nochmals abschmecken. In einem großen Topf 2 l Salzwasser aufkochen. Aus der Teigmasse mit zwei Eßlöffeln Nocken abstechen. Ins kochende Wasser geben, dann die Temperatur verringern und die Nocken ziehen lassen, bis sie an der Oberfläche schwimmen. Währenddessen Backofen auf 175° vorheizen.

5 Nocken mit dem Schaumlöffel herausnehmen, abtropfen lassen und in eine feuerfeste Form geben.

Maccheroni alla bolognese
Makkaroni mit Bologneser Fleischsauce (Emilia-Romagna)

Restliche Butter zerlassen und darüber träufeln, für 5 Min. in den heißen Backofen (Gas: Stufe 2) schieben. Mit übrigem Parmesan bestreuen und sofort servieren.

• Kurioserweise schmückt diese Köstlichkeit ein wenig schmeichelhafter Name – Malfatti könnte man nämlich am ehesten mit »mißlungen« oder »schlecht gemacht« übersetzen...
Doch seien Sie versichert: Die Italiener wollen damit nur feststellen, daß sich die Form dieser Nocken geradezu simpel ausnimmt – im Vergleich zu den zahlreichen, sehr viel eleganteren Nudelrivalen. Geschmacklich gehören die bescheidenen Spinatbällchen jedoch zur absoluten Spitze!

Zutaten für 6 Portionen:

200 g Rinderhackfleisch
1 Hühnerleber (etwa 30 g)
80 g durchwachsener Speck
1 Möhre
1 Stange Staudensellerie
50 g frisch geriebener Parmesan
500 g Makkaroni
⅛ l Fleischbrühe
2 EL Butter
1 TL Mehl
1 Zwiebel
1 Gewürznelke
1 Lorbeerblatt
Muskatnuß
1 Prise Cayennepfeffer
Salz, Pfeffer aus der Mühle

Zubereitungszeit: 1 Std.
Pro Portion: 2200 kJ / 520 kcal

1 1 Möhre, 1 Selleriestange, 1 Zwiebel und 80 g Speck sehr fein würfeln. Zusammen mit 2 EL Butter in einen Topf geben und erhitzen. Alles gut mischen und sanft anbraten.

2 Hackfleisch dazugeben, unter Rühren mitbraten und Farbe annehmen lassen. 1 TL Mehl darüber stäuben, mit ⅛ l Fleischbrühe ablöschen. Mit Salz, Pfeffer und frisch geriebener Muskatnuß würzen, 1 Gewürznelke und 1 Lorbeerblatt dazugeben. Zugedeckt etwa 20 Min. sanft schmoren.

3 In einem großen Topf 2 l Salzwasser zum Kochen bringen. Makkaroni darin bißfest garen.

4 Hühnerleber in kleine Stückchen schneiden, zur Sauce geben und noch 3–4 Min. mitgaren. Die Sauce mit Salz, Pfeffer und 1 Prise Cayennepfeffer abschmecken, danach Gewürznelke und Lorbeerblatt herausnehmen.

5 Fertige Makkaroni abgießen, auf vorgewärmte Teller verteilen und mit der Fleischsauce begießen. 50 g frisch geriebenen Parmesan dazu servieren.

• Im Originalrezept für das *Ragù Bolognese* wird kein fertiges Rinderhack verwendet, sondern frisches Fleisch mit einem scharfen Messer dünn aufgeschnitten und nach und nach immer feiner gehackt. Auf diese Weise tritt kaum Saft aus, das Aroma des Fleisches bleibt bestmöglich erhalten.

• Variante: 300 g reife Tomaten enthäuten und entkernen, Fruchtfleisch kleinhacken und in der Sauce mitschmoren. Eventuell mit Tomatenmark abrunden.

Die Po-Ebene

Tortellini
Gefüllte Nudelkringel (Emilia-Romagna)

Zutaten für 8 Portionen:

<u>Für den Teig:</u>
500 g Mehl + Mehl zum Ausrollen
2 Eier
2 EL Olivenöl
1 TL Salz

<u>Für die Füllung:</u>
300 g Hühnerbrustfilet
¼ l Geflügelbrühe
5 EL frisch geriebener Parmesan
1 EL Crème fraîche
2 Eigelb
½ unbehandelte Zitrone (Schale)
Salz, Pfeffer aus der Mühle
Muskatnuß
Brühe zum Garen

<u>Zubereitungszeit:</u> 75 Min.
Pro Portion: 1900 kJ / 450 kcal

Wenn sich auch der Ursprung der Tortellini nicht feststellen läßt, spielen sie doch gerade in der Emilia-Romagna eine wichtige Rolle. So werden sie in Bologna traditionell als Vorspeise beim Weihnachtsmenü serviert.

Und die Bologneser verweisen auf das Theaterstück von Ostilio Lucarini mit dem Titel »Der Erfinder der Tortellini«, in dem ein Koch die schlafende Frau seines Dienstherrn nackt gesehen und sich unsterblich in sie verliebt habe. In Erinnerung an ihren Nabel formte er aus Nudelteig kleine runde Taschen.

Tortellini können Sie mit gehacktem Schweinefleisch, Schinken, Wurst, Käse oder Eiern füllen und in einer kräftigen Brühe servieren. Oder mit *Ragù Bolognese* (Rezept Seite 63) anrichten. Oder mit Butterflöckchen belegen und mit frisch geriebenem Parmesan bestreuen.

• Weinempfehlung: Lambrusco oder Gutturnio dei Colli Piacentini.

1 Teig: 500 g Mehl mit ⅛ l Wasser, 2 Eiern, 1 TL Salz und 2 EL Olivenöl glattkneten. Ist der Teig zu trocken, tropfenweise Wasser zugeben, bis er weich und geschmeidig, aber nicht klebrig ist. Mit Mehl bestäuben, mit einem Tuch bedecken, bei Zimmertemperatur 20 Min. ruhen lassen.

2 Füllung: Hühnerbrustfilet in ¼ l Geflügelbrühe 15 Min. leise siedend garen. Herausnehmen und abtropfen lassen. Mit einem großen Messer oder im Blitzhacker fein zerkleinern, 1 EL Crème fraîche untermischen.

3 In eine Schüssel geben und mit 5 EL frisch geriebenem Parmesan, 2 Eigelb, abgeriebener Schale von ½ Zitrone, Salz, Pfeffer und einer Prise frisch geriebener Muskatnuß gründlich vermischen.

4 Ein Viertel des Teiges abreißen und auf einer bemehlten Unterlage hauchdünn ausrollen.

5 Aus dem Teig Kreise von 5 cm ø ausstechen. Je ½ TL der Geflügelcreme in die Mitte jedes Kreises geben.

6 Die Kreisränder anfeuchten, jedes Teigstück in der Mitte falten, die Ränder fest zusammendrücken.

7 Kringel formen, indem man die Ecken jedes Halbkreises etwas auseinander zieht, um die Zeigefinger wickelt und die Spitzen überlappend zusammendrückt. Fertige Tortellini auf ein mit Mehl bestreutes Tuch legen. Übrigen Teig genauso verarbeiten.

8 3-4 l Brühe aufkochen, Tortellini hineingeben. Vorsichtig umrühren, damit sie nicht aneinander kleben. Etwa 8 Min. leise köcheln, mit dem Schaumlöffel in ein Sieb heben, heiß überbrausen, abtropfen lassen. Mit *Ragù Bolognese* (Seite 63) oder heißer Butter und Parmesan servieren.

Die Po-Ebene

Ossobuco alla milanese
Geschmorte Kalbshaxe (Lombardei)

Zutaten für 6–8 Portionen:

6–8 Kalbshaxenscheiben
  (quer zum Knochen gesägt,
  etwa 3 kg)
4 mittelgroße Möhren
4 Stangen Staudensellerie
1 kg reife Fleischtomaten
1 Bund Petersilie
4 EL Butter
Mehl zum Wenden
6 EL bestes Olivenöl
¼ l Weißwein
¼ l Fleischbrühe + Brühe zum
  Begießen
3 mittelgroße Zwiebeln
3 Knoblauchzehen
je ½ TL Thymian, Oregano
2 Lorbeerblätter
Salz, schwarzer Pfeffer

Für die Gremolata:
2 unbehandelte Zitronen
2 Bund glatte Petersilie
5 Knoblauchzehen

Zubereitungszeit: 50 Min.
  (+ 2–3 Std. Schmorzeit)
Bei 8 Portionen pro Portion:
  2400 kJ / 570 kcal

Ossobuco, eine Kalbshaxe, die mit Fleisch und Knochen geschmort wird, ist ein typisches Beispiel für die Küche der Lombardei. Nur wenn Fleisch und Gemüse sachte und mit Geduld angeschmort werden, ergibt sich der unvergleichlich aromatische Geschmack, abgerundet durch das ausbratende Fett des Markknochens. Und um das Stück wirklich saftig-zart zu bekommen, muß das Gericht mindestens 2 Std. garen.

Wichtiges Gerät: eine schwere, flache Kasserolle oder ein flacher Bräter mit Deckel, worin die Haxen nebeneinander Platz haben.

Wichtig für das fertige Gericht ist die *Gremolata*, eine Würzmischung aus Petersilie, Knoblauch und geriebener Zitronenschale, die dem Ganzen Frische, Würze und einen unvergleichlichen Duft verleiht.

• Weinempfehlung: ein junger, frischer Rotwein, zum Beispiel Bardolino.

1 Möhren, Staudensellerie, 3 Zwiebeln und 3 Knoblauchzehen in kleine Würfel schneiden. Im Bräter bei mäßiger Hitze 4 EL Butter zerlassen. Sobald das Fett klar ist, die Gemüsewürfel unter Rühren darin anschmoren, bis sie leicht gebräunt sind. Bräter vom Herd nehmen.

2 Kalbshaxen mit Küchengarn rund binden. Salzen und pfeffern, in Mehl wenden, überschüssiges Mehl wieder abklopfen. In einer Pfanne in 6 EL Olivenöl von beiden Seiten bei mäßiger Hitze hellbraun braten. Herausnehmen und auf das angebratene Gemüse setzen.

3 Das Öl aus der Pfanne abgießen. Bratfond mit ¼ l Weißwein aufkochen, dabei rühren, bis der Satz aufgelöst und der Wein auf 4–6 EL Flüssigkeit eingekocht ist. Den Backofen auf 175° vorheizen.

4 Tomaten mit kochendem Wasser überbrühen, häuten. Halbieren und die Kerne entfernen. Fruchtfleisch kleinschneiden. Petersilie mit Stengeln grob hacken.

5 Pfannenfond mit ¼ l Fleischbrühe aufgießen, gehackte Petersilie, je ½ TL Thymian, Oregano, 2 Lorbeerblätter und Tomatenstücke dazugeben. Aufkochen, mit Salz und Pfeffer würzen.

6 Die Sauce über die Fleischstücke gießen. Auf dem Herd aufkochen. Deckel auflegen und in den Ofen (Gas: Stufe 2) schieben. 2–3 Std. schmoren, dabei alle 30 Min. die Haxen mit etwas Brühe übergießen.

7 Für die Gremolata: Schale von 2 Zitronen fein abraspeln. Petersilie fein hacken. 5 Knoblauchzehen ganz fein würfeln. Alles vermischen. Fertig geschmortes Fleisch in eine Schüssel heben, Gemüse mit Sauce darüber schöpfen. Mit Gremolata bestreuen.

67

Die Po-Ebene

Brasato alla milanese
Schmorbraten in Rotwein (Lombardei)

Zutaten für 6 Portionen:

1 kg Rindfleisch vom Bug
1 Stange Staudensellerie
1 kleiner Kohlrabi mit Grün
1 Möhre
4 Tomaten
3/8 l Rotwein
etwa 1/4 l Fleischbrühe
3 EL Öl
50 g Butter
1 Zwiebel
2 Knoblauchzehen
2 Gewürznelken
Salz, Pfeffer aus der Mühle
Muskatnuß

Zubereitungszeit: 35 Min.
  (+ 3 Std. Schmorzeit)
Pro Portion: 1600 kJ / 380 kcal

1 Das Fleisch mit einem spitzen Messer in gleichmäßigen Abständen leicht einritzen, mit kleinen Knoblauchstückchen (von 2 Zehen) spicken.

2 In einem schweren Bräter 3 EL Öl erhitzen, 50 g Butter darin schmelzen lassen. Fleisch hineingeben, rundum anbraten.

3 Inzwischen das Gemüse vorbereiten: 1 Selleriestange und 1 Kohlrabi putzen, das Grün für später beiseite legen. 1 Möhre schälen, 1 Zwiebel abziehen. Alles kleinhacken, in den Bräter geben und anbraten. Salzen und pfeffern, 2 Gewürznelken dazugeben. 3/8 l Rotwein angießen und etwas eindampfen lassen.

4 Tomaten überbrühen und enthäuten. Das Fruchtfleisch kleinhacken, zum Fleisch in den Bräter geben.

5 Etwa 1/4 l Fleischbrühe nach und nach angießen, den Braten zugedeckt 3 Std. sachte schmoren.

6 Zum Servieren die Sauce durch ein Sieb streichen, mit Salz, Pfeffer und frisch geriebener Muskatnuß abschmecken und nochmals schnell heiß werden lassen. Kohlrabiblätter in feine Streifen schneiden und das aufgeschnittene Fleisch damit bestreuen.

• Die Mailänder tischen gerne mächtig auf – zum Beispiel große, würzige Schmorbraten. Als Beilage paßt dazu *Polenta* als Brei oder wie im Rezept auf Seite 102 in Scheiben geschnitten und kurz in der Pfanne gebraten.

• Weinempfehlung: ein gehaltvoller Rotwein, zum Beispiel Bardolino Classico Superiore.

Mailand oder Wien?

Hier ist's ein saftiges Rippenstück mit Knochen – dort ein sorgsam geklopftes Schnitzel aus der Schale. Die einen bräunen es ganz langsam und in reichlich frischer Butter - die andern brutzeln es lieber in herzhaftem Schmalz. Trotz alledem: ob »costoletta alla milanese«, (also ein paniertes Kalbskotelett) oder echtes »Wiener Schnitzel« - die Ähnlichkeit der beiden ist alles andere als Zufall.
Noch heute grübeln die Geschichtsschreiber der Kochkunst darüber, aus welchem Kulturgut das perfekt panierte Stück nun tatsächlich stammt. Die Mailänder schwören auf eine einzige Version: Erst im letzten Jahrhundert wanderte das vielgepriesene Rezept im Handgepäck des Feldmarschalls Radetzky nach Österreich. In Italien kennt man das

Involtini alla milanese
Kalbsröllchen (Lombardei)

goldgelbe Bravourstück schon etwas länger. Das verrät unter anderem eine Speisekarte aus dem Jahre 1134!

Costoletta alla milanese

Im wesentlichen entscheidet die Qualität des Fleisches über »zart« oder »zäh«. Die Zubereitung selbst bereitet kaum Probleme: Ein Kalbskotelett erster Güte am Knochen leicht einritzen, zart klopfen und salzen. Danach durch verquirltes Ei ziehen und in frisch geriebenen Semmelbröseln wenden. Panierung fest andrücken. Reichlich Butter in einer Pfanne aufschäumen lassen, Kotelett hineinlegen und erst von der einen, dann von der anderen Seite knusprig und hellbraun braten. Nun die Hitze herunterschalten, das Fleisch in etwa 5 Min. weich garen. Mit Zitronenscheiben garnieren.

<u>Zutaten für 4 Portionen:</u>
4 dünne Kalbsschnitzel (jeweils etwa 100 g)
2 kleine Bratwürstchen
2 Hühnerlebern
50 g durchwachsener Speck in dünnen Streifen
1 Bund Petersilie
8–10 frische Salbeiblättchen
2 EL frisch geriebener Parmesan
2 Eigelb
50 g Butter
1/8 l Weißwein
1/8 l Fleischbrühe
2 Knoblauchzehen
Mehl zum Bestäuben
Salz, Pfeffer aus der Mühle

<u>Zubereitungszeit:</u> 1 Std.
Pro Portion: 2600 kJ / 620 kcal

1 Schnitzel sehr dünn klopfen. Bratwürstchen enthäuten, die Fülle zerkleinern und in eine Schüssel geben.

2 Für die Füllung die Hühnerlebern fein hacken. 2 Knoblauchzehen abziehen und durchpressen, Petersilie fein hacken. Alles zum Brät geben, 2 EL Parmesan und 2 Eigelb hinzufügen. Gründlich mischen, aus der Mühle pfeffern.

3 Paste gleichmäßig auf die Schnitzel streichen, aufrollen. Mit jeweils 1 Salbeiblatt belegen, mit Speckstreifen umwickeln und mit Spießchen feststecken.

4 Rouladen dünn mit Mehl bestäuben. In einer Pfanne 50 g Butter erhitzen, Fleischröllchen darin unter Wenden goldbraun braten. Salzen und 1/8 l Wein angießen, etwa zur Hälfte eindampfen lassen.

5 1/8 l Brühe zugießen, zugedeckt bei schwacher Hitze 20 Min. schmoren. Nach 10 Min. jedes Röllchen mit einem weiteren Salbeiblatt belegen (oder einige Salbeiblätter in die Sauce geben).

6 Röllchen herausnehmen, warm stellen. Die Sauce nochmals kräftig durchköcheln, abschmecken und zum Fleisch servieren.

• Sehr dünn geklopfte Fleischscheiben werden würzig gefüllt und in Wein sanft geschmort. Als Beilage passen Kartoffeln und Gemüse.

• Weinempfehlung: ein trockener, voller Weißwein, zum Beispiel ein Riesling (Oltrepò Pavese).

Fegato alla veneziana
Kalbsleber mit Zwiebeln (Venetien)

Zutaten für 4 Portionen:

500 g Kalbsleber
350 g milde Zwiebeln
1 Bund glatte Petersilie
4 EL Olivenöl
2 EL Butter
100 ml kräftige Fleischbrühe
  (oder fertiger Kalbsfond aus
  dem Glas)
Salz, Pfeffer aus der Mühle

<u>Zubereitungszeit:</u> *35 Min.*
Pro Portion: 1300 kJ / 310 kcal

1 Kalbsleber (falls nötig enthäutet) in schmale Scheiben schneiden. 350 g Zwiebeln in dünne Ringe schneiden, die Hälfte der Petersilie sehr fein hacken.

2 In einer Pfanne 4 EL Olivenöl erhitzen, 2 EL Butter darin schmelzen lassen. Zwiebelringe und die gehackte Petersilie hineingeben, bei milder Hitze 10 Min. dünsten, bis die Zwiebeln glasig sind.

3 100 ml Brühe angießen und die Temperatur erhöhen. Leberscheibchen hineingeben, unter häufigem Wenden in etwa 4 Min. garen. Übrige Petersilie grob hacken. Leber mit Salz abschmecken, frisch aus der Mühle pfeffern und Petersilie aufstreuen.

• Als Beilage schmeckt dazu: frisch zubereitetes Kartoffelpüree, Weißbrot oder *Polenta* als Brei oder wie im Rezept auf Seite 102 in Scheiben geschnitten und kurz in der Pfanne gebraten.

• Varianten: zum Würzen zusätzlich 1 Schuß Essig angießen oder die Brühe durch trockenen Weißwein ersetzen.

• Weinempfehlung: ein kräftiger Weißwein, zum Beispiel ein Soave Superiore.

Scaloppine al limone
Kalbsschnitzel mit Zitronensauce (Lombardei)

Zutaten für 4 Portionen:

4 Kalbsschnitzel (je 120 g)
2 Zitronen (1 davon mit
  unbehandelter Schale)
6 EL Olivenöl
1 EL Butter
Salz, weißer Pfeffer

<u>Zubereitungszeit:</u> *20 Min.*
  (+ 1 Std. Marinieren)
Pro Portion: 1200 kJ / 290 kcal

1 Die Kalbsschnitzel quer halbieren, etwa ½ cm dünn klopfen. Schale der unbehandelten Zitrone fein abreiben, Saft auspressen. Zitronensaft mit 4 EL Olivenöl kräftig verquirlen, mit wenig Pfeffer würzen und abgeriebene Zitronenschale untermischen.

2 Marinade über die Schnitzel gießen, abgedeckt im Kühlschrank mindestens 1 Std. durchziehen lassen. Zwischendurch einmal wenden.

3 In einer Pfanne 2 EL Olivenöl verstreichen und erhitzen. Schnitzel aus der Marinade nehmen, gut abtropfen lassen. In die heiße Pfanne geben, von beiden Seiten etwa 2 Min. braten. Herausnehmen und zugedeckt beiseite stellen.

4 Zitronen-Öl-Marinade in die Pfanne gießen. Zweite Zitrone auspressen, den Saft dazu geben und alles kräftig aufkochen. 1 EL Butter in die Sauce rühren und schmelzen lassen, mit Salz und Pfeffer abschmecken.

5 Schnitzel in die Sauce legen und nochmals richtig heiß werden lassen. Auf vorgewärmten Tellern anrichten, mit der Sauce umgießen und sofort servieren.

• Beim Anrichten können Sie diese Schnitzelchen sehr schön mit hauchfein geschnittenen Zitronenscheiben und frischen

Vitello al latte
Kalbsbraten in Milch (Lombardei)

Kräutern (zum Beispiel Zitronenmelisse) garnieren.

• Achten Sie bei diesem Rezept besonders auf die Qualität des Kalbfleisches – damit die zarten Schnitzel beim Braten in der Pfanne nicht allen Saft verlieren.

Zutaten für 6 Portionen:
1 kg Kalbsnuß
1 l Milch
250 g Sahne
2 Knoblauchzehen
80 g Butter
2 EL Mehl
1 Lorbeerblatt
1 Zweig Thymian (frisch oder getrocknet)
Salz, Pfeffer

<u>Zubereitungszeit:</u> 2 Std.
Pro Portion: 2000 kJ / 480 kcal

1 Kalbsnuß leicht salzen und pfeffern, 2 Knoblauchzehen durchpressen und das Fleisch damit einreiben.

2 In einem Schmortopf 80 g Butter zerlassen. Kalbsnuß hineingeben und von allen Seiten Farbe annehmen lassen. 1 l Milch in einem zweiten, kleinen Topf erhitzen.

3 Kalbsbraten mit der heißen Milch begießen, 1 Lorbeerblatt und 1 Thymianzweig in den Topf geben. Zugedeckt bei kleiner Hitze etwa 1½ Std. schmoren, das Fleisch zwischendurch immer wieder mit der Milch übergießen.

4 Sobald das Fleisch schön zart und weich geschmort ist, herausnehmen und abgedeckt warm stellen. Lorbeer und Thymian aus der Sauce nehmen, 250 g Sahne angießen und kräftig köcheln lassen, bis eine sämige Sauce entsteht.

5 Sauce durch ein Sieb passieren, mit Salz und Pfeffer abschmecken. Kalbsnuß in feine Scheiben schneiden, auf einer vorgewärmten Platte anrichten und mit der Sauce servieren.

• Dazu paßt zartes, nur kurz gedünstetes Gemüse wie Broccoli, Möhren, weiße Rübchen oder Kohlrabi.

• Milch, ein typischer Rohstoff der lombardischen Küche, dient nicht nur als Ausgangsprodukt für Butter und würzige Käsesorten, sondern wird hier auch traditionsgemäß zum Marinieren von Braten verwendet. Das sanfte Bad macht das Fleisch wunderbar mürbe und ist gleichzeitig die Grundlage für eine feine, cremige Sauce. Mit Sahne ergänzt köchelt der Milchsud noch besser ein und gewinnt an Aroma.

Radicchio rosso
Gebratener Radicchio (Venetien)

Zutaten für 4 Portionen:

100 g durchwachsener Speck
750 g Radicchio
4 kleine Zwiebeln
2 Knoblauchzehen
5 EL kaltgepreßtes, aromatisches Olivenöl
Salz, Pfeffer aus der Mühle

Zubereitungszeit: 30 Min.
Pro Portion: 1200 kJ / 290 kcal

1 Radicchio putzen, die äußeren Blätter entfernen. Salatköpfe längs vierteln und die Strünke herausschneiden. Kurz abbrausen und gut abtropfen lassen.

2 Speck in feine Streifen schneiden, 4 Zwiebeln achteln. 2 Knoblauchzehen fein hacken. In einer großen Pfanne 3 EL Olivenöl erhitzen, Speck und Zwiebeln unter Rühren 3 Min. anbraten. Knoblauch untermischen.

3 Gut abgetropften Radicchio in die Pfanne geben, bei geringer Hitze 5 Min. braten, dabei 1–2mal wenden. Mit Salz, frisch gemahlenem Pfeffer und 2 EL Olivenöl würzen. Heiß als Beilage zu gebratenem oder gegrilltem Fleisch servieren.

• Eine besondere Spezialität aus Venetien ist der Radicchio di Treviso – lange glatte Blätter statt kugeliger Form. Zarter und kostspieliger als der normale Radicchio. Zubereitung: alla griglia – mit Olivenöl bestreichen, grillen, mit Salz und Pfeffer würzen.

Asparagi alla parmigiana
Überbackener Spargel (Emilia-Romagna)

Zutaten für 4 Portionen:

1 kg grüner Spargel
50 g frisch geriebener Parmesan
80 g Butter
Salz, Pfeffer aus der Mühle

Zubereitungszeit: 50 Min
Pro Portion: 880 kJ / 210 kcal

1 Die unteren Teile der Spargelstangen dünn abschälen, das holzige Ende ganz abschneiden. Spargel waschen und zu vier Bündeln zusammenbinden.

2 Spargelbündel aufrecht in einen Topf stellen, soviel heißes Wasser angießen, daß die Spitzen nicht bedeckt sind. Salzen, Deckel fest schließen und den Spargel je nach Dicke 10–15 Min. nicht zu weich kochen.

3 Backofen auf 225° vorheizen. 80 g Butter schmelzen, nicht bräunen. Spargel abgießen und abtropfen lassen. Eine große feuerfeste Platte dünn mit 1 EL zerlassener Butter bestreichen.

4 Spargelstangen versetzt in mehreren Lagen auf der Platte anrichten – die Köpfe sollten dabei möglichst frei liegen. Mit der zerlassenen Butter beträufeln, 50 g frisch geriebenen Parmesan gleichmäßig aufstreuen. Im vorgeheizten Backofen (Gas: Stufe 4) 3 Min. überbacken. Aus der Mühle pfeffern, sofort servieren.

• Eine Spargelvariante aus der Feinschmeckerstadt Parma: Spargelstangen 10–15 Min. vorkochen, mit Parmaschinken umwickeln und mit Parmesan und Butterflöckchen kurz überbacken.

Melanzane marinate
Marinierte Auberginen (Emilia-Romagna)

• Und noch eine Spezialität, diesmal aus der Lombardei: »Asparagi alla milanese«. Spargel wie gewohnt vorbereiten und bißfest garen. Mit frisch geriebenem echtem Parmesan bestreuen und dazu Spiegeleier servieren.

• Natürlich können alle diese Spargelgerichte ebenso mit weißem Spargel zubereitet werden. Kalkulieren Sie die Menge dabei etwas großzügiger, da weißer Spargel weitaus gründlicher geschält werden muß. Die Garzeit verlängert sich (je nach Dicke der Stangen) um 5–10 Min.

Grüner Spargel schmeckt übrigens kräftiger als der weiße und ist oft preisgünstiger.

Zutaten für 4 Portionen:
4 kleine Auberginen (etwa 500 g)
½ Bund glatte Petersilie
½ Bund Basilikum
6–8 Salbeiblätter
3 Knoblauchzehen
2–3 EL Schweineschmalz
5 EL Weinessig
Salz, Pfeffer aus der Mühle
Zubereitungszeit: 70 Min. (+ 12 Std. Marinieren)
Pro Portion: 420 kJ / 100 kcal

1 Auberginen waschen und in ½ cm breite Scheiben schneiden, Stielansatz entfernen. Scheiben salzen, lagenweise auf einem großen Teller stapeln, mit einem zweiten Teller abdecken und ein Gewicht darauf stellen. Mindestens 30 Min. ziehen lassen.

2 Auberginen abspülen und gut trockentupfen. 1–2 EL Schweineschmalz in einer großen Pfanne erhitzen. Die Auberginenscheiben portionsweise hineingeben, von beiden Seiten je 2 Min. braten. Nach Bedarf übriges Schmalz dazugeben. Gebratene Auberginen aus der Pfanne nehmen, auf Küchenkrepp gut abtropfen lassen.

3 Je ½ Bund Petersilie und Basilikum, 6–8 Salbeiblättchen und 3 Knoblauchzehen sehr fein hacken und mischen. Auberginenscheiben lagenweise in eine Schüssel schichten, jede Lage salzen, pfeffern, mit etwas Weinessig beträufeln und mit der Kräuter-Knoblauch-Mischung bestreuen. Zugedeckt im Kühlschrank über Nacht durchziehen lassen. Als Beilage zu gekochtem oder gebratenem Fleisch servieren.

• An Aroma und Eigenwilligkeit haben die violetten Eierfrüchte kaum etwas zu bieten – aus diesem Grunde bringt es auch wenig Genuß, sie roh zu verzehren. Doch wenn's ans Braten, Grillen, Marinieren und Schmoren geht, entfalten sie überraschendes Temperament: Sie vertragen sich nämlich mit allem, was an kräftiger Würze denkbar ist. Unersättlich zeigen sie sich auch beim Aufsaugen von heißem Fett und Öl – deshalb immer nur ganz frische Zutaten verwenden und die gebackenen Auberginen sofort auf Küchenkrepp abtropfen lassen.

Die Po-Ebene

Uova zuccate
Kürbis-Mandel-Eier (Lombardei)

Zutaten für 4–6 Portionen:
400 g geschälter Kürbis
100 g feingemahlene Mandeln
100 g frisch geriebener Parmesan
6 Eier
60 g weiche Butter
Salz, weißer Pfeffer
Zubereitungszeit: 1 Std.
Bei 6 Portionen pro Portion: 1500 kJ / 360 kcal

1 Geschältes, reifes Kürbisfleisch in kleine Stückchen schneiden. In einen Topf geben, leicht salzen und 2–3 EL Wasser angießen. Zugedeckt weichköcheln. Mit dem Pürierstab im Topf pürieren oder durch ein feines Sieb streichen. Etwas abkühlen lassen. Backofen auf 200° vorheizen.

2 50 g feingemahlene Mandeln und die Hälfte der Butter unter das Kürbispüree mischen. 6 Eier verquirlen, mit 50 g frisch geriebenem Parmesan glattrühren. Löffelweise das Kürbispüree dazugeben und unterrühren. Mit Salz und Pfeffer abschmecken.

3 Eine feuerfeste Form mit 1 EL Butter ausstreichen. Kürbis-Eier hineingeben, mit restlichen Mandeln und Parmesan bestreuen, übrige Butter in Flöckchen darauf setzen. In den vorgeheizten Backofen schieben (Gas: Stufe 3) und stocken lassen (dauert etwa 30 Min.). Sofort servieren.

• Frischer Kürbis wird auch in dünne Scheiben geschnitten und in aromatischem Olivenöl knusprig frittiert – gut abtropfen lassen, mit Salz, Pfeffer und einem Hauch Chili bestreuen.

Verdure alla primavera
Frühlingsgemüse (Emilia-Romagna)

Zutaten für 4 Portionen:
300 g Broccoli
3 Stangen Staudensellerie
250 g grüner Spargel
250 g Zuckerschoten
1 Bund Frühlingszwiebeln
500 g kleine Tomaten
1 Zitrone (Saft)
1 Bund Basilikum
2 EL frisch geriebener Parmesan
2 EL Aceto Balsamico (Essigspezialität aus Modena, siehe auch Seite 51)
3 EL Butter
Salz, Pfeffer aus der Mühle
Zubereitungszeit: 70 Min.
Pro Portion: 960 kJ / 230 kcal

1 Broccoli putzen, in Röschen zerlegen. Stiele schälen und in dünne Scheiben schneiden. Staudensellerie putzen und waschen, in 3 cm lange Stücke schneiden. Spargel putzen, die holzigen Enden abschneiden, Spargelstangen in 3 cm lange Stücke schneiden. Zuckerschoten und Frühlingszwiebeln putzen und waschen. Die weißen Zwiebelchen vom Grün trennen, dabei einen 2 cm langen grünen Stiel stehen lassen. Restliches Zwiebelgrün in feine Ringe schneiden. Tomaten kurz überbrühen, enthäuten und in schmale Schnitze schneiden.

2 In einem großen Topf reichlich Salzwasser erhitzen, Saft von 1 Zitrone untermischen. Nacheinander Spargelstücke (5 Min.), Selleriestücke (4 Min.), Broccoliröschen (3 Min.) und Zuckerschoten (2 Min.) blanchieren. Kalt abschrecken und abtropfen lassen. Die Brühe für später aufheben.

3 In einer Pfanne 2 EL Butter aufschäumen lassen. Weiße Zwiebelchen und Broccolistiele hineingeben, unter Rühren

Timballo verde
Gemüseauflauf (Lombardei)

3 Min. dünsten. Blanchiertes Gemüse nach und nach untermischen und einige EL Gemüsebrühe angießen. Tomatenschnitze einrühren.

4 Weiterdünsten, bis das Gemüse gar, aber noch schön knackig und bißfest ist. Mit 2 EL Aceto Balsamico, wenig Salz, frisch gemahlenem Pfeffer und 1 Prise frisch geriebener Muskatnuß würzen. Grüne Zwiebelringe, 2 EL frisch geriebenen Parmesan und Basilikumblättchen aufstreuen und das Gemüse sofort servieren.

• Reich gesegnet mit Gemüse sind die großen Anbaugebiete Norditaliens, Emilia-Romagna und Venetien. Und auch an köstlichsten Gemüserezepten besteht in diesen Regionen überhaupt kein Mangel...

Zutaten für 6 Portionen:
600 g Kartoffeln (mehligkochende Sorte)
500 g frischer Blattspinat
2 Bund glatte Petersilie
100 g frisch geriebener Parmesan
4 Eier
4 EL Sahne
3 EL Butter
Salz, Pfeffer aus der Mühle Muskatnuß
<u>Zubereitungszeit:</u> 2 Std.
Pro Portion: 1200 kJ / 290 kcal

1 Kartoffeln waschen, in Salzwasser aufsetzen und weich kochen. In einem zweiten Topf reichlich Salzwasser für den Spinat erhitzen. Spinat putzen und waschen, im kochenden Wasser 2 Min. blanchieren. Gut abtropfen lassen.

2 Petersilienblättchen abzupfen, mit dem Spinat zusammen fein pürieren. Mit Salz, Pfeffer und frisch geriebener Muskatnuß abschmecken.

3 Backofen auf 175° vorheizen. Kartoffeln abgießen, noch heiß pellen und durch die Kartoffelpresse drücken. 4 Eier mit 4 EL Sahne verquirlen, unter die Kartoffeln rühren. Spinatpüree und etwa ¾ vom geriebenen Parmesan gründlich untermischen. Nochmals kräftig abschmecken.

4 Eine feuerfeste Form mit 1 EL Butter ausstreichen. Kartoffelmasse einfüllen, in den Backofen (Gas: Stufe 2) schieben und 20 Min. garen. Mit restlichem Parmesan bestreuen, 2 EL Butter in Flöckchen darauf verteilen, knusprig überbacken und heiß servieren.

• Frische Erbsen oder Möhren finden sich in anderen Varianten dieses Gemüseauflaufs – mal werden zusätzliche Käsesorten verwendet oder statt Kartoffeln ein Gemisch aus Nudeln und Béchamelsauce.

• Wer keine Kartoffelpresse besitzt: Mit einer groben Reibe können Sie die Kartoffeln auch klein kriegen!

Die Po-Ebene

Semifreddo
*Eisgekühlte Schichttorte
(Emilia-Romagna)*

Zutaten für 8–10 Portionen:

Für die Tortenböden:
250 g geschälte Mandeln
2 Eiweiß
150 g Puderzucker

Für die Füllung:
3 zimmerwarme Eier
200 g Butter
60 g Puderzucker
150 g Zartbitter-Schokolade
2 cl Weinbrand
2 Mokkatassen starker,
   abgekühlter Espresso
3 EL Mandelsplitter

Zubereitungszeit: 1½ Std.
   (+ 4–5 Std. Kühlen)
Bei 10 Portionen pro Portion:
   2100 kJ / 500 kcal

Ein eiskalter Traum aus süßem Schaum und Mandeln – wie geschaffen für die festlichsten Tage des Jahres.

Eine andere beliebte Version, die weniger Arbeit macht, wird mit *Amaretti* zubereitet. Das sind kleine, knusprige Mandelplätzchen, die es fertig zu kaufen gibt, die Sie aber auch sehr gut auf Vorrat backen können (Rezept Seite 120).

• *Amaretti* leicht zerbröseln und mit Rum beträufeln. Eine *Zabaione* zubereiten (Rezept Seite 120), etwas abkühlen lassen, steifgeschlagene Sahne unterziehen. Abwechselnd mit den getränkten Mandelplätzchen in eine Kastenform schichten, einige Std. kalt stellen. Danach stürzen, in Scheiben aufschneiden. Beide Versionen werden sehr kalt, häufig auch halb gefroren serviert.

• Normalerweise enthält der Teig kein Mehl. Falls er zu sehr klebt, können Sie aber ohne weiteres etwas Mehl zufügen.

• Bei zu kalten Eiern gerinnt die Eiercreme leicht. Dann im warmen Wasserbad alles kräftig aufschlagen, bis die Creme wieder schön glatt ist.

1 Die Tortenböden möglichst schon am Vortag zubereiten: Backofen auf 150° vorheizen. 250 g geschälte Mandeln sehr fein mahlen. Mit 150 g Puderzucker mischen, 2 Eiweiß zu Schnee schlagen und unterziehen.

2 Teig in 3 Portionen teilen, jeweils in der Größe einer Springform (24 cm ø) zwischen Klarsichtfolie dünn ausrollen. Die 3 Böden nacheinander im vorgeheizten Backofen (Gas: Stufe 1) auf mittlerer Schiene 10–15 Min. backen. Gut auskühlen lassen.

3 Für die Füllung 3 Eier trennen, die 3 Eiweiß zu Schnee schlagen. 200 g Butter, 3 Eigelb und 60 g Puderzucker schaumig rühren. Eischnee eßlöffelweise unterziehen.

4 2 cl Weinbrand mit den 2 Täßchen kaltem Espresso vermischen. Einen der abgekühlten Mandelböden mit etwa 1/3 der Espresso-Weinbrand-Mischung tränken.

5 1/3 der Eischaumcreme auftragen und glatt streichen. 50 g Schokolade reiben, die Hälfte davon auf die Creme streuen. Darauf vorsichtig wieder einen Tortenboden legen, mit Espresso und Weinbrand beträufeln. Creme und Schokolade, dann wieder Tortenboden, Espresso, Weinbrand und Creme folgen lassen.

6 Torte zudecken, 4–5 Std. im sehr kalten Kühlschrank (oder etwas kürzer in der Tiefkühltruhe) durchziehen lassen. Vorm Servieren 100 g Schokolade grob raspeln, die Oberfläche der Torte üppig mit Schokoladenraspeln und eventuell 3 EL Mandelsplittern dekorieren. Eiskalt servieren.

Die Po-Ebene

Tirami su
Mascarponecreme (Venetien)

Monte Bianco
Kastanienpüree mit Sahne (Lombardei)

Zutaten für 8 Portionen:

1 unbehandelte Zitrone
500 g Mascarpone (italienischer Doppelrahm-Frischkäse, ersatzweise 300 g Sahnequark, gemischt mit 200 g Crème fraîche)
4 Eigelb
4 EL Zucker
2 Täßchen kalter Espresso
4 cl Weinbrand
150 g Löffelbiskuits
ungesüßtes Kakaopulver

Zubereitungszeit: 25 Min.
   (+ 5 Std. Kühlen)
Pro Portion: 2100 kJ / 500 kcal

1 4 Eigelb mit 4 EL Zucker in eine Schüssel geben, mit dem Handrührgerät auf höchster Stufe schaumig schlagen.

2 Löffelweise 500 g Mascarpone unterziehen. Mit fein abgeriebener Schale von 1 Zitrone würzen.

3 Eine flache Form bereitstellen. 2 Täßchen kalten Espresso mit 4 cl Weinbrand mischen. Die Hälfte der Löffelbiskuits nacheinander ganz kurz hineintauchen. Boden der Form damit auslegen.

4 Die Hälfte der Mascarponecreme aufhäufen, glatt streichen. Übrige Biskuits ebenfalls kurz in den Espresso eintauchen, einschichten, restliche Creme einfüllen.

5 Zugedeckt 5 Std. in den Kühlschrank stellen. Vorm Servieren mit ungesüßtem Kakaopulver bestäuben.

• »Crema di mascarpone« – so lautet auch ein altes lombardisches Rezept, das vieles gemein hat mit diesem wohl erfolgreichsten Dessert der 80er Jahre. Allerdings: Eine andere süße Spur führt eher in die Küche der Toskana!

Zutaten für 6 Portionen:

600 g Eßkastanien (Maroni)
½ l Milch
200 g Sahne
1 Vanilleschote
100 g Puderzucker
50 g Kakao
2 cl Rum

Zubereitungszeit: 1½ Std.
Pro Portion: 2000 kJ / 480 kcal

1 Backofen auf 250° vorheizen. Eßkastanien mit einem scharfen Messer leicht einritzen, auf ein Blech legen und etwa 20 Min. in den Backofen (Gas: Stufe 5) schieben, bis die Schalen aufspringen. Herausnehmen und noch heiß schälen.

2 Eßkastanien in einen Topf geben, ½ l Milch angießen und 1 aufgeschlitzte Vanilleschote hineinlegen. In etwa 45 Min. weich köcheln (Die Milch wird dabei fast aufgesaugt). Vanilleschote herausnehmen, Eßkastanien pürieren.

3 100 g Puderzucker, 50 g Kakao und 2 cl Rum unters Püree mischen und glattrühren. Auf Dessertschälchen verteilen (Besonders dekorativ: durch eine Spätzlepresse drücken und spaghettiförmig anrichten). 200 g Sahne steif schlagen und das Kastanienpüree damit garnieren.

• Wenn's saisonbedingt keine frischen Maroni gibt, geschälte aus der Dose nehmen (etwa 400 g). Sie müssen nicht so lange in der Milch köcheln, bis sie zerfallen (Garprobe nach 30 Min.).

Panna cotta
Gestürzte Sahnecreme (Emilia-Romagna)

Zutaten für 4–6 Portionen:
500 g Sahne
1 Vanilleschote
50 g Zucker
2 Blatt weiße Gelatine
Karamelsirup (oder frische
  Früchte) zum Garnieren

<u>Zubereitungszeit:</u> 20 Min.
  (+ 3–4 Std. Gelieren)
Bei 6 Portionen pro Portion:
  1300 kJ / 310 kcal

1 2 Blatt weiße Gelatine in kaltem Wasser einweichen. 500 g Sahne in einen Topf geben. 1 Vanilleschote längs aufschlitzen, das Mark herauskratzen und zusammen mit der ganzen Schote und 50 g Zucker zur Sahne geben. Langsam erhitzen, etwa 15 Min. leicht köcheln lassen.

2 Den Topf vom Herd ziehen, Vanilleschote herausnehmen. Eingeweichte Gelatineblätter tropfnaß in den Topf geben, unter Rühren vollständig auflösen. Sahne in 4–6 kleine, kalt ausgespülte Förmchen füllen, im Kühlschrank in 3–4 Std. fest werden lassen.

3 Sahnecreme gut gekühlt auf Dessertteller stürzen, mit Karamelsirup beträufeln oder mit Früchten garnieren.

• Wem die Sahne pur zu mild schmeckt, könnte zum Aromatisieren ein Gläschen Marsala untermischen.

• Weinempfehlung: Marsala oder fruchtig-süßer Prosecco (Amabile).

Fragole all'aceto
Marinierte Erdbeeren (Emilia-Romagna)

Zutaten für 4 Portionen:
500 g kleine, aromatische
  Erdbeeren (im Idealfall
  Walderdbeeren)
2 EL Aceto balsamico
  (italienischer Würzessig aus
  Traubenmost)
1–2 EL Zucker

<u>Zubereitungszeit:</u> 10 Min.
  (+ 1 Std. Marinieren)
Pro Portion: 260 kJ / 60 kcal

1 Erdbeeren kurz überbrausen, gut abtropfen lassen. Stiele abzupfen und die Früchte in eine Schüssel geben.

2 Die Erdbeeren mit 1–2 EL Zucker bestreuen und 2 EL Aceto balsamico darüber träufeln. Vorsichtig mischen, abgedeckt bei Zimmertemperatur mindestens 1 Std. durchziehen lassen. Eventuell vorm Servieren noch kurz in den Kühlschrank stellen.

• Aceto balsamico – das ist alles andere als ein banaler Essig! Wenige Tröpfchen genügen, um Salate und Saucen auf den Punkt zu würzen, edle Zutaten wie Rinderfilet oder zarten Fisch perfekt abzuschmecken, selbst Desserts dezent zu verfeinern. Was es mit dieser Spezialität aus Modena auf sich hat, erfahren Sie ausführlicher auf Seite 51.

Die Po-Ebene

Käse – die Pikanten aus Milch und Lab

Der berühmteste Käse Italiens kommt aus dem Norden, aus der Stadt Parma in der Emilia-Romagna: der *Parmesan*, genauer *Parmigiano Reggiano*. Dieser Namenszug, in die goldbraune Rinde eingebrannt, garantiert die Echtheit. Mit zunehmendem Alter wird dieser Käse würziger und wertvoller. Noch weich und mild ist er als junger, nur 1–2 Jahre gereifter Käse (»Giovane«). Zum Reibkäse wird er nach mindestens 3 Jahren Reifezeit (»Vecchio«). Daneben gibt es den *Grana Padano* aus der Po-Ebene. Beide gehören zur Familie der *Granas*, körnigen Hartkäsen, die mit dem Ago, einem kurzen, blattförmigen Spezialmesser, zerbröckelt werden.

Es fällt schwer, auf Anhieb ein italienisches Gericht zu nennen, bei dem kein Käse verwendet wird. Käse ist die Zutat, die Arm und Reich, Nord und Süd vereint. Aus nur zwei Zutaten, Milch und Lab, entsteht ein Produkt, das in seiner Vielfalt unübertroffen ist. Wann der erste Käse überhaupt hergestellt wurde, läßt sich nicht feststellen. Doch waren schon die alten Griechen Meister der Käseproduktion, und sie waren es auch, die diese Kunst nach Sizilien und Süditalien brachten. Das Klima erlaubte es nicht, die Milch aufzubewahren – mit dem Käse aber fand man ein haltbares und nahrhaftes Produkt, das sich gut für Notzeiten lagern läßt. Und weil man im Süden vorwiegend Schafe und Ziegen als Nutztiere hielt, diente auch deren Milch zur Käseproduktion. Klassischer Vertreter ist der *Pecorino*, ein Hartkäse aus Schafmilch.

Die Käsesorten des Nordens werden aus Kuhmilch hergestellt, denn die üppigere Vegetation erlaubt eine intensivere Weidewirtschaft als im Süden. Möglicherweise entwickelten die Kelten, die um 400 v. Chr. in dieses Gebiet einzogen, die Käseherstellung. Auf jeden Fall war es der Einfluß der Klöster, der bereits bis zum Jahr 1200 n. Chr. eine Vielzahl von Käsesorten entstehen ließ – zu dieser Zeit kannte man schon den *Grana*, den *Gorgonzola*, den *Pecorino* und den *Taleggio*.

Rechts: Bis zu 5 Jahren Reifezeit sind dem Parmesan vergönnt, der mit zunehmendem Alter beständig an Wert gewinnt. Nur 5% der goldenen Laibe verlassen danach das Land – der Rest wird in der heimischen Küche verbraucht.

Spezialität Käse

*Stationen auf dem Weg zum fertigen Parmesan.
Ganz links: In Kupferkesseln wird die Mischung aus entrahmter Abendmilch und frischer, fetter Morgenmilch auf 35° C erwärmt und mit Kälber-Lab versetzt.*

Links: Nach etwa 15 Minuten setzt die Gerinnung ein, der entstehende Käsebruch wird in winzige Körnchen zerschnitten. Nun folgt die entscheidende Phase: eine stufenweise Erhitzung der Masse auf 55° C – unter fleißigem Rühren.

Käse vom Typ *Filata* (Brühkäse) sind *Mozzarella*, *Provolone* und *Caciocavallo*. Bei diesen Sorten wird der Käsebruch mit heißem Wasser gebrüht und dann geknetet, bis eine formbare Masse entsteht. Der *Provolone* kommt aus dem bergigen Hinterland von Neapel. Für seine Herstellung wird vorzugsweise rohe Wintermilch verarbeitet und mit einer bestimmten Labmischung zum Gerinnen gebracht, die auch fettspaltende Enzyme enthält. Zu verschiedensten Gebilden geformt wird er häufig in Stricke eingebunden und noch geräuchert, was dem Käse einen pikanten Geschmack gibt. Ein älterer *Provolone* eignet sich auch gut zum Reiben.

Oben links: Mit Fingerspitzengefühl prüft der Meister Konsistenz und Körnchengröße der Käsemasse und bestimmt den Zeitpunkt der Weiterverarbeitung.

Oben Mitte: Als kompakte, weiße Kugel wird die feinkörnige Masse mit einem Tuch aus dem Kessel gehoben und an Stangen aufgehängt (Bild links). Die abtropfende Molke verfüttert man an Schweine aus der Umgebung von Parma – die Lieferanten für den berühmten, aromatischen Schinken.

Oben: Mit einem kleinen Hammer aus Metall rückt ein Inspektor des Consorzio dem gereiften Käse auf den Laib – und erkennt am harmonischen Klang die erwünschte Qualität. Erst danach erhält der Parmigiano Reggiano, der König der Käse, seine begehrten Auszeichnungen: mit Stempel und Feuerprägemarke.

Die Po-Ebene

Links: Im Alpengebiet, wo Raclette und Fondue ihren Ursprung haben, wird noch auf die traditionelle Art würziger Käse aus Rohmilch hergestellt – zum Beispiel Fontina aus dem Aostatal.

Rechts: Den feinen und vielseitigen Frischkäse Ricotta gewinnt man aus der Restmolke bestimmter Käsesorten, die ein zweites Mal erhitzt wird. Das Eiweiß flockt aus, wird abgeschöpft und in Körbchen gefüllt.

Links: Paarweise gebündelt baumeln die birnenförmigen Caciocavallo-Kugeln zum Reifen im Lagerraum einer neapolitanischen Käserei.

Rechts: In unterschiedlichsten Formen und Reifegraden sind Caciocavallo und Konsorten vom Typ Filata (sogenannte Brühkäse) zu kaufen – milde bis kräftige, sahnig-fette Käse, je nach Alter als Tafelkäse oder zum Reiben zu verwenden.

Rechts: Gorgonzola – ein Klassiker mit 1000jähriger Tradition. Früher lagerte dieser Edelkäse zum Reifen in feuchten Höhlen, wo sich der zarte, blaue Schimmel auf ganz natürliche Weise entwickelte.

Links: Eine ungewöhnliche Delikatesse ist der Formaggio di fòssa aus Brisighella, südöstlich von Bologna. In Tüten verpackt reift dieser Käse in einer tiefen Grube (rechts) und wird erst nach einem Jahr in Volksfeststimmung wieder ans Tageslicht befördert.

Ähnlich wie Provolone wird der birnenförmige *Caciocavallo* hergestellt, der jedoch einen geringeren Fettgehalt aufweist. Ein »Allerweltskäse« ist der *Mozzarella* geworden, erst als Belag für Pizza, dann in Kombination mit Tomaten und Basilikum. Echter *Mozzarella* wird aus Büffelmilch hergestellt. Doch da es inzwischen viel zu wenig Büffel gibt, verwendet man jetzt überwiegend Kuhmilch für die Herstellung. Im Gegensatz zum *Provolone* hat er einen hohen Wassergehalt und ist eher dem Frischkäse zuzurechnen. Damit wären wir beim *Mascarpone*, einem durch Säuern und Erhitzen von Rahm hergestellten Frischkäse, der herrlich zart und cremig ist und nach Butter schmeckt. Er stammt ursprünglich aus der Gegend von Lodi, bekannt wurde er bei uns durch Tirami su (Rezept Seite 78), in Italien wird er auch gern zum Backen und für Saucen genommen.

Bleiben noch die italienischen Schnittkäse. Aus dem Aostatal kommt der weiche, cremige *Fontina*. Das Original muß aus roher Milch gemacht werden und erhält auf der Rinde den Stempel des Consorzio della Fontina tipica. Vom Südhang der Dolomiten kommt der *Asiago*, einst ein Bauernkäse, der heute von Genossenschaftsmolkereien produziert wird. Ihn gibt es in verschiedenen Fettstufen und Reifegraden: Vom mageren *Asiago d'Allievo* als Hartkäse vom Typ *medio* (4–6 Monate Reife) und *picante* (1–2 Jahre Reife) bis zum fettreichen Schnittkäse *Asiago grasso di monte*, der ein mildes, aber ausgeprägtes Aroma hat.

Weicher in der Konsistenz sind die halbfesten Schnittkäse wie der *Taleggio*, der ursprünglich aus der Gegend von Bergamo kommt, jetzt aber im gesamten Alpengebiet und in der Ebene der Lombardei produziert wird. Die Laibe sind rechteckig, nur kurz gereift, der Geschmack ist aromatisch, leicht süßlich, im Kern etwas säuerlich. Dessertkäse sind der *Robiola* und der *Crescenza* aus der Lombardei und der *Bel Paese*, ein Markenkäse von mildem Geschmack, der an Butter erinnert.

Spezialität Käse

Das richtige Händchen bei der Produktion von Pecorino beweisen speziell die Schafhirten aus Sardinien, die ihre Kunst inzwischen über die Inselgrenzen hinaus verbreitet und zur Vollkommenheit gebracht haben.

Auch in der Toskana hat Handarbeit Vorrang vor Technik, wenn es um Käse geht. Die optimale Reifung des hier besonders milden und zarten Pecorino erfordert außer guter Luft auch tatkräftige Pflege, zum Beispiel regelmäßiges Waschen der Rinde.

Die Mischung kann sich sehen lassen – dieser Meinung ist auch der Käsehändler aus Kalabrien, der mit Vorliebe die regionalen Größen seiner Heimat aufschneidet, etwa den mit Pfefferkörnern gewürzten Pecorino pepato. Berühmter noch sind allerdings die Schafkäsesorten aus Sardinien und Latium – der Pecorino Sardo und der Pecorino Romano.

Die Po-Ebene

Schinken – reife Leistung durch Luft und Salz

Auf den sanften Hügeln rund um Parma kamen die alten Römer als erste auf den Geschmack, erfanden listig eine transportierbare Form der saftigen Schweinebacken, in deren Genuß vorher nur dort angesiedelte Gallier-Stämme gekommen waren. Soweit zur Entstehungsgeschichte des luftgetrockneten Schinkens – die reine Wahrheit verbirgt sich im Nebel der Legenden.

Frische Luft jedoch gehört mit Sicherheit schon immer zu den wichtigsten Faktoren bei der Produktion von Parmaschinken, *Prosciutto di Parma*: Leichte, vom Berg talwärts strömende Winde, die den würzigen Duft von Pinienwäldern und Kastanienhainen mitbringen, dazu milde Durchschnittstemperaturen und geringe Feuchtigkeit. In Langhirano, dem Schinken-Städtchen am Fuße des Apennin, stehen die Lagerhallen mit den hohen, schmalen Fenstern ausnahmslos in West-Ost-Richtung, um so von der natürlichen Belüftung aus dem Süden profitieren zu können. Mindestens 1 Jahr lang ruhen die Schinken in Langhirano, bevor sie in alle Welt verschickt werden – als echt gekennzeichnet nur mit eingebranntem Markenzeichen, der fünfzackigen Krone mit dem Schriftzug PARMA. Damit ist unter anderem garantiert, daß die Keulen, die zum Schinken reifen, von ganz bestimmten Schweinen aus genau festgelegten Zuchtgebieten stammen. Mindestens 160 kg muß ein Parmaschwein auf die Waage bringen, denn im Fett steckt das Aroma. Die frischen Schweinekeulen wiegen beim Einsalzen durchschnittlich 11 kg, die fertigen Schinken nach dem Trocknen und Reifen nur noch etwa 7 kg. Dank perfekter Pflege und idealer Klimabedingungen entsteht so in einem natürlichen, Monate andauernden Prozeß aus rohem Salzfleisch eine butterzarte, mildwürzige Delikatesse von weltweitem Ruf.

Prosciutto di San Daniele – Kenner behaupten von diesem Schinken, er sei im Geschmack besonders »dolce«, noch milder und zarter als der berühmte Vetter aus der Emilia-Romagna. Den Namen verdankt er einem kleinen Ort am Alpenrand in der Provinz Friaul, nahe der jugoslawischen Grenze, seine erstklassige Qualität dem streng geregelten Herstellungsverfahren, über das – ebenso wie in Parma – ein Consorzio wacht. Rein äußerlich erkennt man den San-Daniele-Schinken an der mandolinenähnlichen Form, am Spitzfuß, der beim Parmaschinken fehlt und am Brandzeichen, der Schinkenkontur mit den Buchstaben SD. Staatlich geschützt ist auch die Herkunftsbezeichnung des *Prosciutto di Veneto* – ein luftgetrockneter, überaus feiner und milder Schinken aus dem Gebiet zwischen Padua und Vicenza. Den geflügelten venezianischen Löwen, der vom Consorzio als Prüfmarke eingebrannt wird, sieht man bisher leider kaum außerhalb der heimatlichen Grenzen. Neben diesen luftgetrockneten Spezialitäten gibt es auch geräucherte Schinkensorten, die in der Regel kräftiger schmecken und länger haltbar sind. *Südtiroler Speck* gehört dazu, ein Rohschinken aus der Schweine-

Oben: Etwa 14 Millionen Schinken verlassen jährlich die 250 Betriebe in der Provinz Parma – einer wie der andere von unnachahmlicher Qualität und einzigartigem Geschmack.

Oben: Nur die schönsten Keulen treten eine Karriere als Parmaschinken an – mit richtig verteiltem, kernig weißem Fett, heilen Knochen und leuchtend roten Muskeln.

Spezialität Schinken

keule, vorm Räuchern mit Salz und Alpenkräutern gepökelt. Relativ mager und von kernigem Geschmack ist der *Sauris* aus Friaul, mit Wacholder geräuchert der toskanische *Casentino*-Schinken. Oft nur regional erhältlich sind Wildschweinschinken – bekannt im Friaul, in der Toskana, in Umbrien und Sardinien.

In ganz Italien beliebt ist die *Coppa* – strenggenommen kein Schinken, weil nicht von der Hinterkeule stammend, jedoch schinkenähnlich in Geschmack und Herstellung: Ausgelöster, magerer Schweinenacken wird gesalzen und reift in einem mit Weißwein getränkten Tuch zu einer zarten Delikatesse heran. Ähnliches gilt für *Capocollo*, ebenfalls in vielen Regionen nach wechselnden Rezepten produziert: Fleischstücke aus Nacken, Kopf oder Lende vom Schwein werden gepökelt, in Wein eingelegt, geräuchert oder getrocknet. Der feine und edle *Culatello*, aus dem Herzstück des Parmaschinkens gemacht, reift in feuchter statt trockener Luft.

Bresàola – nicht vom Schwein, sondern gepökeltes und luftgetrocknetes Rindfleisch, gilt als Spezialität der Alpenländer. Wird ebenso wie alle Schinkensorten hauchdünn aufgeschnitten und als Vorspeise serviert, manchmal auch mit Öl, Zitrone und grob gemahlenem Pfeffer gewürzt.

Ganz oben: Nach dem Einsalzen und einer gewissen Ruhezeit steht sorgfältige Pflege auf dem Plan – eine Massage für die perfekte Form und fein säuberliches Freilegen der Knochen.

Ganz oben: Um ein Austrocknen zu verhindern, werden freigelegte Stellen mit Schmalz bestrichen.

Oben links: Von Anfang an begleiten Kontrollen die Reifezeit – dieser Stempel gilt dem Ausgangsprodukt.

Oben: Ein spitzer Pferdeknochen ist das Instrument für die letzte Qualitätprüfung – 5 Punkte in der Nähe von Blutgefäßen sticht der Experte bei jedem einzelnen Schinken an, erschnuppert das Aroma und gibt sein Urteil ab.

Ganz oben: Schinken aus San Daniele reift bis zuletzt am kompletten Beinknochen.

Oben: Am besten schmeckt Prosciutto, wenn er erst beim Kauf fachgerecht entbeint und hauchdünn aufgeschnitten wird.

Die Po-Ebene

Wurst – würzige Sorten in Hülle und Fülle

Kochen ist *Pancetta*, rosa-weiß gestreifter, gepökelter Bauchspeck vom Schwein. *Pancetta arrotolata*, luftgetrocknete Schweinsbrust mit etwas geringerem Fettanteil, reift in gerollter Form und wird auch als Aufschnitt angeboten. Nicht nur der wohlhabende Norden werkelt zufrieden in seiner Wurstküche. Weltweite Aner-

Man kennt sie als spindeldürre Meterware oder papierdünn vom zentnerschweren Laib gehobelt, in Scheibchen, am Stück oder als Paar, mit mildem, kräftigem oder höllisch scharfem Aroma – es geht um die Wurst und damit um ein schier grenzenloses Thema. Führend in der Produktion sind die Regionen Emilia-Romagna und Lombardei, was berühmte Spezialitäten aus ebensolchen Städten ahnen lassen: *Salami* aus Mailand, *Mortadella* aus Bologna, *Zampone* und *Cotechino*, gefüllte Vorderhaxe und geräucherte Schweinswurst aus Modena. Auch die Salamisorten aus Varzi, Verona und Felino sind in den oberen Regionen des Stiefels beheimatet.

Oft taucht italienische Wurst auf dem Vorspeiseteller auf, wichtig ist aber ebenso ihre Verwendung in der Küche: feingehackt für Füllungen, scheibchenweise in Suppen und Eintöpfen, im ganzen Stück als Bestandteil eines Gerichtes wie Bollito misto (Rezept Seite 110). Unentbehrlich beim

Ganz oben: Salumi, so der Überbegriff für das Angebot an Wurst und Schinken, serviert man in Italien bevorzugt sehr dünn aufgeschnitten als Antipasti-Platte, garniert mit eingelegtem Gemüse oder Früchten wie Melone und Feigen.

Oben: Keine Spur eines Schimmelbelags wie fast alle anderen luftgetrockneten Rohwürste zeigt die neapolitanische Mettwurst, da sie vor der Endreifung an frischer Luft leicht geräuchert wird.

Spezialität Wurst

kennung genießen auch andere Regionen, zum Beispiel die Toskana mit ihrer *Finocchiona*, einer mit Fenchel gewürzten, salamiähnlichen Rohwurst. Im umbrischen Norcia werden seit jeher die besten Fleischer des Landes ausgebildet. Bis vor wenigen Jahren noch gingen sie erst einmal mit ihrer Kunst auf Reisen, um sich dann in einer *Norcineria*, so heißen in Mittelitalien die Fachgeschäfte für Schinken und Würste, häuslich niederzulassen. Und gerade in den ärmeren Regionen des Südens, etwa in der Basilicata, war der Schlachttag stets Anlaß für ein Freudenfest im Kreis der Familie und Nachbarn. Das Schwein galt als göttliches Geschenk, das die wenigen Fleischmahlzeiten sicherte, Wegzehrung für Hirten und Jäger lieferte, die Vorratskammer für den Winter füllte. In Kalabrien fand man sogar einen speziellen Schutzheiligen für das schmackhafte Borstentier – letzterem schlug allerdings am Namenstag des Heiligen Antonius regelmäßig das letzte Stündchen.

Links: Gut gekühlt verläßt die feine Mortadella-Mischung aus mageren Teilen von Rind und Schwein den Fleischwolf, bevor sie gewürzt, in Natur- oder Kunstdarm abgefüllt und bei trockener Hitze gegart wird.

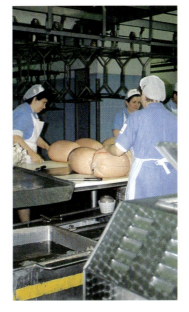

Bilder links: In gutgehüteten Rezepten liegt das Geheimnis erstklassiger Würste – die Mischung bestimmter Fleischsorten, das feine oder grobe Zerkleinern der Masse im Cutter, die Reifung nach traditioneller oder moderner Art.

Oben: Zwischen 300 g und 150 kg schwankt das Gewicht einer echten Mortadella – und auch die geschmackliche Bandbreite kann sich sehen lassen.

Ganz oben: Neben luftgetrockneter Salami mit weißem Belag hängen Würste vom Typ Sopressata, gut gewürzt und in Form gepreßt.

Oben: Zampone, mit Hack gefülltes Vorderbein, daneben Coppa aus Schweinskopf und Speck.

87

Die Alpengebiete

Aostatal, Piemont, Norden der Lombardei,
Südtirol, Trentino und Friaul-Julisch Venetien

Gipfel und Täler:
Auf der Höhe der Seiser Alm in Südtirol

Die Alpengebiete

Das Land und seine Produkte

Den Anteil Italiens an den Alpen, also Aostatal, Piemont, den Norden der Lombardei, Südtirol, Trentino und Friaul-Julisch Venetien, unter einen Hut zu bringen, ist nicht so einfach. Die monumentale Naturkatastrophe, die dieses Gebirge auffaltete wie eine überdimensionale Tischdecke, schuf ein verästeltes System von Gebirgskämmen mit durcheinandergewürfelten Gesteinsschichten. Dann formte die Eiszeit die Täler zu ihrem heutigen U-förmigen Querschnitt mit breiten Talböden und oberhalb der einstigen Eisgrenze sanft ausschwingenden Trogschultern. Alles, was die riesigen Gletscher und danach die Wassermassen des schmelzenden Eises Richtung Süden transportierten, bildet heute die weitreichende Moränenlandschaft bis zur Po-Ebene.

Je weiter man von Süden her ins Gebirge vordringt, um so karger und herber wird die Landschaft, um so kühler das Klima bis hin zum ewigen Eis der weltweit bekannten Gipfel, die das Aostatal umgeben: Montblanc, Matterhorn, Monte Rosa, Gran Paradiso. Die zahlreichen Gletscher speisen ein dichtes Netz von fischreichen Flüssen. Die Almwirtschaft und damit auch der Käse spielen eine wichtige Rolle in der Küche. Im Aostatal zeigt sie sich karg, Brotsuppen mit Käse leiten meist das Essen ein. Geräucherter Speck, Butter und Sahne werden reichlich verwendet, Teigwaren tauchen selten auf. Einst hatten im alpinen Raum nur wenige Häuser eines Dorfes Backöfen:

Die Almwirtschaft, wie hier in Friaul, ist die wichtigste Einnahmequelle für die alpinen Gebiete Italiens. Die Milch des Almviehs wird überwiegend zu Käse verarbeitet.

Brot wurde auf Vorrat für alle Familien gebacken, und Ofengerichte kamen früher kaum vor. Fleisch wird eher gesotten als gebraten, so hat auch Bolito misto, gemischtes gekochtes Fleisch, seinen Ursprung im Piemont.

Vor allem Knödel und Schupfnudeln aus Kartoffelteig zeigen,

Links oben: Apfelernte bei Terlan in Südtirol. Die klimatisch begünstigten Hänge liefern Obst in Hülle und Fülle. Die ganze Familie steht dann auf wackligen Leitern aus einem schmalen Stamm mit eingeschlagenen Querlatten in den Bäumen.

Links: Mit Blumen kann man Südtirolern immer eine Freude machen, deshalb findet man auf jedem Markt die alten Blumenfrauen.

Das Land und seine Produkte

daß Gerichte aus dem Norden nicht an der italienischen Grenze haltgemacht haben. Umgekehrt profitiert man heute nördlich der Alpen von dem ausgedehnten Obstanbau in dieser klimatisch dafür günstigen Zone. Im Frühjahr leuchten die Hänge im duftigen Weiß und zarten Rosa der blühenden Obstbäume. Auch Weinstöcke finden hier geeignete Bedingungen. In tieferen Lagen gedeihen Gemüse in Hülle und Fülle. Fische aus dem Mittelmeer wird man höchst selten finden, wohl aber Süßwasserfische wie Forellen und Renken aus den klaren Gebirgsbächen und den vielen Seen, die natürlich auch touristische Anziehungspunkte darstellen: Lago Maggiore und Lago d'Orta im Piemont, die Seen von Varese, Iseo, Como und der Gardasee in der Lombardei sind ein Begriff.

Friaul-Julisch Venetien, noch in jüngster Zeit von geologischen Bewegungen betroffen, ist eine eher flache Region, die wie ein Amphitheater von Moränenhügeln aus der Eiszeit umrahmt wird. Wie im nahen Venetien findet man hier Mais, Bohnen, Kartoffeln und viel Gemüse, Schweinefleisch und Wild. Als bedeutender Seehandelsplatz der Österreichisch-Ungarischen Monarchie kam Triest mit unterschiedlichsten Küchen in Berührung – und verstand es, sie dem eigenen Stil anzupas-

Oben: Gemüsemarkt in Bozen. Jede Stadt hat ihren Markttag, an dem Groß und Klein zum Einkaufen unterwegs sind.

Links: Ebenso berühmt wie die Schinken aus Parma sind die aus San Daniele in Friaul. Sie werden frisch zwischen zwei Brettern gepreßt, so daß sie ihre charakteristische Geigenform erhalten. Mild gepökelt und luftgetrocknet sind sie von besonders zartem und feinem Geschmack.

Ganz oben: Herbstliches Stilleben in Tolmezzo mit frischen Eßkastanien, Steinpilzen, luftgetrockneten Würsten und Käse.

Oben: Eßkastanien und frische Walnüsse auf dem Bozener Markt zeigen an, daß der neue Wein jetzt probiert werden kann.

Oben rechts: Luftig gelagert hält das Schüttelbrot ewig lange. Das steinharte dünne Fladenbrot ist eine typische Südtiroler Spezialität.

sen. Gewürzt wird gern mit Mohn, Kümmel und Anis, mit Paprika und Meerrettich. Hier spielen Süßspeisen eine wichtige Rolle, wie auch sonst in den Gebirgsgegenden die Verwendung von Zucker sehr geschätzt wird: Zum einen ist er ein guter Energielieferant für die hart Arbeitenden, zum anderen läßt er sich problemlos im Vorrat halten.

Von besonderer Qualität ist das, was in Friaul aus Schweinefleisch hergestellt wird, vor allem die Schinken. Nicht nur der königliche und delikate San Daniele, sondern auch der geräucherte Sauris, der Carso und der im Ofen gebackene Schinken aus Triest.

Die Alpengebiete

Menschen, Feste, Sehenswertes

Die Alpen bilden nicht nur eine Grenze. Über die Pässe führen auch Wege in die angrenzenden Länder. So zogen durch die Täler von Südtirol, Trentino und Friaul-Julisch Venetien immer wieder fremde Völker und hinterließen Angehörige, Nachkommen, Kochrezepte und Traditionen.

Das zeigt sich auch an der Sprache, wie im Gressoneytal im Aostatal, wo im 13. Jh. deutschsprachige Siedler aus der Schweiz hängenblieben. Bajuwaren bescherten Südtirol über den Brenner im 6. Jh. ihre Knödel, Kochkunst und Kultur, die Franken setzten mit Maultaschen nach. Daran konnten auch Langobarden und Italiener nicht mehr viel ändern.

Friaul-Julisch Venetien gehört nicht zu den reichen Regionen. Dazu kommt die Gefährdung durch Erdbeben, das schwerste war 1976. So findet man hinter der Adriaküste noch vom Tourismus unentdeckte Regionen. Und den Brauch des Tajut, des gemeinsamen Trinkens: Trifft ein Friauler einen Freund, so lädt er ihn auf einen Weißwein in die nächste Trattoria ein. Es wäre unhöflich, die Einladung abzulehnen und sich nicht zu revanchieren. Meist stoßen Freunde des einen oder des anderen dazu. Ein längerer Umtrunk ist vorprogrammiert, doch Betrunkene wird man selten erleben, denn man ist geübt, und der Wein wird in kleinen Gläsern serviert.

Anders kann es in Südtirol beim Törggelen gehen, dem traditionellen Herbstausflug von Alt und Jung, wenn Ende Oktober der Most zu neuem Wein wird. In bunten Gruppen zieht man zu den Gehöften, die durch grüne Zweige am Tor anzeigen, daß der Heurige ausgeschenkt wird. Dazu gibt's heiße Maroni und frische Walnüsse. Und mit jungem Wein hat sich schon mancher einen Rausch eingefangen, der nach Südtiroler Mundart vom kleinen »Stiebr« übers »Reiberle« bis zum »Klosterrausch« reichen kann.

Das Piemont dagegen, mit der FIAT-Stadt Turin als produktiver Basis, repräsentiert das moderne Italien. Piemontesen sind aufrichtig und hassen die Verstellung. Man hat hier eine eigene Meinung und sagt sie auch offen. Doch edle Gesinnung bedarf eines Ausgleichs: Turin gilt auch als Stadt der Schwarzen Magie und des Okkultismus, dazu pflegt man die Naschhaftigkeit.

Das alte Osteria-Schild in Pordenone in Friaul kündet an, daß es hier einen guten Wein vom Faß und eine Kleinigkeit zu essen gibt.

Oben: Eine Enoteca in Friaul beherbergt Schätze an alten und edlen Weinen. Und bietet Gelegenheit für den Tajut, den Brauch des gemeinsamen Trinkens, wenn man einen Freund auf der Straße trifft.

Links: Ein Maroni-Röster in Bozen. Heiß und frisch aus der Tüte gegessen schmecken die Eßkastanien natürlich am besten.

Menschen, Feste, Sehenswertes

Links: Die ländliche Seite des Piemont, hier gibt es noch die Großfamilie.

Links Mitte: Nach einer Wanderung kommt eine zünftige Südtiroler Jause in der Burgschenke »Leonburg« gerade recht.

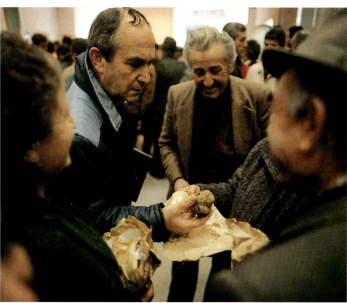

Oben: Im Gebiet der Langhe, besonders um Alba, findet man den teuersten und edelsten Pilz, die Trüffel. Am letzten November-Wochenende feiert man hier ein Trüffelfest mit Markt, wo der kostbare Pilz für Zigtausende von Mark gehandelt wird. Die Piemonteser Trüffel gilt ohnehin als etwas besonderes: Innen ist sie weiß und wird meist roh als Würze verwendet, zum Beispiel üppig über Nudeln gehobelt.

Links: Im Gresonneytal im Aostatal sieht man Trachten noch heute an Sonn- und Feiertagen.

Was man sich ansehen könnte: In Turin den Markt an der Porta Palazzo, dessen kulinarisches Angebot wohl einmalig ist. An der Piazza Castello das »Caffè Baratti« mit selbst hergestellten süßen Leckereien. Vor den Toren von Alba das Schloß von Grinzane Cavour, heute Sitz der Enoteca Regionale. In Barolo das Barolo-Museum im Schloß Falletti. In Bozen den Fruchtmarkt auf der Piazza delle Erbe und Samstag vormittags den Markt auf der Piazza della Vittoria. Die Weinstraße von Castel Firmiano nach Ora. In Triest das »Caffè Tommaseo«, wo »man« seinen Aperitif nimmt.

Die Feste: In Chambave im Aostatal Ende September das Traubenfest, in Perloz Ende Oktober ein Kastanienfest. Im Piemont in Castiglione d'Asti und in Bellinzago Novarese Anfang Januar ein Bohnenfest, bei dem von Haus zu Haus Bohnen gesammelt und auf dem Hauptplatz für alle gekocht werden. In Monastero Bormida am 7. März das Polentonissimo-Fest: Auf der Piazza wird für alle Polenta gekocht. Ein ähnliches Fest gibt's in Ponti Ende April. Teglio in der Nord-Lombardei feiert Ende Juli das Pizzoccheri-Fest, ein kulinarisches Ereignis, bei dem Pizzoccheri, Nudeln mit Kartoffeln und Kohl, im Mittelpunkt stehen. Im Herbst überall in Südtirol und Trentino das Törggelen, in Meran Anfang Oktober ein Traubenfest.

Die Alpengebiete

Die Weine

Geschützt von Alpengipfeln gedeihen im Aostatal sehr gute Weißweine. Einen hellen Rotwein, den *Enfer d'Arvier*, keltert man in der gleichnamigen Gemeinde. Er paßt zu Vorspeisen und Nudeln. In den Hügeln von Donnaz überwiegen *Nebbiolo*-Reben, der Wein gleichen Namens ist leuchtend rot, weich mit zartem Mandelaroma. Er gesellt sich gern zu Fleischgerichten.

Zur bäuerlichen Küche des Piemont passen die dortigen kräftigen Weine am besten. So die Weine aus *Barbera*-Trauben aus den Provinzen Asti und Cuneo und den Hügeln des Monferrato. Von den Kalkböden der Langhe-Berge, aus Nebbiolo-Trauben gekeltert, kommt der *Barolo*, einer der Spitzenweine Italiens. Typisch für ihn ist das zarte Veilchenaroma. Etwas weicher und leichter ist der *Barbaresco*, ebenfalls aus Nebbiolo und wie der Barolo ein guter Wein zu Braten. Direkt nach der Rebsorte benannt ist der *Nebbiolo d'Alba*, der von allen Weinen aus dieser Traube das deutlichste Veilchenaroma verströmt.

Aus Asti und Cuneo stammt der *Moscato d'Asti Spumante*, der strohgelbe süße Sekt mit dem ausgeprägten Muskateller-Bukett, der zu süßen Desserts paßt. Trockene *Spumanti* gibt es im Franciacorta, einem Weinbaugebiet der Nord-Lombardei am Lago d'Iseo, die nach klassischer Art auf Flaschen vergoren werden, zum Beispiel der *Ca' del Bosco*. Daneben gibt es hier auch leichte Rot- und Weißweine. Aus dem *Valtellina*-Tal (Veltlin) bezieht die Schweiz die bekannten Konsumweine, doch was aus den Lagen *Sassella, Grumello, Valgella* und *Inferno* an Superiore-Qualitäten angeboten wird, ist dagegen beachtlich.

Die Weinbauern von Südtirol und Trentino sind ein Muster an Tüchtigkeit, obwohl sie nur eine kleine Fläche des Landes bewirtschaften können. Mehr als die Hälfte ihrer Weine sind DOC-Weine, ein Großteil wird exportiert. Hier findet man neben fruchtigen Weißweinen mit deutlicher Säure vor allem zarte, jung zu trinkende Rotweine. Viele Rebsorten sind uns gut bekannt, wie *Riesling, Müller-Thurgau, Silvaner, Traminer* und *Sauvignon* bei den Weißweinen. Bei Roten dominiert die *Vernatsch*-Traube, dazu kommen einheimische Rebsorten wie *Teroldego* (soll sich von »Tiroler Gold« ableiten) und *Marzemino*, die gerade im Trentino sehr interessante Weine ergeben, sowie die *Lagrein*-Rebe. Hier findet man Weine zu Fisch und Vorspeisen genauso wie zu Wild und anspruchsvollen Braten.

Obwohl im Friaul vorwiegend Rotwein erzeugt wird, sind die Weißweine berühmter. Verbreitet ist die *Tocai*-Rebe, die aber nichts mit Tokayern aus Ungarn gemein hat. DOC-Gebiete sind *Collio Goriziano, Colli Orientali del Friuli* und *Grave del Friuli* und *Isonzo*, der kleine Bereich entlang des Flusses Isonzo. Eine Sonderstellung nimmt der *Picolit* ein, ein süßer, alkoholreicher Dessertwein aus der gleichnamigen Rebsorte, der – allerdings nicht ganz zu Recht – mit dem Château d'Yquem verglichen wird.

Ganz oben: In Südtirol herrschen »Pergeln« vor, die Hocherziehung der Reben zu Laubengängen, was den Ertrag erhöht und die Rebarbeit erleichtert.

Mitte: Kunstvoll bemalte Weinfässer der Winzergenossenschaft in Cormons, Zentrum des Collio Goriziano in Friaul.

Links: Die besten Weine des Piemont, Barolo, Barbera, Barbaresco und Dolcetto, hier für die Weinprüfung vorbereitet, lagern fünf, manche sogar sieben Jahre im Holzfaß.

Rezepte der Region

Antipasti
- 96 Bagna cauda
  Gemüsefondue mit heißer Sardellensauce
- 98 Prosciutto e fichi
  Schinken mit Feigen
- 98 Carpaccio
  Marinierte, rohe Rinderlende
- 99 Vitello tonnato
  Kalbfleisch mit Thunfischsauce
- 100 Antipasto di peperoni
  Marinierte Paprikaschoten
- 100 Carote in agro
  Süß-saure Möhren
- 101 Fagioli con cotechino
  Bohnen mit Wurst
- 101 Sedani al formaggio
  Sellerie mit Käse

Primi Piatti
- 102 Polenta pasticciata
  Polenta-Auflauf
- 104 Polenta smalzada trentina
  Polenta mit Sardellen
- 104 Canèderli in brodo
  Speckknödelsuppe
- 105 Strangolapreti
  Spinatnocken
- 106 Gnocchi di patate alla piemontese
  Kartoffelklößchen
- 108 Minestra di orzo
  Graupensuppe
- 108 Fonduta
  Käsefondue
- 109 Zuppa di Valpelline
  Wirsing-Käse-Suppe

Secondi Piatti
- 110 Bollito misto con salsa verde
  Gemischtes gekochtes Fleisch mit grüner Sauce
- 112 Spezzatino d'agnello
  Lammragout
- 112 Coniglio in peperonata
  Kaninchen mit Paprika
- 113 Lingua in salsa piccante
  Kalbszunge mit pikanter Sauce
- 114 Pollo alla Marengo
  Geflügelragout mit Tomaten und Rührei

Contorni
- 116 Cavolo rosso
  Rotkohlgemüse
- 116 Cipolle ripiene
  Gefüllte Zwiebeln
- 117 Insalata di funghi
  Frischer Pilzsalat

Dolci
- 118 Strudel di mele
  Apfelstrudel
- 120 Zabaione con bacche
  Weinschaum mit Beeren
- 120 Amaretti
  Mandelplätzchen
- 121 Cappuccini affogati
  Ertrunkene Kapuziner
- 121 Crostoli
  Fritierte Teigscherben

Die Alpengebiete

Bagna cauda
Gemüsefondue mit heißer Sardellensauce (Piemont)

Zutaten für 6–8 Portionen:
Für die Sauce:
100 g eingelegte Sardellenfilets
4–6 Knoblauchzehen
50 g Butter
200 ml Olivenöl
Gemüsebeilage:
½ zarter Blumenkohl
250 g Broccoli
1 kleine Fenchelknolle
1 Staude Stangensellerie
3 kleine Paprikaschoten (rot, grün, gelb)
200 g junge Möhren
200 g Champignons
Zubereitungszeit: 1 ¼ Std.
Bei 8 Portionen pro Portion:
1400 kJ / 330 kcal

Ein Fondue echt italienischer Prägung – knackiges Gemüse wird in eine würzige und (ganz wichtig!!) während des Essens kochend heiß gehaltene Sauce aus Butter, Öl, Knoblauch und Sardellen getaucht.

Unendliche Spielarten gibt's zur Verfeinerung der Sauce, und jedes Alpental wartet mit einer Spezialität auf: angefangen beim kräftigen Schuß Rotwein bis hin zu einem Hauch weißer Trüffeln oder feinstem Nußöl.

Bagna cauda wird hauptsächlich als Vorspeise serviert, kann aber auch sehr gut als Hauptgericht eingeplant werden, dann möglichst ergänzt durch weitere Zutaten: Pellkartoffeln, rote Beten, Wirsingstreifen, Kohlrabi- und Zucchinistifte...

Ganz nach Geschmack können Sie das Gemüse einfach roh lassen oder kurz blanchieren (also 2–5 Min. in kochendes Salzwasser tauchen).

Tip: Rohes Gemüse bis zum Servieren in Eiswasser legen, damit es schön kühl und knackig bleibt. Gut abtropfen lassen und dekorativ auf einer Platte anrichten.

Was nicht schaden kann: reichlich knuspriges Brot bereitstellen – um der wuchtigen Sauce einen besänftigenden Begleiter zu geben.

1 Für die Sauce: 100 g eingelegte Sardellenfilets unter fließendem Wasser abspülen, abtrocknen und kleinschneiden. 4–6 Knoblauchzehen sehr fein hacken (oder durch die Knoblauchpresse drücken).

2 In einer Pfanne 50 g Butter bei mildester Hitze zerlassen. Gehackten Knoblauch zart andünsten, nicht anbräunen. 200 ml Olivenöl nach und nach dazugießen, bei kleinster Stufe und häufigem Rühren sanft erhitzen, darauf achten, daß der Knoblauch nicht verbrennt.

3 Nebenbei das Gemüse vorbereiten: ½ Blumenkohl und Broccoli in Röschen teilen, in kochendem Salzwasser blanchieren (Blumenkohl 4 Min., Broccoli 2 Min.). Abschrecken und abtropfen lassen. Fenchelknolle in ½ cm dicke Scheiben schneiden. Stangensellerie in 3 cm lange Stücke schneiden. Paprikaschoten halbieren und entkernen, in Streifen schneiden. Möhren schälen und längs halbieren. Champignons putzen, nicht zerteilen.

4 Die Pfanne mit der heißen Sauce vom Herd nehmen. Sardellen mit einer Gabel sorgfältig zerdrücken, in die Sauce geben. Wieder zurück auf den Herd stellen, bei milder Hitze rühren, bis eine cremige Sauce entsteht.

5 Zum Servieren Rechaud auf dem Tisch bereitstellen. Gemüse auf Tellern oder einer Platte dekorativ anrichten. Die Sardellensauce in der großen Pfanne auf den Tisch bringen und warmhalten – oder in kleine Pfännchen umfüllen und für jeden Gast extra auf einem Rechaud bereitstellen. Gemüse nun nach Wahl in die heiße Sauce tauchen, dazu Grissini und reichlich frisches Weißbrot reichen.

Prosciutto e fichi
Schinken mit Feigen (Friaul)

Zutaten für 4 Portionen:
150 g dünn aufgeschnittener San-Daniele-Schinken (ersatzweise Parmaschinken)
8 frische, vollreife Feigen
grober Pfeffer aus der Mühle

Zubereitungszeit: 10 Min. (+ 15 Min. Kühlen)
Pro Portion: 750 kJ / 180 kcal

1 Frische Feigen in eine Schüssel mit Eiswasser legen und gut vorkühlen.

2 Die zarten Schinkenscheiben vorsichtig trennen und auf einer Platte anrichten. Feigen abtropfen lassen, vierteln oder kreuzweise einschneiden und neben den Schinken legen.

3 Bei Tisch nimmt sich jeder Gast Schinken und Feigen auf seinen Teller. Für den Schinken eine Pfeffermühle bereitstellen. Nur kreuzweise eingeschnittene Feigen lassen sich besonders leicht enthäuten.

• Dazu gibt es als Beilage frisches, knuspriges Weißbrot.

• Varianten: Würzige italienische Salami statt Schinken zu den Feigen servieren. Oder: Die Schinkenscheiben mit einer schönen reifen Cantaloup-Melone anrichten (Melone dazu in schmale Spalten schneiden).

Carpaccio
Marinierte, rohe Rinderlende (Piemont)

Zutaten für 4–6 Portionen:
200 g gut abgehangene Rinderlende (Mittelstück ohne Sehnen und Fett)
150 g kleine, braune Egerlinge (oder frische Steinpilze)
1–2 Zitronen
½ Bund Basilikum
50 g Parmesan am Stück
8 EL kaltgepreßtes, aromatisches Olivenöl + Olivenöl zum Servieren
grober Pfeffer aus der Mühle
Salz

Zubereitungszeit: 30 Min. (+ 1 Std. Kühlen)
Bei 6 Portionen pro Portion: 900 kJ / 210 kcal

1 Rinderlende am Stück in Frischhaltefolie einwickeln, ins Tiefkühlfach legen und kurz anfrieren lassen (etwa 1 Std.).

2 Vier große Teller mit je 1 EL Olivenöl bestreichen. Rinderlende mit einem sehr scharfen, großen Messer oder mit der elektrischen Schneidemaschine hauchfein aufschneiden. Die Scheiben von der Folie ziehen, eventuell mit der stumpfen Seite des Fleischklopfers vorsichtig noch dünner klopfen, flach nebeneinander auf die Teller legen, mit restlichem Öl beträufeln.

3 150 g Egerlinge putzen und abreiben. In dünne Scheiben schneiden, über das Fleisch verteilen. 50 g Parmesan in feine Scheibchen hobeln, über das Fleisch streuen. Mit grob gemahlenem Pfeffer würzen und mit Basilikumblättchen garnieren. Zitronen halbieren, zusammen mit Salz und frischem Olivenöl zum Carpaccio reichen. Nach persönlichem Geschmack bei Tisch würzen.

• Beilage: Knuspriges Weißbrot.

Vitello tonnato
Kalbfleisch mit Thunfischsauce (Piemont)

• »Carne cruda« wird diese ungewöhnliche Spezialität aus rohem Fleisch auch genannt – eine traditionsreiche Vorspeise aus Piemont, die über alle Grenzen hinaus glühende Anhänger gefunden hat. Man wird kaum ein Feinschmeckerlokal ausfindig machen, das diese Delikatesse völlig von der Speisekarte verbannen würde. Im Gegenteil: Für einfallsreiche Köche bietet diese schlichte Art der Zubereitung den besonderen Reiz, auch mit anderen Zutaten zu experimentieren: sei's mit Lachs oder Thunfisch, mit geräucherter Entenbrust oder auch mal völlig fleischlos mit würzigen Steinpilzen. Eine Selbstverständlichkeit bei allen Carpaccio-Rezepten: absolut taufrische und erstklassige Qualität der roh aufgeschnittenen Produkte!

Zutaten für 4–6 Portionen:

600 g Kalbsnuß
1 Stange Staudensellerie
1 Möhre
2 unbehandelte Zitronen
3/4 l trockener Weißwein
2 EL Weißweinessig
1 Dose Thunfisch ohne Öl (150 g)
3 eingelegte Sardellenfilets
2 Eigelb
200 ml Olivenöl
3 EL Kapern
1 Zwiebel
1 Lorbeerblatt
2 Gewürznelken
Salz, Pfeffer aus der Mühle

<u>Zubereitungszeit: 2 Std.
(+ 24 Std. Marinieren
+ 3–4 Std. Kühlen)</u>
Bei 6 Portionen pro Portion:
2300 kJ / 550 kcal

1 Kalbsnuß in einen Topf legen, 3/4 l Weißwein angießen. Selleriestange, Möhre und 1 Zwiebel grob zerteilen, zusammen mit 1 Lorbeerblatt und 2 Gewürznelken in die Marinade geben. Zugedeckt 24 Std. durchziehen lassen. Einige Male wenden.

2 Soviel Wasser angießen, daß das Fleisch gerade bedeckt ist, zum Kochen bringen. 1 TL Salz einstreuen. Bei geringer Hitze im offenen Topf knapp 1 Std. garziehen lassen. Im Sud abkühlen lassen.

3 Thunfisch abtropfen lassen, 3 Sardellenfilets abspülen und mit Küchenkrepp trocknen, kleinschneiden. Im Mixer Thunfisch, Sardellen, 2 Eigelb, 2 EL Kapern mit dem Saft von 1/2 Zitrone und 2 EL Weinessig fein pürieren, einige EL von der Kalbsbrühe und etwa 200 ml Olivenöl nach und nach einfließen lassen. Zu einer sämigen Sauce rühren. Mit Salz und Pfeffer abschmecken.

4 Kalbfleisch in möglichst dünne Scheiben aufschneiden, auf einer Platte anrichten. Gleichmäßig mit der Thunfischsauce bedecken, abgedeckt kalt stellen und 3–4 Std. durchziehen lassen.

5 Zum Servieren 1 1/2 Zitronen in dünne Scheiben schneiden, das Kalbfleisch damit garnieren. 1 EL Kapern darüber streuen.

• Wichtig: gut gekühlt servieren, dazu reichlich Weißbrot.

• Die Sauce soll glatt, schön cremig und nicht zu fest sein. Eventuell mit Kalbsbrühe verdünnen, bis die richtige Konsistenz erreicht ist.

Die Alpengebiete

Antipasto di peperoni
Marinierte Paprikaschoten (Piemont)

Zutaten für 4–6 Portionen:

4 große Paprikaschoten (rot, grün und gelb gemischt)
1 kleine Zitrone (Saft)
2 Knoblauchzehen
6 EL Olivenöl
Salz, schwarzer Pfeffer aus der Mühle

*Zubereitungszeit: 20 Min.
 (+ etwa 1 Std. Abkühlen und Marinieren)*
*Bei 6 Portionen pro Portion:
 520 kJ / 120 kcal*

1 Paprikaschoten waschen und halbieren, Kerne und Trennwände entfernen. Schotenhälften mit der Wölbung nach oben in den sehr heißen Backofen oder unter den Grill schieben. Anrösten, bis die Haut Blasen wirft. Herausnehmen, mit einem feuchten Tuch bedecken und abkühlen lassen. Haut vorsichtig ablösen.

2 Eventuell den Saft der geschälten Paprikaschoten auffangen, mit dem Saft von 1 Zitrone mischen. 2 Knoblauchzehen abziehen, in feine Scheibchen schneiden und unterrühren.

3 Schotenhälften in etwa 3 cm breite Streifen schneiden. Auf eine Platte legen, salzen und grob pfeffern, mit dem vorbereiteten Sud und 6 EL Olivenöl gleichmäßig beträufeln. Abdecken und gut durchziehen lassen.

• Bequemer geht das Enthäuten in der Mikrowelle: Schoten wie oben vorbereiten, auf einen Teller legen und bei höchster Stufe etwa 3 Min. garen. Die Haut läßt sich nun ganz einfach und schnell ablösen.

Carote in agro
Süß-saure Möhren (Piemont)

Zutaten für 4 Portionen:

500 g junge, zarte Möhren
1 frisches Kräutersträußchen aus Rosmarin, Petersilie, Minze und Lorbeer
1 Bund Basilikum
⅛ l trockener Weißwein
⅛ l Weißweinessig
2 Knoblauchzehen
1 EL Zucker
4 EL Olivenöl
Salz, Pfeffer

*Zubereitungszeit: 25 Min.
 (+ 1–2 Tage Marinieren)*
Pro Portion: 670 kJ / 160 kcal

1 Möhren putzen, in 1 cm dicke Scheiben oder etwas breitere, schräge Abschnitte teilen. Mit je ⅛ l Wasser, Wein und Essig in einen Topf geben, erhitzen.

2 2 Knoblauchzehen abziehen, halbieren und zusammen mit 1 EL Zucker und 4 EL Öl einrühren. Das Kräutersträußchen dazugeben, Deckel schließen und die Möhren 10–15 Min. sanft garen.

3 Etwas abkühlen lassen, Knoblauch und Kräuter entfernen, die Möhren getrennt davon in eine Schüssel geben. Sud durch ein feines Sieb gießen, Möhren damit beträufeln. Zugedeckt im Kühlschrank 1–2 Tage durchziehen lassen. Zum Servieren mit frischen Basilikumstreifchen bestreuen.

• Eingelegte Gemüse sind nicht nur besonders delikat – sie lassen sich darüber hinaus auch fantastisch leicht vorbereiten. Die beste Idee also, wenn Sie viele Gäste erwarten, ein buntes Buffet planen oder sich einfach nur einmal an Antipasti satt essen wollen. Mit obigem Rezept können Sie nach Herzenslust auch andere Gemüse zubereiten, zum Beispiel Zucchinistifte, kleine Zwiebeln oder weiße Rübchen.

Fagioli con cotechino
Bohnen mit Wurst (Friaul)

Zutaten für 4 Portionen:
200 g magere Schweinskochwurst (oder Schlackwurst)
100 g getrocknete weiße Bohnen
2 kleine Zwiebeln
½ TL frischer Majoran (oder ¼ TL getrockneter)
30 g Butter
2 EL bestes kaltgepreßtes Olivenöl
1–2 EL Rotweinessig
Salz, schwarzer Pfeffer aus der Mühle

Zubereitungszeit: 40 Min. (+ 12 Std. Einweichen)
Pro Portion: 1200 kJ / 290 kcal

1 100 g getrocknete Bohnen über Nacht in Wasser einweichen, am nächsten Tag im Einweichwasser garen (etwa 30 Min.).

2 Inzwischen 2 Zwiebeln pellen und achteln. 30 g Butter in einer Pfanne aufschäumen lassen, Zwiebeln einrühren und glasig dünsten. ½ TL Majoran einstreuen, salzen und pfeffern.

3 Wurst in dünne Scheiben schneiden, unter die Zwiebeln mischen, kurz mitbraten. Fertig gegarte Bohnen abgießen, abtropfen lassen und unterheben. Mit 2 EL Öl und eventuell etwas Rotweinessig beträufeln, nochmals mit Salz und Pfeffer abschmecken und warm servieren.

Sedani al formaggio
Sellerie mit Käse (Lombardei)

Zutaten für 6 Portionen:
1 großer Staudensellerie
100 g Gorgonzola
4 EL Sahne
100 g Mascarpone (italienischer Doppelrahm-Frischkäse)
Pfeffer aus der Mühle

Zubereitungszeit: 15 Min.
Pro Portion: 540 kJ / 130 kcal

• Staudensellerie – ein Lieblingskind der italienischen Gemüseküche. Das größte Anbaugebiet liegt in Piemont, dicht gefolgt von Latium und Apulien.

1 Staudensellerie putzen und waschen, das Grün aufbewahren. Einzelne Stangen in 3–4 lange Stücke schneiden, abtropfen lassen.

2 Gorgonzola mit einer Gabel zerdrücken, 4 EL Sahne unterrühren. Löffelweise 100 g Mascarpone untermischen, zu einer glatten Creme rühren.

3 Käsecreme auf eine flache Schale häufen, aus der Mühle pfeffern. Selleriestücke daneben anrichten, mit Selleriegrün garnieren.

Die Alpengebiete

Polenta pasticciata
Polenta-Auflauf (Piemont)

Zutaten für 6 Portionen:

350 g Rinderhackfleisch
150 g Kalbsbrät
100 g frisch geriebener
    Parmesan
250 g Maisgrieß
1 Zwiebel
2 EL Tomatenmark
100 g Butter
Salz, Pfeffer aus der Mühle

Zubereitungszeit: 1½ Std.
Pro Portion: 2400 kJ / 580 kcal

Kaum jemand denkt heute noch daran, daß erst Christoph Kolumbus den Mais aus Amerika mitbrachte, so selbstverständlich gehört er zur bäuerlichen Kost ganz Norditaliens. Ein Herzog aus den Bergen südlich von Rimini soll es gewesen sein, der als Freund und Begleiter des Abenteurers den Wert der goldgelben Körner erkannte und sie, auf Samt gebettet, aus der neuen Welt mitbrachte. Traditionsbewußten Köchen und der ländlichen Bevölkerung ist es letztendlich zu verdanken, daß der berühmte Maisbrei auch heute nach den alten Regeln der Kunst zubereitet wird – in der Lombardei und in Venetien, im Friaul, in Südtirol, Piemont und im Trentino. Immer noch wird Polenta mit großer Andacht geduldig gerührt, bis der gegarte Brei aus dem Topf gestürzt und die köstliche Kruste herausgehoben werden kann.

Wichtig: der Topf soll aus Kupfer, Gußeisen oder Aluminium und vor allem hoch genug sein, damit beim Kochen nichts über den Rand spritzt. Das klassische Werkzeug zum Rühren ist die »bastone«, ein langer, flacher Holzspatel. Für den Hausgebrauch tut's aber auch ein einfacher, langstieliger Holzlöffel.

1 In einem schweren Topf gut 1 l Salzwasser aufkochen. 250 g Maisgrieß einrieseln lassen, dabei ständig mit einem langen, schmalen Holzlöffel rühren. Vorsicht: Spritzgefahr! Eventuell kurz vom Herd nehmen.

2 Nun die Temperatur verringern, Polenta 30 Min. köcheln lassen, so oft wie möglich kräftig rühren. Dabei bildet sich eine Kruste im Topf, und der Maisbrei beginnt, sich vom Topfboden und der Wandung zu lösen. Wird der Brei beim Rühren zu fest, löffelweise kochendes Wasser nachgießen, ist er zu weich, noch etwas Maisgrieß unterrühren. Fertigen Maisbrei auf ein großes Holzbrett oder auf ein mit Grieß bestreutes Tuch stürzen, etwa 5 cm hoch glattstreichen und auskühlen lassen.

3 1 Zwiebel fein hacken. In einer Pfanne 2 EL Butter erhitzen, Zwiebel glasig dünsten. In kleinen Portionen Rinderhack und Kalbsbrät einrühren und krümelig braten. Salzen und pfeffern, 2 EL Tomatenmark und 2 EL Wasser einrühren. 5 Min. köcheln. Backofen auf 150° vorheizen.

4 Restliche Butter schmelzen. Eine große, feuerfeste Form mit 2 EL geschmolzener Butter ausstreichen. Den abgekühlten und fest gewordenen Maisbrei in 1 cm breite Scheiben schneiden (Das geht am besten mit einem starken Zwirnsfaden).

5 Eine Schicht Polentascheiben in die gefettete Form legen. Mit etwas zerlassener Butter beträufeln, einige EL frisch geriebenen Parmesan aufstreuen, mit Hackfleischragout bedecken (2–3 EL Parmesan beiseite nehmen, erst beim Servieren aufstreuen). Wieder eine Lage Polentascheiben einschichten, mit flüssiger Butter beträufeln, Parmesan aufstreuen und Hackfleisch hineingeben. Auf diese Weise alle Zutaten aufbrauchen. Mit Polenta abschließen, restliche Butter aufstreichen.

6 Im vorgeheizten Backofen (Gas: Stufe 1) etwa 30 Min. garen. Restlichen Parmesan aufstreuen und den Polenta-Auflauf sehr heiß in der Form servieren.

Polenta smalzada trentina
Polenta mit Sardellen (Trentino)

Zutaten für 4 Portionen:

80 g frisch geriebener Parmesan
250 g Maisgrieß
10 eingelegte Sardellenfilets
100 g Butter
Salz

Zubereitungszeit: 1 Std.
Pro Portion: 2300 kJ / 550 kcal

1 In einem großen Topf 1 l Salzwasser aufkochen. 250 g Maisgrieß einrieseln lassen. Etwa 40 Min. köcheln lassen, dabei so oft wie möglich kräftig rühren.

2 Backofen auf 225° vorheizen. 100 g Butter schmelzen lassen, jedoch nicht anbräunen. Eine feuerfeste Form mit Butter ausstreichen.

3 Sobald der Maisbrei die richtige Konsistenz bekommen hat und sich vom Topfboden und den Wänden löst, in die gefettete Auflaufform umfüllen und glattstreichen.

4 10 Sardellenfilets abspülen und trocknen, kleinschneiden, über der Polenta verteilen. Mit der Hälfte der zerlassenen Butter beträufeln, die Hälfte vom Parmesan aufstreuen. Im vorgeheizten Backofen (Gas: Stufe 4) 10 Min. überbacken. Restliche zerlassene Butter und Parmesan dazu servieren.

• Eigentlich wird diese Spezialität aus dem Trentino aus Buchweizenmehl zubereitet! Schmeckt noch herzhafter, ist aber optisch weniger reizvoll.

• Ideal auch als Beilage, zum Beispiel zu gebratenen Schweinerippchen. Oder einfach zu einem frischen Salat, da die Polenta sehr nahrhaft ist.

Canèderli in brodo
Speckknödel-Suppe (Südtirol)

Zutaten für 4 Portionen:

100 g durchwachsener Speck
50 g Salami in Scheiben
1 Bund glatte Petersilie
1 Bund Schnittlauch
250 g Weißbrot oder Brötchen vom Vortag
3 Eier
¼ l Milch
1½ l kräftige Fleischbrühe
1 Zwiebel
6 EL Mehl
Salz, Pfeffer aus der Mühle
Muskatnuß

Zubereitungszeit: 1½ Std.
Pro Portion: 2600 kJ / 620 kcal

1 250 g Weißbrot in kleine Würfel schneiden, in eine Schüssel geben. 3 Eier mit ¼ l Milch verquirlen, über das Brot gießen und 20 Min. durchziehen lassen. Ab und zu umrühren.

2 Speck und 1 Zwiebel in sehr kleine Würfel schneiden, Petersilie hacken. In einer kleinen Pfanne Speck auslassen, Zwiebel und die Hälfte der Petersilie einrühren, 2 Min. mitbraten.

3 Salami in kleine Würfel schneiden. Zusammen mit restlicher Petersilie unter die Speckmischung rühren. Mit dem eingeweichten Brot vermengen, 6 EL Mehl untermischen. Masse mit Salz, Pfeffer und frisch geriebener Muskatnuß würzen.

4 1½ l Fleischbrühe aufkochen. Mit angefeuchteten Händen etwa 10 gleichmäßige kleine Knödel formen, in der Brühe gar ziehen lassen. Schnittlauch in feine Röllchen schneiden, über die fertige Suppe streuen und servieren.

Strangolapreti
Spinatnocken (Trentino)

• Fleischbrühe am besten am Tag vorher frisch zubereiten: reichlich Suppengemüse (Möhren, Sellerie, Zwiebeln, Lauch) putzen, waschen und kleinschneiden. Zusammen mit einigen Markknochen in 2 l Salzwasser aufsetzen. Lorbeerblatt, Gewürznelke, Pfefferkörner dazugeben, aufkochen. In die aufwallende Brühe können Sie nun außerdem ein Stück Suppenfleisch geben, dann die Temperatur drosseln und alles bei kleiner Hitze 1–2 Std. ziehen lassen, nur ab und zu kurz aufköcheln.

Zutaten für 4–6 Portionen:
500 g frischer Blattspinat
einige Salbeiblättchen
50 g frisch geriebener Bergkäse
 (oder Parmesan)
250 g Weißbrot vom Vortag
2 Eier
150 ml Milch
50 g Butter
4–5 EL Mehl (eventuell mehr)
Salz, Pfeffer aus der Mühle
Muskatnuß

Zubereitungszeit: 1 Std.
 (+ 2 Std. Ruhezeit)
Bei 6 Portionen pro Portion:
 1400 kJ / 330 kcal

1 250 g Weißbrot in kleine Würfel schneiden. Mit 150 ml Milch begießen, gut durchmischen. Mit einem Teller abdecken, ein Gewicht darauf stellen und mindestens 2 Std. durchziehen lassen.

2 Blattspinat putzen und waschen, grobe Stiele entfernen. Reichlich Salzwasser zum Kochen bringen, Spinatblätter darin 2 Min. blanchieren. Kalt abschrecken, gut abtropfen und abkühlen lassen. Danach gut auspressen, so fein wie möglich hacken.

3 Gehackten Spinat mit dem eingeweichten Brot, 2 Eiern und 4–5 EL Mehl gründlich verkneten. Mit Salz, Pfeffer und frisch geriebener Muskatnuß würzen.

4 In einem großen Topf 2 l Salzwasser aufkochen. Mit zwei Eßlöffeln einen Probenocken aus der Brotmasse abstechen, ins kochende Wasser geben und in etwa 5 Min. garziehen lassen. Je nach Konsistenz die übrige Brotmasse mit Mehl oder Milch ergänzen. Nocken abstechen, ins kochende Wasser geben und garziehen lassen.

5 Mit dem Schaumlöffel herausnehmen, abtropfen lassen und auf einer vorgewärmten Platte anrichten. 50 g Butter zerlassen, Salbeiblättchen darin schwenken. Nocken in die Pfanne geben und gründlich mit der Butter mischen. Mit 50 g geriebenem Käse bestreuen und heiß servieren.

• Ideal als Beilage zu einem saucenreichen Gericht (Schmorfleisch oder Ragout)!

Die Alpengebiete

Gnocchi di patate alla piemontese
Kartoffelklößchen (Piemont)

Zutaten für 4–6 Portionen:

Für den Teig:
1 kg Kartoffeln (mehligkochende Sorte)
etwa 250 g Mehl
Salz

Für die Sauce:
750 g reife Tomaten
frischer Salbei
1 Zwiebel
3 EL Butter
Salz, Pfeffer aus der Mühle

Zum Bestreuen:
50 g frisch geriebener Parmesan

Zubereitungszeit: 1 Std.
Bei 6 Portionen pro Portion:
1500 kJ / 360 kcal

Nicht nur in Piemont begegnen dem Feinschmecker diese kleinen, eher unscheinbaren Teigklößchen, die aus nichts weiter als durchgepreßten gekochten Kartoffeln, Mehl und Salz bereitet sind. Mancherorts werden noch 1–2 Eier unter den Teig geknetet, um ihn geschmeidiger zu machen. Am allerwichtigsten jedoch ist bei allen Rezepten die Qualität der Kartoffeln!

Die schnelle Tomatensauce ist nur eine von vielen möglichen Beilagen. Am einfachsten: Die heißen Gnocchi nur mit zerlassener Butter beträufeln, aus der Mühle pfeffern und üppig mit frisch geriebenem Parmesan bestreuen. Ansonsten passen zu den saucenfreundlichen Nocken alle Arten von Ragouts: etwa aus Kaninchenfleisch, aus verschiedenen Gemüsesorten, aus Rindfleisch oder frischen Pilzen mit Kräutern.

Eine besonders originelle Variante findet man häufig im Trentino: Winzige Nocken aus Kartoffelteig und roten Beten, heiß überträufelt mit frischer Mohnbutter.

• Weinempfehlung: ein weicher, leichter Rotwein, zum Beispiel ein Barbaresco oder ein Barbera.

1 Für den Teig Kartoffeln waschen, in Salzwasser weichkochen. Pellen und noch heiß durch die Kartoffelpresse auf die leicht bemehlte Arbeitsplatte drücken. Während die Kartoffeln kochen, bereits die Tomatensauce zubereiten (siehe Bild 3).

2 Das Kartoffelpüree leicht salzen, nach und nach soviel Mehl unterkneten, bis ein glatter, homogener Teig entstanden ist. Die Menge des benötigten Mehls hängt stark von der Kartoffelsorte ab – der Teig soll nicht mehr an den Fingern kleben.

3 Für die Sauce Tomaten kurz überbrühen, kalt abschrecken und enthäuten. Fruchtfleisch entkernen und kleinhacken. 1 Zwiebel fein hacken, in 1 EL zerlassener Butter andünsten. Tomaten einrühren, salzen und pfeffern, langsam zu einer sämigen Sauce köcheln.

4 Zum Formen der Gnocchi eigroße Portionen vom Teig abnehmen und jeweils auf bemehlter Fläche zu fingerdicken Röllchen drehen. 2–3 cm lange Stücke abschneiden. Jedes Teigstückchen mit Daumen oder Zeigefinger auf die Innenseite einer Gemüsereibe oder einer Gabel drücken. Die fertigen Gnocchi auf die leicht bemehlte Arbeitsplatte legen. Inzwischen in einem großen Topf 2 l Salzwasser zum Kochen bringen.

5 Gnocchi nach und nach ins kochende Wasser geben, bei geringerer Temperatur etwa 4 Min. garziehen lassen. Ab und zu vorsichtig umrühren, damit die Klößchen nicht aneinander kleben bleiben. Sobald die Gnocchi oben schwimmen, mit dem Schaumlöffel herausnehmen und gut abtropfen lassen.

6 Salbeiblättchen in 1 EL heißer Butter zart anbraten. Gnocchi in der Salbeibutter schwenken, zur Tomatensauce servieren. Mit frisch geriebenem Parmesan bestreuen.

Die Alpengebiete

Minestra di orzo
Graupensuppe (Südtirol)

Zutaten für 4 Portionen:

*80 g durchwachsener Speck
1 kleine Stange Lauch
2 Stangen Staudensellerie
2 Möhren
2 Kartoffeln (150 g)
1 Bund Petersilie
200 g Perlgraupen
1 Zwiebel
2 Knoblauchzehen
1 Lorbeerblatt
2 l Fleisch- oder Knochenbrühe
2 EL Öl
Salz, Pfeffer aus der Mühle*

*Zubereitungszeit: 80 Min.
Pro Portion: 1800 kJ / 430 kcal*

1 80 g Speck in feine Streifen schneiden. Lauch und 2 Selleriestangen putzen und waschen, in Streifen schneiden. 2 Möhren in Scheiben, 2 Kartoffeln in Würfel schneiden. 1 Zwiebel und 2 Knoblauchzehen hacken.

2 In einem großen Topf die Speckstreifen auslassen, 2 EL Öl angießen. Gemüse unter Rühren 5 Min. andünsten. 200 g Perlgraupen und 1 Lorbeerblatt dazugeben, mit knapp 2 l Brühe auffüllen und zum Kochen bringen.

3 Danach die Temperatur verringern, die Suppe etwa 1 Std. leicht köcheln lassen, bis die Graupen gar sind. Lorbeerblatt entfernen, mit Salz und Pfeffer würzen. Petersilienblättchen einstreuen.

• Perlgraupen sind geschälte und polierte Gerstenkörner – im Handel auch unter der Bezeichnung Rollgerste zu finden.

Fonduta
Käsefondue (Piemont)

Zutaten für 4–6 Portionen:

*300 g Fontinakäse (ersatzweise Provolone oder italienischer Bergkäse mit mindestens 40% Fett i.Tr.)
100 ml Milch
1 EL Butter
3 kleine Eigelb
Pfeffer aus der Mühle
8 kleine Brotscheiben*

*Zubereitungszeit: 30 Min.
(+ 12 Std. Käse einlegen)
Bei 6 Portionen pro Portion:
2200 kJ / 520 kcal*

1 Fontinakäse in kleine Würfel schneiden, in eine Schüssel geben und 100 ml Milch angießen. Zugedeckt an einem kühlen Ort einige Std. oder über Nacht durchziehen lassen.

2 Für die weitere Zubereitung auf jeden Fall Wasserbad (besser noch einen Simmertopf) verwenden. Eine Schüssel aus Edelstahl mit abgerundetem Boden ins warme Wasserbad stellen, 1 EL Butter hineingeben und zergehen lassen.

3 Käsewürfel mit der Milch dazugeben, bei niedriger Temperatur langsam schmelzen lassen und dabei ständig mit einem Schneebesen kräftig rühren.

4 Sobald der Käse geschmolzen ist und Fäden zieht, die Temperatur des Wasserbades erhöhen. Nacheinander 3 Eigelb hineingeben und mit einem Holzlöffel kräftig unterrühren. So lange rühren, bis der Käse eine schöne, sämige Konsistenz hat und keine Fäden mehr zieht.

5 Käsecreme in Portionsschüsselchen füllen, aus der Mühle pfeffern. Brot toasten und dazu servieren.

Zuppa di Valpelline
Wirsing-Käse-Suppe (Aostatal)

- Ein glänzendes Beispiel für einfache, aber raffinierte Küche – mit entsprechend geschickt versteckten Tücken. Das beginnt beim Reifegrad des Käses, reicht über Form und Material der Rührschüssel bis hin zur Größe der Eier und letztendlich zur Geduld des Kochs: Kräftiges und ausdauerndes Rühren ist gefragt – selbstverständlich bei genau richtig dosierter Temperatur.

- Ein kleiner Trick für Anfänger: Schwitzen Sie in der geschmolzenen Butter zunächst einmal 1 EL Mehl an und rühren Sie dann erst den Käse mit der Milch unter.

- Wer sich's leisten kann und will, krönt diesen Genuß mit einer dünnen Schicht frisch gehobelter Trüffel – am besten aus Piemont!

Zutaten für 4 Portionen:

150 g Frühstücksspeck in dünnen Scheiben
1 Wirsing (600 g)
150 g Fontinakäse in Scheiben
8 kleine Scheiben Bauernbrot
etwa 1 l Fleischbrühe
2 EL Butter
Salz, Pfeffer aus der Mühle

Zubereitungszeit: 1 ¼ Std.
Pro Portion: 2900 kJ / 690 kcal

1 Wirsing putzen, äußere Blätter und den Strunk entfernen. Restliche Blätter in kochendem Salzwasser 8 Min. blanchieren. Kalt abschrecken, gut abtropfen lassen und in zentimeterbreite Streifen schneiden.

2 Die Frühstücksspeckscheiben in Streifen schneiden, in einer Pfanne von beiden Seiten anbraten, herausnehmen. Eine große feuerfeste Form mit dem ausgelassenen Speckfett ausstreichen. Backofen auf 175° vorheizen.

3 8 Brotscheiben leicht toasten, 4 davon auf den Boden der Form legen, mit einigen Speck- und Wirsingstreifen bedecken. Einige Käsescheiben darüber legen. Restlichen Speck und Wirsing abwechselnd einschichten. Mit Brot und Käsescheiben abschließen, 2 EL Butter in Flöckchen darauf verteilen.

4 Soviel Fleischbrühe angießen, daß die Zutaten knapp bedeckt sind (etwa 1 l Brühe). Die Suppe in den vorgeheizten Backofen schieben (Gas: Stufe 2) und 45 Min. garen. Eventuell mit Salz und Pfeffer nachwürzen, heiß servieren.

Die Alpengebiete

Bollito misto con salsa verde
Gemischtes gekochtes Fleisch mit grüner Sauce (Piemont/Aostatal)

Zutaten für 8–10 Portionen:

1 gepökelte Kalbszunge (etwa 600 g)
1 kg Rindfleisch (Schulter oder Nacken)
1 Poularde (1,5 kg)
500 g Kalbfleisch (Nuß)
1 frische Schweinswurst, mit Knoblauch gewürzt (300 g)
4 Stangen Staudensellerie
3 Möhren
1 kleine Stange Lauch
2 Zwiebeln
Salz
½ TL Pfefferkörner

Für die Salsa verde:

4 Bund glatte Petersilie
6 eingelegte Sardellenfilets
1 Knoblauchzehe
1–2 EL Kapern
2 Eigelb
5 EL Olivenöl
2 TL Weinessig
Salz

Zubereitungszeit: 2 ½ Std.
Bei 10 Portionen pro Portion:
3100 kJ / 740 kcal

Ein traditionelles und üppiges Familienessen, bei dem viele Leute ohne großen Aufwand um den Tisch versammelt werden können.

Strenggenommen gehört in den echten Bollito-Misto-Topf noch einiges mehr an Fleischsorten, als wir hier angegeben haben – zum Beispiel *Zampone*, ein würzig gefüllter Schweinsfuß, der in unseren Geschäften leider nur selten zu finden ist (im italienischen Feinkostladen manchmal fertig gegart und folienverpackt – in diesem Falle nach Anweisung einige Std. in Wasser legen und später im Topf nur heiß werden lassen). Einfacher ergänzen können Sie den Fleischtopf mit Ochsenschwanz (Garzeit etwa 1½ Std.) und Markknochen (nur etwa 15 Min. mitgaren).

Pikant eingelegte Senffrüchte (*Mostarda di Cremona*), eine Spezialität aus Norditalien, werden gerne als Beilage zum Fleisch serviert.

1 Kalbszunge knapp mit Wasser bedecken, zum Kochen bringen. Danach die Hitze verringern, Zunge in etwa 1½ Std. weichköcheln.

2 Gleichzeitig in einem großen Topf 3 l Salzwasser aufkochen, ½ TL Pfefferkörner und das Rindfleisch hineingeben. Die Temperatur verringern, Rindfleisch etwa 30 Min. ziehen lassen. Danach die Poularde dazugeben.

3 Selleriestangen, Möhren, Lauch und 2 Zwiebeln putzen und kleinschneiden. Zusammen mit dem Kalbfleisch in den großen Topf geben. Alles etwa 1 Std. sachte weiterköcheln lassen.

4 Salsa verde: Petersilienblättchen abzupfen, zusammen mit 6 Sardellenfilets, 1 Knoblauchzehe, 1–2 EL Kapern und 2 Eigelb im Mixer fein pürieren (oder im Mörser zerstampfen). In dünnem Strahl 5 EL Öl einrühren, bis eine sämige Sauce entsteht. Mit Salz und Essig abschmecken.

5 Die Schweinswurst mehrmals einstechen, mit Wasser bedeckt langsam erhitzen. Fertig gegarte Kalbszunge kalt abschrecken, mit einem Küchenmesser an der Spitze einschneiden und die Haut abziehen. Vorm Servieren nochmals zum übrigen Fleisch in den Topf geben und richtig heiß werden lassen. Fleischsorten in dünne Scheiben aufschneiden, Poularde und Wurst in Portionsstücke teilen und alles auf einer gut vorgewärmten Platte anrichten. Mit Salsa verde und dem Gemüse servieren. Als Beilage passen außerdem gekochte Salzkartoffeln.

Die Alpengebiete

Spezzatino d'agnello
Lammragout (Friaul)

Zutaten für 4 Portionen:

600 g Lammfleisch ohne Knochen (Schulter oder Keule)
50 g durchwachsener Speck
1 Zwiebel
2 Knoblauchzehen
5 EL Öl
1 EL Mehl
⅛ l Fleischbrühe
⅛ l Rotwein
2 EL Tomatenmark
1 Prise Zimt
Salz, Pfeffer aus der Mühle

Zubereitungszeit: 1¼ Std.
Pro Portion: 2400 kJ / 570 kcal

1 Lammfleisch in 2–3 cm große Würfel schneiden. Speck in feine Streifen schneiden. 1 Zwiebel und 2 Knoblauchzehen fein hacken. 5 EL Öl in einem Schmortopf erhitzen. Zuerst den Speck, dann Zwiebel und Knoblauch dazugeben und unter Rühren anbraten.

2 Lammfleischwürfel portionsweise zufügen, rundum kräftig anbraten. Salzen und pfeffern, mit 1 EL Mehl bestäuben und etwas Farbe annehmen lassen. Mit ⅛ l Fleischbrühe ablöschen, gut durchrühren, zugedeckt 1 Std. sanft schmoren.

3 Nach etwa 30 Min. Garzeit ⅛ l Rotwein angießen, mit 1 Prise Zimt würzen. 2 EL Tomatenmark einrühren, fertig schmoren. In den letzten Min. eventuell den Deckel vom Topf nehmen, damit die Sauce sämig einköcheln kann. Nochmals mit Salz und Pfeffer abschmecken.

• Als Beilage passen zum Lammragout Salzkartoffeln oder *Polenta* als Brei oder wie im Rezept auf Seite 102 in Scheiben geschnitten und kurz in der Pfanne gebraten.

Coniglio in peperonata
Kaninchen mit Paprika (Piemont/Aostatal)

Zutaten für 4 Portionen:

1 küchenfertig vorbereitetes Kaninchen (etwa 1 kg)
80 g fetter Speck
3 große grüne Paprikaschoten
1 frischer Rosmarinzweig (oder 1 TL getrockneter Rosmarin)
2–3 Knoblauchzehen
5 eingelegte Sardellenfilets
4 EL Olivenöl
4 EL Weißweinessig
¼ l Fleischbrühe
Salz, Pfeffer aus der Mühle

Zubereitungszeit: 70 Min.
Pro Portion: 2600 kJ / 620 kcal

1 Kaninchen kurz abspülen und trocknen. In 8–10 Teile zerlegen. Rundum mit Salz, Pfeffer und einer halbierten Knoblauchzehe einreiben.

2 80 g fetten Speck klein würfeln, in einem großen Schmortopf auslassen, Speckwürfelchen herausnehmen und beiseite stellen. 2 EL Olivenöl angießen, heiß werden lassen. Kaninchenteile hineingeben, von allen Seiten kräftig anbraten. Rosmarinzweig dazugeben, ¼ l Fleischbrühe angießen. Zugedeckt etwa 45 Min. schmoren.

3 Paprikaschoten waschen, halbieren, die weißen Trennwände und Kerne entfernen. Schotenhälften in 1 cm breite Streifen schneiden. 5 Sardellenfilets kurz abspülen, mit Küchenpapier trocknen und fein hacken.

4 In einer Pfanne 2 EL Olivenöl erhitzen. Paprikastreifen anbraten, 2–3 Knoblauchzehen durch die Presse dazudrücken. 4 EL Weißweinessig angießen, kräftig aufkochen, zur Hälfte eindampfen lassen. Sardellen einrühren.

5 Paprikamischung zum Kaninchen geben, alles zusammen weitere 15 Min.

Lingua in salsa piccante

Kalbszunge mit pikanter Sauce (Piemont/Aostatal)

fertig schmoren. Rosmarinzweig entfernen, die Sauce mit Salz und Pfeffer abschmecken. Speckwürfelchen aufstreuen und das Kaninchen heiß servieren.

• Statt Fleischbrühe eignet sich auch ein leichter Weißwein zum Schmoren.

• Weinempfehlung: ein trockener, weicher Rotwein, zum Beispiel Donnaz.

Zutaten für 4–6 Portionen:
1 frische Kalbszunge (1 kg)
1 Möhre
3 Stangen Staudensellerie
1 kleine Stange Lauch
½ unbehandelte Zitrone
300 g reife Tomaten
1 Bund glatte Petersilie
20 g getrocknete Pilze
   (Steinpilze oder gemischte Pilze)
2 Zwiebeln
3 Knoblauchzehen
½ l trockener Weißwein
2 EL Butter
1 Lorbeerblatt
1 Gewürznelke
½ TL Pfefferkörner
Salz, Pfeffer aus der Mühle

Zubereitungszeit: 1¾ Std.
   (+ 2 Std. Pilze einweichen)
Bei 6 Portionen pro Portion:
   1400 kJ / 330 kcal

1 20 g getrocknete Pilze 2 Std. in ⅛ l Wasser einweichen. Kalbszunge kalt abbrausen, mit 1 l Wasser und ¼ l Weißwein in einen Topf geben und erhitzen. 1 Möhre, 2 Stangen Staudensellerie und die Lauchstange putzen und grob zerteilen. 1 Zwiebel schälen und halbieren, ½ Zitrone waschen und in Scheiben schneiden. Alle Zutaten zusammen mit 1 Gewürznelke, 1 Lorbeerblatt und ½ TL Pfefferkörnern in den Topf geben. ½ TL Salz einstreuen. Halb zudecken, etwa 1¼ Std. knapp vorm Siedepunkt garen.

2 Nach ½ Std. Garzeit für die Sauce 1 Zwiebel, 3 Knoblauchzehen, 1 Stange Staudensellerie und ½ Bund Petersilie sehr fein hacken. 2 EL Butter in einem Topf zerlassen, die Mischung darin 10 Min. sanft andünsten. Eingeweichte Pilze abtropfen lassen, Sud auffangen, durch ein feines Sieb gießen und für später bereitstellen. Pilze kleinhacken, in den Topf zum Gemüse geben und anbraten.

3 Tomaten kurz überbrühen, kalt abschrecken und enthäuten. Fruchtfleisch grob zerteilen, durch ein Sieb streichen und in den Topf geben. ¼ l Weißwein und den Pilzsud angießen, salzen und pfeffern. 20 Min. kräftig köcheln lassen. Bei Bedarf etwas Zungenbrühe angießen.

4 Kalbszunge nach 1¼ Std. Garzeit herausnehmen, kalt abschrecken. Mit einem spitzen Messer die Haut einschneiden und abziehen. Zunge schräg in ½ cm dicke Scheiben schneiden. In die Tomatensauce legen und bei milder Hitze in etwa 10 Min. fertiggaren. Sauce abschmecken, restliche Petersilie grob hacken und aufstreuen.

• Weinempfehlung: ein vollmundiger Weißwein, zum Beispiel ein Pinot Grigio aus dem Trentino.

113

Die Alpengebiete

Pollo alla Marengo
Geflügelragout mit Tomaten und Rührei (Piemont/Aostatal)

Zutaten für 4–6 Portionen:
1 Poularde (1,2 kg)
4 ungeschälte Garnelen
500 g reife Tomaten
250 g Champignons
200 g Perlzwiebeln (oder sehr kleine Zwiebeln)
1 Bund glatte Petersilie
½ Bund Basilikum
2 Knoblauchzehen
1 Zitrone (Saft)
4 Eier
⅛ l trockener Weißwein
⅛ l Hühnerbrühe
5 EL Olivenöl
2 EL Butter
Weißbrotscheiben
Salz, Pfeffer aus der Mühle

Zubereitungszeit: 1 ¼ Std.
Bei 6 Portionen pro Portion:
1900 kJ / 450 kcal

Reich garniert wird diese Spezialität schon seit fast 200 Jahren – mit einer wilden Mischung aus Legenden und Histörchen. Was aber die Garnelen und Krebse, Tomaten und Eier angeht, die verhalfen dem ursprünglich schlichten Geflügelrezept erst viel später zur bekannten Üppigkeit.

Kein Geringerer als Napoleon Bonaparte ließ sich 1800 nach der Schlacht von Marengo bei Alessandria das Hühnchen zubereiten – also ein Zufallsprodukt aus den Töpfen einer überrumpelten piemontesischen Bäuerin? Oder war's doch der Feldkoch des Franzosen, der es sich nicht nehmen ließ, im Triumph gegen die Österreicher den Kochlöffel zu schwingen? Wie auch immer, beschert wurde der Feinschmeckerwelt ein nicht alltägliches Rezept, das bis heute auch in Frankreich Furore macht.

Tip: Ergänzen Sie das Geflügel mit noch mehr Gemüse, zum Beispiel Staudensellerie und Frühlingszwiebeln. Die Garnelen schmecken auch sehr gut, wenn sie in Olivenöl und Knoblauch angeröstet statt gekocht werden.

1 Poularde mit einem scharfen Messer in 6–8 Teile schneiden. Mit Salz und Pfeffer einreiben. In einer großen Pfanne oder in einem Schmortopf 5 EL Olivenöl erhitzen, die Geflügelteile darin rundum etwa 10 Min. anbraten. Dann nur die Bruststücke herausnehmen und beiseite stellen.

2 Nebenbei die Tomaten kurz überbrühen, enthäuten und entkernen. Grob hacken und zum Geflügel geben. ⅛ l Weißwein und ⅛ l Hühnerbrühe einrühren. 2 Knoblauchzehen durch die Presse dazudrücken. Zugedeckt 45 Min. schmoren.

3 Champignons putzen, die größeren eventuell halbieren, 200 g Perlzwiebeln schälen. In einer Pfanne 1 EL Butter erhitzen. Pilze und Zwiebeln hineingeben, unter Rühren etwa 10 Min. sanft braten. Mit 2 EL Zitronensaft, Salz und Pfeffer würzen.

4 Restlichen Zitronensaft mit ⅛ l Wasser in einem Topf aufkochen. 4 Garnelen darin 6 Min. köcheln, bis sie sich rötlich färben (oder in 2 EL Olivenöl mit 1 durchgepreßten Knoblauchzehe kurz anrösten, mit Zitronensaft ablöschen).

5 Fertig gegarte Geflügelteile aus dem Topf nehmen, Sauce sämig einköcheln und abschmecken. Geflügelteile zusammen mit den Bruststücken wieder hineingeben, alles nochmals richtig heiß werden lassen. Pilze und Zwiebeln einrühren.

6 1 EL Butter in der Pilzpfanne zerlassen, 4 Eier nacheinander aufschlagen und hineingeben, mit einer Gabel leicht zum Rührei verquirlen und bei milder Hitze stocken lassen. Salzen und pfeffern.

7 Petersilie hacken. Brotscheiben im Toaster rösten. Das Geflügelragout mit Garnelen, Rührei und Toast anrichten, mit Basilikumblättchen und Petersilie bestreut servieren.

Die Alpengebiete

Cavolo rosso
Rotkohlgemüse (Südtirol)

Zutaten für 4–6 Portionen:
50 g durchwachsener Speck
1 kleiner Kopf Rotkohl (750 g)
200 ml Rotwein
1 Zwiebel
2 EL Butter
1 Prise Zucker
Salz, Pfeffer aus der Mühle

Zubereitungszeit: 1 Std.
Bei 6 Portionen pro Portion:
570 kJ / 140 kcal

1 Die äußeren Blätter vom Rotkohl entfernen, den Kopf längs vierteln und den Strunk herausschneiden. Kohlviertel quer in feine Streifen schneiden, waschen und gut abtropfen lassen.

2 50 g Speck sehr fein würfeln. Mit 2 EL Butter in einen Topf geben und bei sanfter Hitze auslassen. Knusprig gebratene Grieben herausnehmen und warmhalten. 1 Zwiebel fein hacken, in das ausgelassene Fett geben und glasig dünsten.

3 Geschnittenen Rotkohl einrühren, kräftig salzen und pfeffern, mit 1 Prise Zucker würzen. 200 ml Rotwein angießen, zugedeckt 30 Min. garen. Mit knusprigen Speckgrieben bestreuen.

• Alpenländische Aromen im Kochtopf – das fängt beim kernigen Speck an und endet noch lange nicht beim Kraut. Für Kenner kein Stilbruch: den Rotkohl mit Olivenöl dünsten oder ganz zum Schluß 2 EL Johannisbeergelee untermischen. Paßt vorzüglich als Beilage zu Wild und Wildgeflügel.

Cipolle ripiene
Gefüllte Zwiebeln (Piemont)

Zutaten für 4–6 Portionen:
250 g Rinderhackfleisch
4 große, milde weiße Zwiebeln (etwa 600 g)
1 Bund glatte Petersilie
einige kleine Salbeiblättchen
50 g frisch geriebener Bergkäse (oder Parmesan)
4 cl Grappa
1 Ei
3–4 EL Butter
3 EL Semmelbrösel
Salz, Pfeffer aus der Mühle

Zubereitungszeit: 1 ¾ Std.
Bei 6 Portionen pro Portion:
1100 kJ / 260 kcal

1 Zwiebeln schälen, in kochendem Salzwasser 15 Min. vorgaren. Abtropfen und etwas abkühlen lassen. Quer halbieren, in der Mitte zu etwa ⅓ aushöhlen. Etwa die Hälfte des ausgelösten Zwiebelfleischs fein hacken, den Rest für etwas anderes verwenden (zum Beispiel für einen Salat). Oder zusammen mit den gefüllten Zwiebeln in die Form geben und mitgaren.

2 In einer Pfanne 1 EL Butter zerlassen. Rinderhack und die feingehackten Zwiebeln darin anbraten. Mit Salz und Pfeffer aus der Mühle würzen, 2 cl Grappa angießen, kräftig einköcheln. Vom Herd nehmen, abkühlen lassen. Backofen auf 200° vorheizen.

3 Das Ei verquirlen, mit 50 g frisch geriebenem Käse unters Hackfleisch mischen. Petersilie in feine Streifen schneiden, die Hälfte davon unterrühren. Die Füllung mit Salz und Pfeffer würzig abschmecken. In die ausgehöhlten Zwiebeln füllen.

4 Eine feuerfeste Form mit 1 TL Butter einfetten, Zwiebeln hineinsetzen. In der Pfanne 2 EL Butter zerlassen, 3 EL Semmelbrösel darin hell-

Insalata di funghi
Frischer Pilzsalat (Aostatal)

braun rösten. Brösel und einige kleine Salbeiblättchen über die Zwiebeln streuen, mit 2 cl Grappa beträufeln. Im vorgeheizten Backofen (Gas: Stufe 3) etwa 45 Min. garen. Mit restlicher Petersilie bestreuen.

• Der kleine Schuß Grappa setzt hier eine markante Note – kann aber auch ersetzt werden durch Wein oder kräftige Fleischbrühe.

• Pfiffige Variante: eine Füllung aus gekochtem Kürbispüree, kleingehackten Senffrüchten, Eiern und fein zerbröselten *Amaretti* (Mandelplätzchen, siehe Rezept Seite 120).

Zutaten für 4 Portionen:
300 g frische, gemischte Pilze
(zum Beispiel Steinpilze,
Champignons, eventuell
einige Pfifferlinge)
1 Zitrone (Saft)
1 Bund glatte Petersilie
1 Eigelb
1 Knoblauchzehe
100 ml Olivenöl
Salz, Pfeffer aus der Mühle
<u>Zubereitungszeit:</u> 35 Min.
Pro Portion: 1400 kJ / 330 kcal

1 Frische Pilze putzen; in feine Scheibchen schneiden, mit dem Saft von ½ Zitrone beträufeln (Pfifferlinge kurz in Butter braten).

2 1 Eigelb mit Salz, Pfeffer und dem übrigen Zitronensaft verquirlen. 1 Knoblauchzehe dazupressen. Nach und nach unter ständigem Rühren 100 ml Olivenöl einfließen lassen. Petersilie sehr fein hacken und untermischen. Sauce abschmecken, über die Pilze träufeln.

• Variante: Die Sauce aus Zitronensaft, Öl, gehacktem Sardellenfilet und hartgekochtem, fein zerkleinertem Eigelb zubereiten.

• Oder: Frische Waldpilze in Scheiben schneiden, in etwas Butter oder Nußöl dünsten, dann sanft würzen und lauwarm als Salat anrichten.

Die Alpengebiete

Strudel di mele
Apfelstrudel (Südtirol)

Zutaten für 6–8 Portionen:

Für den Teig:
250 g Mehl + Mehl zum Ausrollen
2 EL Butter
1 Ei
1 Prise Salz
1 EL Öl zum Bestreichen

Für die Füllung:
1 kg feste, säuerliche Äpfel
1 unbehandelte Zitrone (Schale + Saft)
100 g Rosinen
3 EL Pinienkerne
70 g Zucker
½ TL Zimtpulver
2–3 EL Semmelbrösel

Sonstige Zutaten:
Fett für das Blech
Butter zum Bestreichen des Teiges
Puderzucker zum Bestäuben

Zubereitungszeit: 1 ½ Std.
Bei 8 Portionen pro Portion:
1400 kJ / 330 kcal

Strudel – ein magisches Wort für jeden Backkünstler, besonders aber für all die andern, die beim Anblick dieses hausgemachten Kuchenwunders unberechenbar zu werden pflegen.

Im süddeutschen und österreichischen Raum gehört es fast schon zur Allgemeinbildung, den Teig so transparent zu ziehen, daß man durch ihn hindurch auch die neuesten Nachrichten entziffern könnte. Aber auch die Italiener beweisen Fingerspitzengefühl – mit diesem Original aus Südtirol, einem knusprig-zarten Strudel.

Als Füllung passen außer den herben Äpfeln auch andere feinsäuerliche Obstsorten, zum Beispiel Birnen oder Aprikosen. Und falls Sie den Strudel lieber im Bräter als auf dem Blech backen: 200 ml Sahne angießen und den Teig ab und zu damit bestreichen.

1 Für den Teig 250 g Mehl auf das Backbrett häufen, eine Mulde in die Mitte drücken. 2 EL zerlassene Butter, 1 Ei und 1 Prise Salz hineingeben. Vom Rand her die Zutaten mischen und zu einem Teig verkneten, dabei nach und nach etwa 100 ml lauwarmes Wasser zufügen. Sehr kräftig durchkneten, bis der Teig glatt und elastisch ist. Zur Kugel formen, mit Öl bestreichen und in eine Plastiktüte packen. Mindestens 20 Min. ruhen lassen.

2 Für die Füllung 100 g Rosinen in etwas Wasser einweichen. Äpfel vierteln und schälen, Kerngehäuse entfernen. Apfelviertel in schmale Scheibchen schneiden, in eine Schüssel geben. Fein abgeriebene Schale von 1 Zitrone, 2 EL Zitronensaft, 3 EL Pinienkerne, 70 g Zucker und ½ TL Zimtpulver untermischen. Gut durchziehen lassen. Kurz vorm Füllen des Strudels die eingeweichten Rosinen abtropfen lassen und ebenfalls unter die Äpfel mischen. Backofen auf 200° vorheizen, ein Backblech einfetten.

3 Zum Ausrollen des Teiges ein großes Küchentuch mit Mehl bestäuben. Teigkugel zunächst mit dem Nudelholz dünn ausrollen. Dann mit beiden Handrücken unter die Teigdecke fassen und vorsichtig nach allen Richtungen hauchdünn ausziehen.

4 Teigfläche dünn mit zerlassener Butter beträufeln, mit 2–3 EL Semmelbröseln bestreuen. Apfelmischung gleichmäßig darauf verteilen, ringsum einen 2 cm breiten Rand frei lassen. Ränder mit zerlassener Butter bestreichen, nach innen über die Füllung einschlagen.

5 Das Küchentuch an einer der Längsseiten anheben und den Strudel schwungvoll aufrollen. Mit Hilfe des Tuches auf das Blech heben. Oberfläche üppig mit zerlassener Butter bestreichen. Im vorgeheizten Backofen (Gas: Stufe 3) etwa 1 Std. backen. Etwas abkühlen lassen, mit Puderzucker bestäubt servieren.

Die Alpengebiete

Zabaione con bacche
Weinschaum mit Beeren (Piemont)

Zutaten für 4 Portionen:
200 g frische, gemischte Beeren
½ unbehandelte Zitrone (Saft und Schale)
4 Eigelb
4 EL trockener Marsala (Likörwein aus Sizilien)
4 EL Zucker

<u>Zubereitungszeit:</u> 35 Min.
Pro Portion: 1800 kJ / 430 kcal

1 Beeren waschen, abtropfen lassen und von den Stielen zupfen, Erdbeeren eventuell halbieren. In einer Schüssel mischen, mit dem Saft von ½ Zitrone beträufeln und kühl stellen.

2 Einen großen Topf mit Wasser füllen und erhitzen. Eine kleinere, runde Edelstahlschüssel ins Wasserbad setzen. 4 Eigelb mit 4 EL Zucker und der abgeriebenen Schale von ½ Zitrone hineingeben, mit dem Schneebesen gründlich verquirlen. 4 EL Marsalawein nach und nach einträufeln.

3 Bei milder Hitze zu einer schaumigen Creme aufschlagen. Vom Herd nehmen, auf 4 Teller verteilen und mit den Beeren garnieren.

• Noch einfacher: die Creme im Simmertopf (mit doppelter Wandung) zubereiten.

• Varianten: mit Wein, Sekt oder Weinbrand zubereiten.

• Läßt sich gut vorbereiten: *Zabaionecreme* – den warmen Weinschaum im kalten Wasserbad abkühlen lassen, 200 g geschlagene Sahne unterziehen, bis zum Servieren sehr gut kühlen.

Amaretti
Mandelplätzchen (Piemont)

Zutaten für etwa 30 Stück:
250 g geschälte Mandeln
1 TL Bittermandelaroma (eventuell)
200 g Zucker
4 Eiweiß
1 EL Butter
1 EL Mehl
Puderzucker zum Bestäuben

<u>Zubereitungszeit:</u> 80 Min.
Pro Stück: 350 kJ / 80 kcal

1 Mandeln fein mahlen, mit 150 g Zucker und 1 TL Bittermandelaroma mischen.

2 4 Eiweiß zu steifem Schnee schlagen, restliche 50 g Zucker einrieseln lassen. Die Mandelmasse löffelweise unter den Eischnee ziehen, zu einer glatten Masse rühren.

3 Backblech fetten und mit 1 EL Mehl bestäuben. Die Mandelmasse in einen Spritzbeutel mit glatter Tülle füllen, walnußgroße Häufchen auf die Bleche setzen, etwa 2 Std. stehen lassen (oder die Plätzchen mit einem Teelöffel abstechen).

4 Backofen auf 150° vorheizen. Mandelplätzchen etwa 1 Std. eher trocknen lassen als backen (Gas: Stufe 1). Mit Puderzucker bestäuben.

• Amaretti werden zerbröselt in unterschiedlichsten Rezepten, für Süßspeisen, aber auch als Würze in pikanten Gemüsegerichten verwendet.

• Als Gebäck zum Eintauchen in *Vin Santo* (das ist ein typischer Dessertwein) servieren. Oder einfach zum Espresso nach dem Essen.

Cappuccini affogati
Ertrunkene Kapuziner (Südtirol)

Zutaten für 6 Portionen:
1 kleines Stangenweißbrot vom Vortag (250 g)
¼ l guter Rotwein
½ unbehandelte Zitrone
4 Eier
3 EL gemahlene Mandeln
100 g Rosinen
100 g Vanillezucker
1 Zimtstange
2 Gewürznelken
Öl zum Braten und für die Form

Zubereitungszeit: 45 Min.
Pro Portion: 1700 kJ / 400 kcal

1 ¼ l Rotwein mit 50 g Vanillezucker, 1 Zimtstange und 2 Gewürznelken erhitzen. Schale von ½ Zitrone spiralig abschneiden und dazugeben.

2 Weißbrot in 2 cm dicke Scheiben schneiden. 4 Eier verquirlen, 3 EL gemahlene Mandeln unterrühren. In einer großen Pfanne reichlich Öl erhitzen.

3 Weißbrotscheiben von beiden Seiten durch die Eiermasse ziehen, im heißen Öl knusprig und goldbraun braten. Auf Küchenkrepp abtropfen lassen.

4 Backofen auf 175° vorheizen. Eine feuerfeste Form mit 2 EL Öl ausstreichen. Den heißen Rotwein durch ein feines Sieb gießen, in den Topf zurückgeben und wieder auf die Herdplatte stellen. 100 g Rosinen kurz darin ziehen lassen.

5 Die gebratenen Brotscheiben in die Form einschichten, jede Scheibe zart zuckern, mit 1–2 EL Rotwein beträufeln und mit Rosinen bestreuen. Im vorgeheizten Backofen (Gas: Stufe 2) etwa 10 Min. überbacken. Heiß servieren.

Crostoli
Fritierte Teigscherben (Friaul/Trentino)

Zutaten für 6–8 Portionen:
1 unbehandelte Zitrone (Schale)
2 Eier
50 g Butter
4 cl Zwetschgenschnaps, Rum oder Grappa
60 g Vanillezucker
350 g Mehl + Mehl zum Ausrollen
etwa 1 kg Butterschmalz zum Fritieren
Puderzucker zum Bestäuben
Salz

Zubereitungszeit: 45 Min.
Bei 8 Portionen pro Portion: 1500 kJ / 360 kcal

1 2 Eier mit 60 g Vanillezucker sehr schaumig schlagen. Schale von 1 Zitrone fein abreiben, zusammen mit 4 cl Schnaps und 1 Prise Salz unterrühren.

2 50 g Butter zerlassen. 350 g Mehl auf die Arbeitsfläche häufen, eine Mulde hineindrücken. Zerlassene, etwas abgekühlte Butter und die schaumige Eiercreme in die Mitte geben, zu einem geschmeidigen Teig verkneten.

3 In einem Topf 1 kg Butterschmalz erhitzen. Arbeitsfläche oder Backbrett mit Mehl bestäuben. Den Teig so dünn wie möglich ausrollen. Mit einem Teigrädchen in ungleichmäßige Rechtecke oder Rauten schneiden (Kantenlänge etwa 4–5 cm). Bei jeder Teigscherbe in der Mitte einen kreuzförmigen Einschnitt machen.

4 Crostoli im heißen Schmalz goldbraun ausbacken. Auf Küchenpapier sehr gut abtropfen lassen, mit Puderzucker bestäuben. Warm oder kalt servieren.

• Weinempfehlung: ein zartfrischer Sekt, zum Beispiel Trento Classico.

Die Alpengebiete

Grappa – der gute Geist der Hexenmeister

Es ist gar nicht so lange her, da redete man bei uns noch von »dem« Grappa. Und setzte italienischen Tresterschnaps mit »Rachenputzern« gleich, die nach einem zu üppigen Essen die Verdauung fördern sollen. Wie rasch sich doch die Einstellung ändern kann. Heute spricht man, wie es sich dem Endungs-»a« nach gehört, von »der« Grappa. Und bescheinigt ihr nicht nur ein beachtliches Image, sondern auch eher weibliche Eigenschaften: sanft, charaktervoll, rund und am besten noch nicht zu alt. Erst in den letzten Jahren hat sich der einstige Bauernschnaps aus Norditalien zur Edel-Spirituose gemausert. Denn ursprünglich diente das Destillat aus Trester, ausgepreßten Weintrauben, den Weinbauern der Alpenländer als Seelentröster, wenn's draußen arg garstig und kalt war. Mehr und mehr gewöhnte man sich an den eigenständigen Geschmack, die Industrie nahm sich der Produktion an und erzeugt Sorten von gleichbleibender Güte.

Und einige wenige qualitätsbesessene Brenner bemühen sich, eine Grappa herzustellen, die zu den nobelsten Destillaten gerechnet werden darf. Meist sind das knorrige, eigenwillige Hexenmeister, die sich beim Brennen auf ihr Gefühl, ihren Geruchssinn und den Stand von Sonne und Mond verlassen. Denn viel Fingerspitzengefühl gehört dazu, aus den Preßrückständen ein außergewöhnliches Produkt zu erzeugen. Dieser Trester kann von der Weißweinbereitung stammen – dann werden die Beeren gleich nach der Ernte gepreßt. Oder von der Rotweinerzeugung – dabei werden die Trauben zerquetscht und eingemaischt, wobei die Gärung einsetzt und den Beerenhäuten den dunklen Farbstoff entlockt. Weißwein-Trester enthält kaum Alkohol, er muß erst noch gären, der Rotwein-Trester dagegen schon viel. Und wie bei jeder Gärung können sich leicht üble Mikroorganismen breitmachen und den Trester verderben: Er entwickelt Essigsäure oder fängt an zu schimmeln. Deshalb muß er rasch verarbeitet werden. Zum Glück reifen die Traubensorten zu unterschiedlichen Zeitpunkten, so daß ganz von selbst die Trester nach und nach anfallen. Besonders im Trentino hat sich so der Brauch entwickelt, sortenreine Grappe (so heißt die Mehrzahl von Grappa) zu erzeugen. Große Brennereien kaufen von verschiedenen Erzeugern die Preßrückstände auf und lagern sie oft in Silos, um sie nach Bedarf zu verarbeiten, wobei sich die Unterschiede der Sorten zu einem Geschmack vereinen.

Für die Qualität der Grappa ist die Stärke der Pressung ein wichtiger Faktor: Werden die Trauben bis zum letzten Tropfen ausgequetscht, so wird nicht nur der Wein dünn, sondern auch das Destillat. So sind die Preßrückstände der Winzer, die die edelsten Weine produzieren, auch die besten für die Grappaerzeugung. Doch auch die begehrten »feuchten« Trester geben nur wenig Alkohol her. Er muß zu Branntwein konzentriert werden. Dazu nutzt

Am Anfang steht der Trester, also die ausgepreßten Beeren der Trauben, deren Saft zu Wein vergoren wird. Sie müssen rasch weiterverarbeitet werden, sonst beginnen unerwünschte Zersetzungsprozesse.

Traditionell wird Grappa jung und wasserklar getrunken. Daneben gibt es auch aromatisierte Sorten wie Grappa alla ruta (mit Raute), mit Pfefferminze oder gar Radicchio versetzt. Das erinnert daran, daß Grappa in den Alpengebieten als Medizin angesehen wurde. Wichtige Ursprungsgebiete sind Trentino, Friaul, Piemont, Lombardei und Venetien.

Spezialität Grappa

Es gibt eine einfache Testmethode, um eine gute von einer einfachen Grappa zu unterscheiden: Man gibt einige Tropfen auf die Handfläche...

...und reibt die Hände aneinander. Dabei verteilen sich die Tropfen auf den Handflächen und werden erwärmt. So werden die Aromastoffe durch Verdunstung freigesetzt.

Prüft man gleich danach den Duft, so zeigt sich jede unsaubere Geruchsnote ganz deutlich. Eine andere Methode ist der »Caffè corretto«, ein Espresso mit Grappa, wo sich schon beim Duft und erst recht beim Geschmack die Qualität der Grappa offenbart.

man die unterschiedlichen Siedepunkte von Alkohol und Wasser: man destilliert. Dabei wird die Masse in einem geschlossenen Gefäß erhitzt, bis der Alkohol bei etwa 78° C siedet und sich verflüchtigt. Den Alkoholdampf muß man nur aus dem Gefäß leiten und abkühlen, bis er wieder flüssig wird.

Ganz einfach, zumindest in der Theorie. In der Praxis gehören viel Wissen und Erfahrung dazu, eine Grappa zu brennen. Das fängt beim Erhitzen an: Wird direkt unter dem Tresterbrei ein Feuer gemacht, passiert das gleiche wie in einem Topf mit dicker Suppe: Er hängt an, bildet Krusten und riecht brenzlig. Dieser scharfe Geruch verdampft mit dem Alkohol und würde der Grappa eben diesen Geruch und Geschmack geben. Zwei Methoden haben sich eingebürgert, um dies zu verhindern. Einmal das Erhitzen in der »Bagnomaria«, einem Wasserbad. Dabei sitzt der Kessel mit Trester in einem zweiten mit Wasser, das ja nicht heißer als 100° C werden kann, weil es dann verdampft. Bei der zweiten Methode wird mit Wasserdampf erwärmt, so daß keine direkte Feuershitze an den Trester gelangt.

Die Brennmethode der kleinen Erzeuger heißt »diskontinuierlich«, das heißt, der Destillierkessel wird mit Trester gefüllt, erhitzt und nach der Destillatgewinnung wieder ausgeräumt und neu bestückt. Das ist für die Großproduktion unrentabel, daher wird dort die »kontinuierliche« Destillation angewandt. Dabei wird auf der einen Seite frischer Trester laufend zugeführt, erhitzt und der Alkohol verdampft, dabei ständig weiterbefördert, bis der extrahierte Abfall auf der anderen Seite wieder herauskommt.

Bei beiden Methoden ist es nicht nur Alkohol, der die Destillationsanlage verläßt. Es sind gerade die Begleitstoffe, die den Charakter einer Grappa ausmachen. Im Trester sind sowohl erwünschte als auch unerwünschte Substanzen enthalten. Die einen beginnen

Die Alpengebiete

schon bei niedrigen Temperaturen, sich zu verflüchtigen, wie der giftige Methylalkohol. Er siedet bereits bei 66° C, ist also in der ersten Flüssigkeit enthalten, die aus der Kühlvorrichtung tropft. Das nennt man »testa«, den Kopf, den man abschneiden muß. Die Kunst des Brennens liegt darin, genau die richtige Menge an erstem Destillat abzuzweigen, so daß die Giftstoffe entfernt werden, aber das, was direkt anschließend an Aromastoffen kommt, mitzunehmen. Jetzt folgt der Alkohol, vermischt mit weiteren Aromaten, und schließlich fängt auch das enthaltene Wasser an zu sieden. Das nennt man »coda«, Schwanz, der ebenfalls unerwünscht ist, denn er verwässert das Produkt. Das, was zwischen Kopf und Schwanz liegt, heißt »cuore«, Herz. Und das eben macht die Güte einer Grappa aus, bestimmt Duft und Geschmack. Fingerspitzengefühl gehört dazu, genau zum richtigen Zeitpunkt das Destillat für die Grappa aufzufangen, genau im rechten Moment auch aufhören zu können, denn gerade bei Kopf und Schwanz sitzen gemeinerweise auch die wichtigen Aromastoffe. So wird es verständlich, daß eine industriell erzeugte Grappa nie die Feinheit und die Aromafülle von der eines kleinen Edelbrenners erreichen kann, denn bei der Großproduktion muß man auf Sicherheit gehen. Hier kann man nicht so direkt mit der Nase am Auslauf hängen.

Bei beiden Methoden gewinnt man ein Konzentrat, das 60 bis über 80° reinen Alkohol enthält. Erst durch Verdünnung mit Wasser auf etwa 43 bis 50° wird eine trinkbare Grappa daraus. Die modernen Grappe sind wasserklar und werden nicht lange gelagert.

Ein Qualitätskriterium sind die Markenzeichen der Consorzii zum Schutz der Grappa, die es schon seit 1969 im Trentino, seit 1975 auch in Friaul gibt. Sie bemühen sich um ein hervorragendes Erzeugnis und auch – oder gerade – um die kleinen Individualisten, die sich zum Ziel gesetzt haben, ihre Grappa, die es manchmal nur in Kleinstauflagen von 200 Flaschen gibt, zur bestmöglichen zu machen.

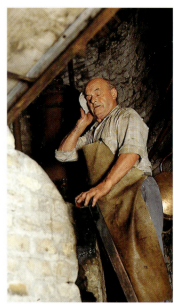

Rechts: Die kleinen Grappa-Brenner arbeiten noch mit dem alten Destilliergerät, das aus einem Kessel – meist aus Kupfer – und einer dicht schließenden Kuppel besteht. Daran schließt sich ein »Schwanenhals« als Verbindungsstück zum »Schlangenrohr« an, das in einer Wanne gekühlt wird.

Ganz rechts: Dem Trester muß kräftig eingeheizt werden, so ist die Arbeit dabei ziemlich schweißtreibend.

Rechts: Nach jeder Destillation wird der Trester aus dem Kessel in eine Presse gefüllt und zu einem Kuchen gepreßt. Bis zum nächsten Jahr trocknet er und dient dann als Heizmittel für die Anlage. Die Asche wird zum Düngen der Weinreben verwendet – ein geschlossener Kreislauf.

Rechts: Neben den jungen Grappe gibt es auch Sorten, »Riserva« genannt, die längere Zeit in Holzfässern gelagert werden, was ihnen einen deutlichen Reifeton und eine bräunliche Farbe verleiht. Oft werden dafür Fässer aus verschiedenen Hölzern verwendet, um den Geschmack noch runder zu machen. Eine relativ junge Spezialität sind die »Uva«, Destillate aus Traubenmaische.

Spezialität Grappa

Links: Bei der Grappaindustrie brodelt und blubbert es in edelstahlblitzenden Kesseln und Säulen, dampft es durch Röhren und stockwerkartig unterteilte Behälter, in denen sich die verschiedenen Bestandteile des Destillats voneinander trennen.

Links: Vollautomatisch erfolgt die Abfüllung in die typischen klaren Flaschen. Die großen Brennereien mischen meist Destillate verschiedener Trester aus mehreren Regionen, um ein einheitliches, immer ähnlich schmeckendes Erzeugnis anbieten zu können.

Links: Grappe haben früh, das heißt nach einem halben Jahr, ihr Aroma und ihren typischen Charakter. Die Angaben »Vecchia«, alt, oder gar »Stravecchia«, sehr alt, machen sich zwar gut auf dem Etikett und garantieren eine vom Staat überwachte Lagerung, müssen aber nicht auf eine außergewöhnliche Qualität hinweisen, denn eine Grappa muß von Anfang an gut sein – dann kann sie sich auch durch Lagerung nur unwesentlich verändern.

Oben: Grappa ist zum salonfähigen Digestif geworden. Selbst speziell entwickelte Gläser gibt es dafür: Junge Grappe serviert man in schmalen Gläsern oder im unten bauchig erweiterten »Kaminglas«, das das Aroma zurückhält. Ältere Grappe, vor allem Riserva, kann man gut aus Cognac-Gläsern trinken.

Toskana, Umbrien und die Marken

Hügel und Zypressen:
Einsames Landgut im Val d'Elsa

Toskana, Umbrien und die Marken

Das Land und seine Produkte

Sanfte Hügel, fruchtbare Felder, die schwarzen Säulen der Zypressen und alte Landgüter – die Postkartenseite der Toskana.

Wie in einer Bilderbuchlandschaft reiht sich Hügel an Hügel, gegliedert durch die schlanken, dunklen Linien der Zypressen. Die Toskana: Wenn nicht die klassischste aller italienischen Regionen, dann zumindest die bei uns bekannteste. Doch dieses Bild ist nur ein Ausschnitt aus der Vielfalt, die die mittleren Gebiete Italiens kennzeichnet. Weite Täler mit fruchtbaren Böden wechseln mit dunklen, düsteren Wäldern, sanfte Olivenhaine mit den rauhen Bergzügen des Apennin. Und auch die Küche reicht von anspruchsvoller Einfachheit zu bäuerlicher Derbheit. Hier wird mit Olivenöl gekocht; statt der vielen Antipasti, wie sie beispielsweise im Piemont zu finden sind, gibt es als Vorspeisen Schinken und Wurst oder die berühmten Crostini. Hülsenfrüchte wie Linsen und Bohnen spielen eine wichtige Rolle, vor allem aber die Tomaten, die sehr früh ihren Weg von Neapel hierher gefunden haben.

Fleisch wird vorwiegend auf dem Rost oder am Spieß gebraten. Vor allem Geflügel ist sehr beliebt und natürlich die Bistecca alla Fiorentina, ein riesiges Stück Fleisch von den weißen Chianina-Rindern aus dem Chiana-Tal, über Holzglut gegrillt und hinterher nur mit Salz, Pfeffer und ein paar Tropfen feinstem Olivenöl gewürzt. Gemüse wird gern in Olivenöl ausgebacken, ebenso Geflügel und Fisch. Und eine weitere unentbehrliche Zutat ist das ungesalzene toskanische Landbrot mit harter Kruste und fester Krume, das hier die Rolle von Nudeln übernimmt.

Ganz oben: Die weißen Chianina-Rinder liefern das Fleisch für die Bistecca alla Fiorentina (Mitte), die über Holzglut gegrillt wird.

Rechts: Hülsenfrüchte, vor allem Bohnen, sind aus der Küche der Toskana nicht wegzudenken.

Das Land und seine Produkte

Umbrien ist die einzige Region Italiens, die nirgends ans Meer grenzt. Das Gebiet ist überwiegend gebirgig und waldreich, besonders im Osten, wo die höchsten Berge und die engsten Täler zu finden sind. Das Klima ist nicht vom ausgleichenden Mittelmeer geprägt, die Sommer sind warm, aber nicht ständig trocken, die Winter rauh, Niederschläge fallen besonders im November und Dezember. Im Westen liegt ein fruchtbares Hügelland, das sehr an die Toskana erinnert. Besonders die Region um Perugia und Orvieto bezaubert durch sanfte Hügel und anmutige Täler mit ertragreichen Böden. Vom Tiber durchflossen ist dies eine der wasserreichsten Regionen, die vorwiegend von der Landwirtschaft lebt. Wein und Getreide, Sonnenblumen, Gemüse, Oliven und Obst werden angebaut, Schweine, Rinder und Schafe gezüchtet. In Umbrien findet man viele Flüsse und Seen mit delikaten Fischen. So ißt man hier Tegamaccio, eine Fischsuppe, die nur aus Süßwasserfischen gekocht wird. Der Lago Trasimeno, 30 km westlich von Perugia gelegen, ist der größte See Mittelitaliens. Er liefert ungewöhnlich große, köstliche Karpfen.

Als geheimes Feinschmeckerzentrum Umbriens gilt Norcia, eine kleine Stadt in den Bergen. Sie ist berühmt für ihre Schinken von kleinen, schwarzen Schweinen, die mit Kastanien gefüttert werden. Und für den besten Schafkäse und schwarze Trüffeln, die hier in Papier gewickelt und auf offenem Feuer gebraten werden.

Auch die Marken, das Land zwischen Adria und Apennin, ist von Hügeln geprägt, die bis an die Küste reichen. Breite Täler ziehen sich vom Meer zum Gebirge hin, werden steil und bilden Schluchten. Auf den Höhen gibt es Schlösser, Wehranlagen aus dem Mittelalter und viele alte Städtchen zu entdecken, in denen das alte Handwerk noch lebendig ist. Im Gegensatz zu anderen Regionen konnte sich hier die althergebrachte landwirtschaftliche Struktur erhalten und den modernen Anforderungen anpassen.

Ein eigenes Gericht dieses Gebietes ist Vincisgrassi, Nudelplatten, die mit Hühnerleber-Pilzragout gefüllt und mit Béchamelsauce überbacken werden. Der eigentümliche Name soll vom Fürsten Windisch-Graetz abgeleitet sein, dem dieses Gericht so vorzüglich schmeckte. Den Küstenregionen vorbehalten sind die Fischsuppen, die hier in besonderer Vielfalt zubereitet werden. Zwei Grundtypen gibt es: Im Norden bis Ancona werden verschiedene Fischsorten in einer kräftigen Tomatenbrühe gegart, im Süden werden die Fische erst in Mehl gewendet und gebraten, dann in goldgelbem Safransud fertiggegart.

Ganz oben: Frischer Fisch ist wichtig, denn für die Fischsuppen dieser Regionen werden stets mehrere Sorten verwendet.

Oben: Der Schafkäse tritt in den verschiedensten Formen auf. Der ovale Marzolino ist überall in der Toskana bekannt, als Frischkäse mit heller Rinde und als länger gereifter Reibkäse mit rötlich eingefärbter Rinde.

Links: Lilien, die Wappenblumen der Toskana, blühen üppig auf den Feldern.

Ganz oben: Zwiebeln, für den Winter zum Trocknen an der Hauswand aufgehängt, sind neben Knoblauch eine wichtige Würzzutat.

Oben: Die Küche dieser Regionen wäre ohne Tomaten kaum denkbar.

Toskana, Umbrien und die Marken

Menschen, Feste, Sehenswertes

Wird in der Emilia-Romagna noch üppig mit Butter gekocht und kommen dort große Fleischgerichte auf den Tisch, so verwenden Toskaner Olivenöl. Und statt Schmorbraten trifft man hier eher Gemüsegerichte an. Die Küche zeigt eine klare, ja sparsame Linie, ohne viele Zutaten. So kommt man leicht auf die Idee, Toskaner seien geizig. Doch sie spiegeln nur ihre Region wider, die klar, rational, geometrisch wirkt. Und die nicht immer reich, sondern in vielen Gebieten arm, karg und einsam ist, so wie die Garfagna oder die Lunigiana.

Umbrien hängt stark an überlieferten Riten und Aberglauben, selbst Koch- und Backkunst sind von magischen Regeln durchsetzt: Gerichte müssen eine feste Zahl an Zutaten enthalten, Gebäck wird zu geisterbeschwörenden Gebilden geformt, oft zu Schlangen, was auf den alten Sibyllen-Glauben zurückzuführen ist: Sibyllen sind Weissagerinnen, die in Höhlen des Monte Vettore hausen sollen.

Auch die Bauern der ländlichen Gebiete der Marken nehmen die alten Überlieferungen sehr ernst. Bei vielen Arbeiten auf dem Feld wird streng darauf geachtet, daß der Mond günstig steht. Der zunehmende soll sich ungünstig auswirken, der abnehmende dagegen läßt das ausgesäte Korn aufgehen, den gelesenen Wein sauber gären. Selbst für den Fischfang und das Schlachten der Schweine gibt es feste Regeln.

Doch fern liegt die Schwarze Magie, wenn man auf der überfüllten Piazza dei Miracoli in Pisa vor dem Schiefen Turm steht. Oder im Gedränge des morgendlichen Gemüsemarkts in den Seitengäßchen des Borgo Stretto, der großen Einkaufsstraße.

Florenz, die Stadt der Medici, steht heute eher im Schatten von Rom, Neapel oder Mailand. Doch ist sie noch die Stadt der Kunst und der Wissenschaften. Auf der Piazza Santo Spirito findet der Wochenmarkt statt, wo Erzeuger mit Karren und kleinen Autos ihr Obst und Gemüse anliefern. Sehen sollte man San Gimignano mit mittelalterlichen Geschlechtertürmen. Und Siena, auf drei Hügeln erbaut, wo zweimal im Sommer der Palio, ein Pferderennen, auf der Piazza del Campo stattfindet. In den Gewölben der Fortezza Medicea gibt es die Enoteca Permanente, ein nationales Weinmuseum.

Florenz, einst die Stadt der Mächtigen und Reichen. Wer weniger Touristen und mehr Florenz sucht, wird auf der anderen Seite des Arno im Handwerkerviertel San Frediano fündig.

Ganz oben: Eine Osteria und Snackbar wartet noch auf die Mittagsgäste.

Mitte: Noch immer wird Tradition großgeschrieben, so wie hier im Dom von Lucca bei einer Hochzeit.

Links: Vor den Läden trifft man sich zum Plausch und zu ernsthaften Diskussionen. Toskaner und besonders die Florentiner gelten als scharf kalkulierende Geister, die zugleich künstlerisch-schöpferisch veranlagt sind.

Menschen, Feste, Sehenswertes

In Umbrien sollte man Norcia besuchen, Schinken von den schwarzen Schweinen, Käse und im Winter schwarze Trüffeln probieren. Schon die Delikatessenläden dieser Stadt sind ein Erlebnis. Bei Perugia, in Spello, findet Anfang Februar ein Oliven- und Bruschetta-Fest statt. Über Holzfeuer wird Brot geröstet und mit Olivenöl aus Spello, Knoblauch und Salz gegessen. In Sigillo wird im November das San-Martino-Fest mit Eßkastanien und neuem Wein gefeiert.

In den Marken findet man in Ascoli Piceno noch eine der historischen Städte Italiens mit mittelalterlichem Viertel. Treffpunkt der Bewohner ist die

Oben und links: Siena, eine der interessantesten Städte der Toskana, ist auf drei schmalen Hügeln erbaut, von weitem schon sichtbar. Herz der Stadt ist die Piazza del Campo, im Tal zwischen den Hügel angelegt, wo alljährlich im Juli und im August der Palio, das große Pferderennen, stattfindet. Ausgetragen wird es zwischen den 17 Stadtvierteln, den Contrade. Und natürlich wird der Ausgang des Rennens gebührend gefeiert.

Ganz oben: Am Straßenrand gibt's Porchetta, mit Fenchel gewürztes und im ganzen gebratenes Jungschwein.

Oben: Essen findet oft unter freiem Himmel statt, so auch bei dem Pizzastand.

Piazza del Popolo. Am ersten Sonntag im August findet hier ein Ritterturnier in Trachten des 15. Jh. statt, der Torneo della Quintana. In Frontino bei Urbino gibt es Anfang September ein Bohnenfest, bei dem die Gäste köstliche Gerichte mit Hülsenfrüchten probieren können.

Toskana, Umbrien und die Marken

Die Weine

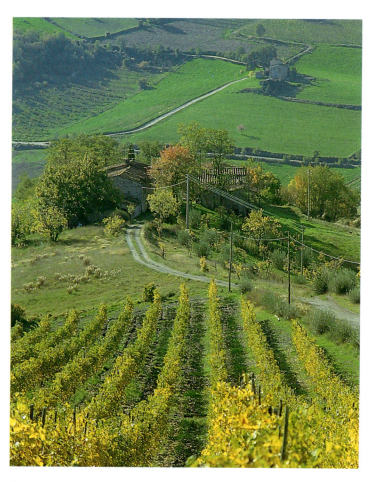

Vielleicht der älteste, sicher der bekannteste Rotwein der Toskana ist der *Chianti*. Das Weinbaugebiet liegt im wesentlichen in den Provinzen Florenz und Siena mit fast 100 Gemeinden. Kernstück ist die etwa 70.000 ha große Zone des *Chianti Classico*. »Classico« dürfen sich nur Weine nennen, deren Trauben aus diesem Gebiet stammen. Nur sie erhalten das rote Siegel mit schwarzem Hahn, dem »Gallo Nero«. Um das traditionelle Ursprungsgebiet liegen sechs weitere: Colli Aretini (um Arezzo), Colli Fiorentini (um Florenz), Colline Pisane (Pisa), Colli Senesi (um Siena), Montalbano, Rufina. *Chianti* sind trocken, von rubinroter Farbe, die beim Altern in Granatrot übergeht, mit typischem, an Veilchen erinnerndem Duft. Junge Weine sind kräftig, leicht tanninbetont und passen zu vielen Gerichten. Ältere sind weich, samtig und schmecken zu dunklem Fleisch, Braten und Wild.

Ein Spitzenrotwein der Toskana ist der *Brunello di Montalcino*, kräftig und körperreich, in der Jugend recht herb und rauh, im Alter weich und geschmeidig. Zu dunklem Fleisch und Wild, sollte einige Stunden vor dem Trinken geöffnet und dekantiert werden.

Der *Vino Nobile di Montepulciano* ist ein naher Verwandter des Chianti, leicht herb und gut zu Braten passend. Weitere Rotweine sind der *Montescudaio* (gibt es auch als Weißwein) und der *Carmignano*. Unter den Weißweinen zählt der *Vernaccia di San Gimignano* zu den besten. Er ist goldgelb und trocken, leicht herb. Gut zu Vorspeisen und Fisch. Zu Fisch passen auch *Bianco Vergine della Valdichiana* und *Galestro*, ein neuer weißer Chianti.

Aus angetrockneten Trauben wird in der Toskana ein trockener bis süßer Dessertwein, der *Vin Santo*, hergestellt. Er ist bernsteingelb mit intensivem Bukett und wird gern zum Eintunken der mürben Dessertgebäcke genommen.

Bekanntester Wein Umbriens ist der *Orvieto*, seine Heimat sind die Hügel westlich des Tibers. Hauptsächlich aus der Rebsorte Trebbiano toscano gekeltert, strohgelb, meist leicht bitter, frisch und fein zu Fisch. Einer der edelsten ist der *Torgiano*, den es als Rot- und Weißwein gibt. Vom Lago Trasimeno kommt der *Colli del Trasimeno* als Rot- und Weißwein, beides gute, nicht sehr bekannte Weine.

Das Chianti-Gebiet im Herzen der Toskana: In malerischer Hügellandschaft wird auf Höhen bis über 500 Meter ein traditionsreicher Wein angebaut.

Aus den Marken kennt man den weißen *Verdicchio dei Castelli di Jesi*. Typisch sind die amphorenförmige Flasche, die blaßgelbe Farbe, sein zarter, an unreifes Obst erinnernder Duft und der trockene, frische, leicht bittere Geschmack, der sich sogar bei Salaten gegen die Säure durchsetzen kann. Natürlich paßt er auch zu Vorspeisen und Fischgerichten. Ebenfalls ein delikater Weißwein ist der *Bianchello del Metauro*, strohgelb, trocken, frisch, soll jung getrunken werden.

Trockene, harmonische Rotweine sind *Rosso Piceno* und *Rosso Conero*, die beide nach drei Jahren ihren Höhepunkt erreicht haben.

Weine der Region: von links Chianti Classico (Castello di Uzzano), Solatio Basilica (Villa Cafaggio), Vino Nobile di Montepulciano, Brunello di Montalcino, Orvieto Classico (Castagnolo), Verdicchio di Matelica.

Rezepte der Region

Antipasti
- 134 Crostini alla toscana
  Weißbrot mit Hühnerleber creme und Olivenpaste
- 134 Panzanella
  Gekühlter Brotsalat
- 135 Acquacotta
  Pilzsuppe mit Brot

Primi Piatti
- 136 Vincisgrassi
  Nudelauflauf mit Fleischsauce
- 138 Pappardelle alla lepre
  Breite Bandnudeln mit Hasensauce
- 139 Paglia e fieno
  Weiße und grüne Bandnudeln mit Sahne-Pilzsauce
- 140 Minestra di riso
  Reissuppe mit Linsen
- 140 Ginestrata
  Eiercremesuppe
- 141 Cipollata
  Zwiebelsuppe
- 141 Ribollita
  Aufgewärmte Gemüsesuppe

Secondi Piatti
- 142 Sogliola alla fiorentina
  Seezunge mit Spinat
- 144 Triglie al forno
  Gebackene Meerbarben
- 144 Trote affogate
  Kräuterforellen
- 145 Merluzzo alla marchigiana
  Fritierter Kabeljau
- 145 Anguilla in umido
  Aal in Tomatensauce
- 146 Coniglio in porchetta
  Kaninchen mit Fenchel
- 148 Fegatelli alla toscana
  Leberspießchen
- 148 Arista alla fiorentina
  Schweinebraten mit Kräutern
- 149 Trippa alla fiorentina
  Kutteltopf mit Gemüse
- 150 Lepre alla cacciatora
  Hasenpfeffer
- 150 Quaglie al risotto
  Wachteln mit Reis
- 151 Pollo alla cacciatora
  Huhn mit Kapern und Oliven
- 151 Pollo alla diavola
  Teufelshähnchen
- 152 Fagiano arrosto
  Fasan mit Salbei
- 154 Frittata con le zucchine
  Zucchini-Omelett
- 154 Frittata al formaggio
  Käse-Omelett
- 155 Frittata ai funghi
  Pilz-Omelett
- 155 Frittata in zoccoli
  Speck-Omelett

Contorni
- 156 Fagioli all'uccelletto
  Weiße Bohnen mit Salbei
- 156 Spinaci gratinati
  Überbackener Spinat
- 157 Funghi alla toscana
  Gebratene Knoblauchpilze
- 157 Finocchi al forno
  Überbackener Fenchel
- 158 Cavolfiore fritto
  Fritierte Blumenkohlröschen
- 158 Zucchine ripiene
  Gefüllte Zucchini
- 159 Pinzimonio
  Gemüserohkost

Dolci
- 160 Zuccotto
  Eisgekühlte Kuppeltorte
- 162 Frittelle di riso
  Reiskrapfen
- 162 Panforte di Siena
  Gewürzkuchen
- 163 Biscotti di Prato
  Mandelschnitten

Toskana, Umbrien und die Marken

Crostini alla toscana
Geröstetes Weißbrot mit Hühnerlebercreme und Olivenpaste (Toskana/Umbrien)

Zutaten für etwa 30 Stück:

Für die Hühnerlebercreme:
200 g frische Hühnerleber
½ unbehandelte Zitrone (Saft und abgeriebene Schale)
1 Stange Staudensellerie
1 Möhre
½ Bund glatte Petersilie
⅛ l Rotwein
2 EL Tomatenmark
1 EL Kapern
1 kleine Zwiebel
2 EL Olivenöl
2 EL Butter
1 Lorbeerblatt
½ TL Wacholderbeeren
Salz, Pfeffer aus der Mühle

Für die Olivenpaste:
150 g schwarze Oliven ohne Stein
2 eingelegte Sardellenfilets
1 getrocknete Chilischote
1 TL Zitronensaft
4 Knoblauchzehen
je 1 TL frischer Rosmarin und Thymian (oder je ½ TL getrockneter)
6 Salbeiblättchen
1 EL Kapern
etwa 100 ml Olivenöl
Salz, Pfeffer aus der Mühle

Außerdem:
30 kleine Scheibchen Weißbrot

Zubereitungszeit: 1 Std.
(+ 12 Std. Marinieren)
Pro Stück etwa:
270 kJ / 60 kcal (Leber)
500 kJ / 120 kcal (Oliven)

1 Für die Hühnerlebercreme Hühnerleber putzen und kleinschneiden. Mit 1 Lorbeerblatt und ½ TL Wacholderbeeren in ein Schüsselchen geben, ⅛ l Rotwein angießen. Über Nacht durchziehen lassen.

2 1 Zwiebel, 1 Selleriestange und 1 Möhre sehr fein hacken. In einer Pfanne 2 EL Olivenöl erhitzen, 1 EL Butter darin schmelzen. Das Gemüse andünsten. Hühnerleber aus der Marinade nehmen, etwas abtrocknen, Sud durchsieben.

3 Leber zum Gemüse geben, kurz anbraten. 2 EL Tomatenmark und den Sud einrühren. 10 Min. sanft köcheln, mit Salz, Pfeffer, Saft und Schale von ½ Zitrone würzen. Petersilie fein hacken, einrühren. Etwas abkühlen lassen, mit 1 EL Kapern im Mixer fein pürieren. 1 EL weiche Butter unterrühren, abschmecken.

4 Für die Olivenpaste 2 Sardellenfilets abspülen, trocknen und kleinschneiden. Chilischote entkernen. Mit Oliven, allen Kräutern, 4 Knoblauchzehen und 1 EL Kapern fein pürieren. Nach und nach etwa 100 ml Olivenöl einfließen lassen, bis eine sämige Paste entsteht. Mit 1 TL Zitronensaft, Salz und frisch gemahlenem Pfeffer abschmecken.

5 Weißbrotscheibchen im Toaster oder im Backofen anrösten. Jede Scheibe mit einer der Pasten bestreichen.

• Wenn Sie das Glück haben, echtes toskanisches Landbrot um die Ecke kaufen zu können (mit kerniger Kruste, fester Krume, spärlich gewürzt oder völlig ungesalzen), schneiden Sie die großen Brotscheiben für die Crostini einfach etwas zierlicher zurecht. Ob Sie nun die pikanten Pasten auch so dick auftragen wollen wie auf unserem Foto, ist reine Geschmackssache – am besten ausprobieren, wie intensiv die Mischung geraten ist. Ein weiteres Toskana-Original zum Aufstreichen: herzhafte Mixtur aus gebratener Milz, Zwiebeln, Sardellen und Kapern.

Panzanella
Gekühlter Brotsalat (Toskana)

Zutaten für 6–8 Portionen:
300 g Weißbrot (am Vortag in Scheiben schneiden!)
300 g aromatische, reife Fleischtomaten
je 1 kleine gelbe und rote Paprikaschote
2 Frühlingszwiebeln
1 Bund glatte Petersilie
1 Bund Basilikum
eventuell frische Minze
3 Knoblauchzehen
2 EL Kapern
6–8 EL Rotweinessig
8 EL bestes Olivenöl
1 Lorbeerblatt
Salz, Pfeffer aus der Mühle

Zubereitungszeit: 45 Min.
  (+ 1 Std. Kühlen)
Bei 8 Portionen pro Portion:
  790 kJ / 190 kcal

1 Brot am Vortag entrinden und in Scheiben schneiden, trocknen lassen. Am nächsten Tag 1/8 l Wasser mit 6 EL Rotweinessig und 1 Lorbeerblatt kurz aufkochen. Abkühlen lassen und den Sud über die Brotscheiben gießen. 30 Min. durchziehen lassen.

2 Tomaten überbrühen, enthäuten und entkernen. In schmale Streifen schneiden. Paprikaschoten winzig klein würfeln. 2 Frühlingszwiebeln in feine Ringe schneiden. 1/2 Bund Petersilie fein hacken.

3 Brot ausdrücken und in kleine Stückchen zupfen, Lorbeerblatt entfernen. Mit Tomaten, Paprika, Zwiebeln und 2 EL Kapern mischen. 3 Knoblauchzehen durchpressen, mit 8 EL Olivenöl verquirlen, gehackte Petersilie, Salz und frisch gemahlenen Pfeffer unterrühren. Sauce über den Salat träufeln und gründlich untermischen, im Kühlschrank 1 Std. kaltstellen. Vorm Servieren mit Salz, Pfeffer und Essig abschmecken. Restliche Kräuterblättchen aufstreuen.

Acquacotta
Pilzsuppe mit Brot (Toskana)

Zutaten für 4 Portionen:
250 g Steinpilze oder braune Champignons
2 vollreife Fleischtomaten
2 Stangen Staudensellerie
1 EL frische Thymianblättchen (oder 1 TL getrocknete)
1 Bund Schnittlauch
50 g frisch geriebener Parmesan
8 kleine Scheiben Weißbrot
1 Zwiebel
1 Knoblauchzehe
1 l kräftige, heiße Fleischbrühe
4 EL Olivenöl
Salz, Pfeffer aus der Mühle

Zubereitungszeit: 45 Min.
Pro Portion: 1500 kJ / 360 kcal

1 Pilze putzen und in feine Scheibchen schneiden. Tomaten kurz überbrühen, enthäuten und entkernen, Fruchtfleisch fein hacken. 2 Selleriestangen und 1 Zwiebel in kleine Würfel schneiden.

2 In einem Topf 4 EL Olivenöl erhitzen. Zwiebel und Sellerie darin andünsten. 1 Knoblauchzehe dazupressen. 1 l heiße Fleischbrühe angießen, gehackte Tomaten einrühren. Mit 1/2 EL Thymian, Salz und Pfeffer würzen. 20 Min. im offenen Topf sanft köcheln.

3 Pilzscheibchen in die Suppe rühren, weitere 10 Min. bei milder Hitze garen. Schnittlauch in feine Röllchen schneiden. 8 Scheiben Weißbrot im Toaster anrösten, auf 4 Suppenteller verteilen. Suppe gut abschmecken und über die Brotscheiben gießen. Mit Thymian, Schnittlauch und 50 g frisch geriebenem Parmesan bestreut servieren.

• Die üppige Version eines ursprünglich sehr kargen Mahles – früher enthielt diese Suppe nämlich nichts weiter als Brot, Öl, Käse und Wasser!

Toskana, Umbrien und die Marken

Vincisgrassi
Nudelauflauf mit Fleischsauce (Marken)

Zutaten für 8 Portionen:
Für den Teig:
350 g Mehl + Mehl zum Ausrollen
125 g Hartweizengrieß
4 Eier
Salz
2 EL Vin Santo oder Marsala (italienische Dessertweine), ersatzweise halbtrockener Weißwein

Für die Fleischsauce:
250 g Kalbshirn oder Kalbsbries
400 g Hackfleisch vom Lamm
250 g Hühnerleber
100 g durchwachsener Speck
20 g getrocknete Pilze (gemischte Pilze oder Steinpilze)
1 Möhre
1 Zwiebel
¼ l trockener Weißwein
⅛ l Fleischbrühe
100 ml Milch
2 EL Tomatenmark
1 EL Butter
Salz, Pfeffer aus der Mühle
1 Prise Zimt

Für die Béchamelsauce:
2 EL Butter
2 EL Mehl
½ l Milch
Salz, Pfeffer aus der Mühle
Muskatnuß

Sonstiges:
100 g frisch geriebener Parmesan
3 EL Butterflöckchen
Fett für die Form

Zubereitungszeit: 3 Std. (+ 12 Std. Ruhezeit)
Pro Portion: 3200 kJ / 770 kcal

Spezialität aus den Marken, benannt nach dem Fürsten zu Windisch-Graetz, dessen Koch das Rezept während der Napoleonischen Kriege seinem Feldmarschall auftischte.

Besonders delikat: Der Teig wird mit Dessertwein gewürzt, die Fleischsauce mit einem Hauch Zimt abgerundet.

Um Zeit zu sparen, können Sie auch fertige Lasagne-Teigplatten für den Auflauf nehmen.

1 Für den Teig 350 g Mehl mit 125 g Hartweizengrieß auf die Arbeitsfläche häufen, eine Mulde hineindrücken. 4 Eier, ½ TL Salz und 2 EL Wein in die Mitte geben, zu einem glatten Teig verkneten. Mit einem Tuch abdecken und beiseite stellen.

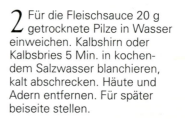

2 Für die Fleischsauce 20 g getrocknete Pilze in Wasser einweichen. Kalbshirn oder Kalbsbries 5 Min. in kochendem Salzwasser blanchieren, kalt abschrecken. Häute und Adern entfernen. Für später beiseite stellen.

3 Speck, 1 Möhre und 1 Zwiebel würfeln. Speck in 1 EL Butter anbraten, Gemüse kurz andünsten, Lammhack portionsweise anbraten. ¼ l Wein angießen, aufkochen, zur Hälfte eindampfen lassen. ⅛ l Brühe, 2 EL Tomatenmark, Salz und Pfeffer untermischen. Zugedeckt 30 Min. sanft köcheln.

4 Den Nudelteig auf leicht bemehlter Fläche dünn ausrollen. Eine Auflaufform bereitstellen, Nudelblätter passend für die Form zurechtschneiden. Auf ein Küchentuch legen und kurz antrocknen lassen. In einem großen Topf 3 l Salzwasser aufkochen. Nudelblätter portionsweise 3 Min. garen, kalt abschrecken und auf dem Küchentuch abtropfen lassen.

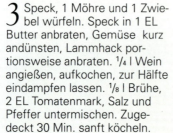

5 Hühnerleber und Kalbshirn (oder Bries) in Würfelchen schneiden. Pilze abtropfen lassen und kleinschneiden. Nach 30 Min. Garzeit zur Fleischsauce geben. Pilzsud und 100 ml Milch angießen, mit 1 Prise Zimt würzen. Bei kleiner Hitze in 10–15 Min. garen, abschmecken.

6 Béchamelsauce: In einem Topf 2 EL Butter zerlassen, 2 EL Mehl einstreuen und anschwitzen. Vom Herd nehmen, ½ l Milch angießen. Zurück auf die Herdplatte stellen, unter Rühren aufkochen. 10 Min. leise köcheln. Mit Salz, Pfeffer und frisch geriebener Muskatnuß würzen.

7 Form fetten, mit einer Lage Nudelblätter auslegen. Einige EL Fleischsauce und Béchamelsauce aufstreichen, mit Parmesan bestreuen. Nun wieder Nudelblätter auflegen, Saucen und Parmesan darauf verteilen. Auf diese Weise alle Zutaten einschichten, mit Nudeln abschließen. Oberfläche mit reichlich Parmesan bestreuen, 3 EL Butterflöckchen darauf verteilen. Gut abdecken und im Kühlschrank einige Std. (besser über Nacht) stehen lassen. Backofen auf 200° vorheizen (Gas: Stufe 3). Auflauf darin etwa 30 Min. backen, bis sich eine schöne Kruste gebildet hat. In Portionsstücke schneiden, heiß servieren.

Pappardelle alla lepre
Breite Bandnudeln mit Hasensauce (Toskana/Umbrien)

Zutaten für 4–6 Portionen:

750 g küchenfertig vorbereiteter Wildhase
3 Stangen Staudensellerie
400 g reife Tomaten
1 Bund glatte Petersilie
1 EL frischer Thymian (oder 1 TL getrockneter)
400 g Pappardelle (breite Bandnudeln)
½ l kräftiger Rotwein
2 Zwiebeln
3 Knoblauchzehen
1 TL Fenchelsamen
1 Lorbeerblatt
2 Gewürznelken
6 Pfefferkörner
2 EL Tomatenmark
7 EL Olivenöl
Salz, Pfeffer aus der Mühle

Zubereitungszeit: 3 Std. (+ 24 Std. Marinieren)
Bei 6 Portionen pro Portion: 2400 kJ / 570 kcal

1 Für die Sauce den Wildhasen zerkleinern und in eine Schüssel legen, ½ l Rotwein angießen. 3 Selleriestangen, 2 Zwiebeln und 2 Knoblauchzehen grob zerteilen, mit 1 TL Fenchelsamen, 1 Lorbeerblatt, 2 Gewürznelken und 6 Pfefferkörnern in die Marinade geben. Zugedeckt etwa 24 Std. im Kühlschrank durchziehen lassen. Fleisch mehrmals wenden.

2 Fleisch aus der Marinade nehmen, mit Küchenkrepp gut abtrocknen. Sud durchsieben, Gewürznelken und Pfefferkörner entfernen. Das Gemüse im Sieb gut abtropfen lassen. Sud auffangen.

3 In einem Schmortopf 5 EL Olivenöl erhitzen. Hasenstücke portionsweise hineingeben und rundum anbraten. Gemüse dazugeben, unter Rühren andünsten. Sud angießen. Mit Thymianblättchen, Salz und Pfeffer kräftig würzen. Zugedeckt etwa 2 Std. schmoren.

4 Tomaten überbrühen, enthäuten und entkernen, das Fruchtfleisch kleinhacken. Hasenstücke aus dem Topf nehmen, das gegarte Fleisch von den Knochen lösen und in kleine Stückchen schneiden. Lorbeerblatt entfernen, die Sauce im Topf pürieren.

5 Tomaten, 2 EL Tomatenmark und die Hasenstückchen einrühren. ½ Bund Petersilie fein hacken, untermischen. Sauce bei milder Hitze weiterköcheln.

6 Inzwischen 4 l Salzwasser aufkochen, Bandnudeln darin in 8–10 Min. bißfest garen. Abtropfen lassen, 2 EL Olivenöl untermischen. Sauce abschmecken, mit den Nudeln vermengen. Petersilienblättchen aufstreuen, servieren.

• Das Außergewöhnliche an diesem Rezept ist zweifellos die zeitraubende, aber umwerfend aromatische Sauce – drum haben wir in diesem Falle auf fertige Nudeln zurückgegriffen. Wer eine Nudelmaschine besitzt (oder einfach Lust und Laune zum Teigkneten hat), kann die Pappardelle natürlich ebensogut selbst herstellen: 400 g Mehl mit 4 Eiern, 1 EL Olivenöl und ½ TL Salz zu einem glatten Teig verarbeiten. Nach Bedarf etwas Wasser einkneten. Mit einem feuchten Tuch bedeckt 20 Min. ruhen lassen. Teig drittteln, auf bemehlter Fläche dünn ausrollen, kurz antrocknen lassen. Teigplatten jeweils locker zusammenfalten und 2 cm breite Streifen abschneiden. Nudeln bis zum Kochen auf einem bemehlten Tuch ausbreiten.

Paglia e fieno
Weiße und grüne Bandnudeln mit Sahne-Pilzsauce (Toskana)

Zutaten für 4–6 Portionen:

Für den Teig:
100 g frischer Blattspinat
400 g Mehl + Mehl zum Ausrollen
4 Eier
1 EL Olivenöl
Salz

Für die Sauce:
100 g milder roher Schinken
300 g frische Pilze (Champignons, Austernpilze, Pfifferlinge oder Steinpilze)
½ Zitrone (Saft)
½ Bund glatte Petersilie
½ Bund Basilikum
200 g Sahne
150 ml milde Fleischbrühe
1 Knoblauchzehe
1 ½ EL Butter
Salz, Pfeffer aus der Mühle

Zum Servieren:
50 g frisch geriebener Parmesan

Zubereitungszeit: 2 Std.
Bei 6 Portionen pro Portion:
2600 kJ / 620 kcal

1 Für den grünen Nudelteig: Frischen Blattspinat putzen und waschen. In einem Topf Salzwasser aufkochen, Spinat darin 2 Min. blanchieren. In ein Sieb abgießen, in kaltes Wasser tauchen und gut abtropfen lassen. Fest auspressen und im Mixer pürieren.

2 Für die beiden Nudelteige 400 g Mehl auf die Arbeitsplatte häufen, eine Mulde hineindrücken. 4 Eier, 1 EL Olivenöl und ½ TL Salz in die Mitte geben, nach und nach mit dem Mehl verrühren und zu einem glatten elastischen Teig kneten. ⅓ der Teigmenge abnehmen, mit dem pürierten Spinat verkneten. Teigportionen mit einem Küchentuch bedecken und 20 Min. ruhen lassen.

3 Beide Teigsorten auf leicht bemehlter Fläche dünn ausrollen, antrocknen lassen.

4 Für die Sauce den rohen Schinken in schmale Streifen schneiden. Pilze putzen, in dünne Scheibchen schneiden und mit 1 EL Zitronensaft beträufeln.

5 In einem breiten Topf ½ EL Butter zerlassen, 1 Knoblauchzehe hineinpressen und sanft andünsten. 200 g Sahne und 150 ml Fleischbrühe angießen, bei stärkerer Hitze cremig einköcheln.

6 Die Nudelblätter locker aufrollen, mit einem scharfen Messer in ½ cm schmale Streifen schneiden und auf ein bemehltes Tuch legen. In einem großen Topf 4 l Salzwasser zum Kochen bringen.

7 In einer Pfanne 1 EL Butter zerlassen. Pilze portionsweise einrühren und anbraten. Petersilie fein hacken, mit den Schinkenstreifen unter die Pilze mischen und bei milder Hitze mitbraten. Vorsichtig salzen und pfeffern.

8 Weiße und grüne Bandnudeln in 7–8 Min. bißfest garen. Gut abtropfen lassen, in einer vorgewärmten Schüssel locker mischen.

9 Sahnesauce mit Salz, Pfeffer und Zitronensaft abschmecken, über die Nudeln gießen. Mit der Pilz-Schinken-Mischung bedecken und mit Basilikumblättchen bestreuen. Aus der Mühle grob pfeffern, frisch geriebenen Parmesan dazu servieren.

• »Stroh und Heu« wird diese Mischung aus gelben und grünen Nudelstreifen genannt – auch wenn kein Mensch auf die Idee käme, diese würzige Delikatesse tatsächlich mit getrocknetem Gras zu vergleichen!

Minestra di riso
Reissuppe mit Linsen (Umbrien)

Zutaten für 6 Portionen:

100 g braune Linsen
100 g durchwachsener Speck
150 g Reis
1 Bund glatte Petersilie
400 g geschälte Tomaten (aus der Dose)
1 kleine Zwiebel
2 Knoblauchzehen
2 EL Olivenöl
1 l kräftige Fleischbrühe
6 Pfefferkörner
Salz, Pfeffer aus der Mühle

Zubereitungszeit: 35 Min.
(+ 12 Std. Einweichen)
Pro Portion: 1200 kJ / 290 kcal

1 100 g Linsen in einem Topf mit Wasser bedecken, über Nacht einweichen. Im Einweichwasser zum Kochen bringen, etwa 15 Min. garen.

2 Speck in sehr feine Würfel schneiden. ½ Bund Petersilie und 1 Zwiebel fein hacken. 6 Pfefferkörner und 2 Knoblauchzehen im Mörser zerstoßen. Alles mit dem Speck mischen. In einem großen Topf 2 EL Olivenöl erhitzen, die Speckmischung hineingeben, sanft anbraten.

3 Geschälte Tomaten abtropfen lassen, grob hacken und mit dem Tomatensud und 1 l Fleischbrühe in den Topf geben. Aufkochen, 150 g Reis einstreuen und ausquellen lassen. Salzen und pfeffern.

4 Gegarte Linsen mitsamt dem Kochwasser in die Reissuppe rühren. Weitere 2 Min. leicht köcheln, kräftig abschmecken. Restliche Petersilie hacken, die Suppe damit bestreuen und servieren.

Ginestrata
Eiercremesuppe (Toskana)

Zutaten für 4 Portionen:

4 frische Eigelb
½ l abgekühlte Geflügelbrühe
2 cl Marsala oder Vin Santo
   (italienische Dessertweine)
50 g Butter
¼ TL Zimtpulver
1 Prise Zucker
Muskatnuß
Salz

Zubereitungszeit: 20 Min.
Pro Portion: 780 kJ / 190 kcal

1 4 Eigelb in eine Schüssel geben, nach und nach ½ l Geflügelbrühe und 2 cl Marsala einrühren, kräftig verquirlen. Mit ¼ TL Zimtpulver und 1 Prise Salz würzen. Durch ein Sieb in einen Topf umgießen (und nun am besten im Wasserbad oder Simmertopf weiterarbeiten).

2 Die Mischung unter ständigem Rühren langsam erhitzen. 50 g Butter in kleinen Flöckchen hinzugeben und kräftig einrühren. Auf keinen Fall kochen lassen, damit die Eiercreme nicht gerinnt.

3 Wenn die Suppe richtig heiß und schön cremig geworden ist, mit 1 Prise Zucker und frisch geriebener Muskatnuß abschmecken. In vorgewärmte Tassen oder Teller umfüllen und sofort servieren.

• Ein stiller Star unter den Spezialitäten aus dem Chianti-Gebiet. Der bildhafte Name dieser Suppe rührt von ihrer zart ginsterartigen Farbe her. Und geschmacklich? Ein Erlebnis – wegen des ungewöhnlich interessanten und besonders feinen Kontrastes von pikant und süß!

Cipollata
Zwiebelsuppe (Toskana)

Zutaten für 6 Portionen:

400 g frische Schweinerippchen
50 g durchwachsener Speck
50 g Knoblauchwurst
1 kg milde weiße Zwiebeln
2 Möhren
2 Stangen Staudensellerie
2 Knoblauchzehen
6 Scheiben Bauernbrot
5 EL Olivenöl
Salz, Pfeffer aus der Mühle

Zubereitungszeit: 1 ¾ Std.
Pro Portion: 2200 kJ / 520 kcal

1 2 Möhren, 2 Selleriestangen und 1 Zwiebel grob zerteilen. Mit den Schweinerippchen in einen Topf geben. 1 ½ l Wasser angießen, salzen und zum Kochen bringen. 15 Min. garen.

2 Restliche Zwiebeln in dünne Scheiben schneiden, kurz in eine Schüssel mit kaltem Wasser legen. Speck und die Knoblauchwurst in Würfelchen schneiden.

3 5 EL Öl erhitzen. Speck und Wurst unter Rühren einige Min. sanft anbraten. Zwiebeln sehr gut abtropfen lassen, portionsweise dazugeben und glasig dünsten.

4 Rippchenbrühe durchsieben, dazugießen, bei schwacher Hitze etwa 1 Std. köcheln. Fleisch von den Knochen lösen, kleinschneiden. In die Suppe einrühren, heiß werden lassen. Mit Salz und Pfeffer abschmecken.

5 Brotscheiben toasten, mit Knoblauch einreiben und zur Zwiebelsuppe servieren.

• Könnte theoretisch auch die Grundlage für eine *Ribollita* sein – denn das ist eigentlich die Bezeichnung für alle Suppen, die auch (und besonders) aufgewärmt ihre Liebhaber finden.

Ribollita
Aufgewärmte Gemüsesuppe (Toskana)

Zutaten für 6 Portionen:

100 g durchwachsener Speck
1 Schinkenknochen (eventuell beim Metzger bestellen)
250 g getrocknete weiße Bohnen
½ Wirsing (400 g)
1 kleine Stange Lauch
2 Möhren
2 Stangen Staudensellerie
1–2 Zweige frischer Thymian
1 Zwiebel
2 Knoblauchzehen
300 g Weißbrot vom Vortag
2 l Fleischbrühe oder -fond
6 EL Olivenöl
Salz, Pfeffer aus der Mühle

Zubereitungszeit: 2 Std.
  (+ 12 Std. Einweichen
  + 12 Std. Kühlen)
Pro Portion: 2300 kJ / 550 kcal

1 Bohnen mit Wasser bedeckt 12 Std. einweichen. Danach im Einweichwasser aufkochen, bei geringer Hitze 1 ½ Std. garen.

2 Speck, 1 Lauchstange, 2 Möhren, 2 Selleriestangen, 1 Zwiebel, 2 Knoblauchzehen in feine Würfel schneiden. In einem großen Topf 3 EL Öl erhitzen. Speck und Gemüse anbraten. 2 l Fleischbrühe angießen, 1 Thymianzweig und den Schinkenknochen hineingeben. Zugedeckt bei kleinster Hitze 30 Min. garen.

3 Wirsingblätter putzen, in grobe Streifen schneiden. In den Topf geben, weitere 30 Min. mitgaren. Die Hälfte der gekochten Bohnen pürieren. Zusammen mit den ganzen Bohnenkernen untermischen, 15 Min. offen weiterköcheln.

4 Knochen herausnehmen, Suppe abschmecken. Mit Brotscheiben lagenweise in einen großen Topf schichten. Über Nacht kühlstellen, vorm Servieren nochmals aufkochen. Mit frischem Öl beträufeln, mit Thymian, Salz, Pfeffer würzen.

Toskana, Umbrien und die Marken

Sogliola alla fiorentina
Seezunge mit Spinat (Toskana)

Zutaten für 4 Portionen:
2 frische Seezungen
 (je 500 g)
750 g frischer Blattspinat
½ Zitrone (Saft)
2 Knoblauchzehen
2 EL trockener Weißwein
2 EL Butter
eventuell frisch geriebener
 Parmesan
Salz, Pfeffer aus der Mühle

Für die Sauce:
1 kleine Zwiebel
1 TL frische Thymianblättchen
 (oder ½ TL getrocknete)
2 EL Butter
¼ l Milch
200 g Sahne
2 Eigelb
3 EL frisch geriebener
 Parmesan
1 gehäufter EL Mehl
Salz, Pfeffer aus der Mühle

Zubereitungszeit: 1 Std.
Pro Portion: 3100 kJ / 740 kcal

Auch Anfänger der Fischkochkunst haben bei diesem edlen Exemplar keinerlei Berührungsängste nötig – denn der kleine Plattfisch läßt sich ganz besonders einfach von Haut und Gräten befreien.

Viel entscheidender ist da, bereits beim Einkauf auf Frische und beste Qualität zu achten – mit Hilfe des Geruchssinns, aber auch anhand einiger augenscheinlicher Regeln, die ebenso für andere Fischarten gelten:
• Die Augen sind klar, prall und glänzend.
• Die Hautoberfläche ist nicht angekratzt oder in anderer Form beschädigt und weist eine appetitliche Färbung auf.
• Kiemen und Flossen sind deutlich in ihrer Struktur zu erkennen, schön leuchtend und weder fleckig noch trübe.

• Weinempfehlung: Galestro, ein weißer Chianti.

1 Seezungen entweder vom Fischhändler küchenfertig vorbereiten lassen oder selbst filetieren. Dazu die Fische mit der dunklen Seite nach oben auf die Arbeitsplatte legen. Mit einer Küchenschere die seitlichen Flossen abschneiden.

2 Am Schwanzende die Haut quer einritzen, mit einem Ruck zum Kopfende hin abziehen. Seezungen umdrehen, die hellere Haut auf der anderen Seite ebenso einritzen und abziehen.

3 Fischfleisch nun rechts und links von der Mittelgräte und entlang der Außenränder mit einem scharfen Messer einschneiden. Filets vom Kopf und von den Gräten lösen und abheben. Die insgesamt 8 Seezungenfilets leicht salzen und pfeffern, mit dem Saft von ½ Zitrone beträufeln.

4 Blattspinat verlesen, gründlich waschen und abtropfen lassen. Mit 2 EL Weißwein, Salz und Pfeffer in einen Topf geben, erhitzen. 2 Knoblauchzehen dazupressen. Topf zudecken und den Spinat zusammenfallen lassen.

5 Für die Sauce 1 kleine Zwiebel sehr fein hacken. In 1 EL Butter glasig dünsten. 1 TL Thymianblättchen einstreuen. ¼ l Milch angießen, salzen und pfeffern. Kurz aufkochen, dann etwa 5 Min. ziehen lassen. Backofen auf 200° vorheizen.

6 In einem Topf 1 EL Butter schmelzen, 1 EL Mehl einstreuen, unter Rühren anschwitzen. Thymianmilch und 200 g Sahne angießen, unter Rühren cremig einköcheln. Sauce vom Herd nehmen, 2 Eigelb und 3 EL frisch geriebenen Parmesan unterrühren, mit Salz und Pfeffer würzen.

7 Eine feuerfeste Form mit ½ EL Butter ausstreichen. 4 Seezungenfilets hineinlegen, Spinat darüber verteilen, die restlichen 4 Fischfilets darauf legen. Mit der Sauce begießen, restliche Butter in Flöckchen darauf verteilen. Im vorgeheizten Backofen (Gas: Stufe 3) 12 Min. garen. Auf vorgewärmte Teller verteilen, nach Wunsch mit etwas frisch geriebenem Parmesan bestreuen und servieren.

Triglie al forno
Gebackene Meerbarben (Marken)

Zutaten für 4 Portionen:
4 Meerbarben (je 200 g)
80 g sehr milder roher Schinken in Scheiben
1–2 Zitronen
12 Salbeiblättchen
½ Bund glatte Petersilie
2–3 EL Semmelbrösel
5 EL Olivenöl
Salz, Pfeffer aus der Mühle
*Zubereitungszeit: 1 ½ Std.
(+ 2 Std. Marinieren)
Pro Portion: 1500 kJ / 360 kcal*

1 Meerbarben schuppen, putzen und waschen, Köpfe abschneiden. Längs aufschneiden, vorsichtig die Hauptgräte entfernen. Fische innen salzen, pfeffern und mit je 1 TL Zitronensaft beträufeln. Je 2 Salbeiblättchen hineinlegen, zusammenklappen. Nebeneinander in eine flache Schüssel legen.

2 4 EL Olivenöl mit 2 EL Zitronensaft, Salz und Pfeffer verquirlen. Marinade über die Meerbarben gießen, zugedeckt im Kühlschrank 2 Std. durchziehen lassen. Fische einmal wenden.

3 Eine feuerfeste Form mit 1 EL Olivenöl ausstreichen und bereitstellen. Backofen auf 200° vorheizen. Schinken in 2 cm breite Längsstreifen schneiden.

4 Fische aus der Marinade nehmen und abtropfen lassen. Rundum mit 2–3 EL Semmelbröseln bestreuen. Mit den Schinkenstreifen umwickeln und nebeneinander in die Form legen. Restliche Salbeiblätter aufstreuen, mit der Marinade beträufeln.

5 Im vorgeheizten Ofen (Gas: Stufe 3) 15 Min. backen. Petersilienblättchen aufstreuen. Zitronenviertel dazu reichen.

Trote affogate
Kräuterforellen in Weißwein (Toskana)

Zutaten für 4 Portionen:
4 frische Forellen (je 200 g)
1 Bund glatte Petersilie
1 Zweig Zitronenmelisse
¼ l trockener Weißwein
1 kleine Zwiebel
4 Knoblauchzehen
6 EL Olivenöl
2 EL Mehl
Salz, Pfeffer aus der Mühle
*Zubereitungszeit: 1 Std.
Pro Portion: 1600 kJ / 380 kcal*

1 Forellen ausnehmen, die Flossen abschneiden. Gründlich unter fließendem Wasser waschen. Mit Küchenkrepp abtupfen, innen und außen salzen und pfeffern. Rundum dünn mit 2 EL Mehl bestäuben.

2 Petersilie, Zitronenmelisse, 1 Zwiebel und 4 Knoblauchzehen sehr fein hacken und mischen. In einer großen Pfanne 6 EL Olivenöl erhitzen. Kräutergemisch unter Rühren bei milder Hitze andünsten.

3 Forellen in die Pfanne legen und von beiden Seiten jeweils 2 Min. anbraten. Eßlöffelweise ¼ l Weißwein angießen, jeweils etwas eindampfen lassen und dann erst Wein nachgießen. Forellen auf diese Art 15–20 Min. garen. Auf einer Platte anrichten und mit der Sauce beträufeln.

• Beim Servieren aller vier Fischspezialitäten frisches Weißbrot bereitstellen – zum Aufstippen der köstlichen Saucen.

• Weinempfehlung: ein trockener Weißwein, zum Beispiel Vernaccia di San Gimignano.

Merluzzo alla marchigiana
Fritierter Kabeljau (Marken/Umbrien)

Anguilla in umido
Aal in Tomatensauce (Umbrien)

Zutaten für 4 Portionen:
600 g Kabeljaufilet
500 g vollreife Tomaten
1 Stange Staudensellerie
1 Bund glatte Petersilie
1 Zitrone
1 kleine Zwiebel
2 Knoblauchzehen
3 EL Olivenöl + Öl zum Ausbacken
1 EL Mehl
3 EL Semmelbrösel
Salz, Pfeffer aus der Mühle

<u>Zubereitungszeit:</u> 1 Std.
Pro Portion: 1800 kJ / 430 kcal

1 Kabeljaufilet in 2 cm große Würfel schneiden. Salzen, pfeffern, mit 2 EL Zitronensaft beträufeln und zugedeckt im Kühlschrank durchziehen lassen.

2 Tomaten überbrühen, enthäuten und entkernen. Fruchtfleisch kleinschneiden. Stangensellerie, Petersilie, 1 Zwiebel und 2 Knoblauchzehen fein hacken und mischen.

3 3 EL Olivenöl in einem breiten Topf erhitzen. Zwiebelgemisch andünsten, gehackte Tomaten einrühren. Im offenen Topf bei milder Hitze einköcheln lassen. Mit Salz, Pfeffer und 1 EL Zitronensaft würzen.

4 Kabeljauwürfel rundum dünn mit 1 EL Mehl bestäuben, in 3 EL Semmelbröseln wenden. In einer Pfanne reichlich Öl erhitzen, Fischwürfel knusprig ausbacken. Auf Küchenkrepp abtropfen lassen. Mit der Tomatensauce und Zitronenschnitzen servieren.

• Oft wird dieses Rezept mit Stockfisch (das ist getrockneter Kabeljau) zubereitet – die Version mit frischem Kabeljau ist weniger aufwendig und schmeckt noch saftiger.

Zutaten für 4 Portionen:
800 g küchenfertig vorbereiteter Aal
1 Bund glatte Petersilie
1 EL frischer Rosmarin (oder 1 TL getrockneter)
800 g geschälte Tomaten (aus der Dose)
1/8 l trockener Weißwein
3 EL Weißweinessig
1 Zwiebel
3 Knoblauchzehen
4 EL Olivenöl
Salz, Pfeffer aus der Mühle

<u>Zubereitungszeit:</u> 1 Std.
Pro Portion: 3000 kJ / 710 kcal

1 Aal vom Fischhändler enthäuten und in etwa 5 cm lange Stücke schneiden lassen. Kurz abbrausen, mit Küchenkrepp abtrocknen.

2 1 Zwiebel und 3 Knoblauchzehen fein hacken. In einem Topf 4 EL Olivenöl erhitzen, Zwiebel und Knoblauch andünsten. Tomaten aus der Dose abtropfen lassen, Saft auffangen, Tomaten grob zerkleinern. Rosmarin fein hacken.

3 Aalstücke in den Topf geben und rundum gut anbraten. Mit Salz, Pfeffer und Rosmarin bestreuen. 3 EL Weißweinessig angießen, verdampfen lassen.

4 1/8 l Weißwein und die Tomaten untermischen. Den Aal etwa 30 Min. im offenen Topf sanft köcheln lassen. Nach und nach den aufgefangenen Tomatensaft angießen.

5 Petersilie grob hacken. Sobald der Fisch gar ist, Tomatensauce kräftig mit Salz und Pfeffer abschmecken. Petersilie aufstreuen und den Aal servieren.

Toskana, Umbrien und die Marken

Coniglio in porchetta
Geschmortes Kaninchen mit Fenchel (Marken)

Zutaten für 4 Portionen:
1 küchenfertig vorbereitetes Kaninchen (1,2 kg), möglichst mit der Leber
50 g roher Schinken in Scheiben
50 g Salami in Scheiben
50 g durchwachsener Speck
2 Fenchelknollen (500 g)
½ unbehandelte Zitrone
4 Knoblauchzehen
1 TL frischer Rosmarin (oder ½ TL getrockneter)
1 Brötchen vom Vortag (ohne Rinde)
¼ l trockener Weißwein
125 g Sahne
6 EL Olivenöl
6 Pfefferkörner
Salz, Pfeffer aus der Mühle

Zubereitungszeit: 1½ Std.
Pro Portion: 3700 kJ / 880 kcal

Vom gefüllten Braten über raffiniert abgeschmeckte Ragouts bis hin zu pikanten Spießchen vom Grill – in Sachen Kaninchen läßt sich die italienische Küche so schnell nichts vormachen.

Ob aus freier Wildbahn oder zahm aus dem Stall – das Fleisch der Langohren ist besonders mager und eiweißreich, im Geschmack eher mild. Beim Hauskaninchen fühlt man sich fast an Geflügel erinnert.

Würzige Beizen sind bei beiden Vertretern immer ein Gewinn – über Nacht zaubern sie Zartheit und Aroma bis in die tiefste Faser. Das Bad könnte beispielsweise aus Buttermilch bestehen, aus Essigmischungen mit kräftigen Kräutern, aus spritzigem Weißwein oder samtigem roten. Der Trumpf heißt hier: Eigentlich paßt alles!

• Weinempfehlung: ein frischer, leichter Weißwein, zum Beispiel ein Verdicchio dei Castelli di Jesi.

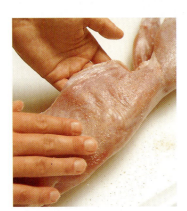  

1 Das küchenfertig vorbereitete Kaninchen gründlich ausspülen und waschen, gut abtrocknen. Innen und außen mit Salz und Pfeffer einreiben (Die Leber für die Füllung verwenden). Brötchen würfeln, in ⅛ l Weißwein einweichen.

2 Fenchel putzen, die Stiele abschneiden, das zarte Grün beiseite legen. ¾ l Salzwasser erhitzen. ½ Zitrone in Scheiben schneiden, 2 Knoblauchzehen schälen, zusammen mit 6 Pfefferkörnern ins kochende Wasser geben. Fenchelknollen und Stiele darin etwa 15 Min. garen, beides herausnehmen. Brühe durchsieben, aufbewahren. Knollen abgedeckt beiseite stellen. Stiele zusammen mit der Hälfte vom Fenchelgrün fein hacken.

3 Schinken und Salami in winzige Würfel schneiden. Kaninchenleber kleinschneiden, 2 Knoblauchzehen und 1 TL Rosmarin fein hacken, Brötchen leicht ausdrücken. Alles mit den zerkleinerten Fenchelteilen gründlich mischen. Mit Salz und Pfeffer würzen.

4 Backofen auf 175° vorheizen. Das Kaninchen mit der vorbereiteten Mischung füllen. Öffnung mit Küchenzwirn zunähen. In einem Bräter mit passendem Deckel 6 EL Olivenöl erhitzen. Kaninchen rundum sanft anbraten.

5 Mit der Hälfte vom aufgefangenen Fenchelsud begießen, zudecken und in den Backofen (Gas: Stufe 2) schieben. Etwa 1 Std. schmoren. Ab und zu wenden, mit der Fenchelbrühe beträufeln, falls nötig, noch mehr Brühe nachgießen.

6 10 Min. vor Garzeitende die Fenchelknollen in Scheiben schneiden. Speck fein würfeln, in einer Pfanne auslassen, knusprige Grieben herausnehmen. Fenchelscheiben sanft andünsten, einige EL Fenchelsud angießen, mit Salz und Pfeffer würzen.

7 Kaninchen aus dem Bräter nehmen, im Backofen warmhalten. 1/8 l Wein und 125 g Sahne zum Sud gießen, auf dem Herd kräftig einköcheln. Kaninchen in Scheiben schneiden, mit dem Fenchelgemüse anrichten. Restliches Fenchelgrün hacken, mit den Speckgrieben aufstreuen.

Toskana, Umbrien und die Marken

Fegatelli alla toscana
Leberspießchen (Toskana)

Zutaten für 4 Portionen:

500 g frische Schweineleber
150 g Schweinenetz
  (rechtzeitig vorbestellen!)
2 EL Schweineschmalz
8 kleine Weißbrotscheiben
1 EL Fenchelsamen
8 getrocknete Salbeiblättchen
8 kleine Lorbeerblätter
1 Knoblauchzehe
4 EL Semmelbrösel
1 EL Öl für die Pfanne
6 Pfefferkörner
Salz, Pfeffer aus der Mühle

Zubereitungszeit: 50 Min.
Pro Portion: 2100 kJ / 500 kcal

1 Schweinenetz 2 Min. überbrühen, in eine Schüssel mit kaltem Wasser legen. Vorsichtig auf einem Tuch ausbreiten, mit Küchenkrepp abtrocknen. In Quadrate von etwa 6 cm Kantenlänge schneiden.

2 Schweineleber in quadratische, flache Stückchen schneiden (so viele wie Netzstücke). 1 EL Fenchelsamen, 8 zerbröselte Salbeiblättchen, 1 Knoblauchzehe, Salz und 6 Pfefferkörner in einem Mörser fein zerstoßen. 4 EL Semmelbrösel untermischen.

3 Leberstückchen mit der Würzmischung bestreuen, einzeln in Schweinenetz einwickeln. 8 Weißbrotscheibchen mit Schweineschmalz bestreichen, halbieren. Leberpäckchen abwechselnd mit Brot und Lorbeerblättern auf Spieße stecken. Salzen und pfeffern.

4 Eine Grillpfanne leicht ölen, die Leberspieße bei mittlerer Hitze 10 Min. rundum braten.

Arista alla fiorentina
Schweinebraten mit Kräutern (Toskana)

Zutaten für 6 Portionen:

1 kg ausgelöstes Kotelettstück
  vom Schwein
1 unbehandelte Zitrone (Schale)
2–3 frische Rosmarinzweige
3 Knoblauchzehen
1 TL Fenchelsamen
1 Prise Nelkenpulver
Salz, Pfeffer aus der Mühle

Zubereitungszeit: 2 1/4 Std.
Pro Portion: 1400 kJ / 330 kcal

1 Falls Sie keine Gelegenheit haben, den Braten am Spieß überm Grillfeuer zuzubereiten – gleich den Backofen auf 200° vorheizen.

2 1 TL frische Rosmarinnadeln und 3 Knoblauchzehen sehr fein hacken. Beides in ein Schüsselchen geben. Schale von 1 Zitrone abreiben, zusammen mit 1 TL Fenchelsamen, 1 Prise Nelkenpulver, Salz und Pfeffer in die Schüssel geben, alles gründlich mischen.

3 Das Fleisch rundum an mehreren Stellen mit einem spitzen Messer etwa 1 cm tief einstechen. Die kleinen Löcher mit jeweils 1 Messerspitze von der Gewürzmischung füllen. Den Braten salzen und pfeffern, übrige Rosmarinzweige darauf verteilen und das Ganze wie einen Rollbraten fest verschnüren.

4 Schweinebraten auf den Backofenrost legen (oder: zum Grillen auf einen Drehspieß stecken!). Eine Fettpfanne unter den Backofenrost einschieben, damit der Saft beim Braten aufgefangen wird.

5 Fleisch im vorgeheizten Backofen (Gas: Stufe 3) etwa 2 Std. garen, dabei häufig wenden und mit dem austretenden Bratensaft beträufeln. (Am Drehspieß vom Holzkohlengrill dauert's ebenfalls etwa 2 Std.)

Trippa alla fiorentina
Kutteltopf mit Gemüse (Toskana)

- Köstliche Beilage, die kaum Arbeit macht: Zerkleinertes Gemüse und Kartoffeln in der Fettpfanne mitschmoren. Der abtropfende Bratensaft sorgt für ein wundervolles Aroma.

- Weinempfehlung: ein nicht zu schwerer Rotwein, zum Beispiel ein junger Chianti Classico oder ein Vino Nobile di Montepulciano.

Zutaten für 6 Portionen:
1 kg vorgekochte Kutteln (Kaldaunen)
1 kg reife Tomaten (oder 800 g geschälte Tomaten aus der Dose)
2 Möhren
4 Stangen Staudensellerie
4 Frühlingszwiebeln
1 Bund glatte Petersilie
½ Bund Basilikum
1 frischer Rosmarinzweig (oder ½ TL getrockneter Rosmarin)
¼ l trockener Weißwein (oder Fleischbrühe)
50 g frisch geriebener Parmesan
3 Knoblauchzehen
2 EL Tomatenmark
etwa ⅛ l Olivenöl
2 EL Butter
¼ TL Cayennepfeffer
½ TL Pfefferkörner
Salz, Pfeffer aus der Mühle
Zubereitungszeit: 2 ¾ Std.
Pro Portion: 1400 kJ / 330 kcal

1 Vorgekochte Kutteln unter fließendem Wasser gründlich waschen, gut abtrocknen. Mit einem scharfen Messer in sehr feine Streifen schneiden.

2 2 Möhren, 4 Selleriestangen und 4 Frühlingszwiebeln sehr fein würfeln. ½ Bund Petersilie, Rosmarin und 3 Knoblauchzehen fein hacken.

3 In einem Topf 3 EL Olivenöl erhitzen, 2 EL Butter darin schmelzen lassen. Das Gemüse andünsten. Petersilie, Rosmarin und Knoblauch einrühren, mit Salz und Pfeffer würzen.

4 In einer Pfanne 2 EL Olivenöl erhitzen. Kutteln portionsweise hineingeben, scharf anbraten. Zum Gemüse in den Topf geben, etwas Öl in die Pfanne nachgießen, die nächste Portion anbraten und wieder in den Topf geben. ¼ l Wein angießen, salzen und pfeffern. Sanft köcheln.

5 Tomaten überbrühen, enthäuten und entkernen. Das Fruchtfleisch kleinschneiden, zusammen mit 2 EL Tomatenmark und ¼ TL Cayennepfeffer unter die Kutteln mischen. Topf halb zudecken, etwa 1 Std. schmoren. Kurz vor Garzeitende den Backofen auf 225° vorheizen.

6 ½ TL Pfefferkörner im Mörser zerdrücken, restliche Petersilie hacken. Kutteln abschmecken, in eine feuerfeste Tonform umfüllen, mit Pfeffer, Petersilie und 50 g Parmesan bestreuen. Im vorgeheizten Backofen (Gas: Stufe 4) kurz überbacken. Sehr heiß mit reichlich Weißbrot servieren.

- Das Gratinieren der geschmorten Kutteln ist das Besondere dieses Rezeptes. Sie können das Ganze aber auch direkt im Topf auf den Tisch bringen und den geriebenen Parmesan dazu reichen.

149

Toskana, Umbrien und die Marken

Lepre alla cacciatora
Hasenpfeffer (Umbrien)

Zutaten für 4 Portionen:
1 junger Hase (etwa 1,2 kg), küchenfertig vorbereitet, in Portionsstücke geteilt
1 Möhre
2 Stangen Staudensellerie
2 Knoblauchzehen
1 Rosmarinzweig
2 Lorbeerblätter
½ l guter Rotwein
¼ l Fleischbrühe (besser: fertiger Wildfond)
6 EL Olivenöl
2 EL Mehl
Salz, Pfeffer aus der Mühle

Zubereitungszeit: 3 Std.
(+ 24 Std. Marinieren)
Pro Portion: 2400 kJ / 570 kcal

1 Den zerteilten Hasen gründlich waschen und abtrocknen, die Sehnen sorgfältig entfernen.

2 1 Möhre und 2 Selleriestangen grob zerteilen, 2 Knoblauchzehen halbieren. 1 Rosmarinzweig mit 2 Lorbeerblättern zusammenbinden. Mit dem Fleisch in eine Schüssel geben, ½ l Rotwein angießen. Zugedeckt an einem kühlen Ort 24 Std. marinieren.

3 Fleisch herausnehmen, abtrocknen und mit 2 EL Mehl bestäuben. Marinade durchsieben, Wein und Gemüse bereitstellen. In einem Bräter 6 EL Olivenöl erhitzen.

4 Hasenstücke rundum kräftig anbraten, salzen und pfeffern, dann Temperatur verringern. Gemüse, Knoblauch und Kräuter mit andünsten, Rotwein und ¼ l Brühe angießen. Bräter zudecken, das Fleisch bei geringster Hitze in etwa 2 ½ Std. weichschmoren.

5 Hasenstücke und das Kräutersträußchen herausnehmen, Sauce fein pürieren und abschmecken. Das Fleisch in der Sauce servieren.

Quaglie al risotto
Wachteln mit Reis (Marken)

Zutaten für 4 Portionen:
8 küchenfertig vorbereitete Wachteln
8 Scheiben durchwachsener Speck (etwa 100 g)
300 g Reis
1 EL frischer Thymian (oder ½ EL getrockneter)
2 Lorbeerblätter
⅛ l trockener Weißwein
¼ l Geflügelbrühe
3 EL Butter
4 EL frisch geriebener Parmesan
Salz, Pfeffer aus der Mühle

Zubereitungszeit: 2 Std.
Pro Portion: 3200 kJ / 760 kcal

1 Wachteln kurz abspülen und abtrocknen, Innereien herausnehmen. Eventuell vorhandene Federkiele mit einer Pinzette sorgfältig entfernen. Wachteln innen und außen leicht salzen und pfeffern.

2 In einer Kasserolle Speckscheiben knusprig braten. Herausnehmen, in einem Pfännchen am Herdrand warmhalten. 1 EL Butter in der Kasserolle zergehen lassen.

3 Wachteln langsam von allen Seiten anbräunen. Thymianblättchen und 2 Lorbeerblätter dazugeben, ⅛ l Weißwein und ¼ l Brühe angießen. Zugedeckt bei kleiner Hitze etwa 1 Std. schmoren.

4 In einem Topf 1 l Salzwasser aufkochen, 300 g Reis einstreuen, ausquellen lassen. Reis abgießen und abtropfen lassen, 2 EL Butter und 4 EL Parmesan untermischen. Auf einer vorgewärmten Platte mit Wachteln und Speckscheiben anrichten. Sauce abschmecken, dazu servieren.

Pollo alla cacciatora
Huhn mit Kapern und Oliven (Umbrien)

Zutaten für 4 Portionen:
1 Brathähnchen (etwa 1 kg)
1 unbehandelte Zitrone (Saft und Schale)
1 Bund glatte Petersilie
1 TL frischer Rosmarin (oder ½ TL getrockneter)
2 eingelegte Sardellenfilets
50 g schwarze Oliven ohne Stein
2 EL Kapern
2 EL Tomatenmark
⅛ l trockener Weißwein (oder Geflügelbrühe)
2 Knoblauchzehen
6 EL Olivenöl
6 Pfefferkörner
Salz, Pfeffer aus der Mühle

Zubereitungszeit: 1 Std.
(+ 30 Min. Marinieren)
Pro Portion: 2200 kJ / 520 kcal

1 Brathähnchen in 6 Teile zerlegen. In einem Mörser 1 TL Rosmarin, 2 Knoblauchzehen und 6 Pfefferkörner zerstoßen. 2 EL Olivenöl, Salz und fein abgeriebene Schale von 1 Zitrone untermischen. Die Hähnchenteile damit einreiben, abgedeckt 30 Min. durchziehen lassen.

2 In einer großen Pfanne 4 EL Olivenöl erhitzen. Hähnchenstücke rundum knusprig braten.

3 3 EL Zitronensaft mit 2 EL Tomatenmark und ⅛ l Weißwein verrühren, angießen. 15–20 Min. schmoren.

4 2 Sardellenfilets abspülen, abtrocknen und fein hacken. Oliven halbieren. Zusammen mit 2 EL Kapern in die Sauce rühren, noch 5 Min. mitgaren. Petersilie fein hacken. Die Sauce mit Salz und Pfeffer würzen, Petersilie aufstreuen.

• Weinempfehlung: ein frischer Weißwein, zum Beispiel Orvieto.

Pollo alla diavola
Mariniertes Teufelshähnchen (Toskana)

Zutaten für 2 Portionen:
1 Brathähnchen (etwa 1 kg)
2 Zitronen
3–4 getrocknete Chilischoten
10 Salbeiblättchen
100 ml Olivenöl
Salz, Pfeffer aus der Mühle

Zubereitungszeit: 2 Std.
(+ 2 Std. Marinieren)
Pro Portion: 2800 kJ / 670 kcal

1 Hähnchen auf der Brustseite mit der Geflügelschere aufschneiden, flachdrücken und auf ein Stück Alufolie legen.

2 Saft von 1 Zitrone mit 100 ml Olivenöl, Salz und Pfeffer verquirlen; 3–4 Chilischoten entkernen, winzig klein hacken (danach sofort die Hände waschen!). 10 Salbeiblättchen in feine Streifen schneiden, mit den Chilischoten in die Marinade rühren.

3 Hähnchen von beiden Seiten mit der Marinade begießen und einreiben, in die Folie einwickeln und 2 Std. durchziehen lassen. Dann den Backofen auf 200° vorheizen.

4 Hähnchen in der Folie auf ein Blech legen. Folie oben öffnen und zur Seite klappen. Hähnchen im vorgeheizten Backofen (Gas: Stufe 3) etwa 1 ½ Std. knusprig braten. Mit Zitronenschnitzen garnieren.

• Warum das platte Geflügel Teufelshähnchen genannt wird, werden Sie beim ersten der rasanten Knusperbissen spüren. Für Zartbesaitete: einfach weniger Chili nehmen!

Fagiano arrosto
Gebratener Fasan mit Salbei (Toskana)

Zutaten für 2 Portionen:
1 junger Fasan (etwa 900 g), möglichst mit der Leber
100 g roher Schinken
3 große, dünne Scheiben fetter Speck
10 g gemischte getrocknete Waldpilze
6–8 Salbeiblättchen (frisch oder getrocknet)
1 EL frischer Rosmarin (oder ½ EL getrockneter)
200 g Sahne (oder Crème double)
2 cl Weinbrand
⅛ l Wildfond (aus dem Glas) oder Geflügelbrühe
2 Knoblauchzehen
3 EL Öl
½ TL Wacholderbeeren
Salz, Pfeffer aus der Mühle

Zubereitungszeit: 1 ¾ Std.
Pro Portion: 5300 kJ / 1300 kcal

Zuchtfasane und das echte Wildgeflügel unterscheiden sich am augenscheinlichsten in Größe und Gewicht: die gezüchteten Tiere sind leichter, wiegen zwischen 800 g und 1 kg, die wildwüchsigen Vettern liegen etwas über 1 kg. Zum Braten eignen sich nur junge Fasane, die älteren (ab 1 Jahr) sollte man besser langsam weichschmoren, zu Pasteten, Terrinen oder Füllungen verarbeiten.

Drei Rezeptvarianten – aus der Toskana und aus Umbrien:
• Unkompliziert:
Fasan mit Rotwein im Backofen schmoren, Kartoffelscheiben und frischen Rosmarin gleich mit in den Bräter geben.
• Bäuerlich-herzhaft:
Fasan mit Kräutern und Würstchen füllen, in Schweinenetz und dickes Pergamentpapier einwickeln und im Backofen garen.
• Festtagsschmaus:
Fasan dezent würzen, mit Speck und schwarzen Trüffeln füllen und in Sahne schmoren.

• Weinempfehlung: ein kräftiger Rotwein, zum Beispiel Brunello di Montalcino

Im September wird die Jagd auf Fasane eröffnet, und bis etwa Mitte Januar gibt's die schmackhaften Wildhühner frisch zu kaufen. Wer in einer anderen Jahreszeit Appetit auf das Edelgeflügel bekommt, muß auf tiefgekühlte Ware zurückgreifen (gibt's in Fachgeschäften).

1 10 g getrocknete Pilze in 2 cl Weinbrand einweichen. Fasan innen und außen unter fließendem Wasser abspülen, gut abtrocknen. Leber herausnehmen und beiseite stellen.

2 2 Knoblauchzehen mit ½ TL Wacholderbeeren und 1 Prise Salz im Mörser fein zerdrücken. Rohen Schinken in kleine Würfelchen schneiden. Pilze abtropfen lassen, fein hacken, den Weinbrandsud aufheben. 1 EL Rosmarinnadeln fein hacken. Pilze mit kleingeschnittenem Schinken, zerdrückten Wacholderbeeren und Knoblauch, Rosmarin und Salbeiblättchen mischen.

3 Fasan innen mit Pfeffer ausreiben, mit der vorbereiteten Mischung füllen. Mit Küchenzwirn zunähen. Außen leicht salzen und pfeffern. Backofen auf 220° vorheizen.

4 Die Brustpartie vom Fasan mit den Speckscheiben abdecken und mit Küchenzwirn festbinden.

5 In einem Bräter 3 EL Öl erhitzen. Fasan hineingeben und rundum kräftig anbraten. Mit dem aufgefangenen Pilzsud übergießen, Sud verdampfen lassen. Danach den Bräter in den vorgeheizten Backofen (Gas: Stufe 4) schieben. Fasan 20 Min. braten, zwischendurch einmal wenden.

6 Bräter aus dem Ofen holen, die Speckscheiben entfernen. Fasan mit der Brust nach oben wieder in den Bräter legen und 1/8 l Wildfond angießen. In etwa 20 Min. fertigbraten. Dabei häufig mit dem Bratensaft beträufeln.

7 Fasan herausnehmen, abgedeckt warmhalten. Bräter auf die Herdplatte stellen, Sahne angießen und kräftig einköcheln. Leber in kleine Stückchen schneiden, in die Sauce rühren und kurz mitgaren. Mit dem Pürierstab die Sauce fein pürieren. Mit Salz und Pfeffer abschmecken.

Toskana, Umbrien und die Marken

Frittata con le zucchine
Zucchini-Omelett (Umbrien)

Zutaten für 2–4 Portionen:

250 g kleine, feste Zucchini
1 Bund Schnittlauch
½ TL frischer Rosmarin (oder ¼ TL getrockneter)
5 Eier
5 EL Milch
1 kleine Zwiebel
2 Knoblauchzehen
4 EL Olivenöl
Salz, Pfeffer aus der Mühle

Zubereitungszeit: 30 Min.
Bei 4 Portionen pro Portion: 1300 kJ / 310 kcal

1 Zucchini waschen, die Enden knapp abschneiden. Zucchini in schmale Scheibchen, dann in feine Stifte schneiden. 1 Zwiebel und 2 Knoblauchzehen sehr fein hacken.

2 In einer Pfanne 4 EL Olivenöl erhitzen. Zucchinistifte mit Zwiebel, Knoblauch und ½ TL Rosmarin hineingeben, unter Rühren 5 Min. sanft anbraten. Salzen und pfeffern. Schnittlauch fein schneiden.

3 5 Eier mit 5 EL Milch, Salz und Pfeffer verquirlen. Die Hälfte des Schnittlauchs untermischen. Eier über die Zucchinistifte gießen, gleichmäßig verteilen. Bei milder Hitze stocken lassen. Das Omelett wenden, die andere Seite ebenfalls backen. Restlichen Schnittlauch aufstreuen, lauwarm servieren.

• Am geschicktesten funktioniert das Wendemanöver so: Omelett aus der Pfanne auf einen großen Teller oder Topfdeckel gleiten lassen, mit der ungebackenen Seite nach unten wieder schwungvoll zurückbefördern.

Frittata al formaggio
Käse-Omelett (Toskana)

Zutaten für 2–4 Portionen:

50 g frisch geriebener Parmesan
5 Eier
5 EL Sahne
10 frische Salbeiblättchen
400 g geschälte Tomaten (aus der Dose)
1 kleine Zwiebel
1 Knoblauchzehe
3 EL Olivenöl
1 EL Butter
Salz, Pfeffer aus der Mühle

Zubereitungszeit: 30 Min.
Bei 4 Portionen pro Portion: 1600 kJ / 380 kcal

1 Für die Sauce 1 Zwiebel und 1 Knoblauchzehe fein hacken. Tomaten aus der Dose abtropfen lassen, Saft auffangen, die Tomaten grob schneiden.

2 In einem kleinen Topf 1 EL Olivenöl erhitzen. Zwiebel und Knoblauch andünsten, Tomaten einrühren. Mit Salz und Pfeffer würzen, auf kleiner Flamme köcheln lassen. Nach und nach den aufgefangenen Tomatensaft angießen.

3 Für das Omelett 5 Eier mit 5 EL Sahne verquirlen. 25 g frisch geriebenen Parmesan einrühren, mit Salz und Pfeffer würzen.

4 In einer Pfanne 2 EL Olivenöl erhitzen, 1 EL Butter darin schmelzen lassen. 10 Salbeiblättchen einstreuen, sanft anbraten. Die Eiermischung in die Pfanne gießen und gleichmäßig verteilen. Bei milder Hitze stocken lassen. Wenden und auf der anderen Seite ebenfalls goldbraun backen.

5 Omelett in Streifen schneiden und mit Tomatensauce servieren. Restlichen Parmesan aufstreuen.

Frittata ai funghi
Pilz-Omelett (Umbrien)

Zutaten für 2–4 Portionen:
250 g frische braune Champignons (Egerlinge)
1 Bund glatte Petersilie
5 Eier
3 EL Olivenöl
1 EL Butter
Salz, Pfeffer aus der Mühle

<u>Zubereitungszeit</u>: 30 Min.
Bei 4 Portionen pro Portion:
1200 kJ / 290 kcal

1 Champignons putzen, in dünne Scheiben schneiden. Petersilie sehr fein hacken.

2 5 Eier mit Salz und Pfeffer verquirlen. ¾ der Pilze und ¾ der Petersilie untermischen.

3 In einer Pfanne 3 EL Olivenöl erhitzen, 1 EL Butter darin schmelzen. Eier hineingießen, bei milder Hitze stocken lassen.

4 Mit Salz und Pfeffer würzen. Übrige Champignons in der Mitte des Omeletts verteilen, halb zusammenklappen. Mit restlicher Petersilie bestreuen.

• Prinzipiell können Sie auch bei den anderen Frittata-Variationen aufs Wenden in der Pfanne verzichten – das einseitig gebackene Omelett einfach zusammenklappen und mit einem cremig-weichen Innenleben servieren.

• Im Spätherbst eine Delikatesse in Umbrien: Omelett mit hauchfein gehobelten Trüffeln.

Frittata in zoccoli
Speck-Omelett (Toskana)

Zutaten für 2–4 Portionen:
100 g durchwachsener Speck
½ Bund Basilikum
5 Eier
1 EL Olivenöl
Salz, Pfeffer aus der Mühle

<u>Zubereitungszeit</u>: 30 Min.
Bei 4 Portionen pro Portion:
1600 kJ / 380 kcal

1 Speck in schmale Streifen schneiden. Mit 1 EL Olivenöl in eine Pfanne geben und unter Rühren erhitzen, bis der Speck ausgelassen und die Speckwürfelchen knusprig sind.

2 5 Eier mit wenig Salz (vorsichtig, da der Speck stark gesalzen sein kann) und Pfeffer verquirlen. In die Pfanne gießen und gleichmäßig verteilen. Bei milder Hitze stocken lassen, wenden und beidseitig goldbraun backen. Mit frischen Basilikumblättchen bestreut servieren.

• Frittata wird meist in Streifen geschnitten und lauwarm serviert – auch als appetitanregende Häppchen vorm Essen.

Fagioli all'uccelletto
Weiße Bohnen mit Salbei (Toskana)

Zutaten für 6 Portionen:

*350 g weiße Bohnen
500 g reife Tomaten
10 frische Salbeiblätter
2 Knoblauchzehen
5 EL Olivenöl
Salz, Pfeffer aus der Mühle*

<u>*Zubereitungszeit:* 2 Std.
(+ 12 Std. Einweichen)</u>
Pro Portion: 1250 kJ / 300 kcal

1 Bohnen über Nacht einweichen. Am nächsten Tag das Einweichwasser auf 2 l ergänzen, ½ TL Salz einstreuen, die Bohnen zugedeckt bei kleinster Stufe mindestens 1 ½ Std. köcheln.

2 Nach 1 Std. Tomaten überbrühen, enthäuten und entkernen. Fruchtfleisch kleinschneiden. 10 Salbeiblätter in feine Streifen schneiden, 2 Knoblauchzehen hacken.

3 In einem großen Topf 4 EL Olivenöl erhitzen. Knoblauch und die Hälfte der Salbeistreifen darin andünsten.

4 Bohnen abtropfen lassen, mit den Tomaten in den Topf geben, kräftig salzen und pfeffern. Zugedeckt etwa 20 Min. garen.

5 In einer Pfanne 1 EL Olivenöl erhitzen, restlichen Salbei andünsten. Bohnen abschmecken, mit Salbei bestreuen.

• Berühmt für Bohnen ist die Toskana – und an originellen Rezepten kaum zu übertreffen. Geheimnisvoll zum Beispiel die bauchige Weinflasche, die als Gargefäß dient. Gefüllt mit frischen weißen Kernen, mit duftendem Olivenöl, Salbei, Wasser und Gewürzen verwandelt sich ihr Inhalt über Nacht in *Fagioli al fiasco* – sofern sie in die Nähe einer heißen Glut gestellt wird.

Spinaci gratinati
Überbackener Spinat (Toskana)

Zutaten für 4 Portionen:

*1 kg frischer Blattspinat
25 g frisch geriebener
 Parmesan
30 g Butter
1 EL Olivenöl
1 Knoblauchzehe
Salz, Pfeffer aus der Mühle*

<u>*Für die Sauce:*</u>
*25 g frisch geriebener
 Parmesan
1 EL Butter
1 EL Mehl
¼ l Milch
½ Zitrone (Saft)
Muskatnuß
Salz, Pfeffer aus der Mühle*

<u>*Zubereitungszeit:* 70 Min.</u>
Pro Portion: 990 kJ / 240 kcal

1 Blattspinat putzen und waschen. Spinatblätter tropfnaß in einen großen Topf geben, bei starker Hitze zusammenfallen lassen. Auf einem Sieb gut abtropfen lassen.

2 In einer Pfanne 1 EL Olivenöl erhitzen. Gut abgetropften Spinat hineingeben, 1 Knoblauchzehe hineinpressen. Mit Salz und Pfeffer würzen, 1 EL Butter untermischen und bei milder Hitze zergehen lassen. Vom Herd nehmen. Backofen auf 200° vorheizen.

3 Für die Sauce in einem Topf 1 EL Butter zerlassen, 1 EL Mehl einrühren und leicht anschwitzen. Nach und nach ¼ l Milch angießen, unter Rühren cremig einköcheln. Vom Herd nehmen, 25 g geriebenen Parmesan einrühren, mit 1 Prise frisch geriebener Muskatnuß, Salz, Pfeffer und 1–2 EL Zitronensaft würzen.

4 Spinat in eine feuerfeste Form füllen, die Sauce darüber verteilen und mit 25 g frisch geriebenem Parmesan bestreuen. Im vorgeheizten Backofen (Gas: Stufe 3) etwa 5 Min. überbacken.

Funghi alla toscana
Gebratene Knoblauchpilze (Toskana)

Zutaten für 4 Portionen:
500 g frische, gemischte Pilze (Egerlinge, Champignons, Austernpilze, Pfifferlinge)
1 Zweig frische Minze (ersatzweise Petersilie)
1 Zitrone (Saft)
3–4 Knoblauchzehen
2 EL Tomatenmark
5 EL Olivenöl
1 TL Butter
Salz, Pfeffer aus der Mühle

Zubereitungszeit: 45 Min.
Pro Portion: 540 kJ / 130 kcal

1 Pilze gründlich putzen, in sehr feine Scheiben schneiden. Mit 1 EL Zitronensaft beträufeln. 3–4 Knoblauchzehen in feine Scheibchen schneiden.

2 In einer Pfanne 5 EL Olivenöl erhitzen. Pilze portionsweise hineingeben, kurz anbraten, herausnehmen und beiseite stellen. Backofen auf 200° vorheizen.

3 1 TL Butter in der Pfanne schmelzen lassen. Knoblauch einrühren, sanft andünsten. Restlichen Zitronensaft angießen, 2 EL Tomatenmark einrühren, mit Salz und Pfeffer würzen. Alle Pilze nochmals in die Pfanne geben, gründlich untermischen, abschmecken.

4 Pilze in eine dekorative feuerfeste Tonform umfüllen, im vorgeheizten Backofen (Gas: Stufe 3) 10 Min. garen. Mit Minzeblättchen bestreuen und brodelnd heiß im Tongefäß auf den Tisch bringen.

• Intensiviert den Geschmack: zusätzlich ½ Bund feingehackte, glatte Petersilie mit den Knoblauchscheibchen zusammen andünsten.

Finocchi al forno
Überbackener Fenchel (Toskana/Umbrien)

Zutaten für 4 Portionen:
4 kleine Fenchelknollen
½ unbehandelte Zitrone (Saft und Schale)
1 Bund glatte Petersilie
3 EL frisch geriebener Parmesan
1 kleine Dose geschälte Tomaten (400 g)
4 EL Semmelbrösel
1 kleine Zwiebel
2 Knoblauchzehen
6 EL Olivenöl
Salz, Pfeffer aus der Mühle

Zubereitungszeit: 90 Min.
Pro Portion: 1100 kJ / 260 kcal

1 Fenchelknollen längs halbieren, die äußeren Schalen und harten Stiele entfernen. Fenchelgrün aufbewahren.

2 1 l Salzwasser mit dem Saft von ½ Zitrone aufkochen. Fenchelhälften 20 Min. garen. Abtropfen lassen und den Sud aufbewahren.

3 Backofen auf 200° vorheizen. Eine feuerfeste Form mit 2 EL Olivenöl ausstreichen. Tomaten aus der Dose abtropfen lassen, Saft für etwas anderes verwenden. Tomaten grob zerteilen, in die Form geben. Fenchelhälften hineinsetzen. Mit etwa ⅛ l der Fenchelbrühe beträufeln. Alles kräftig salzen und pfeffern.

4 Petersilie, Fenchelgrün, 1 Zwiebel und 2 Knoblauchzehen sehr fein hacken. In einer Pfanne 4 EL Olivenöl erhitzen. Zwiebel und Knoblauch sanft andünsten. 4 EL Semmelbrösel einrühren, goldbraun rösten. Vom Herd nehmen. Kräuter und 3 EL Parmesan unter die Brösel mischen, über den Fenchel verteilen. Im vorgeheizten Backofen (Gas: Stufe 3) 20 Min. backen.

Toskana, Umbrien und die Marken

Cavolfiore fritto
Fritierte Blumenkohlröschen (Marken)

Zutaten für 4–6 Portionen:
1 Blumenkohl (etwa 1 kg)
1 Ei
⅛ l trockener Weißwein
2 cl Anislikör
100 g Mehl
einfaches Olivenöl zum Fritieren
Salz, Pfeffer aus der Mühle

*Zubereitungszeit: 1 Std.
Bei 6 Portionen pro Portion:
1000 kJ / 240 kcal*

1 In einer Schüssel 100 g Mehl mit Salz und Pfeffer mischen, in die Mitte eine Mulde drücken. 1 Ei, ⅛ l Weißwein und 2 cl Anislikör hineingeben, nach und nach zu einem geschmeidigen Teig rühren. Kräftig durchschlagen, danach zugedeckt 30 Min. quellen lassen.

2 Blumenkohl putzen und waschen, in die einzelnen Röschen zerlegen. In einem großen Topf 2 l Salzwasser aufkochen. Blumenkohlröschen hineingeben, 2 Min. blanchieren. Kalt abschrecken und abtropfen lassen.

3 In einem großen Topf reichlich Fritieröl heiß werden lassen. Blumenkohlröschen mit einer Gabel durch den Teig ziehen, im heißen Öl knusprig ausbacken. Auf Küchenkrepp abtropfen lassen, mit Salz und Pfeffer bestreuen und sofort servieren.

• Dekorativ anrichten können Sie die Knusperröschen am besten auf taufrischen, grünen Salatblättern. Im übrigen gelingt dieses Rezept auch mit anderen Gemüsearten – knackige Sorten nach Geschmack vorher kurz blanchieren.

Zucchine ripiene
Gefüllte Zucchini (Marken)

Zutaten für 6–8 Portionen:
300 g Rinderhack
8 kleine, feste Zucchini
500 g reife Tomaten
1 Bund glatte Petersilie
4 EL frisch geriebener Parmesan
½ Brötchen vom Vortag
1 Zwiebel
1 Knoblauchzehe
2 EL Olivenöl
1 EL Butter
Salz, Pfeffer aus der Mühle

*Zubereitungszeit: 1 ½ Std.
Bei 8 Portionen pro Portion:
740 kJ / 180 kcal*

1 Zucchini waschen, Blütenansätze und Stielenden abschneiden. Zucchini in kochendem Salzwasser 5 Min. vorgaren. Kalt abschrecken und abkühlen lassen.

2 Rinde von ½ Brötchen abreiben, Brotkrume in Würfelchen schneiden und knapp bedeckt in kaltem Wasser einweichen. Tomaten überbrühen, enthäuten und entkernen. Fruchtfleisch kleinschneiden, 1 Zwiebel fein hacken.

3 In einem breiten Topf, in dem später 16 Zucchinihälften Platz haben sollten, 2 EL Olivenöl erhitzen. Zwiebel darin andünsten, dann Tomaten einrühren. Mit Salz und Pfeffer würzen, 1 Knoblauchzehe durch die Presse dazudrücken. Sauce einköcheln lassen.

4 Zucchini der Länge nach halbieren, etwas aushöhlen und das entnommene Fruchtfleisch fein hacken. In einer Pfanne 1 EL Butter erhitzen. Rinderhack unter Rühren krümelig braten, in eine Schüssel umfüllen, etwas abkühlen lassen.

Pinzimonio
Gemüserohkost (Toskana)

5 Brötchen ausdrücken, Petersilie fein hacken, beides zum Hackfleisch geben. 4 EL geriebenen Parmesan und gehacktes Zucchinifruchtfleisch untermischen. Alles gut vermengen, mit Salz und Pfeffer würzig abschmecken. Masse in die ausgehöhlten Zucchinihälften füllen.

6 Gefüllte Zucchinihälften nebeneinander in die Tomatensauce setzen. Zugedeckt bei milder Hitze 30 Min. garen. Die Zucchini dürfen noch einen zarten Biß haben. Jeweils 2–3 Zucchinihälften mit Tomatensauce auf Tellern anrichten.

• Kann auch als vollwertiges Hauptgericht für vier Personen serviert werden.

Zutaten für 6 Portionen:
2 Fenchelknollen
je 1 rote und gelbe Paprikaschote
2 kleine, feste Zucchini
2 mittelgroße, aromatische Fleischtomaten
1 Radicchio
einige Blätter Romana-Salat
4 Frühlingszwiebeln

Für die Sauce:
6 EL Weinessig
12 EL bestes Olivenöl
Salz, Pfeffer aus der Mühle

Zubereitungszeit: 40 Min.
Pro Portion: 840 kJ / 200 kcal

1 Die harten Außenblätter der Fenchelknollen entfernen, Stiele großzügig abschneiden. Fenchelherzen längs vierteln oder achteln.

2 Paprikaschoten halbieren, weiße Trennwände und Kerne entfernen. Schotenhälften waschen, in 1 cm breite Längsstreifen schneiden.

3 Zucchini waschen, die Enden abschneiden. In ½ cm dicke Scheiben oder Stifte schneiden. Fleischtomaten waschen, in schmale Schnitze schneiden und dabei den Blütenansatz entfernen.

4 Radicchio und Romana-Salat in Blätter zerlegen und waschen. Beide Salatsorten gut abtropfen lassen oder trockenschwenken. 4 Frühlingszwiebeln putzen und waschen, Stangen halbieren.

5 Gemüse und Salate dekorativ auf einer großen Platte anrichten. Für die Sauce 6 EL Weinessig mit Salz und Pfeffer kräftig verquirlen, dann 12 EL Olivenöl unterschlagen. In kleine Schüsselchen umfüllen und auf dem Tisch verteilen. Jeder Gast wählt sich nun sein Lieblingsgemüse von der Platte, stippt es kurz in die Sauce und knabbert das Ganze in Begleitung von knusprigem Weißbrot.

• Vorspeise, Zwischengang oder kleine Sommermahlzeit.

• Wieviel Sauce Sie brauchen, läßt sich nicht ganz exakt voraussagen – lieber etwas mehr anrühren und den Rest dann in einem verschlossenen Schraubglas im Kühlschrank für den nächsten Salat aufbewahren.

Toskana, Umbrien und die Marken

Zuccotto
Eisgekühlte Kuppeltorte (Toskana)

Zutaten für 8–10 Portionen:
<u>Für den Biskuitboden</u>
 (möglichst schon am Vortag
 backen):
5 Eier
120 g Puderzucker
1 EL Vanillezucker
50 g Speisestärke
50 g Mehl

<u>Für die Füllung:</u>
200 g Zartbitter-Schokolade
50 g geschälte Mandeln
50 g geschälte Haselnüsse
50 g Baiser
1 l Sahne
50 g Puderzucker

<u>Sonstige Zutaten:</u>
2 cl Weinbrand
2 cl Amaretto (Mandellikör)
Butter zum Einfetten
100 g Schokoladenglasur
Puderzucker zum Bestäuben

<u>Zubereitungszeit:</u> 1 ¾ Std.
 (+ mindestens 6 Std.
 Kühlen)
Bei 10 Portionen pro Portion:
 3100 kJ / 740 kcal

Eine üppige, verführerische Torte – mit likörgetränkten Biskuitböden, Bergen von Sahne, Baiser, Schokolade und Nüssen. Ebenso reichhaltig ist das Spektrum der Rezeptvarianten:
• Statt Amaretto wird auch gern eine Mischung aus Maraschino, Rum und Orangenlikör auf den Biskuitboden geträufelt.
• In der Sahnefüllung stecken zusätzlich klein gewürfelte kandierte Früchte, zum Beispiel leuchtend rote, zuckersüße Kirschen.
• Als Dekoration tauchen kleine dunkle Mokkaböhnchen, Mandelsplitter, Schokoladenraspel oder kandierte Früchte auf.
• Die Biskuitböden können auch ringförmig zugeschnitten, gefüllt und aufeinandergesetzt werden.

1 Ein großes Blech mit Backpapier belegen. Backofen auf 175° vorheizen. Für den Biskuitboden 5 Eigelb, 120 g Puderzucker und 1 EL Vanillezucker mit dem Schneebesen schön schaumig schlagen. 5 Eiweiß zu steifem Schnee schlagen und vorsichtig unterziehen. 50 g Speisestärke und 50 g Mehl einrieseln lassen und unter die Eiermischung rühren. Masse etwa 1 cm hoch auf das Blech streichen und im vorgeheizten Backofen (Gas: Stufe 2) 15 Min. backen. Auf ein Brett stürzen, Papier abziehen und den Biskuit gut auskühlen lassen.

2 Eine tiefe, halbrunde Schüssel mit gebuttertem Pergamentpapier oder Folie auslegen. Aus dem Biskuit einen kleinen Kreis (ø des Schüsselbodens, etwa 10 cm) ausschneiden, in die Schüssel legen. Restlichen Biskuit in Streifen schneiden, mit einem Teil davon die Seiten der Schüssel bis oben hin auskleiden. 2 cl Weinbrand mit 2 cl Amaretto mischen. Mit einem Pinsel auf den Biskuit auftragen.

3 Füllung: Die Hälfte der Schokolade grob raspeln, den Rest mit 100 ml Sahne im Wasserbad schmelzen. Mandeln und Nüsse grob hacken, kurz anrösten. Baiser zerkrümeln. Restliche Sahne mit 50 g Puderzucker steifschlagen. Schokoraspel, Mandeln und Nüsse untermischen.

4 Sahne in 2 Portionen teilen. Unter eine Hälfte das zerkrümelte Baiser rühren, die zweite Sahnehälfte mit der abgekühlten, flüssigen Schokolade mischen. Baisersahne löffelweise in die Form geben, den Biskuit rundum bis oben hin gleichmäßig bestreichen. 20 Min. kaltstellen. Mit der Schokosahne auffüllen, glattstreichen. Oberfläche mit den restlichen Biskuitstreifen abdecken. Mindestens 6 Std., eventuell über Nacht, in den sehr kalten Kühlschrank stellen.

5 Für die Garnierung der Torte Schablonen herstellen: Aus Papier einen Kreis (20–25 cm ø) ausschneiden. Die Mitte markieren, von außen her strahlenförmig spitze Dreiecke zur Mitte hin ausschneiden.

6 Schokoladenglasur schmelzen. Die gut gekühlte Torte stürzen, Pergamentpapier abziehen. Mit Glasur überziehen, trocknen lassen. Schablonen auflegen. Freie Stellen mit Puderzucker bestäuben, so daß sich ein strahlenförmiges Muster ergibt. In Portionsstükke schneiden, sofort servieren.

Toskana, Umbrien und die Marken

Frittelle di riso
Reiskrapfen (Toskana)

Zutaten für 4–6 Portionen:
1 unbehandelte Orange (Schale)
1 unbehandelte Zitrone (Schale)
2 cl Vin Santo (italienischer Dessertwein) oder Rum
250 g Milchreis
50 g Rosinen
¾ l Milch
2 Eier
2 EL Butter
70 g Zucker
1 EL Mehl
Öl oder Schmalz zum Fritieren
Salz
Puderzucker zum Bestäuben

Zubereitungszeit: 80 Min.
Bei 6 Portionen pro Portion:
2000 kJ / 480 kcal

1 50 g Rosinen in 2 cl Wein oder Rum einweichen. ¾ l Milch mit 1 Prise Salz aufkochen, 250 g Milchreis einstreuen, bei milder Hitze unter häufigem Rühren ausquellen lassen.

2 Reis vom Herd nehmen und abkühlen lassen. 1 Orange und 1 Zitrone waschen und abtrocknen, Schale fein abreiben. Zusammen mit 2 Eigelb, 2 EL Butter, 50 g Zucker und den Rosinen mit Sud unter den Reis rühren.

3 In einem Topf reichlich Öl erhitzen. 2 Eiweiß zu steifem Schnee schlagen, mit 20 g Zucker und 1 EL Mehl mischen und vorsichtig unter die Reismasse ziehen.

4 Mit einem Eßlöffel Nocken abstechen, im heißen Öl rundum goldbraun backen, dabei mit einer Gabel öfters wenden. Auf Küchenkrepp abtropfen lassen und warmhalten, bis alle Krapfen fertig gebacken sind. Auf einer großen Platte auftürmen, mit Puderzucker bestäuben und heiß servieren.

Panforte di Siena
Gewürzkuchen (Toskana)

Zutaten für 10–12 Portionen:
100 g geschälte Mandeln
100 g geschälte Haselnüsse
100 g Walnußkerne
150 g getrocknete Feigen
150 g gemischte kandierte Früchte
150 g Puderzucker
100 g Honig
Oblaten zum Auslegen der Form
½ TL Zimtpulver
je 1 Prise Nelkenpulver, Korianderpulver, Ingwerpulver und Muskatnuß (oder Muskatblüte)
1–2 EL Mehl
Butter zum Einfetten
Puderzucker und Zimt zum Bestäuben

Zubereitungszeit: 1 ¼ Std.
Bei 12 Portionen pro Portion:
1300 kJ / 310 kcal

1 Mandeln, Haselnüsse und Walnußkerne in einer Pfanne unter Rühren kurz anrösten. Abkühlen lassen und grob hacken, in eine Schüssel umfüllen.

2 Getrocknete Feigen und die kandierten Früchte in kleine Würfelchen schneiden, unter die Nüsse mischen. ½ TL Zimtpulver, je 1 Prise Nelkenpulver, Korianderpulver, Ingwerpulver und frisch geriebene Muskatnuß (oder zerstoßene Muskatblüte) untermischen.

3 150 g Puderzucker und 100 g Honig in einer Schüssel mit rundem Boden mischen, ins Wasserbad setzen. Bei schwacher Hitze ständig rühren, bis die Masse schmilzt und Fäden zieht. Vom Herd nehmen und unter Rühren etwas abkühlen lassen.

4 Backofen auf 150° vorheizen. Honiglösung unter die vorbereitete Nußmischung rühren, 1–2 EL Mehl untermengen. Eine flache Form (eckig

Biscotti di Prato
Mandelschnitten (Toskana)

oder rund, je nach Oblaten) mit Butter einstreichen, mit Oblaten auslegen. Teig einfüllen und 2 cm hoch glattstreichen.

5 Im vorgeheizten Backofen (Gas: Stufe 1) etwa 30 Min. backen. Abkühlen lassen, mit einer Mischung aus Puderzucker und Zimt dünn bestäuben. Eventuell in kleine Stücke, Streifen oder Rauten schneiden, in einem verschlossenen Gefäß aufbewahren.

• Kein Besucher verläßt Siena, ohne eine süße Reserve im Handgepäck zu wissen. Denn es ist völlig undenkbar, daß nicht irgend jemand zu Hause schon ungeduldig auf dieses Mitbringsel wartet: *Panforte*, den Honigpfefferkuchen mit pikanten Gewürzen, die das berühmte Gebäck schon vor Jahrhunderten kostbar und begehrenswert machten.

Zutaten für etwa 70 Stück:
200 g Mandelstifte
1 unbehandelte Zitrone (Schale)
3 Eier
250 g Zucker
3 EL Vanillezucker
etwa 400 g Mehl
½ Päckchen Backpulver
1 TL Butter + Butter fürs Blech
1 Prise Salz

Zubereitungszeit: 50 Min.
Pro Stück: 250 kJ / 60 kcal

1 In einer Pfanne Mandelstifte unter Rühren kurz anrösten, zur Seite stellen.

2 Backofen auf 175° vorheizen, ein Backblech mit Butter fetten. In einer breiten Schüssel 3 Eigelb mit 250 g Zucker und 3 EL Vanillezucker gründlich verrühren. 3 Eiweiß mit 1 Prise Salz zu steifem Schnee schlagen. Portionsweise unters Eigelb ziehen.

3 Abgeriebene Schale von 1 Zitrone und die gerösteten Mandelstifte untermischen. 400 g Mehl mit ½ Päckchen Backpulver mischen, sieben. Alles gründlich zu einem glatten Teig verkneten, eventuell mehr Mehl untermischen.

4 2 cm dicke Teigrollen formen und aufs gefettete Blech legen. Im vorgeheizten Backofen (Gas: Stufe 2) etwa 35 Min. backen, bis die Oberfläche leicht gebräunt ist. Herausnehmen, sofort mit einem scharfen Messer in 1 cm breite schräge Stücke schneiden. Abkühlen lassen, luftdicht verpackt aufbewahren.

• Wer ahnungslos hineinbeißt, wird sich vielleicht nicht sofort für diese kernigen Happen begeistern – denn sie sind traditionsgemäß dazu bestimmt, vorm Knabbern erst einmal in den köstlichen Dessertwein *Vin Santo* gestippt zu werden.

Falls Sie den gerade nicht parat haben, probieren Sie's mal mit einem Espresso!

Toskana, Umbrien und die Marken

Chianti Classico – die lebendige Legende

Der »Gallo Nero«, traditionsreiches Markenzeichen des Consorzio Vino Chianti Classico.

Damit ein Wein zu Weltruf gelangt, braucht es einen Handel, der ihn – im Prinzip jedenfalls – überall verfügbar macht. Hat ein Wein einmal Weltruf und den damit verbundenen guten Preis, droht ihm Gefahr durch Massenproduktion und Fälschung.

Dieses Dilemma kennzeichnet die Geschichte des Chianti wie kaum eines anderen großen Weines der Welt. Begünstigt durch die Nähe zu einer der Welthandelsmetropolen der Renaissance fanden Weine aus dem Gebiet zwischen Florenz und Siena schon bald ihren Weg nach England und Frankreich. Ein »Rosso di Firenze« wird im London des 16. Jhs. als rauh und gehaltvoll gepriesen, was wohl auch bedeutet, daß er im Unterschied zu den damals vorherrschenden süßen Weinen durchgegoren und trocken war.

Solche Weine waren in Florenz zunächst unter der Bezeichnung »Vermiglia« aus der Umgebung der Castelli Uzzano, Vignamaggio und Montefioralle – noch heute wichtige Namen in der Region Chianti Classico – angeboten worden. Für ihre anschließende »weltweite« Vermarktung, insbesondere in England und Frankreich, setzte sich im Laufe des 17. Jhs. die bereits 1398 erstmals belegte Herkunftsbezeichnung »Chianti« durch. 1716 sieht sich Cosimo III. als Großherzog der Toskana veranlaßt, eine erste Schutzvorschrift gegen unlauteren Wettbewerb zu erlassen, indem er dekretiert, daß allein solcher Rotwein »Chianti« heißen darf, der aus einem genau begrenzten Gebiet um die Gemeinden Greve, Radda, Gaiole und Castellina stammt. Es umfaßt weitgehend das Gebiet, das heute als Anbaugebiet des Chianti Classico gesetzlich festgelegt ist.

Die Entwicklung des Chianti erfolgte dann wenig reguliert. Die Rotweine sind üblicherweise Gemischweine aus den Reben, die heute für die Region typisch sind. Das sind vor allem Sangiovese in einer breiten Vielfalt lokaler Stämme und Canaiolo Nero als rote sowie Trebbiano toscano und Malvasia del Chianti als weiße Reben. Eine weitergehende Vereinheitlichung bringt dann erst die »Rezeptur« des Bettino Ricasoli, Baron auf Castello Brolio in der Nähe von Gaiole. Er schlägt 1834 nach jahrelangem Experimentieren vor, für den Chianti 70% Sangiovese, 15% Canaiolo, 10% Trebbiano und Malvasia zusammen sowie 5% andere Trauben zu verwenden. Er setzt auch die bis heute verbreitete zweite Gärung als typisches Merkmal der Chianti-Herstellung durch. Sie wird nach Ende der ersten Gärung durch Zusatz unvergorenen Mosts aus getrockneten Trauben oder Konzentrat herbeigeführt.

Damit sind Grundlinien der weiteren Entwicklung des Chianti bis in unsere Tage festgelegt. Das 1924 gegründete Consorzio Vino Chianti Classico, heute

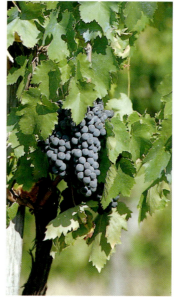

Spezialität Chianti Classico

Consorzio del Gallo Nero, orientiert sich weitgehend an den Vorgaben des Barone Ricasoli; es fördert bis heute die Vermarktung der Produkte seiner Mitglieder unter dem bekannten Markenzeichen des schwarzen Hahns (Gallo Nero).

Aber auch damit sind Ruf und Qualität dieses Weines nicht dauerhaft gesichert. Immer wieder schlägt das Pendel zwischen den Interessen der Gemeinschaft der Produzenten an Qualitätskontrolle und Produktionsbeschränkung einerseits und den einzelnen Produzenten an Umsatzausweitung und Gewinn andererseits zugunsten der Massenproduktion aus – mit den unvermeidlichen Folgen für die Qualität.

Jüngste Stationen auf dem Weg zur Qualitätsgarantie sind das italienische Weingesetz von 1963 und seine schrittweise Anwendung in den verschiedenen italienischen Weinbauregionen. Für den Chianti Classico wurde 1967, verbunden mit den entsprechenden Anforderungen, das Prädikat der kontrollierten Herkunftsbezeichnung – Denominazione di origine controllata, DOC – eingeführt. Das Prädikat der kontrollierten und garantierten Herkunftsbezeichnung – Denominazione di origine controllata e garantita, DOCG – wurde 1984 verbindlich. Jeder dieser Schritte war auch mit Modifikationen der Vorschriften für die Herstellung des Weines verbunden.

Nach den heute geltenden DOCG-Bestimmungen besteht der Chianti Classico aus 75–90% Sangiovese, 5–10% Canaiolo und 2–5% Trebbiano und Malvasia. Er darf bis zu 10% andere Trauben enthalten – und damit ist heute insbesondere die Cabernet-Sauvignon gemeint, eine Rebe, die traditionell in der Toskana nicht zu Hause ist, sich aber bei den Weinbauern zunehmender Beliebtheit erfreut. Die DOCG-Normen begrenzen die Erträge auf 75 Doppelzentner je Hektar. Eine zweite Gärung ist weiter erlaubt, aber nicht mehr vorgeschrieben. Für diese darf nur noch Mostkonzentrat aus der Region verwendet werden, das bei Unterdruck und Temperaturen von wenig über 30°C durch Verdampfen hergestellt wird. Es wird zwischen einjährigem Wein (»Annata«) und drei Jahre gelagertem (»Riserva«) unterschieden. Die in der bis 1984 gültigen DOC-Regelung noch vorhandene Kategorie des zwei Jahre gelagerten Weines (»Vecchia«) ist entfallen.

Auch diese neue Regelung versucht, die Sicherung von Qualitätsstandards mit Entfaltungsspielraum für den einzelnen Weinhersteller zu verbinden. Damit entspricht sie in vernünftiger Weise der historischen Tradition der Vielfalt in dieser großen Weinbauregion, wo sich die Charakteristik des einzelnen Weingutes schon in der Mischung der Rebsorten in den Weinbergen ausdrückt. Dennoch umfaßt sie nicht die Vielfalt der heute in der Region hergestellten Weine.

So gibt es einhergehend mit der Tendenz, den Anteil des Sangiovese im Chianti zu erhöhen, eine sich entwickelnde Weißweinproduktion, die sich vor allem auf den Trebbiano stützt. Der *Bianco della Lega*, hergestellt ausschließlich von Mitgliedern des Consorzio del Gallo Nero, strebt die Anerkennung als Prädikatswein nach dem Weingesetz an; der *Galestro* ist ein Markenwein, zu dem auch Hersteller außerhalb der Region beitragen. Daneben

Oben: Traditioneller Weinbau in Mischkulturen (Vigneto promiscuo). Hier liegen die Hektarerträge weit unter den zugelassenen 75 Doppelzentnern – ein Luxus, den sich nur noch wenige leisten. Der Anteil der Mischkultur-Anbaufläche ist auch heute noch ein wichtiges Kennzeichen für ein Weingut in Chianti. Die Umwandlung in Monokulturen ist durch das Weingesetz erschwert, aber nicht ausgeschlossen.

Die traditionellen Reben des Chianti Classico. Von links: Sangiovese, Canaiolo Nero, Trebbiano toscano, Malvasia del Chianti.

stellen viele Weingüter eigene weiße Tafelweine her. Sie alle sind frisch und jung zu trinken und nicht für eine längere Lagerung gedacht.

War der Weißwein im Chianti-Gebiet eine zunächst eher aus der Not geborene Entwicklung, um die für den Chianti Classico nicht mehr benötigten weißen Trauben zu verwenden, so sind eine Reihe neuerer Entwicklungen vor allem durch das Motiv zu erklären, sich über den gesetzlichen Rahmen hinaus zu profilieren – und zwar mit hochwertigen und dann auch entsprechend teuren Weinen. Da solche Weine aber den Bestimmungen des Weingesetzes für die Prädikatsweine der Regionen nicht entsprechen, müssen sie als Tafelweine, »Vino da Tavola«, angeboten werden.

Beispiele sind Rotweine wie der *Solatio Basilica* von »Villa Cafaggio«, die – wohl mit einem Seitenblick auf die Erfolge des *Brunello di Montalcino* – fast ausschließlich aus Sangiovese-Trauben besonderer Lagen hergestellt werden. Dieser »Vino da Tavola di Panzano« entspricht mit seiner Fruchtigkeit und seiner runden Säure, auch wenn er die Regeln des Chianti Classico nicht einhält, geradezu dem Idealtyp dieses Weines.

Eine ganz andere Richtung schlagen Weine ein, die wie der *Brunesco di San Lorenzo* von Giovanni Capelli unter Verwendung des »Barrique« erzeugt werden, eines kleinen Fasses meist aus französischer Eiche, das einmal und nach einer Aufbereitung ein zweites Mal verwendet wird. Die aus Frankreich stammende Methode findet auch in Chianti immer mehr Anwendung und erlaubt die dosierte Nutzung des Tannins neuen Eichenholzes für die Weinherstellung. Im genannten Beispiel kommt dabei ein sehr kräftiger Wein heraus, der aber mit der Geschmackstradition des Chianti Classico gebrochen hat.

Solche Tendenzen der Loslösung aus den Traditionen des Chianti Classico zeigen sich in der letzten Jahren in vielfältiger Form. Für den Chianti traditionell untypische Reben wie die schon erwähnte rote Cabernet-Sauvignon, bei den weißen vor allem die Chardonnay haben sich auf vielen Weinbergen einen festen Platz erobert. Die verbreitete Vorliebe für kaum fertige Weine nach dem Vorbild des Beaujolais Primeur hat auch einige Chianti-Winzer veranlaßt, Weine nach nur kurzer Lagerung als spritzige junge Tischweine anzubieten. Das alles hat bei einigen zu einer bemerkenswerten Produktvielfalt geführt, die neben dem traditionellen Chianti Classico und den schon vertrauten Weißweinen aus Trebbiano- und Malvasia-Trauben inzwischen oft auch Rosés und »Primeurs«, Chardonnays, Cabernets und vieles andere mehr umfaßt. Sie werden ebenso wie die neuen ambitionierten Kreationen aus den traditionellen Chianti-Reben – mit oder ohne Nutzung des Barrique – als »Vino da Tavola« angeboten.

Hinter dieser unruhigen Entwicklung steht eine tiefgreifende ökonomische Umgestaltung des Weinbaus in der Region. Sie begann Mitte der 60er Jahre mit erheblichen Kapitalinvestitionen von außen, wobei die Gewinnerwartung zunächst sicher an den traditionellen Wein der Region geknüpft war. Das neue Weingesetz von 1963 setzte ja gerade auf dessen Schutz durch Qualitätskontrolle und Produktionsbeschränkung.

Rechts oben und rechts: Auch in Chianti wird der weitaus größte Teil der Weinernte heute in Monokulturen (Vigneto specializzato) erwirtschaftet. Dennoch – auch hier sind die Abstände zwischen den Reihen noch bemerkenswert. Die Bodenfläche je Rebe ist erheblich größer als dort, wo im Weinberg nur noch mit speziell entwickelten Schmalspurmaschinen gearbeitet werden kann.

Spezialität Chianti Classico

Die ersten beiden Oktoberwochen sind die Haupterntezeit in Chianti (oben links und links). Nach der Ernte werden die Trauben zuerst entrappt (oben), denn ein Rotwein, der ja auf der Maische, den zerquetschten Beeren, vergoren wird, braucht sehr wohl die Gerbsäure aus der Beerenhaut, die kräftigen Gerbsäuren aus den Stielen sind überflüssig und unerwünscht.

Links: Maßstab für den klassischen Chianti ist auch heute noch, daß er durch Lagerung gewinnt. Solche Weinkeller mit Fässern aus Eichen-, seltener aus Kastanienholz sind eine erhebliche Investition. Sie lohnt sich vor allem für den hochwertigen Teil der Ernte, die sich zu einem Riserva ausbauen läßt (3 Jahre Lagerung vor Abfüllung).

Die neuen großen Weinkeller wie etwa die von »Le Bocce«, »Villa Cafaggio« und »Rocca della Macie« waren mit ihren riesigen Faßkellern genau auf die, wenn auch önologisch und technisch modernisierte, Herstellung traditioneller Chianti-Weine eingerichtet.

Neben solchen Neugründungen, oft als Aktiengesellschaften, gab es zahlreiche Besitzwechsel. So wechselte das tradionsreiche »Castello Brolio« mehrmals den Eigentümer und gehörte zwischendurch auch mal einer Whisky-Firma. Schließlich haben sich einige erfolgreiche Geschäftsleute wie der Modeschöpfer Emilio Pucci oder der Florentiner Juwelier Aldo Torrini (»Poggio al sole«) mit einer Mischung aus Geschäftssinn und Selbstverwirklichungslust als Weinmacher mit eigenen teils neuen, teils übernommenen Weingütern im Chianti Classico engagiert.

Als sich in den 70er Jahren zeigte, daß sich – anders als beim Brunello di Montalcino – die hochgesteckten Erwartungen in Preise und Gewinne beim Chianti zunächst nicht erfüllten, gab es auch manche wirtschaftliche Krise, die ebenso neue (»Le Bocce«) wie traditionsreiche (»Vignamaggio«) Weingüter traf.

Mit dieser ökonomischen Veränderung gingen Rationalisierungmaßnahmen in den Kellern einher. Automatisch gekühlte Gärtanks, hygienische Nirostaleitungen und modernste Abfüllanlagen bestimmen das Bild. In den Weinbergen ist die traditionelle Mischkultur aus Wein, Oliven und manch anderem Gewächs inzwischen weitgehend durch Monokulturen abgelöst.

Es ist eine spannende Entwicklung, die derzeit im Chianti abläuft. Sie lädt zu aufmerksamer und neugieriger Begleitung ein. Eine gute Übersicht über den aktuellen Stand der Entwicklung bieten die Önotheken etwa in Florenz, Siena, Panzano und insbesondere die »Enoteca del Gallo Nero« in Greve in Chianti.

Hermann Rademacker

Latium und Sardinien

Metropole und Provinz:
Blick auf Petersplatz und Rom

Latium und Sardinien

Das Land und seine Produkte

Rom, die Ewige Stadt. Von der Antike bis heute zieht sich das Band der Geschichte, füllte die Stadt mit Baudenkmälern und berühmten Kunstwerken. Während der jahrhundertelangen römischen Herrschaft stieg die Stadt zum wirtschaftlichen, kulturellen und wissenschaftlichen Zentrum eines gigantischen Reiches auf. Die ländlichen Gebiete rund um Rom dienten nicht nur der Versorgung der Metropole, sie waren auch begehrtes Terrain für luxuriöse Landgüter hoher Staatsbediensteter und für prachtvolle Villen reicher Bürger. So wurde das Umland stets eher von Römern als von Bauern geprägt, was natürlich auch Einfluß auf die Küche hatte.

Die Region Latium ist wirtschaftlich auf die Hauptstadt ausgerichtet. Industrieansiedlungen sind selten, die vulkanischen Gebirgszüge des Apennin laden mit Gipfelketten und Hochebenen, mit zahlreichen Seen und Thermalbädern zum Erholen ein.

Noch stärker als in anderen Städten Mittelitaliens haben sich in Rom traditionelle Gerichte erhalten – aus dem Stolz der Römer heraus, die allem, was von außerhalb kommt, mit Mißtrauen begegnen. Andererseits hat sich die römische Küche auch recht ungeniert Spezialitäten aus umliegenden Regionen einverleibt. Sie vermeidet gekünstelte, aufwendige Gerichte, schätzt das Kräftige und Gehaltvolle. Fett und Öl werden mäßig verwendet, oft

Ganz oben: Bizarre Felsformationen an der Küste Sardiniens.

Oben: Eine der Brücken Roms über den Tiber zum Stadtteil Trastevere, dem volkstümlichsten, inzwischen aber auch teuren Wohnviertel.

Ganz oben: Viehzucht, vor allem Schafe, prägen die Landwirtschaft Sardiniens.

Mitte: Auch Schweine sind hier sehr beliebt. Ihr Fleisch ist besonders würzig, da sie sich vorwiegend von Eicheln ernähren.

Rechts: Metzgerei in Rocca di Papa.

Das Land und seine Produkte

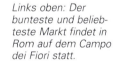

Links oben: Der buntesten und beliebteste Markt findet in Rom auf dem Campo dei Fiori statt.

Links: Beim Maroni-Verkäufer treffen sich weltliches und christliches Rom.

Ganz oben: Auch wenn die Sarden keine großen Seefahrer sind, gibt es stets frischen Fisch.

Oben: Eine wichtige Zutat der Küche Sardiniens ist der Pecorino, der Schafkäse, der in Latium genauso beliebt ist.

Schweineschmalz und Speck, erst danach kommt Olivenöl und ganz zum Schluß die Butter. Beliebt sind Rind, Lamm – vor allem zartes Milchlamm, Abbacchio genannt – und Geflügel, Innereien, Hülsenfrüchte und natürlich Gemüse wie Artischocken, Staudensellerie, Paprikaschoten. Abgesehen von Tiber-Aalen und Tintenfischen bietet die Küche Roms wenig typische Meeresspezialitäten. Mit Sardinien gemeinsam hat ganz Latium die Vorliebe für Produkte aus Schafmilch: Pecorino und Ricotta.

Auch Sardinien hat seine traditionelle Küche weitgehend bewahrt. Die Einwohner dieser dünn besiedelten Insel lebten immer am Rand der Geschichte Italiens. Bis heute pflegen sie noch eine eigene Sprache, die ursprünglichen Gerichte haben ihre alten Namen behalten. Der typische Sarde ist kein ausgesprochener Seefahrer oder Fischer, sondern Schafhirte. Noch heute ist das Landesinnere dichter besiedelt als die Küste, wird mehr Landwirtschaft und Viehzucht betrieben als Fischfang. Die Küche basiert auf wenigen Grundzutaten: Milch, Schafkäse und Fleisch – und vor allem Brot. Neben den regionalen Sorten spielt ein Gebäck die wichtigste Rolle: hauchdünnes Fladenbrot, Carta da musica, Notenpapier genannt. Die Hirten nehmen es als Vorrat mit, bereiten damit einfache Suppen, aber auch in feinen Restaurants wird das knusprige Brot serviert.

Schweine, die oft frei umherlaufen und sich von Eicheln ernähren, sind besonders geschätzt – aus ihrem kernigen Fleisch werden beim häuslichen Schlachtfest mit Fenchel gewürzte Würste und Schinken bereitet. Die sardischen Spezialitäten sind meist kräftig und schlicht, oft in nur einem Topf gekocht und mit heimischen Kräutern gewürzt.

Wichtigstes Erzeugnis Sardiniens ist der Schafkäse, der Pecorino. Ihn gibt es in verschiedensten Reifegraden, von frisch, weich und mild bis hart, ausgereift und pikant.

Latium und Sardinien

Menschen, Feste, Sehenswertes

Rom – Hauptstadt in doppeltem Sinne, Kapitol Italiens und der katholischen Christen. Immer wieder im Laufe der Geschichte wurde diese Stadt in Kriege verwickelt, und immer wieder schafften es die Römer, den Kopf oben zu halten. Auch als nach den Wirren der Völkerwanderungszeit das aufstrebende Papsttum mehr und mehr Einfluß gewann. Schließlich kam mit dem ständigen Pilgerstrom in die »Ewige Stadt« auch Geld und sicherte einen Wohlstand, der es kunstsinnigen Bürgern erlaubte, sich gewaltige Paläste und Villen errichten, Denkmäler setzen oder gar Kirchen erbauen zu lassen. Auch heute gilt Rom als »Muß« für jeden Italienreisenden, auch wenn die Römer der Meinung sind, man sollte sich die Kunstwerke lieber in einem Bildband anschauen. Diese Römer! Typisch ist ihr Herabblicken auf alles, was nicht aus Rom stammt. Sie beugen sich vor nichts und niemandem. Kein Rang, kein Titel kann sie beeindrucken.

Ausflugsziel am Wochenende sind für die Großstädter die Albaner Berge neben Frascati (auch der Papst hat hier sein Sommerdomizil) und dort vor allem die Gartenrestaurants, die – eines neben dem anderen – entlang der Straße aufgereiht sind. Ein kleines kulinarisches Eldorado ist das Städtchen Rocca di Papa oberhalb des

Rom ist ein teures Pflaster. So wundert es nicht, wenn der Losverkäufer gute Geschäfte mit der Hoffnung auf einen großen Gewinn macht.

Ganz oben: Alle Wege führen nach Rom, doch drinnen braucht man schon einen Plan.

Oben: Cornetto, das knusprige Hörnchen, gehört zum Frühstück.

Rechts: Spanische Treppe und eine Trattoria auf der Piazza Navona in Rom.

Menschen, Feste, Sehenswertes

Albaner Sees, wo auf der Piazza Garibaldi morgens Markt ist. Gleich um die Ecke eine Norcineria, eine Schweinemetzgerei, wo verlockende Würste und Schinken von der Decke hängen und Porchetta am Spieß gebraten wird – ein ganzes Schwein, mit Fenchel, Rosmarin, Salz und Pfeffer gewürzt. Geht man durch die engen Straßen zum Restaurant »Belvedere«, so findet man sich im Steinpilzparadies wieder: 12 Monate im Jahr gibt es frische Pilze aus hauseigenen Grotten, sie werden im Ofen gebacken, in Essig und Öl eingelegt, mit Kräutern geschmort.

Sardinien – das sind Berge und Wälder, weite Ebenen und Sumpflandschaften, Sand- und Felsstrände, Klippen und bizarre Küsten. Und doch beschränkt sich der Tourismus fast ausschließlich auf die Nordostküste: An der Costa Smeralda mit den neu erbauten Dörfern Porto Cervo und Porto Rotondo wird Leben mit Luxus gleichgesetzt – zumindest für die priviligierte Schicht der Reichen und Reisenden.

Im Kontrast dazu die eigensinnigen, zielstrebigen und sehr hartnäckigen Sarden, die nicht nur von guter Küche und gutem Wein etwas verstehen. Kulinarisch interessant ist Macomer, die Käsestadt mit den unzähligen regionalen Sorten aus Schafmilch.

Kulturbeflissene haben hier vieles zu entdecken. So die Nuraghen, riesige Steinhaufen einer prähistorischen Kultur, die beweisen, daß die Insel seit Urzeiten bewohnt ist. Die Gebilde, die oft mehrere Stockwerke hoch sind, könnten Gräber, aber auch Wehrburgen oder Tempel gewesen sein. Bronzearbeiten aus dieser Epoche kann man in den Museen von Cagliari und Sassari sehen.

Die Feste: Rom feiert im Juli/August auf der Tiber-Insel mit Tanz und Imbißständen. Mitte Juli findet ein antikes Volksfest, die Festa de Noantri in Trastevere statt. In Latium wird Anfang Februar in Monte San Biagio gefeiert. Dazu gehört ein Markt mit Kunstgewerbe und landwirtschaftlichen Produkten der Region. In Montefiascone findet Anfang August ein Weinfest mit Folklore und künstlerischen Darbietungen zu dem berühmten Wein statt.

Auf Sardinien gibt es in Aritzo Ende Oktober ein Kastanien- und Haselnußfest mit Volksliedern und Tänzen, in Sedilo Anfang Juli die S'ardia, ein halsbrecherisches Pferderennen in Erinnerung an den Sieg Konstantins über Massenzius an der Milvischen Brücke.

Links oben: Noch prägen Ruhe und Gelassenheit den Alltag Sardiniens, noch gibt es viele schöne, vom Tourismus unbehelligte Plätzchen zu entdecken.

Links Mitte: Heiter und ausgelassen geht es bei den Festen zu.

Links: Rätselhaft seit Jahrhunderten sind die Nuraghen, Steinkegel aus dicken Steinblöcken ohne Mörtel, die über ganz Sardinien verstreut stehen.

Oben: Frische Steinpilze gibt es jederzeit im Restaurant »Belvedere« in Rocca di Papa. In kühlen Grotten halten sie sich bei hoher Luftfeuchtigkeit das ganze Jahr über.

Die Weine

Rom ist seit Jahrhunderten Ziel für Reisende. Und Reisen macht auch durstig, was die vielen Legenden um den berühmten »Est! Est!! Est!!!« von Montefiascone am Lago di Bolsena zu berichten wissen. Eine erzählt, ein Bischof auf dem Weg nach Rom habe einen Bediensteten vorausgeschickt, der Wirtshäuser erkunden sollte, in denen auch ein guter Wein ausgeschenkt wurde. Diese markierte der Bote mit einem »Est!«, »das ist es«, an der Tür. Auf der alten Via Cassia kam er nach Montefiascone und fand in der besten Unterkunft des Städtchens einen Wein vor, der ihn so begeisterte, daß er gleich dreimal »Est! Est!! Est!!!« an die Tür schrieb.

Dieser Weißwein wird aus den Rebsorten Trebbiano und Malvasia hergestellt, es gibt ihn als trockenen, leicht fruchtigen »Asciutto« mit zartem Mandelgeschmack, der gut zu Fischgerichten paßt, und als lieblicheren »Abboccato«, den man als Dessertwein und zu Käse trinkt. Eine Zeitlang schien es so, als ob dieser Wein zu sehr von seinem Namen zehre, doch inzwischen bemühen sich etliche Erzeuger um eine sehr gute, frische Qualität.

Auch der *Colli Albani* und der *Castelli Romani*, ebenfalls Weißweine, haben eine bewegte Geschichte hinter sich. Als Rom sich noch auf nur drei Hügeln ausdehnte, wuchs der beste Wein auf den Hängen der Albaner Berge. Diese hatten aber die Latiner inne. Da blieb den Römern nichts anderes übrig, als sie im 4. Jh. vor Chr. zu unterwerfen, um in den Genuß der Weine zu kommen. Beide sind meist trockene, strohgelbe Weine mit charakteristischem Obstgeschmack.

In den Castelli Romani liegen auch die Rebgebiete des *Frascati*. Früher war er als süßer »Cannellino« sehr beliebt, jetzt wird er überwiegend trocken ausgebaut. Auch heute ziehen die Römer gern in die Weinkeller von Frascati, um den sanften, weichen, strohgelben Wein direkt vom Faß zu genießen. Man trinkt ihn zu allen Gängen eines Menüs, zu Pasta, Fisch, Geflügel und Desserts. Zum Typ »Frascati« kann man auch den *Marino*, den *Colli Lanuvini* und den *Montecompatri Colonna* rechnen.

Neben den Weißweinen gibt es noch die rubinroten Weine aus Cesanese-Trauben aus dem Gebiet östlich von Rom: den *Cesanese del Piglio*, *Cesanese di Affile* und *Cesanese di Olevano Romano*. Die trockenen Versionen sind zart-duftig, gerbstoffbetont mit leichtem Bitterton, der gut zu Schmorgerichten paßt.

Die Weine Sardiniens sind der deftigen Küche angepaßt. Manche entfalten ihren Charakter erst nach einigen Jahren der Lagerung, so wie der weiße *Vernaccia di Oristano*, aus einem der schönsten Gebiete der Insel, der zwar nach drei Jahren trinkbar ist, jedoch bis zu dreißig Jahren gelagert werden kann. Er ähnelt dem Sherry, ist stark, aber nicht mit reinem Alkohol angereichert, duftet zart nach Mandelblüten, ist voll und fruchtig mit leicht bitterem Nachgeschmack, der – sofern der Wein trocken ausgebaut ist – gut zu Fischgerichten paßt. Man serviert auch ältere Jahrgänge gut gekühlt.

Ansonsten geht der Trend eher zu leichten, trockenen Weinen wie beim *Nuragus di Cagliari*. Er ist hell, grünlich-gelb, trocken und eher neutral mit zartbitterem Unterton. Ein typischer Fischwein. Der rote *Monica di Sardegna*, der auf der ganzen Insel bereitet wird, ist stets trocken, hell rubinrot, geschmeidig und mit lang anhaltendem Geschmack, der sich bei Lagerung noch entwickelt. Er paßt zu gegrilltem Fleisch und gebratenem Fisch. Ein kräftiger, robuster Rotwein ist der *Cannonau di Sardegna*, der in verschiedenen Teilen der Insel gekeltert wird. Er ist intensiv rubinrot, kommt nach einem Jahr Lagerung in Eichen- oder Kastanienfässern in den Handel und wird relativ jung getrunken. Nach mindestens dreijähriger Lagerung darf er das Prädikat »Riserva« tragen. Bei höherem Alkoholgrad ist noch die Bezeichnung »Superiore« zulässig, es gibt ihn von trocken bis süß. Als »secco« paßt er gut zu dunklem Fleisch und Wild, ebenso wie der *Carignano del Sulcis* aus dem Südwestzipfel von Sardinien und den kleinen Inseln San Pietro und Sant' Antioco.

Daneben gibt es eine Reihe von Dessertweinen wie den *Malvasia di Cagliari*, den es »dolce« und »secco« und vom Typ »liquoroso« mit höherem Alkoholgehalt gibt. Ähnlich der tiefgoldene *Moscato di Cagliari* mit typischem Muskateller-Aroma und der *Moscato di Sorso-Sennori* aus den gleichnamigen Gemeinden nördlich von Sassari.

Oben: Rebstöcke im Frascatigebiet.

Ganz links: Weinlese in Sardinien.

Links: Ein Vertreter des neuen Stils der Weine Sardiniens ist der Calaluna – trocken, frisch und jung zu trinken.

Rezepte der Region

Antipasti • Pizze
- 176 Pane carasau
  Knusprige Brotfladen
- 178 Pandorato
  Pikantes Brot aus der Pfanne
- 178 Focaccia sarda
  Kartoffelpizza mit Schafkäse
- 179 Supplì alla romana
  Gefüllte Reiskroketten

Primi Piatti
- 180 Spaghetti alla carbonara
  Spaghetti mit Speck und Eiern
- 180 Bucatini all'amatriciana
  Nudeln mit scharfer Specksauce
- 181 Fettuccine alla romana
  Bandnudeln mit Hühnerlebersauce
- 182 Penne all'arrabbiata
  Nudeln mit Chili-Sauce
- 182 Culingionis
  Nudeltaschen mit Schafkäse
- 183 Malloreddus
  Safrannocken
- 184 Minestra di broccoli
  Broccolisuppe
- 184 Stracciatella alla romana
  Eierflöckchensuppe
- 185 Minestrone di ceci
  Kichererbsensuppe
- 185 Favata
  Bohneneintopf mit Fenchel

Secondi Piatti
- 186 Calamari ripieni
  Gefüllte Tintenfische
- 188 Tonno con i piselli
  Thunfisch mit Erbsen
- 188 Sarde arrosto
  Gegrillte Sardinen mit Fenchel
- 189 Sarde ripiene
  Gefüllte Sardinen
- 190 Coda alla Vaccinara
  Ochsenschwanzragout
- 192 Abbacchio alla romana
  Milchlamm mit Knoblauchsauce
- 192 Saltimbocca alla romana
  Kalbsschnitzel mit Salbei
- 193 Vitello alla sarda
  Kalbsbraten mit Kapernsauce
- 194 Pollo in padella
  Geflügelragout mit Tomaten
- 194 Cinghiale in agrodolce
  Wildschweinragout mit Pflaumen
- 195 Pernici con lenticchie
  Rebhuhn mit Linsen

Contorni
- 196 Piselli al prosciutto
  Erbsen mit Schinken
- 196 Carciofi alla giudia
  Artischocken auf jüdische Art
- 197 Spinaci alla romana
  Spinat mit Rosinen
- 197 Fagiolini al tonno
  Grüne Bohnen mit Thunfisch

Dolci
- 198 Crostata di visciole
  Kirschkuchen
- 200 Gelato di ricotta
  Ricotta-Eis mit Rum
- 200 Torta di mandorle
  Mandeltorte
- 201 Pàrdulas
  Käsetörtchen

Latium und Sardinien

Pane carasau
Knusprige Brotfladen (Sardinien)

Zutaten für 8 Stück:

Für den Teig:
250 g Mehl
250 g Hartweizengrieß
20 g Hefe (etwa ½ Würfel)
1 Prise Zucker
Salz

Sonstige Zutaten:
Mehl zum Ausrollen
Fett für die Bleche
Olivenöl
Salz, Pfeffer aus der Mühle
Rosmarin (frisch oder
 getrocknet)

Zutaten für Pane fratau
 (Brotfladen mit Belag, siehe
 Bild 6):
4 Pane carasau
500 g fertiges Tomatenpüree
 (eventuell aus Packung oder
 Dose)
50 g frisch geriebener Pecorino
 oder Parmesan
4 Eier
¼ l heiße Fleischbrühe
2 EL Butter
Salz, Pfeffer aus der Mühle
Petersilie und Basilikum zum
 Garnieren

Zubereitungszeit: 2 ½ Std.
 (+ 2 Std. Ruhezeit)
Pro Stück belegtes Pane fratau:
 1600 kJ / 380 kcal

Carta da musica, Notenpapier, nennen die Sarden liebevoll ihr hauchdünnes Fladenbrot für die Vorratskammer. Die Zubereitung erfordert ein klein wenig Geduld, da die Fladen gleich doppelt gebacken werden müssen. (Ein Umluftherd ist da bestens geeignet: Dort können Sie mehrere Bleche gleichzeitig einschieben!).
Früher nahmen die Hirten das Fladengebäck mit aufs Feld, heute serviert man es in den Restaurants als kleine Knabberei zur Vorspeise: Dafür werden die Notenblätter nur kurz aufgebacken, mit aromatischem Olivenöl beträufelt, mit Salz und eventuell feingehacktem Rosmarin bestreut.

Pane carasau kann aber auch Grundlage einer kleinen Mahlzeit sein – siehe Bild 6!

1 Teig: 250 g Mehl mit 250 g Hartweizengrieß mischen, in eine Schüssel geben. 20 g Hefe zerbröckeln, in einer Tasse mit 1 Prise Zucker und 2 EL lauwarmem Wasser glattrühren. Hefe in die Mitte des Mehlgemischs geben, wenig Mehl unterrühren. Mit einem Tuch bedecken und an einem warmen Ort 1 Std. gehen lassen. Danach mit ¼ l lauwarmem Wasser und 1 TL Salz zu einem glatten Teig kneten, wieder in die Schüssel legen und nochmals zugedeckt 1 Std. gehen lassen.

2 Backofen auf 250° vorheizen. 2 flache, runde Bleche (25–30 cm ø) fetten. Hefeteig nochmals kräftig durchkneten, 8 kleine runde Portionen abnehmen und auf der leicht bemehlten Arbeitsfläche millimeterdünn zu Kreisen in der Größe der Formen ausrollen.

3 Ausgerollte Teigfladen jeweils auf die gefetteten Bleche legen. Im vorgeheizten Backofen (Gas: Stufe 5) nacheinander etwa 5 Min. backen, bis sich Blasen bilden, der Teig jedoch noch keine Farbe angenommen hat.

4 Frisch gebackene Teigfladen herausnehmen, sofort flach aufeinanderstapeln. Oben mit einem flachen Teller oder einem Brett abdecken, mit einem Gewicht beschweren. Die gestapelten Fladen etwas abkühlen lassen.

5 Jeden Fladen nochmals in den Ofen schieben und in 8–10 Min. knusprig backen. Abkühlen lassen, in Papier verpackt aufbewahren. Zum Servieren (als Beilage zu Antipasti) nur kurz aufbacken, mit Olivenöl dünn bestreichen, mit Salz, grobem Pfeffer und Rosmarin bestreuen.

6 <u>Pane fratau</u> – eine Art belegtes Pane carasau. Dazu 4 Brotfladen auf große Teller legen, mit ¼ l heißer Brühe beträufeln. 500 g Tomatenpüree erhitzen und abschmecken. In einer Pfanne 2 EL Butter zerlassen, 4 Spiegeleier braten. Fladen gleichmäßig mit Tomatenpüree bestreichen, Spiegeleier darauf setzen. Salzen, pfeffern und mit 50 g geriebenem Käse bestreuen. Mit Petersilien- und Basilikumblättchen garniert servieren.

Pandorato
Pikantes Brot aus der Pfanne (Latium)

Zutaten für 6 Portionen:
50 g roher Schinken in dünnen Scheiben
150 g Mozzarella
12 Basilikumblättchen
6 eingelegte Sardellenfilets
400 g Kastenweißbrot vom Vortag
⅛ l Milch
2 Eier
2 EL Mehl
Öl zum Braten
Salz, Pfeffer aus der Mühle
<u>Zubereitungszeit: 45 Min.</u>
Pro Portion: 1700 kJ / 400 kcal

1 Kastenweißbrot entrinden. Im Abstand von 1 cm einschneiden, dabei den ersten Schnitt nur bis knapp vor den unteren Rand führen, beim zweiten Schnitt die Brotscheibe abtrennen. Auf diese Weise ergeben sich 6 zusammenhängende Doppelscheiben.

2 Mozzarella in 6 Scheiben schneiden. In jedes Brot eine Käsescheibe legen. Die Hälfte der Brote zusätzlich mit 1–2 Schinkenscheiben füllen. 6 Sardellenfilets abspülen, mit Küchenkrepp abtrocknen. In die Brote ohne Schinken verteilen.

3 Gefüllte Brote fest zusammendrücken und in ⅛ l Milch wenden. Rundum mit 2 EL Mehl bestäuben und auf eine tiefe Platte legen. In einem Teller 2 Eier kräftig verquirlen, salzen und pfeffern. Eierschaum über die Brote gießen, 15 Min. durchziehen lassen. Brote einmal wenden.

4 In einer Pfanne reichlich Öl erhitzen. Brote bei mittlerer Hitze von beiden Seiten goldbraun backen, auf Küchenkrepp gut abtropfen lassen. Diagonal halbieren, jeweils 2 verschieden gefüllte Hälften zusammen anrichten und mit Basilikumblättchen garnieren.

Focaccia sarda
Kartoffelpizza mit Schafkäse (Sardinien)

Zutaten für 4–6 Portionen:
300 g Kartoffeln (mehligkochende Sorte)
600 g vollreife Tomaten
200 g frischer Schafkäse
⅛–¼ l Milch
20 g Hefe
1 Zwiebel
2 Knoblauchzehen
250–300 g Mehl
4 EL Olivenöl
1 Prise Zucker
Salz, Pfeffer aus der Mühle
<u>Zubereitungszeit: 1¾ Std.</u>
Bei 6 Portionen pro Portion: 1600 kJ / 380 kcal

1 300 g Kartoffeln waschen, in Salzwasser garen. Noch heiß pellen, durch die Kartoffelpresse auf ein Backbrett drücken. 250 g Mehl und ⅛ l Milch untermischen, eine Mulde in die Mitte drücken.

2 20 g Hefe mit 1 Prise Zucker und 2 EL lauwarmer Milch verrühren und auflösen. In die Teigmulde geben, mit Mehl bestäuben. Mit einem Tuch bedecken und an einem warmen Ort 30 Min. gehen lassen. Danach mit ½ TL Salz (und eventuell weiterem Mehl und Milch) zu einem glatten Teig kneten, nochmals 30 Min. gehen lassen.

3 Währenddessen die Tomaten kurz überbrühen, enthäuten und entkernen, das Fruchtfleisch kleinhacken. 1 Zwiebel und 2 Knoblauchzehen fein hacken. In einem Topf 2 EL Olivenöl erhitzen. Zwiebel und Knoblauch andünsten, Tomaten einrühren, salzen und pfeffern. Bei milder Hitze zu einer sämigen Sauce köcheln.

4 Backofen auf 200° vorheizen. Ein Backblech mit 2 EL Öl bestreichen, dünn mit Mehl

Supplì alla romana
Gefüllte Reiskroketten (Latium)

bestäuben. Teig mit den Händen auf dem Blech flachdrücken. Die Tomatensauce gleichmäßig aufstreichen. Schafkäse in Würfel schneiden und darauf verteilen. Frisch aus der Mühle pfeffern, im vorgeheizten Backofen (Gas: Stufe 3) 30 Min. backen.

• Zusätzlich nötige Mehl- und Milchmengen hängen bei diesem Rezept hauptsächlich von der Qualität der Kartoffeln ab. Kneten Sie immer nur kleine Portionen unter den Teig, bis er die richtige Konsistenz erreicht hat: Er sollte schön glatt und samtig sein und nicht mehr an den Fingern kleben.

• Weinempfehlung: frischer Weißwein, zum Beispiel Vermentino di Gallura.

Zutaten für 30 Stück:

200 g Rinderhackfleisch
50 g roher Schinken
50 g frisch geriebener
   Parmesan
150 g Mozzarella (oder
   Provatura-Käse)
20 g getrocknete Pilze
2 Eier
4 EL Butter
400 g Avorio- oder Vialone-Reis
½ l Rinderbrühe oder -fond
400 g Tomatenfruchtfleisch
   (aus Dose oder Packung)
2 EL Tomatenmark
1 Zwiebel
100 g Semmelbrösel
Öl oder Butterschmalz zum
   Fritieren
Salz, Pfeffer aus der Mühle

Zubereitungszeit: 1 ½ Std.
   (+ 2 Std. Pilze einweichen)
Pro Stück: 560 kJ / 130 kcal

1 Füllung: 20 g getrocknete Pilze in ⅛ l Wasser 2 Std. lang einweichen.

2 In einem Topf ½ l Rinderbrühe mit 400 g Tomatenfruchtfleisch und 3 EL Butter mischen, aufkochen. 400 g Reis einstreuen, bei milder Hitze ausquellen lassen und dabei öfter umrühren, damit der Reis nicht ansetzt. Reis in eine Schüssel umfüllen, nach und nach mit 2 Eiern und 50 g geriebenem Parmesan vermischen. Abkühlen lassen.

3 Füllung: 1 Zwiebel und Schinken in kleine Würfel schneiden. In einer Pfanne 1 EL Butter zerlassen. Zwiebel, Schinken und Hackfleisch unter Rühren anbraten. Pilze abtropfen lassen, kleinhacken und mitbraten. 2 EL Tomatenmark mit dem Pilzsud glattrühren und untermischen. Bei milder Hitze einköcheln lassen.

4 Mozzarella oder Provatura in winzige Würfelchen schneiden. Fertige Sauce mit Salz und Pfeffer abschmecken.

Mit einem Löffel von der Reismischung eigroße Portionen abnehmen und in der Hand flachdrücken. 1 TL Sauce und einige Käsewürfelchen in die Mitte geben, den Reis um die Füllung herum zur Kugel formen. Rundum in Semmelbröseln wälzen und auf einen Teller legen. Auf diese Weise etwa 30 Reiskugeln formen.

5 In einem Topf reichlich Öl oder Butterschmalz erhitzen. Die Reiskugeln portionsweise hineingeben und goldbraun fritieren. Auf Küchenkrepp abtropfen lassen, sofort servieren. Als Beilage eventuell übriggebliebene Fleischsauce oder eine würzige Tomatensauce servieren.

• Vorspeise für 10–12 Personen, mit großem Salat ein Hauptgericht für 6 Personen.

Latium und Sardinien

Spaghetti alla carbonara
Spaghetti mit Speck und Eiern (Latium)

Zutaten für 4–6 Portionen:
100 g durchwachsener Speck
100 g frisch geriebener Parmesan (oder 50 g Parmesan + 50 g Pecorino)
3 EL Sahne
3 Eier
400 g Spaghetti
2 EL Öl
2 Knoblauchzehen
Salz, Pfeffer aus der Mühle

Zubereitungszeit: 25 Min.
Bei 6 Portionen pro Portion:
2200 kJ / 530 kcal

1 Speck in kleine Würfel schneiden. In einer großen Pfanne mit 2 EL Öl langsam bei milder Hitze ausbraten.

2 In einem großen Topf 4 l Salzwasser aufkochen. 400 g Spaghetti hineingeben, in 8–10 Min. bißfest garen.

3 3 Eier mit 3 EL Sahne, Salz und Pfeffer kräftig mit dem Schneebesen zu einer schaumig–cremigen Masse verquirlen. 50 g geriebenen Käse unterrühren.

4 Knusprig gebratene Speckwürfel aus der Pfanne nehmen, warmhalten. 2 Knoblauchzehen fein hacken, im Speckfett sanft andünsten.

5 Spaghetti abgießen, gut abtropfen lassen und sofort in die Pfanne geben. Gründlich im Speckfett wenden, dann die Pfanne vom Herd nehmen. Eiermasse hineingießen und schnell unter die Nudeln mischen, ohne daß die Eier zu stocken beginnen. Die Sauce soll schön cremig bleiben.

6 Die knusprigen Speckwürfel aufstreuen, mit reichlich frisch gemahlenem Pfeffer würzen. Übrige 50 g geriebenen Käse extra dazu servieren.

Bucatini all'amatriciana
Nudeln mit scharfer Specksauce (Latium)

Zutaten für 4–6 Portionen:
150 g geräucherte Schweinebacke (oder durchwachsener geräucherter Speck)
250 g Tomaten
50 g frisch geriebener Pecorino (oder Parmesan)
400 g Bucatini (dicke Spaghettisorte)
1 Zwiebel
2 EL Öl
1/2 Peperoncino (oder Chilischote), ersatzweise Cayennepfeffer
Salz, Pfeffer aus der Mühle

Zubereitungszeit: 20 Min.
Bei 6 Portionen pro Portion:
1900 kJ / 460 kcal

1 Schweinebacke oder Speck in 1 cm große Würfel schneiden. In einer Pfanne mit 2 EL Öl bei milder Hitze rundum anbraten. 1 Zwiebel hacken, untermischen und glasig dünsten.

2 Inzwischen in einem Topf 4 l Salzwasser aufkochen. 400 g Bucatini hineingeben und in etwa 10 Min. bißfest garen.

3 Tomaten überbrühen, enthäuten und entkernen, in kleine Würfel schneiden. In die Pfanne einrühren und erhitzen. Mit Salz und fein gehacktem Peperoncino (oder Cayennepfeffer) pikant würzen.

4 Bucatini abgießen und gut abtropfen lassen. In die Pfanne geben und gründlich mit der Sauce mischen. Hälfte vom geriebenen Käse unterheben, nochmals mit Salz und Pfeffer kräftig abschmecken. Nudeln in eine vorgewärmte Schüssel umfüllen. Restlichen Käse extra dazu servieren.

• Im Grenzgebiet zwischen Latium und Abruzzen liegt der Ort Amatrice, der diesem feurig-deftigen Gericht seinen Namen gegeben hat.

Fettuccine alla romana
Bandnudeln mit Hühnerlebersauce (Latium)

Zutaten für 4–6 Portionen:
Für die Grundsauce:
250 g Hühnerklein
50 g durchwachsener Speck
1 Möhre
1 Zwiebel
¼ l trockener Weißwein
1 Knoblauchzehe
2 Gewürznelken
1 Lorbeerblatt
2 EL Olivenöl
2 EL Tomatenmark
Salz, Pfeffer aus der Mühle

Sonstige Zutaten:
250 g Hühnerleber
50 g milder roher Schinken
2 Frühlingszwiebeln
2 kleine Fleischtomaten
20 g getrocknete Pilze (zum Beispiel Steinpilze)
50 g frisch geriebener Parmesan oder Pecorino
400 g grüne Fettuccine (8 Nudelnester aus schmalen grünen Bandnudeln)
2 EL Butter
Salz, Pfeffer aus der Mühle

Zubereitungszeit: 1 Std.
Bei 6 Portionen pro Portion: 2400 kJ / 570 kcal

1 Als erstes 20 g getrocknete Pilze in Wasser einweichen, danach die Grundsauce zubereiten: Speck in feine Würfel schneiden, mit 2 EL Olivenöl in einem breiten Topf auslassen. Hühnerklein ins heiße Speckfett geben, rundum anbraten.

2 1 Möhre und 1 Zwiebel fein würfeln, dazugeben und kurz anschmoren. 1 Knoblauchzehe durch die Presse dazudrücken, mit Salz und Pfeffer würzen. 2 Gewürznelken und 1 Lorbeerblatt hineingeben, ¼ l Wein angießen. Mindestens 30 Min. köcheln lassen. Durch ein feines Sieb passieren, die Sauce in den Topf zurückgeben und 2 EL Tomatenmark unterrühren.

3 2 Frühlingszwiebeln putzen, waschen und fein hacken. 2 Tomaten kurz überbrühen, enthäuten und entkernen. Fruchtfleisch in kleine Würfel schneiden. 50 g rohen Schinken in feine Streifen schneiden.

4 In einer Pfanne 1 EL Butter zerlassen. Frühlingszwiebeln und Schinken bei milder Hitze anbraten. Pilze abtropfen lassen, kleinschneiden und mit dem Sud in die Pfanne geben. Die vorbereitete Sauce angießen, 10 Min. kräftig köcheln lassen. Tomatenwürfel unterrühren, mit Salz und Pfeffer würzen.

5 Inzwischen in einem großen Topf 4 l Salzwasser aufkochen. Die 8 Fettuccine-Nester hineinlegen, in knapp 10 Min. bißfest garen.

6 Hühnerleber in kleine Würfel schneiden. In einer Pfanne 1 EL Butter zerlassen, Leberstückchen darin unter Rühren 3 Min. braten. Salzen und pfeffern, unter die Tomatensauce mischen.

7 Fettuccine abgießen und gut abtropfen lassen. Auf vorgewärmte Teller verteilen, mit der Sauce begießen und geriebenen Käse dazu reichen.

• Fettuccine können Sie natürlich auch frisch zubereiten: nach dem Rezept auf Seite 139 einen Teig herstellen. Lange, schmale Bandnudeln ausschneiden. Kurz antrocknen lassen.

Latium und Sardinien

Penne all'arrabbiata
Nudeln mit Chili-Sauce (Latium)

Zutaten für 4–6 Portionen:
100 g durchwachsener Speck
500 g reife Tomaten
1 Bund glatte Petersilie
2 kleine rote Chilischoten
50 g frisch geriebener Pecorino (oder Parmesan)
400 g Penne (schräg abgeschnittene Nudelröhrchen)
1 Zwiebel
2 Knoblauchzehen
2 EL Butter
Salz, Pfeffer aus der Mühle

Zubereitungszeit: 45 Min.
Bei 6 Portionen pro Portion:
1900 kJ / 450 kcal

1 Speck in feine Streifen schneiden. Tomaten überbrühen, enthäuten und entkernen, das Fruchtfleisch kleinschneiden und durch ein Sieb streichen. 1 Zwiebel hacken, 2 Knoblauchzehen in Scheiben schneiden.

2 In einem Topf 4 l Salzwasser aufkochen. 400 g Penne darin 5 Min. vorgaren.

3 Inzwischen in einer großen Pfanne 2 EL Butter zerlassen, Speck und Zwiebel hineingeben und bei sanfter Hitze unter Rühren anbraten. Knoblauch, passierte Tomaten und 2 Chilischoten einrühren, mit Salz und Pfeffer würzen. Bei milder Hitze köcheln.

4 Nudeln abgießen, abtropfen lassen und unter die Sauce mischen. Einige EL vom heißen Nudelwasser zurückbehalten, bei Bedarf die Sauce damit verdünnen. Sanft weiterköcheln, bis die Nudeln bißfest gegart sind.

5 Petersilie fein hacken, untermischen. Die Chilischoten entfernen, Sauce nochmals mit Salz und Pfeffer abschmecken. Mit 50 g frisch geriebenem Käse servieren.

Culingionis
Nudeltaschen mit Schafkäse (Sardinien)

Zutaten für 4–6 Portionen:
Für den Teig:
200 g Mehl + Mehl zum Ausrollen
200 g Hartweizengrieß
3 Eier
Salz

Für die Füllung:
300 g Blattspinat
200 g frischer, weicher Schafkäse (oder 100 g reiferer Schafkäse + 100 g Frischkäse)
2 EL Butter
Muskatnuß
Salz, Pfeffer aus der Mühle

Sonstige Zutaten:
500 g vollreife Tomaten
2 EL Olivenöl
50 g frisch geriebener Pecorino (oder Parmesan)
Salz, Pfeffer aus der Mühle

Zubereitungszeit: 80 Min.
Bei 6 Portionen pro Portion:
2300 kJ / 550 kcal

1 Aus 200 g Mehl, 200 g Hartweizengrieß, 3 Eiern und 1 Prise Salz einen glatten Nudelteig kneten (Bei Bedarf etwas Wasser unterkneten). Zur Kugel formen, mit einem feuchten Tuch bedecken und 30 Min. ruhen lassen.

2 Für die Füllung den Blattspinat putzen und waschen. Tropfnaß in einen heißen Topf geben, zusammenfallen lassen. Etwas abkühlen lassen, fest auspressen und fein hacken. Mit 2 EL Butter in einer Pfanne kurz andünsten, mit Salz, Pfeffer und frisch geriebener Muskatnuß würzen.

3 Frischen Schafkäse fein zerkrümeln (reiferen Schafkäse mit 100 g Frischkäse glattrühren), in einer Schüssel gründlich mit dem Spinat mischen. Abschmecken.

Malloreddus
Safrannocken (Sardinien)

4 Tomaten kurz überbrühen, enthäuten und kleinhacken. Mit 2 EL Olivenöl in einem Topf erhitzen, bei milder Hitze einköcheln, salzen und pfeffern.

5 Nudelteig halbieren, auf bemehlter Fläche so dünn wie möglich ausrollen. Auf eine der Teigplatten im Abstand von 4 cm je 1 TL Füllung setzen. Zweite Teigplatte vorsichtig darüber legen. Mit einem Teigrädchen Ravioli ausschneiden. Kurz antrocknen lassen.

6 Inzwischen in einem großen Topf 4 l Salzwasser aufkochen. Teigtäschchen portionsweise hineingeben, nach dem Aufwallen 7 Min. ziehen lassen. Herausheben, gut abtropfen lassen. Tomatensauce untermischen, mit 50 g geriebenem Käse bestreuen.

• Ein ähnliches Rezept, Ravioli mit Ricottafüllung, wird in Latium zubereitet.

Zutaten für 4–6 Portionen:

Für den Teig: (Nocken am Vortag zubereiten):
300 g Hartweizengrieß
100 Mehl + Mehl zum Ausrollen und Bestäuben
1 Döschen Safranfäden
Salz

Sonstige Zutaten:
150 g geräucherte Knoblauchwurst
400 g reife Tomaten
1 Bund Basilikum
50 g frisch geriebener Pecorino (oder Parmesan)
1 Zwiebel
3 Knoblauchzehen
3 EL Olivenöl
Salz, Pfeffer aus der Mühle

Zubereitungszeit: 2 Std. (+ 30 Min. Ruhezeit + 24 Std. Trocknen)
Bei 6 Portionen pro Portion: 1800 kJ / 430 kcal

1 Teig: Safranfäden in 1/8 l lauwarmem Wasser auflösen. 300 g Hartweizengrieß mit 100 g Mehl mischen. 1 Prise Salz, Safran und soviel zusätzliches (etwa 3–4 EL) Wasser unterkneten, daß ein glatter Nudelteig entsteht. Mit einem feuchten Tuch bedecken und 30 Min. ruhen lassen.

2 Kleine Portionen vom Teig abnehmen, auf bemehlter Fläche zu 1/2 cm dicken Rollen drehen. 1 cm lange Stückchen abschneiden, leicht in Mehl wenden. Jedes Stückchen mit dem Daumen flachdrücken und auf ein grobmaschiges Sieb drücken. Die Längsseiten nach innen eindrehen, bis sie sich knapp berühren. Nocken auf ein bemehltes Tuch legen, abdecken und mindestens 24 Std. trocknen lassen.

3 Für die Sauce Tomaten überbrühen, enthäuten und entkernen, in kleine Würfel schneiden. Knoblauchwurst und 3 Knoblauchzehen in Scheibchen schneiden, 1 Zwiebel grob würfeln.

4 In einem Topf 3 EL Olivenöl erhitzen. Zwiebel, Knoblauchwurst und Knoblauch sanft anbraten. Tomatenwürfel einrühren, salzen und pfeffern, bei sanfter Hitze köcheln.

5 Inzwischen in einem großen Topf 4 l Salzwasser aufkochen. Safrannocken hineingeben, in 13–15 Min. bißfest garen. Abgießen und gut abtropfen lassen. Auf vorgewärmte Teller verteilen, mit der Sauce begießen. 50 g geriebenen Käse darüber streuen, pfeffern und mit frischem Basilikum garnieren.

Latium und Sardinien

Minestra di broccoli
Broccolisuppe (Latium)

Zutaten für 4–6 Portionen:

100 g durchwachsener Speck
500 g Broccoli
1 große Fleischtomate
1 Bund glatte Petersilie
50 g frisch geriebener Parmesan
1 ½ l Fleischbrühe
150 g Spaghetti
2 Knoblauchzehen
1–2 TL Zitronensaft
1 EL Schweineschmalz
Salz, Pfeffer aus der Mühle

Zubereitungszeit: 30 Min.
Bei 6 Portionen pro Portion:
1200 kJ / 290 kcal

1 Broccoli putzen, in Röschen zerlegen, waschen und abtropfen lassen. Stiele in Scheibchen schneiden. Speck in feine Streifen schneiden. Fleischtomate kurz überbrühen, enthäuten und entkernen. Das Fruchtfleisch grob zerkleinern. 2 Knoblauchzehen in dünne Scheibchen schneiden.

2 In einem Topf 1 ½ l Fleischbrühe aufkochen. In einem größeren Topf die Speckstreifen mit 1 EL Schmalz sachte erhitzen und anbraten. Knoblauch kurz andünsten. Broccoliröschen und Stiele einrühren und 2 Min. mitdünsten. Tomate dazugeben, mit Salz und Pfeffer würzen.

3 Kochendheiße Brühe angießen, aufwallen lassen. 150 g Spaghetti in 3 cm lange Stücke brechen, in die Suppe streuen und mitgaren. Sobald Nudeln und Broccoli bißfest gegart sind, die Suppe würzig mit Salz, Pfeffer und 1–2 TL Zitronensaft abschmecken. Petersilie sehr fein hacken, einstreuen. Mit 50 g frisch geriebenem Parmesan servieren.

Stracciatella alla romana
Eierflöckchensuppe (Latium)

Zutaten für 4 Portionen:

1 l kräftige Fleischbrühe (am besten hausgemachte, gut abgekühlt)
4 Eier
4 EL frisch geriebener Parmesan
Muskatnuß
Salz, Pfeffer aus der Mühle

Zubereitungszeit: 15 Min.
Pro Portion: 890 kJ / 210 kcal

1 In einer Schüssel 4 Eier mit einem Schneebesen sehr schaumig schlagen. 4 EL frisch geriebenen Parmesan, ⅛ l kalte Fleischbrühe, etwas frisch geriebene Muskatnuß und 1 Prise Salz kräftig unterrühren.

2 Übrige Fleischbrühe in einem Topf aufkochen. Kurz vom Herd nehmen, nach und nach unter ständigem Rühren die Eiermasse einlaufen lassen. Topf zurück auf den Herd stellen, nochmals 5 Min. bei milder Hitze köcheln, dabei kräftig mit dem Schneebesen rühren, bis kleine Eierflöckchen entstehen.

3 Sofort in vorgewärmte Suppentassen füllen und unverzüglich servieren, solange die Eierflöckchen schön saftig sind.

• Dazu schmecken knusprig geröstete Brotscheiben.

• Klassisches Rezept, das blitzschnell und leicht gelingt. In Rom werden Sie diese Suppe in jedem Lokal löffeln können.

Minestrone di ceci
Kichererbsensuppe (Sardinien)

Favata
Bohneneintopf mit Fenchel (Sardinien)

Zutaten für 4–6 Portionen:

50 g durchwachsener Speck
4 Stangen Staudensellerie
2 Möhren
1 Bund glatte Petersilie
300 g getrocknete Kichererbsen (am Vortag einweichen)
1 l Fleischbrühe
1 Zwiebel
2 Knoblauchzehen
2 EL Tomatenmark
3 EL Olivenöl
8 kleine Weißbrotscheiben
Salz, Pfeffer aus der Mühle

Zubereitungszeit: 2 ¼ Std.
(+ 12 Std. Einweichen)
Bei 6 Portionen pro Portion:
1500 kJ / 360 kcal

1 300 g Kichererbsen über Nacht in ¾ l Wasser einweichen. Am nächsten Tag 1 l Fleischbrühe angießen und erhitzen, Kichererbsen etwa 2 Std. köcheln lassen.

2 Nach 1 ½ Std. übrige Zutaten vorbereiten: Speck, 4 Selleriestangen und 2 Möhren in feine Streifen schneiden. 1 Zwiebel und 2 Knoblauchzehen hacken.

3 In einer Pfanne Speckstreifen mit 3 EL Olivenöl erhitzen und sanft anbraten. Zwiebel, Knoblauch, Möhren und Sellerie einrühren, bei milder Hitze 5 Min. braten. 2 EL Tomatenmark mit einigen EL Kichererbsenbrühe glattrühren und untermischen.

4 Sobald die Kichererbsen gar sind, Pfanneninhalt in den Topf geben und alles gründlich mischen, kräftig mit Salz und Pfeffer abschmecken. Mit Petersilienblättchen garnieren. 8 Brotscheiben toasten, zur Suppe servieren.

• Wenn's schnell gehen soll: Kichererbsen aus der Dose nehmen.

Zutaten für 4–6 Portionen:

4 rohe Bratwürste (etwa 400 g)
1 Scheibe durchwachsener Speck mit Schwarte (100 g)
50 g frisch geriebener Pecorino (oder Parmesan)
½ Wirsing (400 g)
2 Fenchelknollen (400 g)
1 Bund glatte Petersilie
300 g getrocknete Bohnen (am Vortag einweichen)
1 große Zwiebel
2 Knoblauchzehen
¾ l heiße Fleischbrühe
4 EL Öl
Salz, Pfeffer aus der Mühle

Zubereitungszeit: 2 ¼ Std.
(+ 24 Std. Einweichen)
Bei 6 Portionen pro Portion:
2400 kJ / 570 kcal

1 300 g Bohnen am Vortag in 1 l Wasser einweichen. Im Einweichwasser aufsetzen, 1 Std. köcheln lassen. Bohnen abgießen, die Brühe auffangen und warmhalten.

2 Bratwürste mit einer Gabel einstechen. 1 Zwiebel in Streifen schneiden. In einem Topf 4 EL Öl erhitzen, Bratwürste und Zwiebel sanft anbraten. 2 Knoblauchzehen durch die Presse dazudrücken. Speck und abgetropfte Bohnen hineingeben. Heiße Bohnenbrühe angießen. Bei milder Hitze 30 Min. köcheln.

3 Wirsingblätter in feine Streifen schneiden. Fenchelknollen halbieren, Stiele abschneiden, Fenchelherzen in schmale Streifen schneiden.

4 ¾ l heiße Fleischbrühe, Wirsing und Fenchel in den Topf geben. Weitere 30 Min. sanft köcheln. Mit Salz und Pfeffer abschmecken. Petersilie hacken, einrühren. Bohnensuppe mit 50 g frisch geriebenem Käse bestreut servieren.

Latium und Sardinien

Calamari ripieni
Gefüllte Tintenfische (Sardinien)

Zutaten für 4 Portionen:

1,2 kg frische, mittelgroße
 Tintenfische (Kalmare)
2 unbehandelte Zitronen
2 TL frischer Rosmarin (oder
 1 TL getrockneter)
1 Bund glatte Petersilie
1 Ei
3–4 eingelegte Sardellenfilets
2 Knoblauchzehen
3 EL Semmelbrösel
Salz, Pfeffer aus der Mühle
Olivenöl zum Bestreichen

Zubereitungszeit: 1 ¾ Std.
Pro Portion: 1600 kJ / 380 kcal

Natürlich können Sie für dieses Rezept ebenso tiefgekühlten Tintenfisch nehmen, der oft geputzt und küchenfertig verpackt angeboten wird.

Achten Sie beim Einkauf darauf, um welche Sorte von Tintenfisch es sich handelt – nicht alle sind so gut zum Füllen geeignet wie die Gattung der Kalmare, die Tintenfische mit schlankem, langgestrecktem Körper. Der Oktopus (Krake) zum Beispiel hat besonders stark ausgeprägte Fangarme, einen kleinen gedrungenen Körper und benötigt eine weitaus längere Garzeit. Sepia, der gemeine Tintenfisch, ist der zierlichste Vertreter und kann nur einen entsprechend winzigen Beutel vorweisen.

Als Füllung für die Kalmare schmeckt auch Fischfilet sehr gut – fein püriert und gewürzt mit Zitronensaft, Kräutern und Knoblauch. Oder aber eine Mischung aus in Olivenöl angerösteten Weißbrotbröseln, gehackten Sardellenfilets und reichlich Petersilie.

• Weinempfehlung: ein trockener Weißwein, zum Beispiel Vernaccia di Oristano.

1 Ungeputzte Tintenfische unter fließendem Wasser gründlich waschen. Danach die dünne Haut vom beutelartigen Tintenfischkörper abziehen – der Fisch soll von außen schön weiß aussehen.

2 Nun das Innere mit den Fangarmen aus dem Körper herausziehen. Mit einem scharfen Messer Innereien und den Kopf abtrennen und wegwerfen, Fangarme für die Füllung verwenden.

3 Beutel umstülpen und auch die Innenseite gründlich waschen, eventuell die Haut abziehen. Alles mit Küchenkrepp abtrocknen. Körperbeutel wieder wenden, innen mit dem Saft von ½ Zitrone beträufeln und beiseite legen.

4 Für die Füllung Fangarme und eventuell einen Teil der Beutel (insgesamt etwa 200 g Tintenfisch) mit einem scharfen Messer zerkleinern und in eine Schüssel geben. 1 TL Rosmarin und die Petersilie fein hacken, untermischen.

5 3–4 eingelegte Sardellenfilets kurz abspülen und mit Küchenkrepp abtrocknen. Ebenfalls fein hacken, in die Schüssel geben. 2 Knoblauchzehen dazupressen. 3 EL Semmelbrösel, abgeriebene Schale von ½ Zitrone und 1 Ei zugeben.

6 Alles gründlich mischen, mit Salz und Pfeffer würzen (mit Salz vorsichtig umgehen, da die eingelegten Sardellenfilets recht würzig sein können). Backofen auf 200° vorheizen (oder Grill benutzen!). Die vorbereiteten Tintenfischbeutel mit der Mischung füllen.

7 Öffnung der gefüllten Tintenfischbeutel mit weißem Küchenzwirn fest zunähen. Tintenfische nebeneinander in eine feuerfeste, gefettete Form oder auf ein Grillgitter legen. Rundum mit reichlich Olivenöl bestreichen, salzen, pfeffern und mit etwas Rosmarin bestreuen. In den vorgeheizten Backofen (Gas: Stufe 3) oder unter den heißen Grill schieben. Etwa 40 Min. backen (Grill: 20 Min.), dabei mindestens einmal wenden. Sehr heiß servieren, eventuell mit Kräutern und Zitronenachteln garnieren.

Latium und Sardinien

Tonno con i piselli
Thunfisch mit Erbsen (Latium)

Zutaten für 4 Portionen:
4 Scheiben Thunfisch (600 g)
1 kg frische, zarte Erbsen (oder 600 g tiefgekühlte)
1 Bund glatte Petersilie
½ Bund Basilikum
1 mittelgroße Zwiebel
2 EL Tomatenmark
¼ l trockener Weißwein
3 EL Butter
Salz, Pfeffer aus der Mühle

Zubereitungszeit: 70 Min.
Pro Portion: 2500 J / 600 kcal

1 Frische Erbsen auspalen. 1 Zwiebel in feine Würfel schneiden. ½ Bund Petersilie fein hacken. In einem breiten Topf 3 EL Butter zerlassen. Zwiebel und gehackte Petersilie andünsten.

2 Erbsen einrühren, mit Salz und Pfeffer würzen. ¼ l Weißwein angießen, den Topf zudecken und die Erbsen etwa 15 Min. bei milder Hitze vorgaren. Danach 2 EL Tomatenmark unterrühren.

3 Thunfischscheiben kurz unter fließendem Wasser abspülen, mit Küchenkrepp abtrocknen. Von beiden Seiten mit wenig Salz bestreuen, auf die Erbsen legen. Topfdeckel wieder fest schließen, den Fisch 10 Min. mitgaren. Thunfischscheiben wenden, in etwa 5 Min. fertiggaren. Mit Salz und grobem Pfeffer aus der Mühle abschmecken, mit kleinen Petersilienblättchen und Basilikum garnieren.

• Ähnliche Zubereitung auch mit Haifischschnitten beliebt. Variante: Fisch dünn mit Mehl bestäuben, in Olivenöl ganz kurz anbraten und erst danach auf die Erbsen legen.

Sarde arrosto
Gegrillte Sardinen mit Fenchel (Sardinien)

Zutaten für 4 Portionen:
8 kleine, frische Sardinen
3 Fenchelknollen
1 Zitrone (Saft)
⅛ l trockener Weißwein
1 EL Fenchelsamen
3 Knoblauchzehen
50 ml Olivenöl
Salz, Pfeffer aus der Mühle

Zubereitungszeit: 35 Min.
(+ 2 Std. Marinieren)
Pro Portion: 1700 kJ / 410 kcal

1 Sardinen ausnehmen, gründlich waschen und mit Küchenkrepp abtrocknen. Innen und außen mit Salz bestreuen, in eine flache Schüssel legen. 3 Knoblauchzehen fein hacken, mit 50 ml Olivenöl verquirlen, 1 EL Fenchelsamen einrühren. Über die Fische träufeln. ⅛ l Wein angießen, zugedeckt im Kühlschrank mindestens 2 Std. durchziehen lassen.

2 In einem Topf etwa 1 l Salzwasser aufkochen. Fenchelknollen putzen, 5 Min. im kochenden Wasser blanchieren. Kalt abschrecken und gut abtropfen lassen. Quer in 2 cm dicke Scheiben schneiden. Von beiden Seiten salzen und pfeffern.

3 Fische aus der Marinade nehmen, abtropfen lassen und etwas abtrocknen. Sud auffangen. Sardinen mit den Fenchelscheiben auf einen Grillrost legen, mit einem Teil der Marinade einstreichen.

4 Überm Holzkohlengrill langsam 10–15 Min. garen (oder statt dessen 10 Min. in der Grillpfanne braten). Fische und Gemüse ab und zu mit Marinade bestreichen, 1–2mal wenden. Vorm Servieren mit Zitronensaft beträufeln, mit Salz und Pfeffer würzen.

Sarde ripiene
Gefüllte Sardinen (Sardinien)

Zutaten für 4–6 Portionen:

16 kleine frische Sardinen
 (etwa 1 kg)
2 Zitronen
1 Bund glatte Petersilie
100 g frischer Schafkäse
50 g frisch geriebener Pecorino
 (oder Parmesan)
8 eingelegte Sardellenfilets
2 große Dosen geschälte
 Tomaten (je 800 g)
3 Knoblauchzehen
8 EL Semmelbrösel
1/8 l Olivenöl
3 EL Mehl
Salz, Pfeffer aus der Mühle

Zubereitungszeit: 1 Std.
Bei 6 Portionen pro Portion:
 2600 kJ / 620 kcal

1 Frische Sardinen ausnehmen, Köpfe abschneiden und die Rückengräte mitsamt dem Schwanz entfernen. Die Fische unter fließendem Wasser gründlich waschen, mit Küchenkrepp abtrocknen. Innen leicht salzen und mit dem Saft von 1/2 Zitrone beträufeln.

2 Schafkäse in kleine Würfelchen schneiden. 8 eingelegte Sardellenfilets abspülen und abtrocknen, halbieren. 1/2 Bund Petersilie fein hacken. Sardinen mit Käsewürfelchen, etwas Petersilie und je 1/2 Sardellenfilet füllen.

3 Tomaten aus der Dose abtropfen lassen, grob zerkleinern. Saft für etwas anderes verwenden (zum Beispiel für eine Suppe). Tomaten in einer flachen, feuerfesten Form verteilen, salzen und pfeffern. Backofen auf 225° vorheizen.

4 Fische rundum dünn mit insgesamt 3 EL Mehl bestäuben. In einer Pfanne 5 EL Olivenöl erhitzen. Die gefüllten Sardinen darin von jeder Seite 2 Min. anbraten. Nebeneinander auf das Tomatenfruchtfleisch legen.

5 Restliche Petersilie und 3 Knoblauchzehen fein hacken, mit 50 g geriebenem Käse und 8 EL Semmelbröseln mischen. Über die gefüllten Sardinen streuen, alles mit restlichem Olivenöl beträufeln und im vorgeheizten Backofen (Gas: Stufe 4) 10 Min. überbacken. Mit Zitronenschnitzen servieren.

• Variante ohne Tomaten: Sardinen mit Salz und Pfeffer würzen, dünn mit Mehl bestäuben, durch verquirltes Ei ziehen und in der Semmelbrösel-Käse-Mischung wenden. In Olivenöl braten oder auf einem gefetteten Backblech in den Ofen schieben, mit Öl und Weißwein beträufeln.

• Weinempfehlung: ein junger Weißwein, zum Beispiel Nuragus di Cagliari.

Latium und Sardinien

Coda alla vaccinara
Ochsenschwanzragout (Latium)

Zutaten für 6 Portionen:
1,5 kg Ochsenschwanz
100 g durchwachsener Speck
2 EL Schmalz
2 Möhren
4–5 Stangen Staudensellerie
2 Bund glatte Petersilie
¼ l trockener Weißwein
3 EL Tomatenmark
1 große Zwiebel
2 Knoblauchzehen
scharfes Paprikapulver
1 Prise Zimt
Salz, Pfeffer aus der Mühle

Zubereitungszeit: 3 Std.
Pro Portion: 2700 kJ / 640 kcal

Das Original dieses alten römischen Leibgerichts, das auch heute noch populär ist, fällt durch extravagante Würze aus dem Rahmen: Da schmoren Rosinen und Pinienkerne, bittere Schokolade und würzige Kräuter zusammen in der Sauce und verbinden sich mit dem reichlich verwendeten Staudensellerie zu einem recht eigenwilligen Aroma.

Geblieben ist bei unserer etwas modernisierten Fassung der Schwerpunkt Staudensellerie – und die Einsicht, daß geduldiges Schmoren (eher 1 Stündchen mehr als weniger) wieder einmal das beste Rezept ist!

• Statt das Fleisch in Speck und Schmalz zu brutzeln, gibt es auch die Variante mit Olivenöl: Ochsenschwanz darin scharf anbraten, mit gehacktem Knoblauch und zerstoßener Peperoncinoschote würzen, dann Tomatenpüree und Weißwein untermischen.
Als Beilage bietet sich Weißbrot an – schon wegen der köstlichen Sauce!

• Weinempfehlung: ein trockener Weißwein, zum Beispiel Frascati secco.

1 Ochsenschwanz vom Metzger in kleine Stücke hacken lassen. Unter fließendem Wasser kurz abspülen. 1 ½ l Salzwasser aufkochen, Ochsenschwanzstücke hineingeben, 10 Min. köcheln lassen. Abgießen, abtropfen lassen und etwa ½ l vom Kochwasser aufbewahren.

2 Speck in feine Streifen schneiden. 1 Bund Petersilie und 2 Knoblauchzehen sehr fein hacken. 2 Möhren und 1 Zwiebel in winzige Würfel schneiden. Mit Knoblauch und Petersilie in einer kleinen Schüssel mischen.

3 In einem breiten Schmortopf 2 EL Schmalz erhitzen, Speckstreifen einrühren und langsam ausbraten. Ochsenschwanzstücke portionsweise in den Topf geben, rundum kräftig anbräunen.

4 Vorbereitete Gemüsemischung dazugeben und andünsten. 1/8 l Weißwein angießen, bei geöffnetem Topf zur Hälfte eindampfen lassen. Nochmals 1/8 l Wein angießen, mit Salz und Pfeffer würzen.

5 3 EL Tomatenmark mit 1/2 l aufbewahrtem Kochwasser (siehe Bild 1) glattrühren, über das Fleisch gießen. Topf schließen, etwa 2 1/2 Std. bei milder Hitze schmoren.

6 Nach 2 Std. Staudensellerie putzen und waschen. Zartes Grün beiseite legen. Stangen in feine Scheibchen schneiden, nach 2 1/4 Std. zum Fleisch geben und noch 15 Min. mitgaren.

7 Selleriegrün und 1 Bund Petersilie waschen, fein hacken. Sobald das Fleisch gar ist, die Sauce mit Salz, Pfeffer, Paprikapulver und 1 Prise Zimt abschmecken. Selleriegrün und Petersilie aufstreuen, das Ragout in einer vorgewärmten Schüssel servieren.

Latium und Sardinien

Abbacchio alla romana
Milchlamm mit Knoblauchsauce (Latium)

Zutaten für 6 Portionen:

1 kg zartes Lammfleisch aus der Schulter, frisch oder tiefgekühlt (falls erhältlich Milchlamm)
1 EL frischer Rosmarin (oder ½ EL getrockneter)
3 eingelegte Sardellenfilets
5 Knoblauchzehen
6 EL Olivenöl
3–4 EL Weißweinessig
Salz, Pfeffer aus der Mühle

Zubereitungszeit: 70 Min.
Pro Portion: 2100 kJ / 500 kcal

1 Als erstes die Sauce vorbereiten. Rosmarin fein hacken. 3 Sardellenfilets abspülen, mit Küchenkrepp abtrocknen und kleinschneiden. 3 Knoblauchzehen hacken. Alles in einen Mörser geben und zu einer Paste zerstoßen. Nach und nach 3–4 EL Weinessig untermischen, zu einer glatten Creme rühren.

2 2 Knoblauchzehen halbieren, Lammfleisch damit rundum kräftig einreiben. Danach das Fleisch in kleinere Stücke (etwa 50 g) schneiden, frisch aus der Mühle pfeffern.

3 In einer großen Pfanne 6 EL Olivenöl erhitzen. Lammstücke hineingeben und unter häufigem Wenden 5 Min. kräftig anbräunen. Hitze reduzieren, etwa 5 Min. sanft weiterbraten.

4 Sobald das Fleisch gar ist, die Knoblauchcreme gründlich einrühren. Kurz heiß werden lassen, mit frisch gemahlenem Pfeffer bestreuen, eventuell salzen, auf einer vorgewärmten Platte servieren.

• Milchlamm gibt's hauptsächlich zur Osterzeit! Nicht ganz so zartes Lammfleisch sollten Sie etwas länger in der Pfanne lassen.

Saltimbocca alla romana
Kalbsschnitzel mit Salbei (Latium)

Zutaten für 4 Portionen:

8 dünne Scheiben zarte Kalbsschnitzel (500 g)
8 Scheiben roher Schinken, hauchdünn geschnitten (am besten Parmaschinken)
8 schöne Salbeiblätter
3–4 EL Butter
⅛ l trockener Weißwein
Salz, Pfeffer aus der Mühle

Zubereitungszeit: 25 Min.
Pro Portion: 1700 kJ / 400 kcal

1 Kalbsschnitzel vorsichtig mit der glatten Seite des Fleischklopfers flachklopfen.

2 Auf jedes Schnitzel 1 Scheibe Schinken und 1 Salbeiblatt legen, mit Holzspießchen am Fleisch feststecken.

3 In einer Pfanne 2 EL Butter zerlassen. Schnitzelchen hineingeben und pro Seite 2–3 Min. braten. Fleisch nur zart salzen und pfeffern, herausnehmen und abgedeckt warmstellen.

4 Bratensatz mit ⅛ l Weißwein ablöschen, kräftig aufkochen. Mit einem Schneebesen 1–2 EL Butter in die Sauce einrühren. Abschmecken, die Schnitzelchen nochmals kurz in die Pfanne legen und heiß werden lassen. Auf vorgewärmte Teller verteilen, mit der Sauce beträufelt servieren.

• Spring in den Mund! Die direkte Übersetzung dieser appetitlichen Happen wird gerne wörtlich genommen.

• Eine köstliche Beilage dazu: Weißbrot und frische Erbsen.

• Weinempfehlung: ein vollmundiger Weißwein, zum Beispiel Est! Est!! Est!!! di Monte fiascone.

Vitello alla sarda

Kalbsbraten mit Kapernsauce (Sardinien)

Zutaten für 4 Portionen:

600 g Kalbsnuß
2 Möhren
3 Frühlingszwiebeln
1 Bund glatte Petersilie
½ unbehandelte Zitrone
⅛ l trockener Weißwein
⅛ l Fleischbrühe
2 EL Kapern
2 Knoblauchzehen
1–2 EL Mehl
5 EL Olivenöl
Salz, Pfeffer aus der Mühle

Zubereitungszeit: 1 ½ Std.
Pro Portion: 1400 kJ / 330 kcal

1 Kalbsnuß rundum zart pfeffern, dünn mit 1–2 EL Mehl bestäuben. 1 Möhre, die weißen Teile von 3 Frühlingszwiebeln (Grün aufbewahren), ½ Bund Petersilie und 2 Knoblauchzehen fein hacken.

2 In einem Schmortopf 5 EL Olivenöl erhitzen. Kalbfleisch hineingeben und rundum anbräunen. Gehacktes Gemüse, Petersilie und Knoblauch einrühren, kurz andünsten. Salzen und pfeffern, ⅛ l trockenen Weißwein und ⅛ l Fleischbrühe angießen. ½ Zitrone heiß waschen und abreiben, in dünne Scheiben schneiden und dazugeben.

3 Topf fest schließen, etwa 50 Min. schmoren. Nach etwa 40 Min. die zweite Möhre in feine Streifchen, das Grün der 3 Frühlingszwiebeln in feine Ringe schneiden.

4 Nach 50 Min. Kalbfleisch herausnehmen und die Zitronenscheiben entfernen. Die Sauce durch ein feines Sieb passieren, wieder in den Topf zurückgeben. Kalbsbraten hineinlegen, das fein geschnittene Gemüse und 2 EL Kapern in die Sauce rühren. Zugedeckt nochmals 10–15 Min. garen.

5 Restliche Petersilie fein hacken. Fertigen Kalbsbraten herausnehmen, in sehr dünne Scheiben schneiden und auf einer vorgewärmten Platte anrichten. Petersilie in die Sauce rühren, mit Salz und Pfeffer abschmecken und über die Fleischscheiben verteilen.

• Kapern – das sind zarte, graugrüne Knospen, die erst durchs Einsalzen und Marinieren ihren köstlich-pikanten Geschmack annehmen. Wenige Löffelchen davon reichen schon aus, um einer Sauce, einem Ragout, einer Füllung mehr Raffinesse zu geben, eine erfrischende Note zu setzen.
Qualitätsunterschiede lassen sich bei Kapern auf den ersten Blick feststellen: Die kleinsten sind auch die feinsten!

Latium und Sardinien

Pollo in padella
Geflügelragout mit Tomaten (Latium)

Zutaten für 4 Portionen:
1 Poularde (1,2 kg)
80 g durchwachsener Speck
1 kg reife Fleischtomaten
2 EL frischer Majoran (oder
 1 TL getrockneter)
¼ l trockener Weißwein
2 Knoblauchzehen
2 EL Schmalz
Salz, Pfeffer aus der Mühle

Zubereitungszeit: 70 Min.
Pro Portion: 2800 kJ / 670 kcal

1 Poularde in 10 Teile zerlegen, mit Salz und Pfeffer einreiben. Speck in feine Streifen schneiden. Fleischtomaten kurz mit kochendem Wasser überbrühen, enthäuten und entkernen. Fruchtfleisch grob zerteilen.

2 In einem breiten Schmortopf oder einer großen Pfanne 2 EL Schmalz erhitzen, Speckstreifen darin anbraten. Geflügelteile im heißen Fett rundum kräftig anbräunen. Mit der Hälfte vom Majoran bestreuen, Tomatenstücke einrühren. 2 Knoblauchzehen durch die Presse dazudrücken.

3 Bei milder Hitze etwa 40 Min. schmoren, dabei nach und nach ¼ l Wein angießen. Die Sauce für das Ragout soll relativ stark eingekocht sein.

4 Wenn sich das Fleisch von den Knochen lösen läßt, die Sauce nochmals mit Salz und frisch gemahlenem Pfeffer abschmecken. Mit frischem Majoran bestreut servieren.

• Falls Sie nur getrockneten Majoran bekommen, vorm Servieren frische Petersilie oder Schnittlauch aufstreuen!

Cinghiale in agrodolce
Wildschweinragout mit Pflaumen (Latium)

Zutaten für 4 Portionen:
750 g Wildschwein (aus der
 Keule)
100 g getrocknete, entsteinte
 Pflaumen
30 g Orangeat
30 g Rosinen
eventuell 2 EL Pinienkerne
1 TL frischer Rosmarin (oder
 ½ TL getrockneter)
1 große Zwiebel
5 EL Olivenöl
2 EL Butter
Salz, Pfeffer aus der Mühle

Für die Marinade:
½ l kräftiger Rotwein
⅛ l milder Rotweinessig
1 Zwiebel
1 Möhre
1 Stange Staudensellerie
1 Lorbeerblatt
1 TL getrockneter Thymian
½ TL Pfefferkörner
2 Gewürznelken
1 TL Zucker
¼ TL Salz

Zubereitungszeit: 2½ Std.
 (+ 12 Std. Marinieren)
Pro Portion: 2900 kJ / 690 kcal

1 Für die Marinade ½ l Rotwein mit ⅛ l Rotweinessig in einem Topf aufkochen. 1 Zwiebel, 1 Möhre und 1 Stange Staudensellerie putzen und grob zerteilen, mit allen angegebenen Gewürzen in den Topf geben. 5 Min. zugedeckt kräftig köcheln, dann abkühlen lassen.

2 Das Wildschweinfleisch in 2–3 cm große Würfel schneiden und in eine Schüssel geben. Mit der kalten Marinade begießen, zugedeckt über Nacht im Kühlschrank durchziehen lassen.

3 Fleischwürfel aus der Marinade nehmen, mit Küchenkrepp abtrocknen. Marinade durch ein feines Sieb gießen und bereitstellen.

Pernici con lenticchie
Rebhuhn mit Linsen (Sardinien)

Zutaten für 2 Portionen:

2 bratfertige Rebhühner
   (je etwa 220 g)
50 g durchwachsener Speck
1 EL Schmalz
200 g braune Linsen
1 Bund glatte Petersilie
1 Zwiebel
1 EL Tomatenpüree
Salz, Pfeffer aus der Mühle

Zubereitungszeit: 1 ¾ Std.
   (+ 12 Std. Einweichen)
Pro Portion: 3600 kJ / 860 kcal

1 200 g Linsen mit Wasser bedeckt über Nacht einweichen. Im Einweichwasser aufsetzen und 30 Min. vorgaren. Inzwischen Rebhühner von eventuell vorhandenen Federkielen befreien. Linsen abgießen, Kochwasser auffangen.

2 Speck in kleine Würfel schneiden. Mit 1 EL Schmalz in einen Topf geben, erhitzen und sanft anbraten.

3 Rebhühner salzen und pfeffern. Im heißen Speck-Schmalz-Gemisch rundum anbräunen. 1 Zwiebel hacken, einrühren und bei verringerter Hitze glasig dünsten.

4 Linsen dazugeben, etwa ¼ l Kochwasser angießen, 1 EL Tomatenpüree einrühren. Kräftig salzen und pfeffern, halb bedeckt etwa 50 Min. sanft schmoren. Die Flüssigkeit soll zum großen Teil verdampfen.

5 Petersilie grob hacken. Die Linsen abschmecken, Rebhühner eventuell zerteilen, mit Petersilie bestreut servieren.

• Weinempfehlung: ein würziger Rotwein, zum Beispiel Monica di Sardegna.

195

Latium und Sardinien

Piselli al prosciutto
Erbsen mit Schinken (Latium)

Zutaten für 6 Portionen:
1 kg frische, zarte Erbsen (ersatzweise 600 g tiefgekühlte)
100 g milder roher Schinken
1/8 l kräftige Fleischbrühe oder -fond
2 kleine Zwiebeln
2 EL Butter
dünne Weißbrotscheiben
1 Prise Zucker
Salz, Pfeffer aus der Mühle

Zubereitungszeit: 45 Min.
Pro Portion: 1400 kJ / 330 kcal

1 Erbsen auspalen. 2 kleine Zwiebeln in dünne Scheiben schneiden. Den fetten Teil vom rohen Schinken abtrennen und in Streifen schneiden. In einem kleinen Topf 1/8 l Fleischbrühe erhitzen und bereitstellen.

2 In einer Pfanne 1 1/2 EL Butter und den fetten Speck zerlassen. Zwiebelscheiben darin unter Rühren glasig dünsten. Erbsen einrühren, mit 1 Prise Zucker, Salz und Pfeffer würzen. 1/8 l heiße Fleischbrühe angießen, je nach Erbsensorte 10–20 Min. köcheln.

3 Inzwischen den mageren Teil vom Schinken in sehr schmale Streifen schneiden. Dünne Weißbrotscheiben im Toaster anrösten. Schinkenstreifen und 1/2 EL Butter unter die knackig gegarten Erbsen rühren, nochmals mit Salz und Pfeffer abschmecken und zum Weißbrot servieren.

• Ein leckeres, kleines Gemüsegericht, das auch als leichtes Abendessen geeignet ist (dann gleiche Menge für 4 Personen). Ohne geröstetes Weißbrot ideal als Beilage zu gebratener Leber oder magerem Fleisch.

Carciofi alla giudia
Artischocken auf jüdische Art (Latium)

Zutaten für 4 Portionen:
8 junge, zarte Artischocken
2–3 Zitronen
etwa 1/2 l Olivenöl
Salz, Pfeffer aus der Mühle

Zubereitungszeit: 30 Min.
Pro Portion: 1700 kJ / 400 kcal

1 Eine Schüssel mit eiskaltem Wasser füllen, den Saft von 1–2 Zitronen untermischen.

2 Holzige Stiele der Artischocken abschneiden. Äußere harte Blätter entfernen, bei den übrigen Blättern mit einer Küchenschere nur die Spitzen gerade abschneiden. Artischocken sofort ins kalte Zitronenwasser legen.

3 Artischocken aus dem Wasser nehmen, abtropfen lassen und gut abtrocknen. Die Blätter auflockern, damit sie sich wie bei einer Blüte etwas öffnen. Salzen und pfeffern.

4 Artischocken in einen breiten Topf setzen, Olivenöl angießen, bis das Gemüse halb bedeckt ist. Langsam erhitzen. Artischocken bei mittlerer Hitze etwa 10 Min. brutzeln. Danach umdrehen, weitere 10 Min. braten. Das Öl darf nicht zu heiß werden, damit die äußeren Blätter nicht verbrennen, bevor das Artischockenherz richtig gar ist.

5 Kurz vor Garzeitende die Artischocken vorsichtig mit einigen Spritzern kaltem Wasser benetzen. Knusprig gebackenes Gemüse herausheben, auf Küchenkrepp gut abtropfen lassen. Mit Zitronenschnitzen servieren.

• Ein berühmtes Rezept aus dem jüdischen Ghetto im alten Rom. Mit Brot servieren!

Spinaci alla romana
Spinat mit Rosinen (Latium)

Fagiolini al tonno
Grüne Bohnen mit Thunfisch (Latium)

Zutaten für 4–6 Portionen:
1 kg frischer Blattspinat
50 g Rosinen
2 EL Pinienkerne
2 Knoblauchzehen
3–4 E Olivenöl
2 EL Butter
Salz, Pfeffer aus der Mühle

Zubereitungszeit: 35 Min.
Bei 6 Portionen pro Portion:
570 kJ / 140 kcal

1 50 g Rosinen in Wasser einweichen. Blattspinat waschen und tropfnaß in einen Topf geben. Erhitzen, kurz zusammenfallen lassen. Spinatblätter gut abtropfen lassen.

2 In einer großen Pfanne 3–4 EL Olivenöl erhitzen, 2 EL Butter darin schmelzen lassen. 2 Knoblauchzehen halbieren, bei milder Hitze unter Rühren anbraten, danach aus der Pfanne nehmen.

3 Spinat in die Pfanne geben und im heißen Fett wenden. Rosinen abtropfen lassen, unter den Spinat mischen. 10 Min. unter häufigem Rühren sanft garen. Mit Salz und Pfeffer abschmecken. Zum Schluß 2 EL Pinienkerne und nach Geschmack den gebratenen Knoblauch aufstreuen.

Zutaten für 4 Portionen:
600 g zarte grüne Bohnen
400 g Eiertomaten
2 Frühlingszwiebeln
1 Bund glatte Petersilie
1 Dose Thunfisch ohne Öl (150 g)
3–4 EL Weißweinessig
5 EL bestes Olivenöl
Salz, Pfeffer aus der Mühle

Zubereitungszeit: 45 Min.
Pro Portion: 1100 kJ / 260 kcal

1 Grüne Bohnen putzen, falls nötig entfädeln. Waschen und abtropfen lassen. In einem Topf reichlich Salzwasser aufkochen. Bohnen hineingeben und in 10–12 Min. bißfest garen.

2 Währenddessen Tomaten waschen, in Würfelchen schneiden, grünen Stengelansatz dabei entfernen. 2 Frühlingszwiebeln putzen und waschen, die weißen Teile hacken, grüne Teile in feine Ringe schneiden. Thunfisch aus der Dose abtropfen lassen, mit einer Gabel fein zerzupfen.

3 Petersilie fein hacken. In einer Schüssel 3 EL Weinessig mit Salz, Pfeffer und 5 EL Olivenöl verquirlen. Gehackte weiße Zwiebeln und die Hälfte der Petersilie einrühren. Fertig gegarte Bohnen abgießen, kalt abbrausen und gut abtropfen lassen. In die Schüssel geben und mit der Sauce vermengen.

4 Tomatenstückchen, grüne Zwiebelringe und zuletzt Thunfischstückchen locker unterheben. Abschmecken, eventuell mit Essig, Salz und Pfeffer nachwürzen und mit restlicher Petersilie bestreuen. Noch warm servieren.

Latium und Sardinien

Crostata di visciole

Kirschkuchen (Latium)

Zutaten für 12 Portionen:

Kirschkompott für die Füllung:
750 g frische Sauerkirschen
1 unbehandelte Zitrone (Schale für das Kompott, Saft für den Teig verwenden)
150 g Zucker
2 Gewürznelken
1 Zimtstange

Für den Teig:
300 g Mehl + Mehl zum Ausrollen und für die Form
150 g Zucker
100 g weiche Butter + 1 EL für die Form
50 g Schweineschmalz
einige EL Milch
1 Ei
2 Eigelb
1 Prise Salz
Puderzucker zum Bestäuben

Zubereitungszeit: 1½ Std. (+ 1 Std. Kühlen)
Pro Portion: 1700 kJ / 400 kcal

Crostata – das ist ganz allgemein der Hinweis auf einen Kuchen aus knusprigem Mürbeteig. Gefüllt mit Sauerkirschkompott oder Konfitüre erinnert diese italienische Spezialität verblüffend an die Linzer Torte aus dem Nachbarland Österreich.

Die italienische Crostata wird allerdings oft auch mit anderen Früchten belegt – mit Pflaumen und Zwetschgen, mit Pfirsichen und Aprikosen, mit Trauben oder Erdbeeren. Das Teiggitter ist nur bei der Verwendung von Konfitüren und Kompott üblich, bei frischem Obst wird der Boden solo gebacken und anschließend belegt.

Ist die Crostata mit einem dünnen knusprigen Teigmantel überdacht, versteckt sich darunter meist eine saftige Füllung aus Ricotta und kandierten Früchten.

1 Für die Füllung zuerst das Kirschkompott zubereiten. Sauerkirschen entsteinen. 1 Zitrone gründlich abbürsten und die Schale spiralförmig abschneiden (Saft für den Teig verwenden). Mit den Kirschen in einen Topf geben, 150 g Zucker, 2 Gewürznelken und 1 Zimtstange untermischen. Im offenen Topf etwa 15 Min. kräftig köcheln lassen, bis die Flüssigkeit völlig verdampft ist (Nach Geschmack können Sie auch etwas Rotwein oder hochprozentigen Alkohol unterrühren). Abkühlen lassen, dann Zitronenschale, Gewürznelken und Zimtstange entfernen.

2 Für den Teig 300 g Mehl mit 150 g Zucker mischen. 100 g weiche Butter in Flöckchen, 50 g Schmalz, 1 Ei, 1 Eigelb und den Saft von 1 Zitrone rasch unterkneten, mit 1 Prise Salz würzen. Zu einem geschmeidigen, glatten Teig kneten – falls er zu fest wird, einige EL Milch beim Kneten untermischen. Teig in eine Schüssel geben, zugedeckt im Kühlschrank 1 Std. kaltstellen.

3 Eine Springform (28 cm ø) mit 1 EL Butter einfetten, leicht mit Mehl bestäuben. Teig aus dem Kühlschrank nehmen, ²/₃ davon auf bemehlter Fläche zu einem dünnen Kreis ausrollen. Den Boden der Backform damit auskleiden, rundum etwa 5 cm Rand hochziehen.

4 Backofen auf 175° vorheizen. Das vorbereitete Kirschkompott auf dem Teigboden verteilen und glattstreichen. Den überstehenden Rand nach innen aufrollen.

5 Restlichen Teig dünn ausrollen, mit dem Teigrädchen zentimeterbreite Streifen ausschneiden. Teigstreifen gitterartig über den Kuchen legen. 1 Eigelb mit 1 EL Milch verquirlen, das Teiggitter damit bestreichen. Im vorgeheizten Backofen (Gas: Stufe 2) 30–40 Min. backen. Herausnehmen und auskühlen lassen. Am besten erst am nächsten Tag servieren – eventuell dünn mit Puderzucker bestäuben.

Gelato di ricotta
Ricotta-Eis mit Rum (Latium)

Zutaten für 6–8 Portionen:

500 g frischer Ricotta (italienischer Frischkäse, ersatzweise gut abgetropfter Speisequark + Frischkäse im Verhältnis 1:1)
3/8 l Sahne
1/2 unbehandelte Zitrone (Schale)
4 Eigelb
4 cl Rum (oder Maraschino)
100 g Zucker

Zubereitungszeit: 30 Min. (+ 2–3 Std. Kühlzeit)
Bei 8 Portionen pro Portion: 2100 kJ / 500 kcal

1 4 Eigelb mit 100 g Zucker in eine Schüssel geben, zu einer schaumigen Masse aufschlagen. Nach und nach 4 cl Rum einträufeln, kräftig unterrühren.

2 Ricotta durch ein feines Sieb streichen, eßlöffelweise unter den Eierschaum rühren. Mit fein abgeriebener Schale von 1/2 Zitrone würzen. Sahne steifschlagen, portionsweise locker unter die Ricottamischung ziehen.

3 Eine flache Kastenform mit Pergamentpapier auslegen. Die Masse einfüllen und glattstreichen. Mit Pergamentpapier abdecken. Im Tiefkühlfach oder in der Tiefkühltruhe 2–3 Std. gefrieren lassen.

4 30 Min. vorm Servieren herausnehmen und etwas antauen lassen. Aus der Kastenform auf eine dekorative Platte stürzen. In Scheiben schneiden und servieren.

• Schmeckt am besten mit frischen Früchten und Beeren garniert – zum Beispiel mit Melonenkugeln, Aprikosenschnitzen und Brombeeren.

Torta di mandorle
Mandeltorte (Sardinien)

Zutaten für 6 Portionen:

Für den Teig:
1/2 unbehandelte Zitrone (Schale + 1 Spritzer Saft)
4 Eier
100 g geschälte Mandeln
100 g Zucker
50 g Vanillezucker
50 g Mehl + 1 EL für die Backform
1 TL Backpulver

Sonstige Zutaten:
2 EL Zitronensaft
150 g Puderzucker
2 EL Mandellikör (eventuell)
50 g geschälte Mandeln
Fett für die Form

Zubereitungszeit: 1 Std.
Pro Portion: 2100 kJ / 500 kcal

1 Für den Teig geschälte Mandeln mit einem großen Messer so fein wie möglich hacken oder in einer Nußmühle grob mahlen.

2 4 Eier trennen, die 4 Eigelb mit 100 g Zucker und 50 g Vanillezucker in eine Schüssel geben, mit dem Schneebesen kräftig zu einer schaumigen, luftigen Masse schlagen.

3 Gehackte Mandeln, 50 g Mehl und 1 TL Backpulver untermischen. Schale von 1/2 Zitrone fein abreiben und dazugeben. Backofen auf 175° vorheizen.

4 4 Eiweiß mit 1 Spritzer Zitronensaft zu steifem Schnee schlagen. In 2–3 Portionen zum Teig geben und nur locker unterheben.

5 Eine runde Backform (28 cm ø) mit Fett ausstreichen und leicht mit Mehl bestäuben. Den Teig einfüllen und glattstreichen. Im vorgeheizten Backofen (Gas: Stufe 2) etwa 40 Min. backen. Aus der Form lösen und auf einem Kuchengitter abkühlen lassen.

Pàrdulas

Käsetörtchen (Sardinien)

Zutaten für 10 Stück:

<u>Für den Teig:</u>
200 g Mehl + Mehl zum Ausrollen
200 g Hartweizengrieß
50 g weiche Butter
Salz
Öl für das Blech

<u>Für die Füllung:</u>
400 g Frischkäse
1 Ei
1 unbehandelte Zitrone (Schale)
1 unbehandelte Orange (Schale)
60 g Zucker
1 Döschen Safranpulver
1 Prise Salz

<u>Sonstige Zutaten:</u>
Öl für das Blech
1 Ei
Puderzucker zum Bestäuben

<u>Zubereitungszeit: 70 Min.</u>
<u>Pro Stück: 1500 kJ / 360 kcal</u>

6 Für die Glasur 150 g Puderzucker mit 2 EL Zitronensaft glattrühren. Eventuell 2 EL Mandellikör unterrühren (oder nach Geschmack noch mehr Zitronensaft).

7 50 g geschälte Mandeln grob hacken. In einer Pfanne unter Rühren leicht anrösten. Zitronenglasur auf den ausgekühlten Kuchen auftragen, mit einem breiten Messer gleichmäßig glattstreichen. Geröstete Mandeln auf den Kuchen streuen, bevor die Glasur völlig erstarrt ist.

● Weinempfehlung: ein Dessertwein, zum Beispiel ein Malvasia oder ein Moscato aus Sardinien.

1 Für den Teig 200 g Mehl mit 200 g Hartweizengrieß mischen. Mit knapp ¼ l lauwarmem Wasser zu einem glatten Teig kneten. Mit 1 Prise Salz würzen, 50 g weiche Butter in Flöckchen dazugeben und kräftig unterkneten. Teig mit einem feuchten Tuch bedeckt stehenlassen, bis die Füllung vorbereitet ist.

2 Für die Füllung 1 Ei mit 60 g Zucker in einer Schüssel schaumig schlagen. Safranpulver einrühren und auflösen, mit 1 Prise Salz würzen. Nach und nach den Frischkäse dazugeben, kräftig untermischen. Zitrone und Orange gründlich abwaschen, trocknen und die Schale fein abreiben. Unter die Käsemischung rühren.

3 Backofen auf 175° vorheizen. Ein Backblech mit Öl einstreichen. Den Teig auf bemehlter Fläche 2 mm dünn ausrollen. Mit einem Glas Kreise von 8–10 cm ø ausstechen. Teigreste wieder zusammenkneten, nochmals ausrollen und erneut Kreise ausstechen.

4 1 Ei trennen, Eiweiß verquirlen. Auf die Hälfte der Teigkreise je 1 EL Käsefüllung in die Mitte setzen. Die Ränder leicht mit Eiweiß bestreichen, jeweils mit einem zweiten Teigblatt abdecken, Ränder mit einer Gabel andrücken.

5 Gefüllte Taschen auf das vorbereitete Backblech setzen. Das Eigelb glattrühren, die Oberfläche der Teigtaschen damit bestreichen. Im vorgeheizten Backofen (Gas: Stufe 2) etwa 25 Min. backen. Abkühlen lassen und mit Puderzucker bestäubt servieren.

● In die Füllung passen auch sehr gut gehackte Nüsse.

Latium und Sardinien

Kaffee – Kultur in kleinen Schlückchen

Kaum unter Druck gesetzt, ist er auch schon fertig, bedeckt sich mit einem zarten, cremigen Häubchen und verströmt seinen betörenden Duft – Verführung all'italiana. *Espresso*, der Schnelle, ist sein Name, doch seine Vertrauten rufen ihn kurz und bündig: *caffè*, per favore! In winzigen Schlückchen schmeckt er am würzigsten – eine Trinktaktik, die sich besonders beim *Espresso lungo* lohnt, der verlängerten, weniger konzentrierten Variante. Wahre Könner lassen den kleinen Schwarzen auch mal mit einer einzigen, beherzten Handbewegung durch die Kehle gleiten – meist zu beobachten beim *Espresso corto*, dem »kurzen«, starken oder beim *ristretto*, dem doppeltkonzentrierten, kräftigen und extrem herben *Espresso*.

Was immer Herrn Achilles Gaggia vor 5 Jahrzehnten dazu bewogen hat, ein paar Fingerhut voll Wasser mit einem Druck von 9 Bar durch 7 g Kaffeepulver zu pressen – er hat der Kulturgeschichte Dampf und Feinschmeckern Appetit gemacht. 300 Jahre zuvor war der Rohstoff für dieses kulinarische Experiment erstmals in Italien aufgetaucht – als Wundermittel gegen Gicht, Migräne und Wassersucht. Doch mit der Zeit entdeckten die Heilsuchenden, daß Kaffee ganz andere Qualitäten zu bieten hat: Frisch aufgebrüht ist er ein anregender Muntermacher, versüßt die Stunden des Müßiggangs, lockert die Zungen und setzt den Geist in Bewegung. In den europäischen Metropolen entstanden plötzlich Kultstätten für das exotische Getränk: Die Stunde der Kaffeehäuser war gekommen. Venedig gilt als einer der ersten Schauplätze, das »Caffè Florian« existiert auch heute noch, seit Mitte des 18. Jhs. in fast unveränderter Form. Außerhalb Europas gab es die Kaffeehäuser lange bevor sich Künstler und Freigeister in Paris, Rom, Florenz oder Wien mit dampfenden Tassen vor der Nase die Köpfe heiß redeten. Im arabischen Mekka am Roten Meer wurde Mokka bereits Mitte des 15. Jhs. öffentlich ausgeschenkt. Und noch etwas weiter südlich, in Äthiopien, liegen die eigentlichen Wurzeln der Kaffeekultur: In den Wäldern der Provinz Kaffa sammelte man einst die roten Früchte des wildwachsenden Baumes wegen ihrer berauschend anregenden Wirkung. Bis heute konzentrieren sich die Hauptanbaugebiete rund um den Äquator, denn ideale Wachstumsbedingungen bieten subtropisches und tropisches Klima. Die Kolonialmächte erkannten recht bald den wirtschaftlichen Wert des neuen Geschmacks und sicherten sich eilig und rücksichtslos ihre Terrains. Riesige Kaffeeplantagen entstanden, um das Luxusprodukt in großem Stil zu kultivieren. Für die Einheimischen hatte dies Ausbeutung und Elend zur Folge – bitterer Nachgeschmack des reinen Genusses, der bis in unsere Zeit nachwirkt. Heute ist Kaffee nach Erdöl, vor Kohle und Weizen, das zweitwichtigste Handelsprodukt der Welt.

Zwei Arten der Kaffeepflanze sind von wirtschaftlicher Bedeutung: das Hochlandgewächs *Arabica* und die widerstandsfähige *Robusta*. *Arabica*-Kaffee hat ein feines, säurearmes Aroma, relativ wenig Koffein und wird am teuersten bezahlt. *Robusta* bereitet beim Anbau weniger Probleme, ist koffeinhaltiger und geschmacklich nicht so ausgereift wie *Arabica*. Gemeinsam ist allen Kaffeebäumen, daß sie gleich-

Spezialität Kaffee

Oben: Oase für Genießer, Magnet für Kultursüchtige, Denkmal der Kaffeehistorie – das altehrwürdige »Caffè Greco« in Rom, in dem sich heute nur noch vereinzelt Künstler, Dichter und Revolutionäre aufwärmen.

Links: Seit vier Jahrhunderten bewährt sich nun schon die schwarze Kunst des Kaffeebrauens in Italien – eine Tradition, deren Ursprünge in Afrika und in der arabischen Welt zu finden sind.

Oben: Egal, in welcher Form Espressokaffee getrunken wird, pur oder mit aufgeschäumter Milch als Cappuccino, er ist ganz besonders bekömmlich, da eine Menge Reizstoffe beim intensiven Rösten verschwinden.

zeitig Blüten und Früchte tragen, die Ernte also über Monate verteilt stattfindet. Im Idealfall werden die kirschähnlichen Steinfrüchte mit Hand gepflückt, oder aber sie werden »gemolken«, von den Ästen gestreift und in Tüchern gesammelt. Was letztendlich das begehrte Kaffeepulver liefert, steckt im Innern der fleischigen Früchte – es sind die ovalen Samenkerne, die mit mehr oder weniger schonenden Verfahren herausgelöst und schließlich geröstet werden. Das Rösten, früher Aufgabe der Kolonialwarenläden, ist heute eine Kunst für sich. Zuvor jedoch komponiert ein Kaffee-Experte Mischungen für die einzelnen Kaffeemarken, denn nicht die Sortenreinheit, sondern die Harmonie verschiedenster Bohnen ist das Geheimnis von Qualität und Aroma. Art und Dauer des Röstvorgangs sind außerdem abhängig von der Verwendung – Espressomischungen werden zum Beispiel kräftiger geröstet als Bohnen für Filterkaffee.

Der nächste entscheidende Schritt ist das Zerkleinern der gerösteten Bohnen. Der umwerfende Duft von frisch gemahlenem Kaffee sollte Beweis genug sein, daß das Pulver durch langes Stehen nicht gewinnt. Ideal wäre, die einzelnen Portionen erst unmittelbar vorm Zubereiten zu vermahlen – für Espressotrinker eine Selbstverständlichkeit. In jeder italienischen Bar, in jedem Straßencafé, in jedem Restaurant steht darum eine dieser gigantischen, blitzenden und dampfenden Maschinen – für jedes Täßchen werden die Bohnen frisch gemahlen, das kochend heiße Wasser mit hohem Druck durch das feine Pulver gepreßt. All dies passiert in Sekundenschnelle, damit nur die wohlschmeckenden, angenehmen Aromastoffe gelöst werden, die bitteren im Kaffeesatz zurückbleiben. Bei den kleinen Maschinchen für Kochplatte oder Gasflamme, die zu Hause benutzt werden, steigt das erhitzte Wasser durch seinen Dampfdruck nach oben, durchströmt das mit Kaffee gefüllte Sieb und ein Steigröhrchen und wird im oberen Teil der Kanne aufgefangen. Bei dieser Methode muß man allerdings auf eines verzichten, was den echten italienischen *Espresso* ausmacht: das feinporige Cremehäubchen, *la crema*.

Kaffeegenuß – für ganz Italien eine alltägliche Lust, die mit Tradition gepflegt wird. Um sich solcher Kultur würdig zu erweisen, sollte man eines beherrschen: die richtige Bestellung zum richtigen Zeitpunkt. *Cappuccino*, ein Espresso mit aufgeschäumter heißer Milch, ist beispielsweise das Getränk fürs späte Frühstück, niemals jedoch der Abschluß eines üppigen Essens. Da ist ein schlichter *caffè* am Platz – tiefschwarz, süß und höllisch heiß.

Latium und Sardinien

Rechts: Maragogipe, eine feine Arabicasorte aus Mexiko, im Sack daneben ungeröstete, grüne Kaffeebohnen – beides sind Rohstoffe für exquisite Kaffeemischungen.

Bilder unten und rechts Mitte: Nach guter alter Tradition wird dieser Röstapparat noch mit Akazienholz statt mit Öl oder Gas befeuert, die Kaffeebohnen bräunen sanft und schonend bei maximal 150° C. Fest in Familienhand ist die kleine Rösterei in der Nähe von Florenz, übrigens einer der letzten handwerklichen Betriebe in Italien.

Rechts: Ausschließlich Arabicasorten werden für die Hausspezialitäten verwendet, nur in der Bar-Mischung sorgen wenige Robustabohnen dafür, daß sich beim Espresso ein feiner Schaum entwickelt.

Spezialität Kaffee

Bilder Mitte: Mit schnödem Kaffeekochen hat die virtuose Kunst hinterm Tresen kaum etwas zu tun – und die Italiener sind Meister auf ihren großen Maschinen, die vom Mahlen der Bohnen in perfekter Körnung über richtige Dosierung bis zum Dampfmachen alles beherrschen.

Links: Auf Vorrat läuft hier nichts – für jedes Täßchen wird die Maschinerie neu in Gang gesetzt.

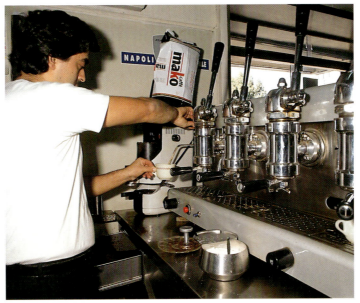

Links: Heißer Dampf verwandelt Milch in luftigen Schaum – die Krönung eines echten Cappuccino. Andere Spezialitäten mit Milch sind zum Beispiel Caffè con latte (verlängerter Espresso mit kalter Milch), Caffè e latte (halb Kaffee, halb Milch), Caffè macchiato (Espresso mit einem Schuß Milch).

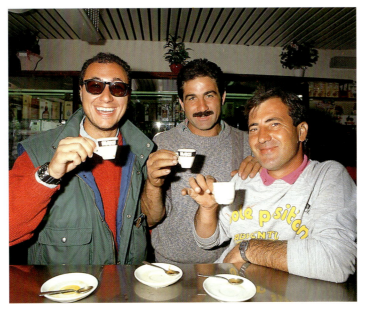

Links: In vollen Zügen genießen macht gute Laune – und das nicht nur, wenn der Espresso mit einem Gläschen Grappa »korrigiert« wurde und als Caffè corretto die Stimmung auf Touren bringt.

205

Abruzzen, Molise und Apulien

Tradition und Trulli:
Typische Steinhäuser bei Alberobello

Abruzzen, Molise und Apulien

Das Land und seine Produkte

Goldfarbenen Strand, Pinienhaine bis zum Meer und sanfte Vorgebirge hat die Region Abruzzen genauso zu bieten wie den Nationalpark mit 300 Quadratkilometern Wald und das Massiv des Gran Sasso mit fast 3000 Metern Höhe. Auch das kleine Fleckchen Molise reicht vom Hochgebirge der Kalksteingipfel über Hochebenen, deren Westhänge mit Wäldern bewachsen sind, allmählich abflachend bis zum Meer. Demgegenüber ist Apulien weitgehend einheitlich. Abgesehen von den Ausläufern des Apennins und dem Monte Gargano ist diese Region eher eine große Ebene, in der Oliven, Reben und Weizen gedeihen. Rund die Hälfte des italienischen Olivenöls stammt von hier. Und doch sind die drei Gebiete kulinarisch eng verbunden: durch die Schäfer. Die traditionelle Wirtschaftsform war, zumindest bis ins vorige Jahrhundert, die Transhumanz, eine Weidewirtschaft, bei der die Herden im Frühjahr auf die höher gelegenen Weiden getrieben wurden, wo sie den Sommer über blieben, bis sie im späten Herbst wieder in die Ebenen des milderen Tieflands zogen. Besonders im Tavoliere, der größten Ebene Süditaliens, überwinterten die Herden der Abruzzen. Und die Schäfer lieferten nicht nur mit dem Schaffleisch eine wichtige Küchenzutat, sondern brachten auch gleich die Rezepte aus den anderen Gebieten ihres Weidebereichs mit.

Auf ihre Kochkünste geht die Zubereitung »a cutturo« zurück: Ein Cutturo ist ein Kessel, der an Ketten über offenem Feuer hängt und in dem Lammfleisch mit Zwiebeln, Kräutern und vor allem Peperoncini – höllisch scharfen Pfefferschoten – geschmort wird. Wobei eine weitere zentrale Zutat ins Spiel kommt: Peperoncini, wichtig für Spaghetti all'Amatriciana, aber auch viele andere typische Gerichte. Die Küche dieser Regionen ist einfach, ohne

Oben: Eingebettet in Hügelketten sind Apuliens fruchtbare Ebenen mit Ackerbau, Oliven- und Mandelbäumen.

Ganz links: Das Tal von Pulo wirkt wie eine Gartenlandschaft mit Gemüsebeeten, auf denen zum Beispiel bunte Paprikaschoten wachsen.

Links: Bohnen, frisch vom Feld oder auch getrocknet als Wintervorrat, werden für viele Gerichte dieser Region benötigt.

komplizierte Techniken und Schnörkel. Beliebt sind Teigwaren, vor allem die Maccheroni alla chitarra, die hier keine Röhren-, sondern Bandnudeln sind. Ausgerollter Teig wird dazu durch ein Gerät mit Metallsaiten gedrückt, das wie eine Zither aussieht. Klassische Beigabe ist ein Ragout aus Schaf- oder Hammelfleisch.

Die Schafzucht ließ auch eine intensive Käseproduktion entstehen, Caciocavallo, Scamorza, Pecorino sott'olio (in Olivenöl eingelegter Schafkäse) gehören hierher, ebenso Quagliata oder auch Giuncata genannt, ein Frischkäse, der zum Trocknen in Binsenkörbchen (den Giunca) gefüllt und aufgehängt wird.

Apulien kann man als Kornkammer Italiens bezeichnen, riesige Weizenfelder beherrschen über weite Strecken das Bild, daneben werden Gemüse wie Tomaten, Auberginen, Paprikaschoten, Zucchini, Kartoffeln und Spinat gezogen, dazu dominieren Hülsenfrüchte wie Linsen und Bohnen. Getrocknet sind sie noch heute ein wichtiger Wintervorrat, im Frühjahr werden sieben Sorten davon in dem traditionellen Minestrone gekocht. Und schließlich sei die berühmte apulische Fischsuppe nicht vergessen, die auf gerösteten Brot serviert wird – ein Hinweis, daß es sich bei diesem Eintopf einst um ein »Arme-Leute-Essen« gehandelt haben muß.

Bilder links: Auf dem Markt von l'Aquila findet man Hülsenfrüchte, Feingemüse wie Fenchel und schmackhafte, würzige Kartoffeln.

Oben: Auch Kaktusfeigen, die stacheligen Früchte der Opuntien, werden hier angeboten.

Ganz oben: Fast ein heiteres Familienfest ist die Ernte der Tafeltrauben, die im Schutz einer Weinlaube in Transportkisten verpackt werden.

Oben links: Unverzichtbare Zutat vieler Gerichte sind Peperoncini, die die Hauswände beim Trocknen schmücken.

Oben: Stolz präsentiert der Bauer seine Kohlköpfe – und paßt genau auf, ob das Geld auch stimmt.

Abruzzen, Molise und Apulien

Menschen, Feste, Sehenswertes

Genau in der Mitte der Küste der Region Abruzzen liegt Pescara. Von hier aus kommt man in die höheren Regionen der Abruzzen. Doch vorher sollte man Brodetto probieren, eine Fischsuppe, raffiniert und scharf gewürzt. Auch von Teramo aus führt eine Straße zum Gran Sasso, dem höchsten Massiv der Apenninkette, wo auf den Gipfeln fast immer Schnee liegt. Hübsche Dörfer im Nationalpark sind Barrea und Civitella Alfedena am Lago di Barrea. Hier gibt es nicht nur Wölfe, sondern in Civitella Alfedena den Bäcker Antonio mit seinem berühmten Kuchen »U Dulcit« in Form eines Bären. Wer dagegen ein Nudelbrett für Maccheroni alla chitarra sucht, wird vielleicht auf dem Markt auf der Piazza del Duomo von L'Aquila fündig, der Hauptstadt der Provinz, wo es auch den besten Schafkäse gibt.

Der kleine Küstenstreifen von Molise hat nur eine Hafenstadt: Termoli. Die malerische, von Mauern umgebene Altstadt liegt auf einer Halbinsel über dem Meer, überragt von einer Kathedrale und einem Schloß aus dem 13. Jh. Die Hauptstadt der Region ist Campobasso, durch den Hügel mit dem Schloß Monforte geprägt. Berühmt ist die Stadt durch ihre Messer- und Scherenindustrie. Von hier aus kommt man über das Dorf Vinchiatura zu den Ruinen der römischen Siedlung Saepinum, einst Markt und Zwischenstation der Hirten auf ihrem Weg von den Bergen der Abruzzen zu den Küstenregionen Apuliens und zurück.

Restaurants, in denen Zuppa di pesce, apulische Fischsuppe, serviert wird, gibt es in Taranto, der lauten Hafenstadt, am alten Fischereihafen. In zwei Buchten züchtet man Muscheln und

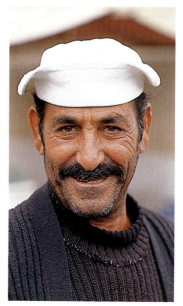

Oben: Wie aus Zuckerguß wirkt das Städtchen Martina Franca in Apulien, erst recht bei nächtlicher Beleuchtung.

Ganz links: Ein öffentlicher Brunnen in Bari. Im alten Zentrum mit seinen Gassen gehört die Straße zum Wohnraum.

Links: Ein fröhlicher Fischer in Taranto, der Hafenstadt, die Feinschmeckern durch ihre Austern- und Muschelzucht wohl bekannt ist.

Oben: Unter der südlichen Sonne gedeihen die Orangenbäume prächtig. Mit der Schale der Früchte würzt man viele Süßspeisen.

Menschen, Feste, Sehenswertes

Austern, die durch Süßwasserquellen unterhalb des Meeresspiegels günstige Bedingungen finden.

Im Hinterland lockern die Trulli zwischen Alberobello und Martina Franca die Landschaft auf. Die Häuser in Form von halben Chiantiflaschen sind ohne Mörtel aus Naturstein gebaut, innen kühl und luftig. Martina Franca ist eine liebenswürdige kleine Stadt, die wie aus Zuckerguß wirkt. Wie im ganzen Gebiet der Tavoliere, wo viele Dorfmetzger im Steinbackofen Lammfleisch braten, gibt es hier den Metzger Ricci, der im Hinterhof an einfachen Tischen gegrilltes Fleisch, Würste, Weißbrot und Salat serviert.

Die Feste: Collelongo bei L'Aquila feiert Mitte Januar das Fest des Sant'Antonio, bei dem Kochtöpfe gesegnet und die schönsten Kupfertöpfe prämiert werden. In Rocca Pia gibt es Mitte März das Fest des San Giuseppe mit gekochten Bohnen und Speck. Anfang August feiert Pollutri (bei Chieti) ein Trauben- und Weinfest, Anfang Dezember ein Ackerbohnenfest. Mitte August findet in Capracotta bei Isernia die Pezzata statt, ein gastronomisches Ereignis mit Lammgerichten auf den Weiden von Campo Gentile. Höhepunkt des Fischfestes Ende August im alten Hafen von Termoli, der festlich beleuchtet wird, ist ein großes Feuerwerk.

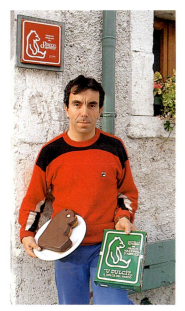

Ganz oben: Das »Caffè Tripoli« in Martina Franca. Trotz Neonbeleuchtung scheint die Zeit hier stillzustehen.

Links Mitte: Nicht nur Kinderaugen leuchten bei der Vielfalt der süßen Leckereien, die Apulien zu bieten hat.

Oben: Billard ist ein beliebter Zeitvertreib für die Männer in den Abruzzen.

Links: Die berühmte apulische Fischsuppe mit Meeresfrüchten, natürlich durch Peperoncini scharf gewürzt.

Ganz links: Antonio, der Schöpfer des Bärenkuchens »U Dulcit« in Civitella Alfedena, einem der schönsten Dörfer im Nationalpark.

Links: Metzger Ricci bietet im Hinterhof gegrilltes Fleisch und Würste aus dem Ofen zu Brot und Wein.

211

Abruzzen, Molise und Apulien

Die Weine

Hört man Abruzzen, denkt man meist zuerst an Gebirge und an den Gran Sasso. Doch die Region dieses Namens umfaßt vielfältige, reizvolle Landschaften von dem Küstenstreifen der Adria über ein weites, hügeliges Hinterland, das erst nach etwa 50 km in das Gebirge übergeht. Entsprechend vielfältig sind die Bedingungen für den Weinanbau, zumal auch das Kleinklima der einzelnen Lagen beträchtlich voneinander abweichen kann. Es reicht vom ausgeglichenen mediterranen Klimatyp bis hin zum rauhen, alpinen Klima mit ausgeprägten Temperaturschwankungen zwischen Tag und Nacht, Sommer und Winter. Bei geschickter Auswahl könnte man in dieser Region für fast jede Rebsorte die geeignete Lage finden, doch bislang experimentieren nur wenige Winzer in dieser Richtung. Traditionell gibt es nur zwei Rebsorten: Den roten Montepulciano und den weißen Trebbiano.

Der *Montepulciano d'Abruzzo* ist tief rubinrot, trocken und kraftvoll mit leichtem Gerbstoffgehalt, der mit zunehmendem Alter geringer wird. Sein Duft erinnert an blühende Almweiden. Er gehört zu den besten Weinen Mittelitaliens und wird auch außerhalb des Landes sehr geschätzt. Er paßt ganz vorzüglich zu den typischen Lammgerichten der Region und zu Maccheroni alla chitarra, wenn sie mit Fleischsauce serviert werden. Daneben gibt es aus der gleichen Traube einen Rosé, den *Cerasuolo d'Abruzzo*, der nur kurz auf den Schalen belassen wird. Er ist kräftig hellrot, trocken mit ganz zarter Süße, sollte aber nicht älter als drei Jahre werden. Er schmeckt zu Lamm in hellerer Sauce und zu Nudelgerichten mit Tomatensauce.

Der weiße *Trebbiano d'Abruzzo*, im wesentlichen aus der gleichnamigen Traubensorte gekeltert, ist stroh- bis blaßgelb, sehr trocken und von weichem, bisweilen etwas neutralem Geschmack. Er wird jung und gut gekühlt zu Fischgerichten und Meeresfrüchten getrunken.

Molise, die kleine Region mit Bergen und schmalem Küstenstreifen, hat noch nicht lange ihre zwei DOCs: *Biferno*, den es als Bianco (aus Trebbiano-Trauben), Rosato und Rosso gibt, und den *Pentro di Isernia*, bei dem für den Rosso und Rosato Montepulciano- und Sangiovesetrauben in etwa gleichem Verhältnis verwendet werden. Daneben gibt es noch den *Ramitello*, einen feinen, weichen Rotwein, und einen *Montepulciano del Molise*.

Reich ist die Traubenernte in Apulien, der relativ flachen Region am Stiefelabsatz. Besonders von der Halbinsel Salento kamen lange Zeit starke, schwere Verschnittweine, doch mit neuer Technik sind die regionalen Tafelweine leichter und feiner geworden. Vertreter dieses Typs sind der *Squinzano* und der *Copertino* aus dem Gebiet um Lecce. Hauptrebsorte beider ist Negroamaro. Besonders die Roten sind beachtlich, tief rubinrot, samtig, trocken und voll in Aroma und Geschmack, wobei sie bei einer Lagerung von mehr als vier Jahren noch deutlich besser werden. Die Rosatos sind hellrot, frisch und duftig und jung zu trinken. Einst nur zum Verschnitt verwendet wurde die Primitivo-Traube, heute verleiht sie dem *Primitivo di Manduria*, einem körperreichen, schweren Wein, ein brombeerähnliches Aroma. Die Weine gibt es von trocken bis süß. Alle Rotweine schmecken zu Lamm und Innereien, die Rosatos zu Gerichten mit Tomatensauce und Pecorino. Weiter nördlich findet man neben Rotweinen fruchtige Weißweine wie den *Locorotondo* aus der gleichnamigen Stadt im Itria-Tal und den *Martina* oder *Martina Franca*. Alle hell strohgelb bis grünlich, frisch und delikat. Jung und gut gekühlt passen sie zu Fisch und Meeresfrüchten.

Bekanntester Wein Apuliens ist der *Castel del Monte*, nach der achteckigen Burg Kaiser Friedrichs II. benannt. Besonders der Rosato, trocken und mit feinem Duft und Geschmack, ist sehr beliebt und paßt zu vielen Gerichten. Beachtlich ist auch der Rosso, tiefrot, gerbstoffbetont, der besonders als »Riserva« – mit einem Mindestalkoholgehalt von 12,5° und nach dreijähriger Reifung – gut lagerfähig ist.

Oben: Obwohl vom Klima her die verschiedensten Rebsorten in der Region Abruzzen gedeihen würden, stehen auf den meisten Weinfeldern roter Montepulciano oder weißer Trebbiano.

Links: Neben diesen beiden Weintypen gibt es noch den Cerasuolo d'Abruzzo, einen Rosé aus Montepulciano-Trauben, bei dem die Maische nur kurz mit den Schalen angärt.

Rezepte der Region

Antipasti · Pizze
214 Bruschetta
  Geröstetes Knoblauchbrot
214 Pizza di patate
  Kartoffelpizza
215 Pizza pugliese
  Zwiebelpizza

Primi Piatti
216 Orecchiette alla pugliese
  Öhrchennudeln mit Broccoli
218 Riso ai carciofi
  Artischockenreis
218 Orecchiette con la rucola
  Öhrchennudeln mit Rucola
219 Minestra maritata
  Gemüseeintopf
220 Fettuccine all'abruzzese
  Bandnudeln in Safransauce

220 Pasta e lenticchie
  Nudeln mit Linsen
221 Spaghetti con aglio, olio e peperoncino
  Spaghetti mit Knoblauch, Öl und Pfefferschote

Secondi Piatti
222 Cozze ripiene
  Gefüllte Muscheln
224 Triglie al cartoccio
  Rotbarben in Papierhülle
224 Orata alla pugliese
  Überbackene Goldbrasse
225 Zuppa di pesce
  Fischsuppe mit Garnelen
226 Agnello alle olive
  Lammbraten mit Oliven
226 Agnello brodettato
  Lammgulasch mit Zitronensauce
227 Agnello alla pugliese
  Lammbraten mit Kartoffeln

Contorni
228 Peperoni ripieni
  Gefüllte Paprikaschoten
230 Tortiera di patate e funghi
  Kartoffel-Pilzauflauf
230 Patate al forno
  Überbackene Kartoffeln
231 Cipolle fritte
  Ausgebackene Zwiebeln

Dolci
232 Parozzo
  Schokoladenkuchen
233 Torrone
  Mandel-Feigen-Nougat

Abruzzen, Molise und Apulien

Bruschetta
Geröstetes Knoblauchbrot (Abruzzen)

Zutaten für 4 Portionen:
4 reife Tomaten
4 große Scheiben Bauernbrot (am besten aus Sauerteig)
4 Knoblauchzehen
8 EL vollaromatisches Olivenöl
Salz, Pfeffer aus der Mühle
Zubereitungszeit: 25 Min.
Pro Portion: 1100 kJ / 260 kcal

1 Tomaten überbrühen, enthäuten und entkernen. Fruchtfleisch grob zerkleinern, abtropfen lassen.

2 4 Brotscheiben halbieren, im Toaster oder unterm Backofengrill von beiden Seiten anrösten (andere Möglichkeit: in einer Pfanne in wenig Olivenöl knusprig braten).

3 4 Knoblauchzehen schälen und halbieren. Die frisch gerösteten Brote damit kräftig einreiben, je 1 EL Olivenöl darüber träufeln.

4 Tomatenfruchtfleisch mit einer Gabel auftragen und etwas zerdrücken. Salzen und mit frisch gemahlenem Pfeffer würzen. Sofort servieren.

• Brot und Olivenöl – zwei Reichtümer der einfachen Bauernküche, die ohne Mühe aufwendigste Delikatessen in den Schatten stellen. Von der Vesper zum Edelimbiß könnte man heute den Werdegang dieser wunderwürzigen Schnitte taufen, ein Beispiel für den Sieg unverfälschten Genusses. Bruschetta werden Sie fast überall in Italien finden – mal mit Knoblauchscheibchen, Oliven oder Basilikum garniert, mal ganz ohne Tomaten oder mit feinen Streifen von Sardellen belegt. Wichtig für Sie zu Hause: kräftiges Bauernbrot mit fester Krume nehmen – und Olivenöl, das wirklich danach schmeckt!!

Pizza di patate
Kartoffelpizza (Apulien)

Zutaten für 6 Portionen:
750 Kartoffeln (mehligkochende Sorte)
750 g reife Tomaten
1 Bund glatte Petersilie
1 EL frischer Oregano (oder 1 TL getrockneter)
100 g schwarze Oliven
300 g Mozzarella
10–12 eingelegte Sardellenfilets
2 Knoblauchzehen
5 EL Olivenöl
50 g Mehl
Salz, Pfeffer aus der Mühle
Zubereitungszeit: 1 ½ Std.
Pro Portion: 1900 kJ / 450 kcal

1 Kartoffeln waschen, in der Schale garen. Noch heiß pellen, durch die Kartoffelpresse drücken. 1 TL Salz und 2 EL Olivenöl untermischen. Abkühlen lassen.

2 Tomaten kurz mit kochendem Wasser überbrühen. Kalt abschrecken, enthäuten und entkernen. Fruchtfleisch grob zerkleinern, mit Salz bestreuen und in einem Sieb gut abtropfen lassen.

3 Sardellenfilets kurz abspülen, mit Küchenkrepp abtrocknen, eventuell halbieren. 2 Knoblauchzehen durchpressen, unter die gut abgetropften Tomaten mischen. Mozzarella in kleine Würfel schneiden.

4 Backofen auf 200° vorheizen. Eine rundes Backblech (28 cm ø) mit 1 EL Olivenöl ausstreichen. Durchgepreßte Kartoffeln mit 50 g Mehl verkneten, den Teig auf dem Blech verteilen und gleichmäßig flach drücken, ringsum einen Rand hochziehen.

5 Tomaten auf den Kartoffelteig streichen, kräftig aus der Mühle pfeffern. Mozzarella-

214

Pizza pugliese
Zwiebelpizza (Apulien)

würfel, Sardellen und schwarze Oliven darüber verteilen. Mit Oregano bestreuen, restliche 2 EL Olivenöl darüber träufeln.

6 Im vorgeheizten Backofen (Gas: Stufe 3) etwa 40 Min. backen. Petersilie hacken, über die Kartoffelpizza streuen. In Portionsstücke aufschneiden und heiß servieren.

• Zum Sattessen reicht die Menge für 2–3 Personen, am besten zusammen mit einem großen Blattsalat.

• Wenn die Kartoffeln nicht genügend Stärke enthalten, kneten Sie einfach etwas mehr Mehl unter den Teig, der nicht an den Fingern kleben soll.

Zutaten für 4 Portionen:

Für den Teig:
10 g Hefe
200 g Mehl + Mehl zum Ausrollen
2 EL Olivenöl + Öl fürs Blech
1 Prise Zucker
Salz

Für den Belag:
250 g milde weiße Zwiebeln
eventuell 1 TL frischer Oregano (oder ½ TL getrockneter)
100 g frisch geriebener Pecorino
4 EL Olivenöl
Salz, Pfeffer aus der Mühle

Zubereitungszeit: 45 Min. (+ 1½ Std. Ruhezeit)
Pro Portion: 2000 kJ / 480 kcal

1 Für den Teig 10 g Hefe mit 1 Prise Zucker und 2 EL lauwarmem Wasser verrühren. 2 EL Mehl untermischen. Restliches Mehl in eine Schüssel geben, eine Mulde hineindrücken. Hefemischung in die Mitte träufeln, leicht mit Mehl bestäuben und zugedeckt an einem warmen Ort 30 Min. gehen lassen.

2 ½ TL Salz und 2 EL Olivenöl zum Mehl geben, nach und nach mit ⅛ l lauwarmem Wasser zu einem glatten Teig kneten. Auf einem Backbrett oder auf der Arbeitsfläche kräftig durchwalken, dann den Teig wieder in die Schüssel geben. Mit einem Tuch bedeckt an einem warmen Ort 1 Std. gehen lassen, bis das Teigvolumen sich verdoppelt hat.

3 Für den Belag Zwiebeln in sehr feine Ringe aufschneiden (oder fein hacken). Backofen auf 225° vorheizen. Ein rundes, flaches Blech (26 cm ø) mit Öl ausstreichen.

4 Teig auf leicht bemehlter Fläche kräftig durchkneten. Aufs Blech geben, mit den Händen gleichmäßig flachdrücken. Teigoberfläche mit 1 EL Olivenöl bestreichen.

5 Zwiebeln darauf verteilen, mit frisch geriebenem Pecorino und eventuell Oreganoblättchen bestreuen. Restliche 3 EL Olivenöl darüber träufeln. Pizza in den gut vorgeheizten Backofen (Gas: Stufe 4) schieben, 25 Min. backen.

6 Knusprig gebackene Pizza mit wenig Salz und reichlich frisch gemahlenem Pfeffer würzen, sofort servieren.

• Es kommt gar nicht darauf an, eine Pizza mit üppigem Belag aufzublähen – am besten schmeckt's mit einfachsten Mitteln und überschaubaren Zutaten.

Abruzzen, Molise und Apulien

Orecchiette alla pugliese
Öhrchennudeln mit Broccoli (Apulien)

Zutaten für 4–6 Portionen:

Für den Teig
  (Orecchiette bereits am Vortag zubereiten):
100 g Hartweizengrieß
200 g Weizenmehl + Mehl zum Ausrollen
2 EL Olivenöl
Salz

Sonstige Zutaten:
600 g frischer Broccoli
4 EL Olivenöl
3 Knoblauchzehen
1 rote, getrocknete oder eingelegte Peperoncinoschote (oder Chilischote)
Salz, Pfeffer aus der Mühle

Zubereitungszeit: 1 ½ Std.
  (+ 20 Min. Ruhezeit
  + 12 Std. Trocknen)
Bei 6 Portionen pro Portion:
  1300 kJ / 310 kcal

Serviert werden die saucenfreundlichen Hartweizennudeln traditionell mit jungen, zarten Rapssprossen – wir haben statt dessen Broccoliröschen genommen. Ein herzhaftes Lammragout paßt ebensogut dazu wie eine schlichtes Tomatensugo mit frisch geriebenem Pecorino. Nie verkehrt: schlicht und einfach pures Olivenöl, schwarzer Pfeffer und Knoblauch.

Die apulischen Hausfrauen machen's vor, wie man leidenschaftlich mit Teig umgeht: Die originell geformten Gebilde, die wie kleine Hütchen oder Öhrchen aussehen, sind im Süden Italiens alltäglicher Pastagenuß. Orecchiette gibt es auch fertig zu kaufen – eine nicht unerhebliche Zeitersparnis.

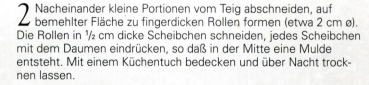

1 Am Vortag für den Teig 100 g Hartweizengrieß mit 200 g Weizenmehl in einer Schüssel mischen. 2 EL Olivenöl und 1 TL Salz zugeben, mit knapp ¼ l lauwarmem Wasser zu einem geschmeidigen Teig kneten. Zu einem Laib formen, mit einem feuchten Tuch bedeckt 20 Min. ruhen lassen.

2 Nacheinander kleine Portionen vom Teig abschneiden, auf bemehlter Fläche zu fingerdicken Rollen formen (etwa 2 cm ø). Die Rollen in ½ cm dicke Scheibchen schneiden, jedes Scheibchen mit dem Daumen eindrücken, so daß in der Mitte eine Mulde entsteht. Mit einem Küchentuch bedecken und über Nacht trocknen lassen.

3 Am nächsten Tag Broccoli putzen, in Röschen zerlegen. Größere Stiele eventuell schälen. In einem großen Topf 3 l Salzwasser aufkochen. Broccolistiele hineingeben, nach 5 Min. Broccoliröschen dazugeben, weitere 5 Min. blanchieren.

4 Gemüse mit einem Schaumlöffel herausnehmen, kalt abschrecken und abtropfen lassen. Brühe wieder zum Kochen bringen. Vorbereitete Nudeln ins kochende Wasser geben, in etwa 10 Min. bißfest garen.

5 Inzwischen Broccolistiele kleinschneiden; 3 Knoblauchzehen hacken. Peperoncino in feine Ringe schneiden. In einer großen Pfanne 4 EL Olivenöl erhitzen. Broccoli und Knoblauch andünsten, Peperoncino einrühren. Mit Salz und Pfeffer würzen. Einige EL Gemüsebrühe angießen.

6 Sobald die Orecchiette gar sind, abgießen und abtropfen lassen. Direkt in die Pfanne geben und gründlich unters Gemüse mischen. Nochmals mit Salz und Pfeffer abschmecken, servieren.

Abruzzen, Molise und Apulien

Riso ai carciofi
Artischockenreis (Apulien)

Zutaten für 4–6 Portionen:
8 kleine, zarte Artischocken
1 Bund glatte Petersilie
einige Blätter frische Minze
1 unbehandelte Zitrone
*   (Saft + Schale)*
30 g frisch geriebener Pecorino
*   (oder Parmesan)*
250 g Langkornreis
¾ l heiße Hühnerbrühe
2 Knoblauchzehen
4 EL Olivenöl
Salz, Pfeffer aus der Mühle

Zubereitungszeit: 50 Min.
Bei 6 Portionen pro Portion:
*   970 kJ / 230 kcal*

1 Artischocken putzen, äußere Blätter entfernen, die harten Spitzen der übrigen Blätter abschneiden. In einer Schüssel kaltes Wasser mit dem Saft von 1 Zitrone mischen, geputzte Artischocken sofort hineinlegen.

2 Backofen auf 200° vorheizen. Petersilie und 2 Knoblauchzehen fein hacken, einige Minzeblätter in feine Streifen schneiden. Alles mit der abgeriebenen Schale von 1 Zitrone mischen.

3 250 g Reis in einen breiten Topf schütten. Die Artischocken abtropfen lassen und nebeneinander auf den Reis setzen. Mit dem Kräutergemisch bestreuen, salzen und pfeffern. 4 EL Olivenöl darüber träufeln.

4 ¾ l heiße Hühnerbrühe angießen, den Topf zudecken und in den vorgeheizten Backofen (Gas: Stufe 3) schieben. Etwa 25 Min. garen, bis der Reis bißfest ist. Nach Bedarf noch mehr Brühe oder heißes Wasser angießen. Das fertige Gericht mit 30 g frisch geriebenem Pecorino bestreuen und sofort servieren.

Orecchiette con la rucola
Öhrchennudeln mit Rucola (Apulien)

Zutaten für 4–6 Portionen:
50 g milder roher Schinken
350 g Rucola
*   (Blattsalatart, ersatzweise*
*   junge Löwenzahnblätter,*
*   Brunnenkresse oder zarter*
*   Blattspinat)*
500 g reife Tomaten
50 g frisch geriebener Pecorino
*   (oder Parmesan)*
300 g Orecchiette (nach dem
*   Rezept auf Seite 216*
*   zubereitet oder fertig*
*   gekauft)*
6 EL aromatisches Olivenöl
1 kleine Zwiebel
2 Knoblauchzehen
Salz, Pfeffer aus der Mühle

Zubereitungszeit: 1 Std.
Bei 6 Portionen pro Portion:
*   1500 kJ / 360 kcal*

1 Rucola putzen und waschen. In einem großen Topf 2 l Salzwasser aufkochen, Salatblätter darin 1 Min. blanchieren, kalt abschrecken und abtropfen lassen. Im gleichen Topf nochmals 3 l Salzwasser für die Pasta aufsetzen.

2 Tomaten kurz überbrühen, enthäuten und entkernen. Fruchtfleisch mit einem großen Messer sehr fein hacken, in einen Topf geben. 2 EL Olivenöl, Salz und Pfeffer untermischen, erhitzen und sanft köcheln lassen.

3 300 g Orecchiette ins kochende Salzwasser geben, in 10–15 Min. bißfest garen.

4 Inzwischen Schinken in feine Streifen schneiden. 1 Zwiebel und 2 Knoblauchzehen sehr fein hacken. In einer großen Pfanne 4 EL Olivenöl erhitzen. Zwiebel und Schinken einrühren, sanft andünsten. Rucola und Knoblauch untermischen, einige EL vom heißen Nudelkochwasser angießen. Mit Salz und Pfeffer würzen.

Minestra maritata

Gemüseeintopf (Apulien)

5 Orecchiette abgießen, abtropfen lassen und mit dem Rucolagemüse mischen. Mit Tomatensauce begießen, 50 g frisch geriebenen Pecorino oder Parmesan dazu servieren.

• Rucola – das ist eine bei uns relativ unbekannte Salatsorte mit länglichen, sattgrünen Blättern, im Geschmack leicht herb mit deutlichem Nußaroma. Sie können dieses Rezept jedoch auch ohne weiteres mit anderem Gemüse zubereiten: Alternativen wären junge Löwenzahnblätter, Brunnenkresse oder frischer Blattspinat.

Zutaten für 6–8 Portionen:
100 g durchwachsener Speck
1 Fenchelknolle (300 g)
3 Chicoréestauden
300 g Möhren
3 Stangen Staudensellerie
1 Stange Lauch
½ kleiner Weißkohl (300 g)
50 g frisch geriebener Pecorino (oder Parmesan)
2 l kräftige, heiße Fleischbrühe (am besten hausgemacht)
2 Knoblauchzehen
6 EL Olivenöl
Salz, Pfeffer aus der Mühle

<u>Zubereitungszeit:</u> 80 Min.
Bei 8 Portionen pro Portion: 950 kJ / 230 kcal

1 Gemüse putzen und waschen: Fenchelknolle quer in dünne Scheiben schneiden, Fenchelgrün aufbewahren. Chicorée, Möhren, Staudensellerie und Lauch in Scheiben, die Blätter von ½ Weißkohl in schmale Streifen schneiden.

2 In einem großen Topf reichlich Salzwasser erhitzen. Alle Gemüsesorten darin portionsweise 2 Min. blanchieren. Mit einem Schaumlöffel jeweils herausholen, kalt abschrecken und gut abtropfen lassen. Topf ausspülen und abtrocknen.

3 Speck in feine Streifen schneiden. Den großen Topf mit 2 EL Olivenöl ausstreichen und erhitzen. Speckstreifen darin knusprig braten, 2 Knoblauchzehen durch die Presse drücken und untermischen. Speckstreifen wieder herausnehmen, beiseite legen.

4 2 l Fleischbrühe in einem anderen Topf erhitzen. Inzwischen das Gemüse lagenweise in den großen Topf schichten. Jede Schicht mit Knoblauchspeck und etwas geriebenem Käse bestreuen, mit Olivenöl beträufeln und kräftig aus der Mühle pfeffern.

5 Die Fleischbrühe über das eingeschichtete Gemüse gießen, mit restlichem Käse bestreuen. Topf zudecken und die Minestra etwa 45 Min. sachte köcheln.

• Üblich ist auch, die geschichtete Gemüsesuppe im Backofen zu garen – oder sie nur zum Schluß mit Käse bestreut knusprig zu überbacken.

Abruzzen, Molise und Apulien

Fettuccine all'abruzzese
Bandnudeln mit Safransauce (Abruzzen)

Pasta e lenticchie
Nudeln mit Linsen (Apulien)

Zutaten für 4 Portionen:

8 Zucchiniblüten mit zarten Fruchtstielen
½ Bund Basilikum
½ Bund Petersilie
4 EL frisch geriebener Pecorino (oder Parmesan)
1 Döschen Safranpulver
⅛ l Fleischbrühe
400 g Bandnudeln
1 Zwiebel
4 EL Olivenöl
Salz, Pfeffer aus der Mühle

Zubereitungszeit: 40 Min.
Pro Portion: 1900 kJ / 450 kcal

1 Zucchiniblüten von den Fruchtstielen trennen. 4 Blüten, die Fruchtstiele und Basilikum in feine Streifen schneiden, Petersilie und 1 Zwiebel fein hacken.

2 In einem großen Topf 3 l Salzwasser für die Bandnudeln zum Kochen bringen.

3 In einem Topf 4 EL Olivenöl erhitzen. Zwiebel andünsten. Safran in 2 EL lauwarmem Wasser auflösen und untermischen. Feingeschnittene Zucchiniblüten, Fruchtstiele und Kräuter einrühren, ⅛ l Fleischbrühe angießen und sanft köcheln lassen. Salzen und pfeffern.

4 Bandnudeln ins kochende Salzwasser geben und in 8–10 Min. bißfest garen. Falls nötig, die Sauce zwischendurch mit einigen EL Nudelkochwasser verdünnen. Die 4 übrigen Zucchiniblüten auf die Sauce setzen, Topf zudecken und die Blüten kurz mitgaren.

5 Bißfest gegarte Nudeln abtropfen lassen. Sofort mit der Sauce vermengen, mit Salz und Pfeffer abschmecken. Mit den unzerteilten, nur kurz gedünsteten Zucchiniblüten garnieren. 4 EL geriebenen Pecorino extra dazu servieren.

Zutaten für 6 Portionen:

100 g durchwachsener Speck
4 Stangen Staudensellerie
200 g braune Linsen
200 g Spaghetti
⅛ l trockener Weißwein
1 Zwiebel
2 Knoblauchzehen
4 EL Olivenöl
Salz, Pfeffer aus der Mühle

Zubereitungszeit: 70 Min.
(+ 12 Std. Einweichen)
Pro Portion: 1700 kJ / 400 kcal

1 200 g Linsen mit Wasser bedeckt über Nacht einweichen.

2 Am nächsten Tag den Speck und 1 Zwiebel in kleine Würfel schneiden. 2 Selleriestangen waschen und in Scheibchen schneiden, die beiden übrigen Stangen mit dem Grün für später beiseite legen.

3 In einem großen Topf Speckwürfel mit 1 EL Olivenöl sanft anbraten. Zwiebel und Sellerie dazugeben und glasig dünsten. Linsen mitsamt dem Einweichwasser in den Topf geben. 2 Knoblauchzehen durch die Presse dazudrücken.

4 Linsen 30–40 Min. sanft köcheln, ⅛ l Weißwein und nach Bedarf etwas Wasser angießen – die Linsen sollten eine suppige Konsistenz bekommen.

5 Linsen mit Salz und Pfeffer kräftig würzen. Die verbliebenen 2 Selleriestangen in feine Scheibchen schneiden. 200 g Spaghetti in 3 cm lange Stücke brechen. Beides zu den Linsen geben und 8–10 Min. mitgaren. Zartes Selleriegrün fein hacken. Zum Schluß die Linsen nochmals kräftig abschmecken. Mit 3 EL Olivenöl beträufeln, Selleriegrün aufstreuen.

Spaghetti con aglio, olio e peperoncino
Spaghetti mit Knoblauch, Öl und Pfefferschote (Abruzzen/Molise)

• Ebenso delikat und typisch für diese Regionen ist die Kombination von Nudeln mit Bohnen: *Pasta e fagioli*. Dafür werden getrocknete weiße Bohnen über Nacht eingeweicht, am nächsten Tag im Einweichwasser aufgesetzt. In einem zweiten Topf köchelt man einige frische Schweinerippchen mit Lauch und Zwiebeln, löst das vorgegarte Fleisch in kleinen Stückchen von den Knochen und läßt es mit den Bohnen fertigköcheln. Die Fleischbrühe, aus der Lauch und Zwiebeln entfernt werden, ist nun das würzige Kochwasser für die Pasta – am besten kleine Hohlnudeln nehmen wie Muscheln oder Hörnchen. Nudeln al dente garen, mit Olivenöl beträufeln und gründlich unter die Bohnen mischen. Mit Salz, Pfeffer und feingehackter Petersilie würzen. Noch herzhafter wird's mit kroß gebratenen Speckwürfeln.

Zutaten für 4–6 Portionen:
1 Bund glatte Petersilie
1 Peperoncino (getrocknete, scharfe rote Pfefferschote), ersatzweise Chilischote
3 Knoblauchzehen
500 g Spaghetti
50 ml Olivenöl
Salz, Pfeffer aus der Mühle

Zubereitungszeit: 35 Min.
Bei 6 Portionen pro Portion: 1700 kJ / 400 kcal

1 In einem großen Topf 4 l Salzwasser aufkochen. Spaghetti hineingeben und in 8–10 Min. bißfest garen.

2 Inzwischen in einer großen Pfanne 50 ml Olivenöl erhitzen. 3 Knoblauchzehen schälen und halbieren, zusammen mit dem getrockneten Peperoncino ins heiße Öl geben und unter Rühren sanft dünsten.

3 Petersilie fein hacken. Bißfest gegarte Spaghetti abgießen und gut abtropfen lassen. Peperoncino und Knoblauchzehen aus der Pfanne nehmen, Spaghetti und Petersilie ins heiße Öl geben und alles gründlich vermengen. Mit Salz und frisch gemahlenem Pfeffer abschmecken. Zur Dekoration Peperoncino wieder auf die fertigen Spaghetti legen, sofort servieren.

• Die Peperoncinoschote sollten Sie nur solange im Öl mitdünsten, bis die Schärfe Ihren persönlichen Geschmack erreicht hat. Das läßt sich sicherlich erst beim zweiten Versuch exakt bestimmen. Also: zunächst mal mit Vorsicht rangehen! Wer's von Natur aus pikant liebt, kann die Feuerschote auch bis zuletzt in der Pfanne lassen und mit unter die Spaghetti mischen, eventuell zusätzlich mit einem Hauch Cayennepfeffer abschmecken.

• Eine entschärfte Rezeptvariante heißt *Spaghetti aglio e olio* – Sie werden staunen, wie köstlich Nudeln schmecken, die mit nichts weiter als Knoblauch und Öl gewürzt sind.

• Weinempfehlung: ein kräftiger Rotwein, zum Beispiel Montepulciano d'Abruzzo.

Abruzzen, Molise und Apulien

Cozze ripiene
Gefüllte Muscheln (Apulien)

Zutaten für 4 Portionen:

1 kg frische Miesmuscheln
¼ l trockener Weißwein
500 g Tomatenfruchtfleisch
 (Dose oder Packung)
1 Bund glatte Petersilie
1 Bund Basilikum
2 Eier
3 EL frisch geriebener Pecorino
 (oder Parmesan)
2 EL Butter
1 Zwiebel
3 Knoblauchzehen
4 EL grobe Semmelbrösel
 (möglichst frisch gerieben)
3 EL Olivenöl
Salz, Pfeffer aus der Mühle
1 Prise Cayennepfeffer

Zubereitungszeit: 70 Min.
Pro Portion: 1900 kJ / 450 kcal

In anderen Regionen Italiens werden die überbackenen Miesmuscheln auch *Cozze alla tarantina* genannt. Die Füllungen variieren leicht, Hauptingredienzen sind aber meist Käse, Kräuter und Brotbrösel. In der Toskana findet man eine besonders ungewöhnliche Mischung mit würziger Wurst.

• **Wichtig:** Die Muscheln müssen absolut frisch sein, vor dem Zubereiten bereits geöffnete Schalen aussondern.

• **Weinempfehlung:** ein delikater Weißwein, zum Beispiel Locorotondo.

1 Miesmuscheln unter fließendem Wasser gründlich putzen, entbarten, waschen und abbürsten. Die bereits geöffneten Muscheln heraussuchen und nicht verwenden.

2 Muscheln in einen großen Topf geben, ¼ l Weißwein angießen, erhitzen und etwa 5 Min. garen, bis sich die Muscheln öffnen. Geschlossene Muscheln aussondern und wegwerfen. Muscheln herausnehmen und etwas abkühlen lassen.

3 Muschelsud durch ein feines Sieb gießen und beiseite stellen. 1 Zwiebel und 1 Knoblauchzehe sehr fein hacken. Im Topf 3 EL Olivenöl erhitzen, Zwiebel und Knoblauch andünsten. 500 g Tomatenfruchtfleisch grob zerkleinern, unterrühren. Muschelsud angießen, salzen und pfeffern. Zur dicken Sauce einköcheln lassen. Tomatensauce in eine große, flache, feuerfeste Form füllen. Backofen auf 225° vorheizen.

4 Abgekühlte Muscheln vorsichtig in der Mitte auseinanderbrechen, die leeren Schalenhälften wegwerfen. Die Schalen mit dem Muschelfleisch nebeneinander legen.

5 Für die Füllung 2 Eier mit einer Gabel kräftig verquirlen. Petersilie und Basilikum fein schneiden, 2 Knoblauchzehen hacken und mit den Eiern mischen. 4 EL Semmelbrösel unterrühren, die Paste mit Salz, Pfeffer und 1 Prise Cayennepfeffer würzen.

6 Jede Muschelhälfte mit 1 TL Kräuterpaste belegen, danach vorsichtig in die Tomatensauce setzen (die Sauce darf die Muscheln nicht bedecken!). Mit 3 EL frisch geriebenem Pecorino bestreuen, 2 EL Butter in Flöckchen darauf verteilen. Die Muscheln in den vorgeheizten Backofen (Gas: Stufe 4) schieben und 10 Min. überbacken (oder unterm Grill etwa 5 Min. überbacken). Zu knusprigem Weißbrot servieren.

Abruzzen, Molise und Apulien

Triglie al cartoccio
Rotbarben in Papierhülle (Abruzzen/Apulien)

Zutaten für 2 Portionen:
4 mittelgroße Rotbarben
½ Zitrone (Saft)
50 g schwarze Oliven
2 Knoblauchzehen
8 EL Olivenöl
3 Lorbeerblätter
½ TL Pfefferkörner
Salz, Pfeffer aus der Mühle

Zubereitungszeit: 30 Min.
(+ 2 Std. Marinieren)
Pro Portion: 2300 kJ / 550 kcal

1 Rotbarben schuppen, waschen und in eine Schüssel legen. 2 Knoblauchzehen durchpressen, mit dem Saft von ½ Zitrone und 4 EL Olivenöl verrühren. 3 Lorbeerblätter fein zerkrümeln, ½ TL Pfefferkörner im Mörser zerstoßen und beides in die Marinade rühren.

2 Marinade über die Rotbarben träufeln. Mindestens 2 Std. im Kühlschrank durchziehen lassen, Fische einmal wenden.

3 Backofen auf 200° vorheizen. 4 große Bögen dickes Pergamentpapier (ersatzweise Alufolie oder Bratbeutel verwenden) mit je 1 EL Olivenöl einstreichen.

4 Rotbarben aus der Marinade nehmen und auf die geölten Papiere legen, salzen und pfeffern, mit der Marinade beträufeln. 50 g Oliven entsteinen und zerkleinern, auf die vier Portionen verteilen. Fische in die Papierbögen einwickeln, Papierränder umknicken und die Päckchen fest verschließen.

5 Im vorgeheizten Backofen (Gas: Stufe 3) etwa 8 Min. garen. Rotbarben in der Papierhülle servieren und erst bei Tisch auspacken.

Orata alla pugliese
Überbackene Goldbrasse (Apulien)

Zutaten für 4 Portionen:
1 Goldbrasse (knapp 1 kg)
500 g mittelgroße Kartoffeln
   (vorwiegend festkochend)
1 großes Bund glatte Petersilie
50 g frisch geriebener Pecorino
   (oder Parmesan)
3 Knoblauchzehen
10 EL Olivenöl
Salz, Pfeffer aus der Mühle

Zubereitungszeit: 80 Min.
Pro Portion: 2300 kJ / 550 kcal

1 Goldbrasse schuppen und ausnehmen, gründlich abspülen und mit Küchenkrepp abtrocknen. In einem Topf 1 l Salzwasser aufkochen. Kartoffeln waschen, schälen und in ½ cm dicke Scheiben schneiden. Portionsweise im kochenden Salzwasser 5 Min. blanchieren, abtropfen lassen.

2 Petersilie und 3 Knoblauchzehen sehr fein hacken (oder im Mörser zerreiben). Mit 8 EL Olivenöl zu einer Paste rühren. Backofen auf 225° vorheizen. Eine große feuerfeste Form mit 2 EL Olivenöl einstreichen.

3 Die Hälfte der Kartoffelscheiben in die Form schichten. Kräftig salzen und pfeffern, mit einem Teil des Kräuteröls beträufeln und die Hälfte vom geriebenen Käse aufstreuen.

4 Den vorbereiteten Fisch auf die Kartoffeln legen, ebenfalls salzen, pfeffern und mit einem Teil des Kräuteröls bestreichen. Mit den restlichen Kartoffelscheiben abdecken, wieder mit Salz, Pfeffer, Kräuteröl und geriebenem Käse würzen.

5 Im vorgeheizten Backofen (Gas: Stufe 4) 30 Min. garen. Die Goldbrasse erst am Tisch zerlegen und sehr heiß servieren.

Zuppa di pesce
Fischsuppe mit Garnelen (Apulien)

- Die Goldbrasse gehört zu den begehrtesten Speisefischen – mit ihrem wundervoll aromatischen, zarten und fettarmen Fleisch. Am besten bestellen Sie den Fisch einige Tage vorher beim Fischhändler, da er sicherlich nicht immer vorrätig sein wird. Als Ersatz bieten sich alle anderen Arten von Brassen an, notfalls auch Heilbutt, Seehecht oder Schellfisch.
Sie können das Rezept auch mit filetiertem Fisch zubereiten – dann am besten Scheiben von Pellkartoffeln nehmen, alles kräftig mit dem Kräuteröl beträufeln und etwas kürzer im Ofen lassen.

- Weinempfehlung: ein trockener Weißwein, zum Beispiel Martina Franca.

Zutaten für 4 Portionen:
1 kg gemischte Fischfilets (Rotbarsch, Schellfisch, Seehecht, Kabeljau)
250 g geschälte Garnelen
4 Stangen Staudensellerie
1 Bund glatte Petersilie
3/8 l trockener Weißwein (oder leichte Fischbrühe)
1 große Dose geschälte Tomaten (800 g)
2 Zwiebeln
4 Knoblauchzehen
6 EL Olivenöl
1/2 TL Pfefferkörner
Salz, Pfeffer aus der Mühle

Zubereitungszeit: 1 Std.
Pro Portion: 2200 kJ / 520 kcal

1 Fischfilets in Portionsstücke schneiden, leicht mit Salz bestreuen und abgedeckt kühlstellen.

2 4 Selleriestangen waschen, in zentimeterbreite Scheiben schneiden. Zartes Grün für später aufbewahren. 2 Zwiebeln grob hacken. 4 Knoblauchzehen kleinschneiden und mit 1/2 TL Pfefferkörnern im Mörser zerquetschen, 2 EL Olivenöl unterrühren. Tomaten aus der Dose abtropfen lassen, kleinschneiden und den Saft aufheben.

3 In einem großen Topf 4 EL Olivenöl erhitzen. Gehackte Zwiebeln und Sellerie einrühren, kurz andünsten. Dann Tomaten untermischen, 3/8 l Weißwein angießen und kräftig aufkochen. Knoblauchmischung einrühren, salzen. Nach und nach Tomatensaft angießen, 5 Min. kräftig köcheln lassen.

4 Fischstücke in den Topf geben. Zudecken und 10 Min. garen, nach 5 Min. die Garnelen einrühren und fertiggaren. Mit Salz und Pfeffer abschmecken. Petersilie und Selleriegrün grob hacken, auf die Suppe streuen.

- Etwas aufwendiger: Wenn Sie keine Filets kaufen, sondern die Fische selbst zerlegen, können Sie aus den Abschnitten eine Fischbrühe köcheln und für die Suppe verwenden.

- Weinempfehlung: ein kräftiger Weißwein oder ein Rosé, zum Beispiel Castel del Monte bianco oder rosato.

Abruzzen, Molise und Apulien

Agnello alle olive
Lammbraten mit Oliven (Abruzzen/Molise)

Zutaten für 6 Portionen:
1 kg Lammfleisch aus der Keule
150 g schwarze Oliven
1–2 Zitronen (Saft)
1 Sträußchen frischer Oregano (oder 1 EL getrockneter)
¼ l Fleischbrühe
1 getrocknete Peperonischote
1 EL Mehl
6 EL Olivenöl
Salz, Pfeffer aus der Mühle

Zubereitungszeit: 2 ½ Std.
Pro Portion: 2300 kJ / 550 kcal

1 Lammfleisch dünn mit 1 EL Mehl bestäuben. In einem Schmortopf 6 EL Olivenöl erhitzen, Fleisch hineingeben und rundum anbräunen. Mit Salz und Pfeffer würzen, den Saft von 1 Zitrone und ⅛ l Fleischbrühe angießen. Zugedeckt 30 Min. bei kleiner Hitze schmoren.

2 100 g Oliven entsteinen. Peperonischote entkernen, beides fein hacken und nach 30 Min. Garzeit zum Lamm geben. Die Hälfte der Oreganoblättchen einstreuen, ⅛ l Fleischbrühe nachgießen. Zugedeckt in etwa 1 ½ Std. fertigschmoren, bis das Fleisch schön zart und mürbe ist. 50 g ganze Oliven einrühren.

3 Sauce mit Salz, Pfeffer und Zitronensaft abschmecken. Fleisch in dünne Scheiben schneiden, auf einer vorgewärmten Platte anrichten. Die Sauce darüber gießen, mit frischem Oregano bestreuen. Sehr heiß servieren.

• Falls die Sauce am Schluß noch zu flüssig ist, mit etwas Sahne aufkochen und binden.

• Raffinierte Ergänzung: einige frische Waldpilze mit in die Sauce geben (etwa 30 Min. vor Ende der Garzeit).

Agnello brodettato
Lammgulasch mit Zitronensauce (Abruzzen)

Zutaten für 4–6 Portionen:
750 g Lammfleisch aus der Schulter
50 g durchwachsener Speck
2 EL Schmalz
1 unbehandelte Zitrone (Saft und Schale)
⅛–¼ l trockener Weißwein
⅛ l Fleischbrühe
3 Eigelb
1 Zwiebel
1 Knoblauchzehe
1–2 EL Mehl
Muskatnuß
Salz, Pfeffer aus der Mühle

Zubereitungszeit: 2 Std.
Bei 6 Portionen pro Portion: 2500 kJ / 600 kcal

1 Lammfleisch von Haut und Sehnen befreien, in 2 cm große Würfel schneiden und dünn mit 1–2 EL Mehl bestäuben. 50 g Speck und 1 Zwiebel in Würfelchen schneiden. In einem Schmortopf 2 EL Schmalz erhitzen. Speckwürfel einrühren und sanft anbraten. Fleischwürfel portionsweise hineingeben und unter Rühren kräftig anbraten. Zwiebel dazugeben und glasig dünsten.

2 Mit ⅛ l Weißwein ablöschen, mit Salz, Pfeffer und 1 Prise frisch geriebener Muskatnuß würzen. Unter Rühren kräftig weitergaren, bis der Wein verdampft ist.

3 Etwas Wein und Fleischbrühe nachgießen, den Topf schließen und das Lammfleisch etwa 1 Std. auf kleinster Stufe schmoren. Nach Bedarf Wein und Brühe angießen.

4 Sobald das Fleisch weich ist, die Stücke mit einem Schaumlöffel herausheben und auf einer vorgewärmten Platte abgedeckt warm halten.

5 3–4 EL Zitronensaft in einer kleinen Schüssel mit 3 Eigelb und 1 durchgepreßten

Agnello alla pugliese
Lammbraten mit Kartoffeln (Apulien)

Knoblauchzehe verquirlen. Topf an den Herdrand ziehen, die Eigelbcreme langsam in die Fleischsauce einfließen lassen, mit einem Schneebesen kräftig unterrühren. Topf mit der schaumig geschlagenen Sauce auf die Herdplatte zurückstellen, nochmals richtig erhitzen, doch keinesfalls aufkochen lassen.

6 Die Schale der Zitrone in feinen Streifchen ablösen. Ei-Zitronensauce mit Salz, Pfeffer und Muskatnuß abschmecken. Sauce heiß über die Lammstückchen gießen, mit Zitronenschale bestreuen und sofort servieren.

• Traditionelles Osterrezept aus den Abruzzen.

• Weinempfehlung zu Lamm: ein herzhafter Rotwein, zum Beispiel Montepulciano d'Abruzzo oder ein Rosso di Cerignola aus Apulien.

Zutaten für 4–6 Portionen:

1 kg Lammkeule
600 g kleine Kartoffeln (vorwiegend festkochend)
600 g reife Tomaten
1 großes Bund glatte Petersilie
1 unbehandelte Zitrone (Saft und Schale)
50 g frisch geriebener Pecorino (oder Parmesan)
3 EL Schmalz
4 EL Semmelbrösel (möglichst frisch gerieben)
4 Knoblauchzehen
6 EL Olivenöl
Salz, Pfeffer aus der Mühle

<u>Zubereitungszeit:</u> 2 ¼ Std.
Bei 6 Portionen pro Portion:
2700 kJ / 650 kcal

1 Lammkeule mit dem Saft von 1 Zitrone einreiben (Zitronenhälften aufheben). Kartoffeln waschen, schälen und in ½ cm breite Scheiben schneiden. Tomaten überbrühen, enthäuten und entkernen.

2 Einen großen Bräter mit 2 EL Olivenöl ausstreichen. Kartoffelscheiben einschichten, salzen und pfeffern, mit 2 EL Schmalzflöckchen belegen. Die Tomaten dazwischen verteilen. Backofen auf 175° vorheizen.

3 Petersilie und 4 Knoblauchzehen sehr fein hacken, mit 4 EL Semmelbröseln und fein abgeriebener Schale der Zitrone mischen. ⅔ davon mit 4 EL Olivenöl zu einer Paste rühren. Den Rest mit 50 g frisch geriebenem Pecorino mischen und für später beiseite stellen.

4 Lammkeule salzen und pfeffern. Mit der Petersilienpaste rundum einstreichen. Auf die Kartoffelscheiben in den Bräter legen, im vorgeheizten Backofen (Gas: Stufe 2) etwa 1 ½ Std. garen.

5 15 Min. vor Garzeitende die Backofentemperatur auf 225° (Gas: Stufe 4) erhöhen.

Petersilie-Käse-Mischung über Lamm und Kartoffeln streuen, 1 EL Schmalz in Flöckchen darauf verteilen. Knusprig überbacken.

• Wird in Italien auch gern mit zartem Zicklein zubereitet – bei uns leider nur schwer erhältlich.

Abruzzen, Molise und Apulien

Peperoni ripieni
Gefüllte Paprikaschoten (Apulien)

Zutaten für 4 Portionen:

4 gelbe Paprikaschoten
1 Bund glatte Petersilie
4 EL frisch geriebener Pecorino
   (oder Parmesan)
2 frische Brötchen
4 eingelegte Sardellenfilets
2 EL Kapern
2 Knoblauchzehen
⅛ l Olivenöl
Salz, Pfeffer aus der Mühle

Zubereitungszeit: 50 Min.
Pro Portion: 1400 kJ / 330 kcal

Viele der italienischen Gemüsebeilagen eignen sich besonders gut als kleine Vorspeise – dazu gehören auch diese pikant gefüllten Paprikaschoten. In anderen Gegenden Italiens findet man sie unter der Bezeichnung *Involtini di peperoni* – mit unterschiedlichsten Füllungen, von Thunfisch mit schwarzen Oliven, Käse mit Kräutern bis hin zu fast orientalisch gewürztem Brot mit eingelegten Rosinen.

Statt der gelben Schoten können Sie ohne weiteres auch rote oder grüne Paprika zum Füllen verwenden (die Farbe ist übrigens nur abhängig vom Reifegrad, es handelt sich nicht um verschiedene Sorten). Grüner Paprika schmeckt herber und braucht eine etwas längere Garzeit als die mildwürzigen roten und die zarten gelben Schoten.

1 Paprikaschoten waschen und abtrocknen. An der Stengelseite von jeder Schote einen Deckel abschneiden, beiseite legen. Die weißen Trennwände und Kerne aus dem Inneren entfernen.

2 Füllung: Von den 2 Brötchen rundum die Rinde abreiben, nur das weiche Innere verwenden. Krume in winzige Stückchen zupfen, in eine kleine Schüssel geben, mit 2–3 EL Olivenöl tränken.

3 Petersilie fein hacken. 4 eingelegte Sardellenfilets kurz abspülen, trocknen und kleinhacken. 2 Knoblauchzehen durchpressen oder ebenfalls fein hacken.

4 Gehackte Petersilie, Sardellen und Knoblauch mit 2 EL geriebenem Käse und 2 EL Kapern zur Brotkrume geben, alles gründlich vermengen. Backofen auf 175° vorheizen.

5 Mit Salz (eher vorsichtig wegen der Sardellen!) und Pfeffer würzig abschmecken. Nach und nach etwa 4–5 EL Olivenöl einrühren, damit die Mischung sich gut verbindet. Mit 1 EL Öl eine feuerfeste Form ausstreichen.

6 Füllung in die vorbereiteten Paprikaschoten verteilen, jeweils 1/2 EL Pecorino aufstreuen. Die abgetrennten Deckel wieder auflegen und die gefüllten Schoten außen mit Öl bestreichen.

7 Paprikaschoten aufrecht in die Form setzen, im vorgeheizten Backofen (Gas: Stufe 2) 20 Min. überbacken. Heiß servieren, eventuell als Beilage zu einem Fleischgericht (oder kalt als Vorspeise).

Abruzzen, Molise und Apulien

Tortiera di patate e funghi
Kartoffel-Pilzauflauf (Apulien)

Zutaten für 4 Portionen:
800 g Kartoffeln (vorwiegend festkochend)
500 g frische, große Champignons, Egerlinge oder frische Waldpilze
1 Zitrone (Saft)
1 Bund glatte Petersilie
50 g frisch geriebener Pecorino (oder Parmesan)
50 g Semmelbrösel (am besten frisch geriebene, grobe Weißbrotbrösel)
6–8 EL Olivenöl
Salz, Pfeffer aus der Mühle

Zubereitungszeit: 1 ½ Std.
Pro Portion: 1600 kJ / 380 kcal

1 Kartoffeln waschen, schälen und in ½ cm dicke Scheiben schneiden. Pilze putzen, Stielenden abschneiden. Pilze in dicke Scheiben schneiden und sofort mit dem Saft von 1 Zitrone beträufeln.

2 Petersilienblättchen in feine Streifen schneiden, mit 50 g Semmelbröseln und 50 g geriebenem Käse mischen.

3 Backofen auf 175° vorheizen. Eine feuerfeste Form mit 2 EL Öl ausstreichen. Abwechselnd in mehreren Lagen Kartoffel- und Pilzscheiben einschichten. Jede Lage salzen und aus der Mühle pfeffern, mit Kräuter-Käse-Bröseln bestreuen und reichlich mit Olivenöl beträufeln.

4 Im vorgeheizten Backofen (Gas: Stufe 2) etwa 1 Std. backen, bis die Kartoffeln weich sind. Sofort servieren.

• Eine leckere Beilage zu geschmortem Fleisch.

Patate al forno
Überbackene Kartoffeln (Abruzzen/Apulien)

Zutaten für 4–6 Portionen:
1 kg mittelgroße Kartoffeln (vorwiegend festkochend)
600 g mittelgroße Fleischtomaten
3 mittelgroße Zwiebeln
2 Zweige frischer Oregano (oder 1 EL getrockneter)
200 g frisch geriebener Pecorino (oder Parmesan)
⅛ l trockener Weißwein
2 EL Butter
6 EL Olivenöl
Salz, Pfeffer aus der Mühle

Zubereitungszeit: 1 ½ Std.
Bei 6 Portionen pro Portion: 1600 kJ / 380 kcal

1 Kartoffeln waschen, schälen und in ½ cm dicke Scheiben schneiden. Tomaten kurz überbrühen, enthäuten und in Scheiben schneiden. 3 Zwiebeln ebenfalls in dünne Scheiben schneiden.

2 Backofen auf 175° vorheizen. Eine große feuerfeste Form mit 2 EL Olivenöl ausstreichen.

3 Kartoffeln, Tomaten und Zwiebeln in mehreren Lagen dachziegelartig in die Form einschichten. Jede Lage salzen, pfeffern, mit Oreganoblättchen und geriebenem Käse bestreuen, mit Wein und wenig Öl beträufeln (vom Käse 2 EL wegnehmen und ganz am Schluß verwenden).

4 Die oberste Schicht zusätzlich mit 2 EL Butterflöckchen belegen. Im vorgeheizten Backofen (Gas: Stufe 2) etwa 1 Std. garen. Sobald die Kartoffeln weich sind (mit der Messerspitze prüfen), mit restlichen 2 EL Käse bestreuen und nochmals 2 Min. im Ofen lassen. Heiß servieren – mit frischem Oregano garnieren.

Cipolle fritte
Ausgebackene Zwiebeln (Abruzzen/Apulien)

- Als Beilage für Lamm, Zicklein und Geflügelgerichte. Oder ein eigenständiges Hauptgericht für 3–4 Personen – zum Sattessen mit einem großen gemischten Salat servieren.

- Weinempfehlung: ein würziger Weißwein, zum Beispiel Trebbiano d'Abruzzo oder San Severo bianco aus Apulien.

Zutaten für 4–6 Portionen:
500 g Perlzwiebeln oder kleine Zwiebeln
1 Bund glatte Petersilie
3 EL frisch geriebener Pecorino (oder Parmesan)
2 Eier
100 ml Milch
2 Knoblauchzehen
100 g Mehl
Öl zum Ausbacken
Salz, Pfeffer aus der Mühle

<u>Zubereitungszeit:</u> 45 Min.
Bei 6 Portionen pro Portion:
1300 kJ / 310 kcal

1 Als erstes den Teig zubereiten: In einer Schüssel 2 Eigelb mit Salz und Pfeffer verquirlen, 100 g Mehl und 100 ml Milch eßlöffelweise dazugeben und glattrühren. 3 EL geriebenen Käse unterrühren, 2 Knoblauchzehen durch die Presse dazudrücken. Den Teig 30 Min. quellen lassen.

2 Zwiebeln schälen. In einem Topf 2 l Salzwasser aufkochen, Zwiebeln im sprudelnden Wasser 2 Min. blanchieren. Kalt abschrecken und gut abtropfen lassen, mit einem Küchentuch trockenreiben.

3 Petersilie fein hacken und unter den Ausbackteig mischen. 2 Eiweiß zu steifem Schnee schlagen, locker unterziehen.

4 In einem Topf (oder in der Friteuse) reichlich Öl erhitzen. Zwiebeln mit einer Gabel in den Teig tauchen, ins heiße Öl geben und knusprig ausbacken. Mit einem Schaumlöffel herausholen, auf Küchenkrepp gut abtropfen lassen. Möglichst sofort heiß servieren.

- Lampasciuoli – so heißen die Zwiebeln einer Hyazinthenart, die in Apulien als Spezialität gelten. Leicht bitteres Aroma. Sie werden nach obigem Rezept zubereitet, pikant eingelegt, gegrillt oder im Ofen überbacken.

Parozzo
Schokoladenkuchen (Abruzzen)

Zutaten für 6 Portionen:

100 g geschälte Mandeln
200 g Schokoladenkuvertüre
5 Eier
80 g Butter + 1 EL für die Form
100 g Zucker
100 g Mehl
2 EL Speisestärke

Zubereitungszeit: 70 Min.
 (+ etwa 1 Std. Abkühlen)
Pro Portion: 2500 kJ / 600 kcal

1 100 g Mandeln fein mahlen (notfalls bereits gemahlene Mandeln kaufen).

2 5 Eier trennen, die 5 Eigelb mit 100 g Zucker in eine Schüssel geben und schaumig schlagen. Währenddessen in einem Töpfchen 80 g Butter zerlassen.

3 100 g Mehl und 2 EL Speisestärke mischen. Abwechselnd mit den gemahlenen Mandeln löffelweise unter den Eierschaum rühren. Die flüssige Butter vom Herd nehmen und abkühlen lassen, danach ebenfalls unter den Teig mischen.

4 Backofen auf 200° vorheizen. Eine Springform (28 cm ø) mit 1 EL weicher Butter ausstreichen.

5 5 Eiweiß zu steifem Schnee schlagen, gründlich und gleichmäßig unter den Teig ziehen. In die vorbereitete Springform füllen und glattstreichen. Im vorgeheizten Backofen (Gas: Stufe 3) 25 Min. backen. Dann die Oberfläche des Kuchens mit Alufolie abdecken, in weiteren 10 Min. fertigbacken. Aus dem Ofen nehmen, aus der Form lösen und abkühlen lassen (etwa 45 Min.).

6 200 g Schokoladenkuvertüre schmelzen, den Kuchen damit gleichmäßig überziehen. Mit einer Gabel feine Rillen als Muster einziehen. Kuvertüre antrocknen lassen, Kuchen in Portionsstücke teilen und servieren.

• Pane rozzo – eigentlich der Ausdruck für ein einfaches, grobes Landbrot. Der ursprünglich wie ein Brotlaib geformte Schokoladenkuchen *Parozzo* hat ihm zwar den Namen zu verdanken, geschmacklich jedoch nichts mit ihm gemeinsam. Vielleicht liegt gerade darin der Charme italienischer Küchensprache: Sie pflegt liebevoll den Kontakt zum bildhaften, direkten Erleben.

Torrone
Mandel-Feigen-Nougat (Abruzzen)

Zutaten für 10–12 Portionen:

250 g geschälte Mandeln
250 g Haselnußkerne
150 g getrocknete Feigen
200 g Honig
200 g Zartbitter-Schokolade
3 Eiweiß
200 g Zucker
8 rechteckige Oblaten
(122 x 202 mm)

Zubereitungszeit: 1 ¾ Std.
(+ 12 Std. Abkühlen)
Bei 12 Portionen pro Portion:
2200 kJ / 530 kcal

1 Eine Schüssel ins heiße Wasserbad stellen, 200 g Honig hineingeben und unter häufigem Rühren bei geringer Hitze köcheln lassen. Der Test für die richtige Konsistenz (nach etwa 1 Std.): einen Honigtropfen in ein Glas mit kaltem Wasser fallen lassen – bildet sich sofort ein kleines Kügelchen, ist der Honig bereit zur Weiterverarbeitung.

2 Inzwischen Backofen auf 225° vorheizen. Haselnüsse auf einem Blech hineinschieben (Gas: Stufe 4) und kurz anrösten. Nüsse herausnehmen und die Schalen abreiben. Haselnüsse und geschälte Mandeln grob hacken, getrocknete Feigen in kleine Würfelchen schneiden.

3 Zartbitter-Schokolade in kleine Stückchen brechen. In einem Topf 5 EL Zucker mit 5 EL Wasser unter Rühren langsam erhitzen, bis sich der Zucker aufgelöst hat. Schokolade hineingeben und in der Zuckerlösung schmelzen lassen. Häufig umrühren.

4 In einem zweiten Topf restlichen Zucker mit 3 EL Wasser zu einem dickflüssigen Sirup kochen. 3 Eiweiß zu steifem Schnee schlagen.

5 Sobald der Honig die richtige Konsistenz hat (siehe Punkt 1), die Temperatur des Wasserbades etwas reduzieren, Eischnee vorsichtig unter den Honig ziehen.

6 Nacheinander die aufgelöste Schokolde, Zuckersirup, gehackte Nüsse und Mandeln sowie die Feigenwürfel unter den warmen Honig mischen.

7 Eine (Marmor-)Platte mit der Hälfte der Oblaten auslegen. Nougatmasse 2–3 cm dick aufstreichen und mit den restlichen Oblaten abdecken. Gut abkühlen lassen. Danach mit einem scharfen Messer in kleine Rechtecke schneiden.

• Beim Abkühlen die obere Oblatenschicht am besten mit einem Tuch abdecken und mit einer Zeitung beschweren, damit sie sich nicht nach oben wölbt.

• Variante: Nougatmasse nicht auf Oblaten streichen, sondern mit einem Löffel abstechen und kleine Portionen in dekorative Pralinenförmchen setzen.

• In Sizilien wird Torrone mit gerösteten Sesamsamen verfeinert.

Fisch – der tägliche Luxus

Schon als Kinder lernten wir, daß Italien ein »Stiefel« ist. Sieht man genau hin, so ist es ein Wasserstiefel, rundum vom Mittelmeer umgeben. Nun erstaunt es doch, daß – statistisch gesehen – Italiener gar nicht so viel Fisch essen, wie man angesichts der Küstenlänge denken sollte: nicht viel mehr als wir. Wobei jedoch die Unterschiede zwischen Küstenregion und Landesinnerem enorm sind. Zum anderen ist der landwirtschaftlich orientierte, reichere Norden eher an Fleisch interessiert als der Süden, bei dem das tägliche Fischgericht eine Selbstverständlichkeit ist.

Dabei haben sich die Fangmethoden seit Urzeiten wenig geändert. Im wesentlichen wird mit Angeln und Netzen gefischt. Beim Angeln werden die Haken, die an festen Kunststoffschnüren befestigt sind, in geduldiger Handarbeit mit Ködern versehen – einem Stück Fisch oder Brot, je nachdem, welche Fischart angelockt werden soll – und ausgeworfen. Ein Freizeitangler verwendet dazu die Angel, ein Fischer faßt mehrere Schnüre an Langleinen zusammen, die er im Meer schwimmen läßt. Diese Methode bringt natürlich keine große Ausbeute, aber Fänge von sehr hoher Qualität, da die Fische nicht zusammengequetscht und beschädigt werden. Entsprechend dem großen Arbeitsaufwand und der geringen Fangmenge sind die Marktpreise dieser Fische sehr hoch.

Preiswerter sind Fische, die mit einem Netz gefangen werden. Hier wird vor allem das Umschließungsnetz eingesetzt, bei dem vom Boot aus eine große Netzwand kreisförmig ausgebracht wird, was sich gut an den Schwimmern verfolgen läßt, die die Oberkante des Netzes an der Wasseroberfläche halten. Die Kunst dabei ist, das Netz so auszuspannen, daß es möglichst große Schwärme von gesellig lebenden Fischen umschließt. Danach wird der untere Teil des Netzes mit Hilfe einer Leine zusammengezogen, so daß die Fische nicht nach unten entkommen können. Dann wird das Netz »eingeholt«, das heißt, der obere Teil mit den Schwimmern Stück für Stück ans Boot gezogen. Beim Fluchtversuch verhaken sich die Fische im Netz und können so aus den Maschen gepflückt werden. Im Netz verbleiben nur die Fische ab einer bestimmten Größe, die kleineren können durch die Maschen entkommen, wodurch der Fortbestand gesichert wird. Bei vielen Arten, wie bei den Sardinen, kann man sich deren Vorliebe für nächtliche Lichtquellen zunutze machen: Sie lassen sich durch starke Lampen, die mit Gas betrieben werden, vom Boot aus anlocken und leichter fangen.

Obwohl der Fang im Mittelmeer mühsam und wenig rentabel ist, gehört Fisch zu den hochgeschätzten und hochbezahlten Nahrungsmitteln. Gleich nach dem Fang werden die Fische sortiert und appetitlich hergerichtet. Unter Eis gekühlt geht es dann so schnell wie möglich zum Markt.

Der Weg über die Fischmärkte gehört bei allen Küstenbewohnern zum morgendlichen Einkauf und bietet ein farbenfrohes, munteres und lautes Spektakel, das man sich auch als Tourist nicht entgehen lassen sollte. Und die Befürchtung, es »stinke nach Fisch«, ist unbegründet, denn frischer Fisch riecht nur nach Meer – und nicht nach dem, was uns als übler Geruch manchmal den Genuß verleiden kann.

Ganz oben: Vielfältig und farbenprächtig ist das Angebot. Hier sind es Brassen, von denen es im Mittelmeer über 20 Arten gibt, und Scampi. Unter diesem Namen sind die Krebstiere bei uns bekannter als unter der Bezeichnung Kaisergranat.

Oben: Immer weniger Fischer fahren mit kleinen Booten zum Fang aus, obwohl an den Küsten reichlich Fisch verlangt und gegessen wird. So steigen die Preise, und Touristen wird gelegentlich schon mal tiefgekühlter Fisch vorgesetzt.

Spezialität Fisch

Oben: Eine mühevolle Arbeit ist das Angeln. Nachmittags werden die Nylonschnüre entwirrt und die Haken mit Ködern versehen. Zur einfachen Handhabung werden sie reihum in den Schaumstoffrand eines Korbes gesteckt.

Ganz oben: An Bord eines Kutters flickt ein Fischer sein Netz. Die Fische verhaken sich beim Fang in den Maschen und können so auch die dünnen Garne zerreißen. Die große Trommel auf der linken Seite dient zum Einholen der schweren Netze.

Oben: Geschick gehört dazu, die zerrissenen Maschen wieder zu schließen. Die Netze sind teuer und stellen eine große Investition für die Fischer dar.

Neben den Meeresfischen sind auch die Süßwasserfische aus den vielen Flüssen und Seen – insbesondere in Norditalien und den Alpengebieten – für die regionale Küche von großer Bedeutung.

Erstaunlicherweise kennt die italienische Küche auch sehr viele Rezepte mit Stockfisch – getrocknetem Kabeljau, den im ganzen Mittelmeerraum die Normannen populär gemacht haben sollen. Es war früher die einzige Möglichkeit für die Bewohner des Binnenlandes, Meeresfisch auf die Speisenkarte zu setzen. Heute hat dies eher traditionellen Charakter, vor allem als Freitags- oder Fastenessen.

Viele Mittelmeerfische, die typisch für die italienische Küche sind, erhalten Sie frisch bei uns in guten Fachgeschäften. Und etliche auch tiefgekühlt, zum Beispiel Rotbarben und Brassen, Tintenfische und Kalmare, Sardinen und Krustentiere. So ist es kein Problem, die Rezepte nachzukochen.

Abruzzen, Molise und Apulien

Im allgemeinen bereiten die Italiener den Fisch auf leichte, unverfälschende Art zu. Auf schwere Saucen wird verzichtet, bevorzugt werden einfache Garmethoden wie Grillen, Braten, Backen oder Dünsten. Auch Fischsuppen, die es in jeder Region gibt, folgen diesem Prinzip. Fast immer sind es verschiedene, in Tomatensud mit Knoblauch und Kräutern gegarte Stücke. Hierfür werden preiswerte Fische genommen, das Beiwerk ist sättigend, oft ist die Suppe auf Brot angerichtet – schließlich war es das Alltagsessen der Fischer, denn die wertvolleren Fänge wurden verkauft. Kleine Fische und Meerestiere werden in Öl ausgebacken und nur mit Zitrone serviert.

Der pure Luxus – heute wie vor über 2000 Jahren im alten Rom – sind die Austern, die schon damals in künstlichen Austernbänken gezüchtet wurden. Das einfache Volk mußte mit diversen Muscheln vorliebnehmen, die es in unvorstellbarer Vielfalt an den Küsten gibt. Wichtig sind neben Miesmuscheln die Herz- und die Venusmuscheln (letztere heißen auf italienisch *Vongole* und wurden vor allem durch die *Spaghetti alle vongole* berühmt). Kleine Dreiecksmuscheln findet man in Kolonien auf Sanduntergrund, sie werden gern roh gegessen. Ungewöhnlich sehen die an kurze Holzstöcke erinnernden Schwertmuscheln aus, mit Knoblauch gedünstet sind sie eine Köstlichkeit.

Auch bei uns leicht zu bekommen sind die Kalmare mit langgestrecktem Körper, der sich gut zum Füllen eignet. Und auch die Tintenfische (Sepia) mit kurzem, rundem Körper, die einen dunklen Farbstoff (die »Tinte«) ausstoßen können, um Verfolger abzulenken. Sie findet man in vielen Fischsuppen sowie geschmort oder gegrillt. Beliebt – aus kulinarischer Sicht – sind die stacheligen Seeigel, die mit einer Schere aufgeschnitten und roh ausgelöffelt werden. In den Restaurants der Küstenstädte von Sizilien wird Schwertfisch (*Pesce spada*) in vielen Varianten angeboten, dessen festes, würziges Fleisch an Kalbfleisch erinnert.

Ganz oben links: Am Hafen von Taranto findet man alles, was das Herz an Meeresgetier begehrt. Zum Beispiel die Miesmuscheln.

Ganz oben Mitte: Jede Menge Muscheln. Die kleinen Dreiecksmuscheln werden meist roh gegessen.

Oben: Verschiedene Fische für Suppen sind hier angerichtet.

Ganz oben rechts: Marmorbrassen werden im ganzen gegrillt oder gebraten und kräftig mit Kräutern gewürzt.

Oben rechts: Die größeren Meeräschen mit ihrem festen, würzigen Fleisch sind sehr geschätzt. Sardinen und Sardellen (in den Kisten) werden in Italien meist frisch zubereitet.

Rechts: Scampi zählen zur Hummerfamilie und haben Scheren. Bei uns werden oft die Riesengarnelen daneben unter diesem Namen verkauft.

Spezialität Fisch

Ganz oben links: Schwertmuscheln (Capalonga) und Venusmuscheln (Vongole), beide eignen sich gut zum Schmoren.

Oben links: Auf Algen gebettet die Zutaten für eine Fischsuppe.

Links: Als Extraservice werden die Fische nach dem Kauf gleich ausgenommen.

Ganz oben: Auf dem Fischmarkt von Neapel.

Oben: Stockfisch, getrockneter Kabeljau (Baccalà), wird auch an der Küste gegessen.

Kampanien und Basilicata

Vulkane und Strände:
Wie ein Gott der Antike – der Vesuv

Kampanien und Basilicata

Das Land und seine Produkte

K ampanien ist für viele Neapel und der Golf darum herum. Oder der Vesuv, ein Vulkan wie ein Gott der Antike, gewaltig und unberechenbar. Zu Kampanien zählen auch die Inseln Ischia und Capri, einst Inbegriff der Ferienfreuden am Mittelmeer. Man spürt direkt das Klima, dessen Sanftmut Zitronenbäume und ein Blumenmeer an steilen Felsküsten gedeihen lassen.

Obwohl die Basilicata, auch Lukanien genannt, in großen Teilen arm und einsam ist, hat sie doch an zwei Ecken Anteil am Meer und am Tourismus: An der Südwestseite die Fortsetzung des Strandes von Kampanien, auf der Südostseite als ein Stück der »Stiefelsohle« das lange, sandige Ufer am Ionischen Meer. Das Hinterland ist herb, mystisch; auch hier gibt es einen alten Vulkan: den Monte Vùlture.

Die Küche Kampaniens ist eher einfach, sie komponiert aus schlichten Zutaten Gerichte, die würzig und originell sind. So stritt man sich lange mit den Sizilianern darum, wer der Erfinder der Teigwaren sei. Bis jetzt hat Sizilien die Nase vorn. Doch die Vielfalt der Pastasorten, die in Neapel und ganz Kampanien

Ganz oben: Die Ebene um den Vesuv ist durch Vulkanasche besonders fruchtbar.

Oben: Der Hafen von Neapel lebt vom Fischfang und vom Personenverkehr zu den Inseln Capri und Ischia.

Rechts oben: Gemüse und Obst spielen in der Küche Kampaniens die wichtigste Rolle – Fleisch ist meist eher Beilage. Und oft werden Tomaten und Artischocken, Zwiebeln und Zucchini noch in kleinen Gemüsegärten rund um den Vesuv gezogen.

Rechts: Neapel ist von der Konsumgesellschaft noch nicht so vereinnahmt wie andere Städte. Hier gibt es noch die kleinen Lädchen mit verschiedenen Schinken und Käse für jeden Geschmack.

240

Das Land und seine Produkte

gebräuchlich sind, zeigt, daß dieses Produkt hier fruchtbaren Boden vorfand. Spaghetti, Maccheroni, Penne, Rigatoni und Vermicelli kommen ja dem neapolitanischen Temperament sehr entgegen, das hektisch und ungeduldig nicht lange aufs Essen warten mag. Außer am Sonntag. Da gibt es Gerichte, die einer langen Vorbereitungszeit bedürfen wie Fritto misto, in Teig gehüllte und fritierte Meeresfrüchte, Fisch und Gemüse. Oder ein Ragù, das stundenlang schmoren muß.

Zwei Zutaten prägen die Küche Kampaniens: Käse und Gemüse. Käse ißt man jeden Tag, Mozzarella, Provolone, Caciocavallo und die vielen Sorten,

Oben: Stolz zeigt der Bauer seine frisch geernteten Frühlingszwiebeln, denn sie sind auf Vulkanerde besonders würzig gediehen.

Links: Auch weniger wertvolles Fleisch ist in Kampanien beliebt. Die Kuttlerei bietet Pansen, Mägen, Kalbsköpfe und Schweinsfüße.

die es nur in dieser Region gibt. Gemüse wird liebevoll in kleinen Gärten gezogen. Besonders in der Ebene um den Vesuv baut man so Kartoffeln, Paprika, Artischocken und Fenchel an. Und natürlich Tomaten, denn in Neapel entstand die Tomaten-Konservenindustrie, die erst dieses Fruchtgemüse in den nördlicheren Gebieten populär machte. Und Neapel ist auch die Heimat der Pizza, vor allem der klassischen Pizza Margherita, 1889 zu Ehren der ersten Königin Italiens in den Nationalfarben aus grünem Basilikum, weißem Mozzarella und roten Tomaten kreiert.

Auch die Basilicata hat zwei Säulen ihrer Kochkunst: Das Schwein und Peperoncini, die kleinen scharfen Pfefferschoten. Auf dem Land halten sich viele Familien heute noch ein Schwein, vor allem für die Herstellung von Würsten. Sie werden nicht nur für den Eigenbedarf produziert, sondern auch verkauft, um das Einkommen etwas anzureichern, denn die Landwirtschaft ist nicht sonderlich ertragreich. Die Küche schwelgt nicht in teuren Zutaten, sie bietet einfache Kost – die natürlich aromatisiert werden muß. So ist der Verbrauch an Peperoncini hier enorm, auch für die pikanten Würste. Wie in Kampanien sind hier Teigwaren wichtig, ebenso der Käse wie Provolone, Caciocavallo und Frischkäsesorten wie Ricotta.

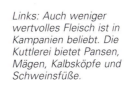

Oben: Das milde Klima läßt Zitrusfrüchte in Hülle und Fülle gedeihen. Besonders auf der Halbinsel von Sorrent gibt es weitläufige Orangen- und Zitronenplantagen.

Kampanien und Basilicata

Menschen, Feste, Sehenswertes

Die Städte und Dörfer Kampaniens stellen eine überdimensionale Kulisse für ein Schauspiel dar, das hier täglich neu inszeniert wird. Kein Wunder, schließlich kann das Gebiet auf über 2000 Jahre Erfahrung im Tourismus zurückblicken. Und es gibt kaum ein historisches Ereignis im Mittelmeerraum, an dem diese Gegend nicht teilgenommen hätte. So scheinen vor allem die Küstenregionen allein zur Unterhaltung der Gäste zu dienen – mit breiten Stränden oder kleinen Buchten, tätigen oder erloschenen Vulkanen, Obsthainen und Wäldern, Hotels, Villen, Häfen und antiken Ausgrabungen. Noble Kurorte mit Thermalquellen und quirlige Dörfer. Und als Zentrum der Golf von Neapel mit der überschäumenden, erschreckenden, faszinierenden Großstadt darin, mit Menschen, die für ihre Schlauheit berühmt sind. Am ausgeprägtesten ist diese Eigenschaft sicher in der Forcella, Neapels Schmugglerzentrum jenseits der Via Duomo, wo keiner sicher sein kann, das nach Hause zu tragen, was gerade vor seinen Augen eingepackt wurde. Oft genug entpuppt sich der günstige Kauf als alter Ziegelstein. Sehenswert in Neapel ist der Stadtteil Vergini mit lebhaften Märkten.

Westlich von Neapel liegt Pozzuoli, wo man sich den Sonntagmorgen für den Fischmarkt am Hafenkai freihalten sollte. Wer echten Mozzarella sucht, wird in der Gegend um Sorrento und Sant' Agata sue due Golfi fündig. Auch das Städtchen Ravello, auf einem Felsvorsprung mit großartigem Ausblick erbaut, lohnt einen Abstecher von der Küste. In greifbarer Nähe: der Vesuv mit seinem beängstigend jugendlichen Vulkankrater. Und Pompeji, die größte und beeindruckendste Stadt des Altertums, die je ausgegraben wurde. Im Dunst über dem Meer zu erahnen: die Insel Capri, Sinnbild der südlichen Lebensfreude. Noch heute kann man glauben, in den beeindruckenden Grotten den Gesang der Sirenen zu hören – sollte man das unwahrscheinliche Glück haben, sie ohne ein Heer von Touristen zu erleben.

Eng verbunden sind in ganz Kampanien Geschichte und Heute, vielschichtig liegen Kulturen übereinander, wie bei Pompeji, Paestum, Palinuro. Ab Salerno ist die Küste sanft und goldfarben. Dort liegen die Tempel von Paestum, eingeschlossen von antiken Mauern. Schließlich das Vorgebirge von Cilento mit uralten Wäldern und Bächen, die schäumend ins Meer stürzen. Dazwischen Fischerdörfer, Touristengebiete und Ruinen der griechischen Stadt Elea.

Obwohl die Küstenlinie der Basilicata nur klein ist, bietet sie am Tyrrhenischen Meer Felsformationen mit Grotten und Buchten, in denen oft Luxusjachten ankern. Der bekannteste Badeort ist Maratea mit exklusiven Hotels, Pensionen und Villen. Auch hier immer wieder Schicht auf Schicht: über Resten lukanischer Städte die Trümmer griechischer Bauten, die wiederum als Fundament für mittelalter-

Neapel ist keine Stadt, die sich für den Tourismus herausgeputzt hat. Doch sie ist faszinierend mit ihren alten Gäßchen links und rechts der Spaccanapoli, der Straße, die schon im griechischen Neapolis existierte.

Ganz oben: Pompeji wird abgestaubt. Natürlich gehört eine Besichtigung dieser größten Ausgrabung aus dem Altertum zum absoluten »Muß« für jeden Kampanienbesucher.

Oben: Neapel ist berühmt für seinen Kaffee – und für seine Cafés. Man sagt, der besondere Geschmack käme vom dortigen Wasser und von der Zubereitung in einer speziellen Espressomaschine.

Menschen, Feste, Sehenswertes

liche Burgen dienten. Von Maratea aus kommt man ins Landesinnere, auf die Hochebenen, wo wilder Salbei und Thymian wachsen.

Hauptstadt der Region Basilicata ist Potenza, hoch über dem Basento-Tal gelegen, ein wichtiges Handelszentrum für landwirtschaftliche Produkte der Umgebung. Die Altstadt bietet einen sehenswerten reizvollen Gemüsemarkt.

Die Ionische Küste kann ebenfalls mit Badeorten aufwarten. Hier landeten im 8. Jh. die Achäer und errichteten Metapontum mit großartigen Bauwerken, von denen die 15 Tavole Palatine, Säulen des Heratempels, und der Apollotempel erhalten sind. Auch das Hinterland hat einiges Sehenswerte zu bieten. Bekannt ist vor allem Matera mit seinen Sassi, Tausenden von steinernen Felsenwohnungen und Hunderten in den Berg gegrabenen Kirchen. Dieses einmalige Kulturdenkmal mit verwinkelten Höhlen und Gassen, in denen Pasolini das »Evangelium des Matthäus« drehte, wird mit großem Aufwand restauriert. Im Süden die majestätische Berggruppe des Pollino, deren Gipfel fast das ganze Jahr über schneebedeckt sind. Alles in allem eine Region, in der es noch viel zu entdecken gibt. Nur eines kaum: touristischen Rummel.

Die Feste: San Bartolomeo in Galdo (Kampanien) feiert Anfang Dezember, am Tag der Unbefleckten Empfängnis, ein Wurst- und Polenta-Fest. Bei diesem kulinarischen Ereignis werden typische regionale Gerichte zubereitet.

In Roccanova (Basilicata) gibt es Mitte November ein Herbstfest zu Ehren des Heiligen San Rocco, bei dem Wein, Essen und Folklore im Mittelpunkt stehen.

Ganz oben: Die Sassi, jetzt für den Tourismus wiederentdeckte alte Höhlenwohnungen, dienten schon des öfteren als Filmkulisse.

Oben: Die Jugendlichen Neapels sind dabei, einen eigenen Lebensstil zu entwickeln.

Oben: Obwohl es in fast jedem Land der Erde neapolitanische Pizzabäcker gibt, schmeckt das Original aus einem Holzkohleofen in Neapel einfach am besten.

Oben: Ein anderes Gesicht Neapels. In den Randgebieten läßt es sich gut leben, hier gibt es viel Grün und unbeschwerte Lebensfreude.

Oben: Das stille Glück des Lebensabends läßt leicht vergessen, daß die Menschen dieser Region von Kindesbeinen an arbeiten müssen, um den Unterhalt für die Familie zu sichern.

Kampanien und Basilicata

Die Weine

Kampanien ist vorwiegend ein Rotweinland, das auf eine lange Tradition zurückblicken kann. Schon in der Antike lobte man den »Falerner« als »kräftig, kühn und feurig«, heute lebt er als *Falerno* weiter, ein dunkelroter, fast süßer Wein aus der Gegend um Caserta nördlich von Neapel. Wichtigste Rebsorte ist Primitivo, gemischt mit anderen. Durch Lagerung entwickelt er sich zu einem guten, trockenen, leicht nach Vanille duftenden Wein, der bestens zu Fleisch mit dunklen Saucen paßt.

Zwei bemerkenswerte Weißweine gibt es um Neapel: den *Capri bianco*, ein hellgelber, trockener und frischer Wein, der gut zu Fisch paßt. Und dann den *Lacrimae Christi* aus den Weinbergen am Vesuv. Um seinen Namen, übersetzt heißt er »Tränen Christi«, ranken sich etliche Erzählungen. Der Ursprung ist bei den Jesuiten zu finden, die hier Weinberge hatten und einen klangvollen Namen für ihren Wein aus Aglianico-Trauben suchten. Guter Lacrimae Christi ist selten, ähnelt dem Capri bianco und wird wie dieser zu Fisch getrunken. Beide gibt es auch als Rotweine, die gut zu Braten passen.

Von Ischia kommen drei Weine: *Ischia Rosso*, *Ischia Bianco* und *Ischia Bianco Superiore*, meist frisch und jung zu trinken. Der rote wird aus den Sorten Guarnaccia und Piedirosso gekeltert und paßt nicht nur zu Fleisch, sondern auch zu Fisch und Meeresfrüchten. Der leichte, frische Weißwein aus Forastera- und Biancolella-Trauben darf sich, wenn er bestimmten Anforderungen entspricht und einen Alkoholgrad von mindestens 12° aufweist, »Superiore« nennen.

An der Küste um Amalfi gibt es ebenfalls begehrte Weine, zum Beispiel den *Ravello* als weißen, Rosé und roten, wobei der Rosé besonders gut ist, trocken, frisch und hellrot paßt er zu Gemüsegerichten und Meeresfrüchten.

Aus der Provinz Benevent kommt der *Solopaca*, weiß oder rot, wobei der weiße sehr duftig, trocken und samtig ist, der rubinrote intensiv duftet, trocken und elegant ist. Ein typisches Veilchenaroma weist der *Taurasi* auf, einer der großen alten Rotweine, aus der spät reifenden Aglianico-Traube gekeltert. In der Jugend rubinrot, im Alter eher ins Ziegelrote spielend. Sein herber Geschmack wird durch Lagerung zunehmend weicher und harmonischer. Er ist der klassische Wein zu Wild.

In ganz Kampanien verbreitet ist die Sitte, am Johannistag den *Nocillo* anzusetzen, einen Likör aus grünen Walnüssen mit Zimt, Nelken, Zucker und Alkohol, für den jede Familie noch weitere Zutaten weiß. Er muß mindestens bis zum Tag des Heiligen Laurentius im August ziehen, ehe er probiert werden darf.

Die Basilicata ist die Wurst- und Schweinefleischregion überhaupt. Und zu deftigen Genüssen wie Schinken, Speck und Preßsack paßt nur schwer ein Edelgewächs. So findet man hier eher einfache, allerdings recht alkoholreiche, rote Landweine, die zu den regionalen Spezialitäten vorzüglich passen, aber nur selten anderswo zu finden sind.

Eine Ausnahme machen die Weine von den Vulkankratern des Monte Vùlture. Vor allem die Aglianico-Rebe baut man hier an, aus deren Trauben der *Aglianico del Vùlture* gekeltert wird, ein voller, granatroter Wein, der delikat duftet und in der Jugend eine ausgeprägte, herbe Tanninnote hat. Weist er einen Alkoholgehalt von mindestens 12° auf und wurde er drei Jahre gelagert, so darf er die Bezeichnung »Vecchio« tragen. Bei 12,5° und nach einer Lagerung von fünf Jahren gebührt ihm der Titel »Riserva«. Diese Weine werden oft mit dem Barbera verglichen, sie werden mit dem Alter sanfter, die Gerbsäure tritt zurück und wird samtartig weich. Eigentlich sollten diese langlebigen Weine nie vor dem fünften Jahr getrunken werden. Dann sind es hervorragende Weine zu anspruchsvollen Braten und Schmorgerichten aus dunklem Fleisch und Wild.

Aus den Gemeinden Matera, Irsina und Tricarico kommt ebenfalls ein Wein aus der Aglianico-Rebe, *Aglianico dei Colli Lucani* oder *di Matera*, der dem Vùlture sehr ähnlich ist, jedoch als Tafelwein mit geographischer Herkunftsbezeichnung deklariert ist.

Oben: Schon die alten Römer wußten, daß auf den vulkanischen Böden Kampaniens Weinreben gut gedeihen. Doch vielen Winzern rund um Neapel fehlt noch der Sinn für den qualitätsorientierten Weinbau.

Links: Einige Winzer verstehen es allerdings, aus klassischen Rebsorten wie der Aglianico-Traube hervorragende Weine zu bereiten. Der Taurasi der Mastroberardinos in Atripalda wird nach mehrjährigem Flaschenlager weich und samtig.

Rezepte der Region

Pizze • Antipasti
246 Pizza margherita
Pizza mit Mozzarella und Basilikum
248 Calzone
Gefüllte Pizzataschen
250 Pizzette alla napoletana
Fritierte Minipizzen
250 Mozzarella in carrozza
Ausgebackene Käsebrote
251 Crostini alla napoletana
Geröstetes Brot mit Sardellen
251 Caprese
Mozzarella mit Tomaten

Primi Piatti
252 Maccheroni alla napoletana
Makkaroni mit neapolitanischer Fleischsauce
254 Fusilli alla napoletana
Nudeln mit Tomatensauce
254 Spaghetti alle vongole
Spaghetti mit Muscheln
255 Spaghetti alla puttanesca
Spaghetti mit Oliven-Kapern-Sauce

Secondi Piatti
256 Fritto misto di mare
Ausgebackene Fische und Krustentiere
258 Polpi alla napoletana
Tintenfische in Tomatensauce
259 Sgombri alla marinara
Marinierte Kräutermakrelen
260 Bistecchine alla napoletana
Geschmorte Rindersteaks
260 Pollo alla lucana
Gefülltes Hähnchen
261 Costolette alla pizzaiola
Schweinekoteletts mit Tomaten und Knoblauch

Contorni
262 Parmigiana di melanzane
Auberginenauflauf
264 Insalata di rinforzo
Blumenkohlsalat
264 Zucchine marinate
Eingelegte Zucchinischeiben
265 Cianfotta
Kartoffel-Auberginen-Topf

Dolci
266 Grano dolce
Süßer Weizen
266 Coviglia di caffè
Gefrorene Kaffeecreme
267 Zuppa inglese alla napoletana
Biskuit mit Vanillecreme

Kampanien und Basilicata

Pizza margherita
Pizza mit Mozzarella und Basilikum (Kampanien)

Zutaten für 2 Portionen:

Für den Teig:
10 g Hefe
200 g Mehl + Mehl zum Ausrollen
1 Prise Zucker
¼ TL Salz

Für den Belag:
½ Bund Basilikum
150 g Mozzarella
2 EL frisch geriebener Pecorino (oder Parmesan)
400 g geschälte Tomaten (aus der Dose)
4 EL Olivenöl
Salz, Pfeffer aus der Mühle

Zubereitungszeit: 45 Min. (+ 1 ½ Std. Ruhezeit)
Pro Portion: 3300 kJ / 790 kcal

Der spartanische Brotfladen von einst, der sich mit Olivenöl, Kräutern und Käse als Würze begnügte, ist längst zum buntgescheckten Aushängeschild italienischer Küche geworden – keine zweite Spezialität genießt solch grenzenlose Sympathie. Weltweit kursieren abenteuerliche Varianten, die sich zwar alle Pizza nennen, häufig jedoch eher zum Leidwesen als zum Ruhme der Erfinder beitragen.

In Neapel weiß man zum Glück auch heute noch, worauf es ankommt bei der Pizzabäckerei:

• Den Teig sehr gründlich kneten, schön langsam aufgehen lassen und am besten im holzbeheizten Backofen bei hoher Temperatur backen. Pizza danach unverzüglich auf den Tisch bringen, also immer frisch und heiß servieren.

• Die Mischung für den Pizzabelag dezent und mit Fingerspitzengefühl komponieren, wie es 1889 auch jener Meister verstand, der zu Ehren der Königin Margherita die bis zum heutigen Tag beliebteste Version aus dem Ofen zog.

• Die hier angegebene Menge reicht als kleiner Imbiß für 4, zum Sattessen für 2 Personen.

1 Für den Pizzateig in einer kleinen Schüssel 10 g Hefe mit 1 Prise Zucker und 2 EL lauwarmem Wasser verrühren. 2 EL Mehl untermischen, den Vorteig zugedeckt an einem warmen Ort 30 Min. gehen lassen.

2 Restliches Mehl auf ein Backbrett häufen, in die Mitte eine Mulde drücken. Den Vorteig aus der kleinen Schüssel in die Mulde geben, ¼ TL Salz zufügen und alles mit etwa ⅛ l lauwarmem Wasser zu einem glatten Teig kneten. Kräftig durchwalken und den Teig dabei ab und zu auf die Arbeitsfläche schlagen. Teig zu einem Laib formen und in eine Schüssel legen. Mit einem Tuch bedecken und an einem warmen Ort nochmals mindestens 1 Std. gehen lassen, bis das Teigvolumen sich verdoppelt hat.

3 Backofen auf 225° vorheizen. Ein rundes Backblech (28 cm ø) mit 1 EL Olivenöl einfetten. Teig auf bemehlter Fläche nochmals kräftig durchkneten. Mit dem Nudelholz leicht ausrollen, dann aufs Blech legen und mit den Händen gleichmäßig flachdrücken, den Rand etwas dicker lassen.

4 Tomaten aus der Dose abtropfen lassen, Saft für etwas anderes verwenden. Tomaten in Scheiben schneiden, auf dem Pizzaboden verteilen und mit einer Gabel zerdrücken. Den Rand etwa 2 cm frei lassen. Mozzarella in dünne Scheiben schneiden, auf die Tomaten legen. Mit Salz und frisch gemahlenem Pfeffer würzen.

5 Pizza auf der unteren Schiene im vorgeheizten Backofen (Gas: Stufe 4) 15 Min. backen. Nochmals herausholen, mit 2 EL geriebenem Pecorino und Basilikumblättchen bestreuen, Basilikum sorgfältig mit Öl beträufeln. Pizza auf der mittleren Schiene weitere 10 Min. backen, heiß servieren.

247

Kampanien und Basilicata

Calzone
Gefüllte Pizzataschen (Kampanien)

Zutaten für 2–4 Portionen:

Für den Teig:
10 g Hefe
200 g Mehl + Mehl zum
 Ausrollen
2 EL Olivenöl
1 Eigelb zum Bestreichen
1 Prise Zucker
¼ TL Salz

Für die Füllung:
100 g roher Schinken in
 Scheiben (oder italienische
 Salami)
150 g Mozzarella
150 g Ricotta (italienischer
 Frischkäse, ersatzweise gut
 abgetropfter Speisequark)
2 EL frisch geriebener
 Parmesan
1 Zweig frischer Oregano
 (oder 1 TL getrockneter)
2 Eier
5 EL Olivenöl
Salz, Pfeffer aus der Mühle

Zubereitungszeit: 50 Min.
 (+ 1 ½ Std. Ruhezeit)
Bei 4 Portionen pro Portion:
 2900 kJ / 690 kcal

Auch sie gehören zu den Klassikern der Pizzageschichte: gefüllte Teigtaschen, die auf dem Blech knusprig gebacken oder – als kleinere Exemplare – in heißem Öl fritiert werden.

In den Füllungen für Calzone tauchen verschiedenste Käsesorten, Schinken, Salami, Kräuter und Gemüse auf. In manchen Regionen (Apulien oder Basilicata) bevorzugt man fleischlose, würzige Mischungen und kombiniert zum Beispiel reichlich Zwiebeln mit Tomaten, Knoblauch, Kapern und Anchovis.

1 Für den Teig in einer kleinen Schüssel 10 g Hefe mit 1 Prise Zucker und 2 EL lauwarmem Wasser glattrühren, 2 EL Mehl untermischen. Zugedeckt 30 Min. stehenlassen. Restliches Mehl auf ein Backbrett häufen, eine Mulde in die Mitte drücken. Den Vorteig hineingeben, 2 EL Olivenöl und ¼ TL Salz hinzufügen. Mit etwa ⅛ l lauwarmem Wasser zu einem geschmeidigen Teig kneten. Kräftig durcharbeiten, dann den Teig zu einem Laib formen, zugedeckt an einem warmen Ort mindestens 1 Std. gehen lassen, bis sich das Volumen verdoppelt hat.

2 Inzwischen die Füllung vorbereiten: Schinken oder Salami in feine Streifen, Mozzarella in kleine Würfel schneiden. Ricotta durch ein Sieb streichen und in eine Schüssel geben. Mit 2 Eiern glattrühren, Schinkenstreifen, Mozzarellawürfel und 2 EL geriebenen Parmesan untermischen. Mit Salz (vorsichtig!), Pfeffer und Oregano würzen.

3 Backofen auf 225° vorheizen, ein Blech mit 1 EL Öl einfetten. Den gut aufgegangenen Teig auf bemehlter Fläche nochmals kräftig durchkneten, halbieren und zu zwei ½ cm dicken Kreisen ausrollen. Mit je 1 EL Öl bestreichen.

4 Teigplatten gleichmäßig mit der Füllung bestreichen, die Ränder frei lassen. In der Mitte zusammenklappen, Ränder fest andrücken. Teigtaschen außen mit je 1 EL Olivenöl und mit Eigelb bestreichen, auf das gefettete Blech setzen. Im vorgeheizten Backofen (Gas: Stufe 4) 20 Min. backen.

5 <u>Variante:</u> Teigtaschen vorm Backen mit würzigem Tomatenpüree bestreichen, mit frisch geriebenem Pecorino oder Parmesan und Oreganoblättchen bestreuen. Calzone immer sehr heiß servieren.

Kampanien und Basilicata

Pizzette alla napoletana
Fritierte Minipizzen (Kampanien)

Mozzarella in carrozza
Ausgebackene Käsebrote (Kampanien)

Zutaten für 4 Portionen:

Für den Teig:
10 g Hefe
200 g Mehl + Mehl zum Ausrollen
2 EL Olivenöl + Öl zum Fritieren
1 Prise Zucker
¼ TL Salz

Für die Sauce:
1 Bund Basilikum
1 EL frischer Oregano (oder 1 TL getrockneter)
800 g geschälte Tomaten (aus der Dose)
3 Knoblauchzehen
2 EL Olivenöl
Salz, Pfeffer aus der Mühle

Zubereitungszeit: 45 Min.
(+ 1 ½ Std. Ruhezeit)
Pro Portion: 2000 kJ / 480 kcal

1 Teig für die Minipizzen nach dem Calzone-Rezept auf Seite 248 zubereiten.

2 Sauce: Tomaten abtropfen lassen (Saft auffangen), grob hacken. 3 Knoblauchzehen und 1 EL Oregano fein hacken. 2 EL Olivenöl erhitzen, Knoblauch andünsten. Oregano und Tomaten dazugeben, salzen und pfeffern. Nach und nach den Tomatensaft angießen, bei kleiner Hitze einköcheln lassen.

3 Gut aufgegangenen Teig durchkneten, auf bemehlter Fläche etwa ½ cm dünn ausrollen. Kreise von etwa 8 cm ø ausstechen.

4 Reichlich Öl zum Fritieren erhitzen, Teigfladen portionsweise ausbacken. Auf Küchenkrepp abtropfen lassen und warmstellen, bis alle fertig gebacken sind.

5 Hälfte vom Basilikum in feine Streifen schneiden, in die Sauce rühren, abschmecken. Zu den Pizzette servieren, mit Basilikum garnieren.

Zutaten für 4 Portionen:
150 g Mozzarella
8 Scheiben Kastenweißbrot vom Vortag
1 EL frischer Oregano (oder ½ EL getrockneter)
2 Eier
2 EL Milch
2 EL Mehl
Salz, Pfeffer aus der Mühle
Olivenöl zum Ausbacken

Zubereitungszeit: 25 Min.
Pro Portion: 2500 kJ / 600 kcal

1 Mozzarella in 8 dünne Scheiben schneiden, Weißbrotscheiben entrinden. Jeweils 2 Käsescheiben auf eine Brotscheibe legen, die Ränder dabei frei lassen. Mit Salz, reichlich Pfeffer und Oregano würzen. Belegte Brote mit den restlichen 4 Brotscheiben abdecken, Ränder kurz in kaltes Wasser tauchen und festdrücken.

2 2 Eier mit 2 EL Milch, Salz und Pfeffer verquirlen. Brote von beiden Seiten dünn mit 2 EL Mehl bestäuben und auf eine tiefe Platte legen. Mit der Eiermilch begießen und stehenlassen, bis alle Flüssigkeit aufgesogen ist. Brote zwischendurch einmal wenden.

3 In einer Pfanne reichlich Olivenöl erhitzen. Brote hineinlegen und von beiden Seiten knusprig ausbacken. Auf Küchenkrepp gut abtropfen lassen, sofort servieren.

• Eine ähnliche Spezialität kennen wir bereits aus der römischen Küche: *Pandorato* (Rezept auf Seite 178).

Crostini alla napoletana
Geröstetes Brot mit Sardellen (Kampanien)

Zutaten für 4 Portionen:
2 kleine, reife Tomaten
300 g Mozzarella
1 EL frischer Oregano (oder 1 TL getrockneter)
6–8 eingelegte Sardellenfilets
4 Scheiben Kastenweißbrot
50 g Butter
2 EL Öl fürs Blech
Salz, Pfeffer aus der Mühle

<u>Zubereitungszeit:</u> 20 Min.
Pro Portion: 2000 kJ / 480 kcal

1 Tomaten waschen, quer in Scheiben, dann in Streifen schneiden und dabei den Stielansatz entfernen. Mozzarella in 8 Scheiben schneiden. Sardellenfilets kurz abspülen, mit Küchenkrepp abtrocknen und längs halbieren.

2 Backofen auf 175° vorheizen, ein Backblech mit 2 EL Öl einfetten. 4 Weißbrotscheiben halbieren, mit 50 g Butter bestreichen.

3 Jede Brotscheibe mit 1 Scheibe Mozzarella, einigen Tomatenstreifchen und 1–2 Sardellenstreifen belegen. Brote mit 1 EL Oregano bestreuen, pfeffern, eventuell leicht salzen (je nach Würze der Sardellen) und auf das gefettete Blech legen. Im vorgeheizten Backofen (Gas: Stufe 2) 10 Min. überbacken und heiß servieren.

• Ein idealer Begleiter zum Aperitif – etwa einem trockenen Martini mit Eis, Campari Soda oder Aperol mit Zitrone.

Caprese
Mozzarella mit Tomaten (Kampanien)

Zutaten für 4 Portionen:
4 mittelgroße, aromatische Tomaten
1 Bund frisches Basilikum
300 g Mozzarella
8 EL bestes Olivenöl
Salz, Pfeffer aus der Mühle

<u>Zubereitungszeit:</u> 15 Min.
Pro Portion: 1600 kJ / 380 kcal

1 Tomaten waschen, quer in Scheiben schneiden, den Stielansatz jeweils entfernen. Mozzarellakugeln ebenfalls in Scheiben schneiden.

2 4 große Teller bereitstellen, Tomaten- und Mozzarellascheiben dachziegelartig darauf anrichten. Leicht salzen und mit grob gemahlenem Pfeffer würzen, 8 EL Olivenöl darüber träufeln. Mit frischen Basilikumblättchen bestreut servieren.

• Gemeinsam sind sie unwiderstehlich: Mozzarella und Tomate, die zwei kugelrunden Berühmtheiten der kampanischen Küche. Als Pizzabelag altgedient, erregen sie seit einiger Zeit internationales Aufsehen – mit ihrem Solopart als Vorspeise. Doch wie bei vielen irdischen Genüssen liegen auch hier Himmel und Hölle dicht beisammen. Ein Zustand ist rasch beschrieben, aber leider nicht immer zu realisieren: Die Tomate schmeckt nach Tomate, der Mozzarella trägt die Vorsilbe Büffel, das Basilikum verströmt taufrische Würze und das Olivenöl ist vom Feinsten.

Kampanien und Basilicata

Maccheroni alla napoletana
Makkaroni mit neapolitanischer Fleischsauce

Zutaten für 6–8 Portionen:

1 kg Mastochsenfleisch oder
   Rindfleisch zum Schmoren
60 g Schweineschmalz
1 Bund frisches Basilikum
1 Möhre
2 Stangen Staudensellerie
300 g Caciocavallo-Käse
   (oder Mozzarella)
2 Zwiebeln
2 Knoblauchzehen
½ l trockener Weißwein
500 g Makkaroni
4 EL Tomatenmark
3 EL Olivenöl
2 EL Butter
Salz, Pfeffer aus der Mühle

Zubereitungszeit: 3 ¾ Std.
Bei 8 Portionen pro Portion:
2900 kJ / 700 kcal

Aufwendige Variante des klassischen Rezeptes, bei dem ein Stück Fleisch mehrere Stunden schmort, um der Sauce die richtige Würze zu geben.

Der Braten kann anschließend zusammen mit etwas Gemüse als warmer Hauptgang serviert werden. Oder aber Sie lassen das mürbe geschmorte Fleisch abkühlen, schneiden es in feine Streifen und bereiten es mit pikanten Zutaten wie Kapern, Zwiebeln, Paprikaschoten und Sardellen als üppigen Salat zu.

Auch echt neapolitanisch und dabei zeitsparender: statt des Schmorfleisches eine kräftige Tomatensauce köcheln. Makkaroni lagenweise mit dünnen Käsescheiben (Caciocavallo, Mozzarella, Scamorza) und Tomatensauce einschichten, goldgelb überbacken.

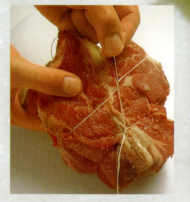

1 Ochsen- oder Rindfleisch mit Küchengarn in Form binden. In einem Schmortopf 60 g Schweineschmalz erhitzen, das Fleisch hineingeben und rundum anbraten.

2 1 Möhre, 2 Selleriestangen und 2 Zwiebeln in dünne Scheiben schneiden, 2 Knoblauchzehen fein hacken. Alles nacheinander in den Topf geben, unter Rühren andünsten. Gemüse und Fleisch kräftig salzen und pfeffern.

3 In kleinen Mengen nach und nach ½ l Weißwein angießen, zur Hälfte verdampfen lassen, dann wieder Wein nachgießen. 4 EL Tomatenmark einrühren, etwa ½ l Wasser angießen (das Fleisch sollte knapp bedeckt sein).

4 Deckel halb auflegen, das Fleisch bei niedrigster Hitze mindestens 3 Std. ziehen lassen, nur ab und zu soll der Sud kurz aufköcheln. Gegen Ende der Garzeit in einem großen Topf 3 l Salzwasser zum Kochen bringen. 500 g Makkaroni in etwa 5 cm lange Stücke brechen, ins kochende Wasser geben und bißfest garen (etwa 5 Min.). Eine große, feuerfeste Form mit 1 EL Öl ausstreichen, den Backofen auf 200° vorheizen.

5 Caciocavallo-Käse oder Mozzarella in Scheiben schneiden. Basilikumblättchen abzupfen, große Blätter etwas zerteilen. Makkaroni abgießen, mit 2 EL Öl vermengen. Eine Lage Nudeln in die vorbereitete Form geben.

6 Fertig gegarten Braten aus der Sauce nehmen, warmstellen und nach Wunsch als Hauptgang servieren. Sauce nochmals kräftig durchköcheln und abschmecken – sie soll schön dunkel, sämig und kräftig gewürzt sein. Das Gemüse in der Sauce eventuell mit einer Gabel zerdrücken.

7 Reichlich Fleischsauce auf die Nudeln streichen, mit Käsescheibchen und Basilikum belegen. Wieder eine Lage Makkaroni einschichten, mit Sauce, Käse und Basilikum bedecken. Alle Zutaten in dieser Reihenfolge aufbrauchen. Einige Basilikumblättchen aufbewahren.

8 Mit Fleischsauce abschließen, 2 EL Butterflöckchen darauf verteilen und die Makkaroni in den vorgeheizten Backofen schieben (Gas: Stufe 3). Etwa 10 Min. überbacken, mit frischem Basilikum bestreuen und sehr heiß servieren.

253

Kampanien und Basilicata

Fusilli alla napoletana
Nudeln mit Tomatensauce (Kampanien)

Zutaten für 4–6 Portionen:
100 g durchwachsener Speck
400 g reife Tomaten
1 Stange Staudensellerie
1 Möhre
100 g Ricotta (italienischer Frischkäse, ersatzweise gut abgetropfter Speisequark)
50 g frisch geriebener Pecorino (oder Parmesan)
1 Zweig frischer Oregano (oder 1 TL getrockneter)
1 Zwiebel
1 Knoblauchzehe
⅛ l trockener Weißwein
300 g Fusilli (spiralig gekräuselte Nudeln)
Salz, Pfeffer aus der Mühle

Zubereitungszeit: 1 Std.
Bei 6 Portionen pro Portion:
1800 kJ / 430 kcal

1 Speck in kleine Würfel schneiden. 1 Selleriestange, 1 Möhre, 1 Zwiebel und 1 Knoblauchzehe sehr fein hacken. Alles zusammen in einen Topf geben, langsam erhitzen und bei geringer Temperatur unter Rühren anbraten.

2 ⅛ l Weißwein angießen, aufkochen. Tomaten kurz überbrühen, enthäuten und entkernen. Fruchtfleisch hacken und in den Topf geben. Salzen und pfeffern, zu einer sämigen Sauce köcheln.

3 Währenddessen in einem großen Topf 3 l Salzwasser aufkochen. 300 g Fusilli hineingeben, in 8–10 Min. bißfest garen. Ricottakäse zerbröckeln.

4 Fertig gegarte Fusilli abgießen, sofort mit der Sauce vermengen, eventuell einige EL Nudelwasser angießen. 1 EL geriebenen Pecorino, den Ricotta und Oreganoblättchen untermischen. Mit Salz und Pfeffer abschmecken. Übrigen Pecorino extra dazu servieren.

Spaghetti alle vongole
Spaghetti mit Muscheln (Kampanien)

Zutaten für 4–6 Portionen:
1 kg frische Venusmuscheln (oder 400 g Muschelfleisch aus der Dose)
2 Bund glatte Petersilie
1 kleine Zwiebel
3 Knoblauchzehen
¼ l trockener Weißwein
400 g Spaghetti
6 EL Olivenöl
2 EL weiche Butter
½ Zitrone (etwa 2 EL Saft)
8 Pfefferkörner
Salz, Pfeffer aus der Mühle

Zubereitungszeit: 70 Min.
Bei 6 Portionen pro Portion:
1800 kJ / 430 kcal

1 Frische Muscheln gründlich unter fließendem Wasser abbürsten, bereits geöffnete Muscheln wegwerfen. Die geschlossenen in einen großen Topf geben, ¼ l Weißwein angießen, aufkochen.

2 Etwa 5 Min. garen, bis sich die Schalen öffnen. Ungeöffnete Muscheln wegwerfen, die anderen aus dem Topf nehmen und etwas abkühlen lassen. Muschelsud durch ein feines Haarsieb gießen und auffangen (bei Dosenmuscheln den Aufguß nehmen).

3 1 Bund Petersilie, 1 Zwiebel und 3 Knoblauchzehen sehr fein hacken. In einem Topf 4 EL Olivenöl erhitzen, die Mischung unter Rühren andünsten. Muschelsud angießen, auf die Hälfte einköcheln (bei Dosenmuscheln: den Aufguß und ⅛ l Wein angießen).

4 4 l Salzwasser aufkochen, 400 g Spaghetti hineingeben, bißfest garen (8–10 Min.)

5 Muschelfleisch aus den Schalen lösen, in der Sauce heiß werden lassen, jedoch nicht mehr kochen! 2 EL Butter in Flöckchen einrühren, mit

Spaghetti alla puttanesca
Spaghetti mit Oliven-Kapern-Sauce (Kampanien)

etwa 2 EL Zitronensaft, Salz und Pfeffer würzen. Übrige Petersilie fein hacken. 8 Pfefferkörner im Mörser zerstoßen.

6 Spaghetti abgießen, 2 EL Olivenöl und die Muschelsauce untermischen. Auf vorgewärmte Teller geben, mit Petersilie und Pfeffer bestreut servieren.

• Optisch wirkungsvoller (und weniger aufwendig): Muscheln mit Schalen anrichten.

• Eine ursprünglich neapolitanische Spezialität, die inzwischen in allen Küstenregionen Italiens zubereitet wird.

Zutaten für 4–6 Portionen:

500 g reife Tomaten
  (oder Tomatenfruchtfleisch
  aus der Dose / Packung)
½ Bund glatte Petersilie
100 g schwarze Oliven ohne
  Stein
3 EL Kapern
3 Knoblauchzehen
3 eingelegte Sardellenfilets
1 scharfe rote Peperoni
2 EL Tomatenmark
400 g Spaghetti
6 EL Olivenöl
Salz, Pfeffer aus der Mühle

Zubereitungszeit: 40 Min.
Bei 6 Portionen pro Portion:
  1700 kJ / 410 kcal

1 Tomaten kurz mit kochendem Wasser überbrühen, kalt abschrecken und enthäuten. Fruchtfleisch entkernen und grob zerteilen.

2 100 g entsteinte Oliven und 3 EL Kapern fein hacken. 3 Sardellenfilets abspülen, abtrocknen, zerkleinern und mit einer Gabel fein zerdrücken. Peperoni aufschlitzen, entkernen, Schote in dünne Ringe schneiden (anschließend sofort die Hände gründlich waschen!). 3 Knoblauchzehen fein hacken.

3 In einem Topf 6 EL Olivenöl erhitzen. Knoblauch und Peperoni darin unter Rühren andünsten. Tomatenfruchtfleisch, Tomatenmark und zerdrückte Sardellenfilets einrühren. 15 Min. im offenen Topf leicht köcheln lassen.

4 Inzwischen in einem großen Topf 4 l Salzwasser zum Kochen bringen. 400 g Spaghetti darin in 8–10 Min. bißfest garen. ½ Bund Petersilie sehr fein hacken.

5 Kapern und Oliven in die Sauce rühren, mit Salz und Pfeffer würzen. Spaghetti abgießen, sofort mit der Sauce mischen. Petersilie aufstreuen, eventuell frisch geriebenen Parmesan dazu servieren.

• Salz nur vorsichtig verwenden, da Sardellen und Kapern, Oliven und Tomatenmark schon mehr oder weniger kräftig gewürzt sind.

Kampanien und Basilicata

Fritto misto di mare
Ausgebackene Fische und Krustentiere (Kampanien)

Zutaten für 4 Portionen:

500 g kleine, frische
 Tintenfische (ersatzweise
 tiefgekühlt)
4 kleine Rotbarben (je 100 g)
500 g frische Sardellen oder
 sehr kleine Sardinen
 (ersatzweise tiefgekühlt)
250 g große Garnelen
2–3 Zitronen
2 Knoblauchzehen
Mehl zum Bestäuben
Olivenöl zum Fritieren
Salz

Zubereitungszeit: 1 ½ Std.
Pro Portion: 3000 kJ / 720 kcal

Fritierte Häppchen querbeet: Die Italiener lieben sie heiß und innig. Und es gibt kaum etwas, was im Land der kulinarischen Superlative nicht schon kroß gebacken die Küche verlassen hätte: von zarten Fleischscheibchen aus Kalbsleber, Bries oder Hirn über blanchiertes Gemüse bis hin zu kleinen Bällchen aus Reis, Kartoffeln oder Geflügel.

• Beim Fisch besonders wichtig: erstklassige, möglichst frische Produkte perfekt vorbereiten und sehr heiß servieren!

1 Tintenfische gründlich waschen und putzen: Häute abziehen, Fangarme mit Innereien aus dem Körper herausziehen, dicht hinterm Kopf abschneiden (Fangarme verwenden, Innereien und Köpfe wegwerfen). Bei größeren Tintenfischen den Mantel in Streifen schneiden.

2 Rotbarben schuppen, Köpfe und Flossen abschneiden. Fische unter fließendem Wasser kurz abspülen, mit Küchenkrepp abtrocknen. Mit Salz bestreuen.

3 Sardellen oder kleine Sardinen leicht schuppen und ausnehmen, alle Flossen außer der Schwanzflosse abschneiden (bei sehr kleinen Sardellen kann auch der Kopf mitgegessen werden). Fische gründlich waschen und mit Küchenkrepp abtrocknen. Mit Salz bestreuen.

4 Garnelen mit Schalen und Schwanz verarbeiten, die Köpfe jedoch abtrennen und den Darmstrang entfernen (andere Möglichkeit: Garnelen ganz aus den Schalen lösen, vor dem Fritieren mit Mehl bestäuben). Backofen auf 150° vorheizen.

5 In einem Fritiertopf reichlich Olivenöl erhitzen, 2 geschälte Knoblauchzehen hineingeben. Temperaturprobe: einen Holzstiel ins Öl tauchen – sobald kleine Bläschen aufsteigen, kann mit dem Fritieren begonnen werden. Knoblauch vorher wieder herausnehmen.

6 Tintenfisch ganz dünn mit Mehl bestäuben, portionsweise ins heiße Öl geben und knusprig fritieren. Auf Küchenkrepp abtropfen lassen, im Backofen (Gas: Stufe 1) warmstellen.

7 Rotbarben und Sardellen oder Sardinen ebenfalls leicht mit Mehl bestäuben, nacheinander ins heiße Öl geben und knusprig ausbacken (Barben 3–4 Min., Sardellen 2 Min.). Fritierte Fische mit einem Schaumlöffel herausheben, auf Küchenkrepp abtropfen lassen und zusammen mit den Tintenfischen warmhalten. Ungeschälte Garnelen pur ins heiße Öl geben, knusprig ausbacken (oder geschälte Garnelen mit Mehl bestäubt fritieren – siehe Punkt 4). Auf Küchenkrepp gut abtropfen lassen.

8 Eine große Platte mit festen, weißen Servietten auslegen. Alle fritierten, heißen Fische und Garnelen dekorativ darauf anrichten. Mit Salz bestreuen. Zitronen in Schnitze schneiden, dazulegen und das Ganze sofort servieren.

Polpi alla napoletana
Tintenfisch in Tomatensauce (Kampanien)

Zutaten für 4 Portionen:

800 g kleine Tintenfische (frisch oder tiefgekühlt)
500 g reife Tomaten
1 Bund glatte Petersilie
½ Zitrone (etwa 2 EL Saft)
50 g grüne Oliven ohne Stein
⅛ l Weißwein
2 Zwiebeln
4 Knoblauchzehen
5 EL Olivenöl
Salz, Pfeffer aus der Mühle

Zubereitungszeit: 1 ¼ Std.
Pro Portion: 1300 kJ / 310 kcal

1 Frische Tintenfische gründlich waschen und die äußere Haut abziehen. Fangarme mit Innereien aus dem Körper herausziehen, dicht hinterm Kopf abschneiden (Fangarme verwenden, Rest wegwerfen). Körperbeutel wenden, abspülen und in Streifen schneiden. Alles mit Küchenkrepp abtrocknen. Tiefgekühlten Tintenfisch rechtzeitig auftauen lassen, zerteilen, kurz abspülen und mit Küchenkrepp trocknen.

2 Tomaten mit kochendem Wasser überbrühen, enthäuten und halbieren. Kerne mit einem Löffel entfernen, das Fruchtfleisch kleinschneiden.

3 2 Zwiebeln und 4 Knoblauchzehen fein hacken. In einem breiten Topf 5 EL Olivenöl erhitzen. Tintenfischstücke hineingeben und unter Rühren kräftig anbraten. Salzen und pfeffern, Zwiebeln einrühren und mitdünsten, bis sie glasig sind. Mit etwa 2 EL Zitronensaft beträufeln.

4 Gehackten Knoblauch und Tomaten untermischen. Kurz aufkochen, dann ⅛ l Weißwein angießen. Zugedeckt 45 Min. bei geringster Hitze schmoren.

5 50 g grüne Oliven und die Petersilie fein hacken. Sobald die Tintenfische gar und zart sind (Probe mit einem Spießchen machen!), den Topf öffnen und die Sauce nach Belieben kurz bei stärkerer Hitze einköcheln lassen. Gehackte Oliven und Petersilie untermischen, mit Salz und Pfeffer abschmecken.

• Mit einer Peperoncinoschote zusammen geschmort heißt dieses Gericht auch *Polpi alla luciana*, benannt nach dem Stadtteil Santa Lucia in Neapel. Als Tintenfisch wird meist der Octopus mit seinen kräftigen Fangarmen verwendet – ihn müssen Sie etwas länger schmoren lassen als die zarteren Tintenfischsorten Sepia oder Kalmar. Auf jeden Fall eine Garprobe machen!

Sgombri alla marinara
Marinierte Kräutermakrelen (Basilicata)

Zutaten für 6 Portionen:

4 frische Makrelen
 (jeweils etwa 300 g)
1 Bund frische Minze
1 Bund glatte Petersilie
Kräuterblättchen zum Garnieren
1 Zitrone (3–4 EL Saft)
2 Lorbeerblätter
2 Knoblauchzehen
⅛ l Weißweinessig
4 EL Olivenöl
½ TL schwarze Pfefferkörner
Salz, Pfeffer aus der Mühle

Zubereitungszeit: 1 Std.
 (+ etwa 24 Std. Marinieren)
Pro Portion: 2000 kJ / 480 kcal

1 Backofen auf 200° vorheizen. Makrelen schuppen, ausnehmen und gründlich waschen. In eine feuerfeste Form legen, salzen, ½ TL Pfefferkörner und 2 Lorbeerblätter aufstreuen. Mit 3–4 EL Zitronensaft beträufeln und soviel Wasser angießen, daß die Makrelen knapp bedeckt sind.

2 Im vorgeheizten Backofen (Gas: Stufe 3) 10–15 Min. garen. Fische aus dem Sud nehmen, abtropfen lassen. Die noch warmen Makrelen an den Längsseiten aufschneiden, die Haut abziehen. Etwas abkühlen lassen, danach die Filets auslösen. Eine flache, dekorative Form bereitstellen.

3 Minze in feine Streifen schneiden, Petersilie und 2 Knoblauchzehen fein hacken. Kräuter und Knoblauch mit ⅛ l Weißweinessig mischen, 4 EL Olivenöl unterrühren. Mit Salz und Pfeffer würzig abschmecken.

4 Einige Makrelenfilets nebeneinander in die Form legen, mit einem Teil der Kräutermarinade bestreichen. Restliche Fischfilets darüberlegen, mit Marinade beträufeln. Form abdecken und die Makrelen im Kühlschrank mindestens 1 Tag durchziehen lassen. Vorm Servieren mit frischen Kräuterblättchen garnieren.

• Ein preiswerter Fisch mit würzigem, unverwechselbarem Aroma, der auch in Apuliens Küche gern gesehen wird. Bei dieser Zubereitungsart kann es leicht passieren, daß die saftigen Makrelenfilets beim Ablösen von den Gräten etwas zerfallen – besonders, wenn der Fisch noch warm ist. Dieser Schönheitsfehler sollte Sie jedoch nicht allzusehr stören, er ist dem köstlichen Geschmack nämlich überhaupt nicht abträglich.

Kampanien und Basilicata

Bisecchine alla napoletana
Geschmorte Rindersteaks (Kampanien)

Zutaten für 4 Portionen:
8 kleine Scheiben Rindersteak
   (je etwa 80 g)
100 g milder roher Schinken
300 g frische Champignons
1 Bund glatte Petersilie
1½ Zitronen (4–5 EL Saft)
3 EL Olivenöl
Salz, Pfeffer aus der Mühle

Zubereitungszeit: 40 Min.
Pro Portion: 1400 kJ / 330 kcal

1 Steakscheiben auf beiden Seiten aus der Mühle pfeffern, mit 2 EL Zitronensaft beträufeln und zugedeckt beiseite stellen.

2 Schinken in feine Streifen schneiden. Champignons putzen, in schmale Scheibchen schneiden. ½ Bund Petersilie fein hacken. Backofen auf 200° vorheizen.

3 In einer Pfanne 1 EL Olivenöl erhitzen, Schinken einrühren und 2 Min. anbraten. Pilze und Petersilie untermischen, 2 Min. sanft weiterbraten. Salzen und pfeffern, mit 1–2 EL Zitronensaft würzen. In eine breite, feuerfeste Tonform umfüllen.

4 Marinierte Steakscheiben nebeneinander auf die Pilzmischung legen. Im vorgeheizten Backofen (Gas: Stufe 3) etwa 20 Min. schmoren. Nach 10 Min. das Fleisch wenden, salzen und pfeffern, 2 EL Öl und 1 EL Zitronensaft darüber träufeln.

5 Zum Servieren die Fleischscheiben auf Teller legen, mit Pilzen und Schinken bedecken. Mit frischen Petersilienblättchen bestreuen.

• Ein schnelles Mittagessen aus dem Backofen.

Pollo alla lucana
Gefülltes Hähnchen (Basilicata)

Zutaten für 4 Portionen:
1 junges Brathähnchen
   (etwa 1 kg)
200 g Hühnerleber
100 g durchwachsener Speck
50 g fetter Speck
1 Bund glatte Petersilie
50 g frisch geriebener Pecorino
   (oder Parmesan)
1 Zweig frischer Rosmarin
   (oder 1 TL getrockneter)
2 Eier
Salz, Pfeffer aus der Mühle

Zubereitungszeit: 1 ¾ Std.
Pro Portion: 2900 kJ / 690 kcal

1 Durchwachsenen und fetten Speck in kleine Würfel schneiden. In eine Pfanne geben, erhitzen und das Fett auslassen, die Grieben knusprig braten und herausnehmen. Hühnerleber ins heiße Speckfett geben und von beiden Seiten kurz anbraten. Salzen und pfeffern, aus der Pfanne nehmen und etwas abkühlen lassen. Leber in Würfel schneiden und in einer Schüssel mit den Speckgrieben mischen. Das Speckfett in der Pfanne aufheben.

2 2 Eier verquirlen, über die Lebermischung gießen. Petersilie fein hacken und unterrühren. 50 g frisch geriebenen Pecorino dazugeben, alles gründlich mischen, mit Salz (vorsichtig wegen Speck und Käse!) und Pfeffer würzen.

3 Backofen auf 225° vorheizen. Hähnchen innen und außen kurz abspülen, mit Küchenkrepp abtrocknen. Salzen und pfeffern, mit der Lebermischung füllen und die Öffnung verschließen (mit Küchengarn zunähen oder mit Spießchen zustecken). Flügel und Keulen des Hähnchens am Körper feststecken, den Rosmarinzweig außen festbinden (getrockneten Rosmarin mit in die Füllung geben).

Costolette alla pizzaiola
Schweinekoteletts mit Tomaten und Knoblauch (Kampanien)

Zutaten für 4 Portionen:
4 Schweinekoteletts (je 200 g)
500 g reife Tomaten
*1 EL frischer Oregano
   (oder 1 TL getrockneter)*
3–4 Knoblauchzehen
⅛ l Rotwein
2 EL Tomatenmark
3 EL Olivenöl
Salz, Pfeffer aus der Mühle

<u>Zubereitungszeit:</u> 40 Min.
Pro Portion: 2100 kJ / 500 kcal

1 Tomaten kurz überbrühen, enthäuten und entkernen. Das Fruchtfleisch grob zerteilen. 3–4 Knoblauchzehen in dünne Scheibchen schneiden.

2 In einer Pfanne mit passendem Deckel 2 EL Olivenöl erhitzen. Koteletts hineingeben, von beiden Seiten kräftig anbraten. Fleisch herausnehmen, mit Salz und Pfeffer würzen, auf einem Teller abgedeckt beiseite stellen.

3 Bratfett in der Pfanne bis auf einen dünnen Film abgießen, 1 EL frisches Olivenöl hineingeben und erhitzen. Knoblauchscheibchen sanft darin andünsten, die Hälfte vom Oregano einstreuen und die gehackten Tomaten einrühren. ⅛ l Rotwein angießen, kräftig aufkochen, Sauce unter Rühren etwas eindicken lassen. Mit Salz und Pfeffer abschmecken.

4 Koteletts in die Sauce legen, zugedeckt bei kleinster Hitze in etwa 15 Min. fertig schmoren. Das Fleisch dabei einmal wenden. Koteletts herausnehmen und auf vorgewärmten Tellern anrichten. Tomatensauce darauf verteilen, mit Oregano bestreuen und servieren.

• Während die Koteletts nach dem Anbraten ruhen, sammelt sich ein würziger Fleischsaft im Teller – den sollten Sie unbedingt mit in die Tomatensauce geben.

• *Alla pizzaiola* bezeichnet die Zubereitungsart von Fleisch oder Fisch in einer Tomatensauce. Sie können darin statt Schweinekoteletts ebenso gut Schnitzel, Rindersteaks oder auch Fischscheiben schmoren.

Kampanien und Basilicata

Parmigiana di melanzane
Auberginenauflauf (Kampanien)

Zutaten für 4–6 Portionen:
1 kg mittelgroße Auberginen
1 kg reife Tomaten
1 Bund Basilikum
100 g frisch geriebener
 Parmesan
300 g Mozzarella
2 hartgekochte Eier
2 Knoblauchzehen
Olivenöl zum Ausbacken
 und für die Form
Salz, Pfeffer aus der Mühle

Zubereitungszeit: 1½ Std.
 (+ 1 Std. Einlegen der
 Auberginenscheiben)
Bei 6 Portionen pro Portion:
 1800 kJ / 430 kcal

Speziell im Süden rauft man sich gern um die Ehre, welche der Regionalküchen nun wirklich diesen berühmten und köstlichen Auflauf hervorgebracht hat: kroß gebratene, dünne Auberginenscheiben – mit würziger Tomatensauce, Basilikum, Knoblauch, Mozzarella, frisch geriebenem Parmesan eingeschichtet und danach knusprig überbacken.

Rund um Neapel, wo niemand an der wahren Urheberschaft zweifelt, wird diese Spezialität manchmal auch mit etwas herber Schokolade gewürzt.

Wenn Sie im Käsegeschäft keinen frischen Parmesan bekommen, nehmen Sie statt dessen Pecorino oder einen anderen kräftigen, ausgereiften Hartkäse. Von den kleinen Tütchen mit fertig geriebenem Parmesan sollten Sie besser die Finger lassen – denn dieser Käse hat mit dem Original aus Parma nicht mehr viel zu tun! Das gilt übrigens auch für alle anderen Rezepte in diesem Buch, in denen Parmesan verwendet wird.

1 Auberginen waschen, Stielansätze entfernen, die Früchte längs in ½ cm breite Scheiben schneiden. Mit Salz bestreuen, auf einen Teller legen, mit einem zweiten Teller abdecken und ein Gewicht darauf stellen. Mindestens 1 Std. stehenlassen, um die Bitterstoffe zu entziehen.

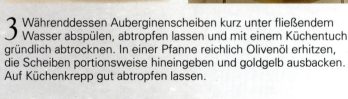

2 Sauce: Tomaten überbrühen, enthäuten und entkernen. Fruchtfleisch kleinhacken, in einem Topf erhitzen. ⅓ vom Basilikum in Streifen schneiden, Knoblauch durchpressen, beides hinzufügen. Zur sämigen Sauce köcheln, mit Salz und Pfeffer abschmecken. Ab und zu umrühren.

3 Währenddessen Auberginenscheiben kurz unter fließendem Wasser abspülen, abtropfen lassen und mit einem Küchentuch gründlich abtrocknen. In einer Pfanne reichlich Olivenöl erhitzen, die Scheiben portionsweise hineingeben und goldgelb ausbacken. Auf Küchenkrepp gut abtropfen lassen.

4 Eine feuerfeste Form fetten. Restliches Basilikum in Streifen schneiden, Mozzarella und die 2 hartgekochten Eier in Scheiben schneiden. Backofen auf 175° vorheizen.

5 Die Form mit einer Schicht Auberginen auslegen. Mit etwas Parmesan bestreuen. Einige Eier- und Mozzarellascheiben darauf legen, mit Tomatensauce bedecken, Basilikum aufstreuen. Mit Auberginen abdecken, alle Zutaten abwechselnd in der genannten Reihenfolge einschichten (jedoch 2 EL Parmesan zum Bestreuen der Oberfläche übriglassen). Mit Tomatensauce abschließen.

6 Auberginenauflauf in den vorgeheizten Backofen (Gas: Stufe 2) schieben und etwa 40 Minuten backen. 10 Min. vor Ende der Garzeit restlichen Parmesan aufstreuen. Den Auflauf nicht ofenfrisch heiß, sondern am besten lauwarm servieren (schmeckt auch kalt).

Kampanien und Basilicata

Insalata di rinforzo
Blumenkohlsalat (Kampanien)

Zutaten für 6 Portionen:
1 kleiner Blumenkohl (500 g)
1 kleine rote Paprikaschote
50 g grüne Oliven ohne Stein
50 g schwarze Oliven ohne Stein
4 eingelegte Sardellenfilets
4 eingelegte milde Peperoni
1 EL Kapern
3–4 EL Weinessig
6 EL Olivenöl
Salz, Pfeffer aus der Mühle

Zubereitungszeit: 30 Min.
Pro Portion: 640 kJ / 150 kcal

1 Blumenkohl putzen und waschen, in Röschen zerlegen. Währenddessen in einem Topf reichlich Salzwasser aufkochen, die Blumenkohlröschen darin 5 Min. garen. In ein Sieb gießen, kalt abschrecken und abtropfen lassen.

2 Paprikaschote waschen, halbieren. Kerne und Trennwände entfernen, die Schotenhälften in sehr feine Streifchen oder kleine Würfel schneiden. Je 50 g grüne und schwarze entsteinte Oliven halbieren. 4 Sardellenfilets gut abspülen, trocknen und in schmale Streifen schneiden. 4 Peperoni entkernen, in Ringe oder Streifen schneiden.

3 Abgekühlten Blumenkohl in eine Schüssel geben, mit den vorbereiteten Zutaten und 1 EL Kapern mischen. Mit Salz und Pfeffer würzen, 3–4 EL Weinessig und 6 EL Olivenöl angießen. Alles gründlich vermengen, abschmecken.

• Ein Hauch von Chilipulver oder Cayennepfeffer macht die Röschen noch rasanter.

Zucchine marinate
Eingelegte Zucchinischeiben (Kampanien)

Zutaten für 4 Portionen:
500 g kleine Zucchini
½ Bund frische Minze
½ Bund Basilikum
½ Bund glatte Petersilie
3 Knoblauchzehen
100 ml guter Weinessig
Olivenöl zum Fritieren
Salz, Pfeffer aus der Mühle

Zubereitungszeit: 20 Min.
(+ 3–4 Std. Marinieren)
Pro Portion: 580 kJ / 140 kcal

1 Zucchini waschen und putzen. In ½ cm dünne Scheiben schneiden, mit Salz bestreuen und kurz Wasser ziehen lassen. Gut abtrocknen.

2 In einem Topf reichlich Olivenöl erhitzen. Zucchinischeiben portionsweise hineingeben und hellbraun ausbacken. Herausnehmen und auf Küchenkrepp gut abtropfen lassen. Zucchinischeiben auf einer großen Platte ausbreiten und mit Salz und frisch gemahlenem Pfeffer würzen.

3 Je ½ Bund Minze und Basilikum in feine Streifen schneiden. ½ Bund Petersilie und 3 Knoblauchzehen fein hacken. Kräuter und Knoblauch mischen, die Hälfte davon mit 100 ml Weinessig verrühren, über die Zucchinischeiben träufeln. Mit den restlichen Kräutern bestreuen, zudecken und im Kühlschrank 3–4 Std. durchziehen lassen.

• Die eingelegten Zucchinischeiben kühl, aber nicht zu kalt servieren – am besten etwa 15 Min. vorher aus dem Kühlschrank holen.

Cianfotta

Kartoffel-Auberginen-Topf (Basilicata)

Zutaten für 4–6 Portionen:

*600 g Auberginen
2 rote Paprikaschoten
600 g reife Tomaten
1 kg Kartoffeln (vorwiegend festkochend)
1 Bund glatte Petersilie
1 EL frischer Oregano (oder 1 TL getrockneter)
2 Zwiebeln
3 Knoblauchzehen
6 EL Olivenöl
Salz, Pfeffer aus der Mühle*

Zubereitungszeit: 1½ Std.
Bei 6 Portionen pro Portion:
1100 kJ / 260 kcal

1 Auberginen putzen und waschen, in 2 cm große Würfel schneiden. Mit Salz bestreuen und etwa 30 Min. stehen lassen.

2 Inzwischen Paprikaschoten putzen und kleinschneiden. Tomaten mit kochendem Wasser überbrühen, enthäuten und entkernen. Das Fruchtfleisch grob hacken. Kartoffeln waschen, schälen und in Würfel schneiden. 2 Zwiebeln und 3 Knoblauchzehen fein hacken.

3 Auberginen kurz abbrausen, mit Küchenkrepp abtrocknen. Backofen auf 200° vorheizen. In einem großen Topf 6 EL Olivenöl erhitzen.

4 Kartoffelstücke einrühren und rundum anbraten. Gehackte Zwiebeln dazugeben, dann portionsweise Auberginen- und Paprikastücke einrühren, unter Rühren anbraten. Mit 1 EL Oregano, gehacktem Knoblauch, Salz und Pfeffer kräftig würzen. Tomatenfruchtfleisch in den Topf geben, alles gründlich mischen und den Topf zudecken.

5 Im vorgeheizten Backofen (Gas: Stufe 3) 45 Min. garen. Petersilie fein hacken, vorm Servieren unter das Gemüse mischen. Mit Salz und Pfeffer abschmecken.

• Ideal nicht nur als Beilage zu Lamm, Schwein oder Rind, sondern auch als herzhaftes Hauptgericht ohne Fleisch (3–4 Portionen). Erinnert etwas an französische Ratatouille.

• Statt im Backofen können Sie das Gemüse auch auf dem Herd schmoren, mit grünen Oliven, Zucchini oder Staudensellerie ergänzen und vorm Servieren mit frischen Basilikumblättchen bestreuen.

Kampanien und Basilicata

Grano dolce
Süßer Weizen (Basilicata)

Zutaten für 4 Portionen:

1 Granatapfel
½ unbehandelte Zitrone (Schale)
2 EL Walnußkerne
100 g Weizenkörner
⅛ l halbtrockener Weißwein
2 EL Honig
50 g Zartbitter-Schokolade

Zubereitungszeit: 45 Min. (+ 12 Std. Einweichen)
Pro Portion: 1100 kJ / 240 kcal

1 100 g Weizenkörner über Nacht in Wasser einweichen. Am nächsten Tag abgießen, mit frischem Wasser bedeckt in etwa 30 Min. weichkochen. Abgießen, in eine Schüssel umfüllen und etwas abkühlen lassen.

2 2 EL Walnußkerne klein hacken, in einer Pfanne ohne Fett kurz anrösten und unter den Weizen rühren.

3 Weizen mit ⅛ l Wein und 2 EL Honig zu einer geschmeidigen Masse rühren. Granatapfel quer halbieren (Vorsicht: der Saft enthält einen hartnäckigen Farbstoff). Kerne mit einem Löffel herauslösen, vorsichtig unter den Weizen mischen. Schale von ½ Zitrone fein abreiben, einrühren.

4 In kleine Schälchen füllen und kühlstellen. Kurz vorm Servieren mit 50 g grob gehobelter Schokolade garnieren.

• Eine ungewöhnliche, sehr wohlschmeckende Nachspeise, die auf Anhieb ihre arabische Abstammung erkennen läßt. Auch in Sizilien (*Cuccia*) und in Apulien (*Grane cuotte*) wird ein ähnliches Dessert aus gekochtem Weizen, Honig, Nüssen, Schokolade und Zimt zubereitet und traditionsgemäß in der Weihnachtszeit serviert.

Coviglia di caffè
Gefrorene Kaffeecreme (Kampanien)

Zutaten für 6–8 Portionen:

¼ l sehr starker Kaffee oder Espresso
¼ l Milch
250 g Schlagsahne
1 Vanilleschote
4 Eigelb
8 EL Zucker
Mokkabohnen zum Garnieren

Zubereitungszeit: 45 Min. (+ 3–4 Std. Gefrieren)
Bei 8 Portionen pro Portion: 1400 kJ / 330 kcal

1 In ¼ l frisch aufgebrühtem, heißem Kaffee 4 EL Zucker auflösen, abkühlen lassen. In einem Töpfchen ¼ l Milch erwärmen. Vanilleschote aufschlitzen, das Mark herauskratzen und mit der Schote in die Milch geben. Nur ziehen lassen, nicht aufkochen!

2 Eine rundwandige Schüssel ins warme Wasserbad stellen. 4 Eigelb und 4 EL Zucker hineingeben, mit dem Schneebesen schaumig rühren (oder: im Simmertopf zubereiten).

3 Vanilleschote aus der warmen Milch nehmen. Zuerst den abgekühlten Kaffee, dann die Milch nach und nach in den Eischaum einfließen lassen und dabei kräftig rühren. Die schaumige Creme vom Herd nehmen, ins kalte Wasserbad stellen und unter Rühren abkühlen lassen.

4 250 g Sahne steifschlagen, ¾ davon unter die Kaffeecreme ziehen. Restliche Sahne abgedeckt kaltstellen und später zum Garnieren verwenden. Kaffeecreme in Metallbecher füllen und im Gefrierfach in etwa 3–4 Std. fest werden lassen.

5 20 Min. vorm Servieren die Kaffeecreme herausholen. Übrige Sahne in einen Spritzbeutel füllen, kleine Tupfer auf

Zuppa inglese alla napoletana
Biskuit mit Vanillecreme (Kampanien)

die Creme setzen. Mit Kaffeebohnen garnieren.

• **Variation:** *Granita di caffè.* Eine erfrischende, eiskalte Getränke-Spezialität, die man im Süden Italiens in jeder Bar serviert bekommt. Diese Granita ist eine Art Wassereis aus Kaffee und Zucker, wird vorm Servieren zerstoßen oder püriert und mit einer Sahnehaube gekrönt. Noch durstlöschender: *Granita di limone,* aus gefrorenem Zitronensaft und Zuckersirup gemixt.

Zutaten für 4–6 Portionen:
1 fertiger, flacher Biskuitboden (Rezept siehe Seite 160)
500 g Ricotta (italienischer Frischkäse, ersatzweise gut abgetropfter Speisequark)
50 g Schokolade
2 cl Amaretto (Mandellikör)
6 cl Rum
1 Vanilleschote
⅛ l Milch
3 Eier
150 g Zucker

Zubereitungszeit: 1 ½ Std. (+ 2 Std. Ruhezeit)
Bei 6 Portionen pro Portion: 2300 kJ / 550 kcal

1 In einem Topf ⅛ l Milch mit 50 g Zucker langsam erhitzen, aber nicht aufkochen. 1 Vanilleschote längs aufschlitzen, das Mark herauskratzen und mit der Schote in die Milch geben. 10 Min. ziehen lassen, dann vom Herd nehmen und etwas abkühlen lassen.

2 In einer Schüssel 2 Eier mit 1 Eigelb und 100 g Zucker weißschaumig aufschlagen. Vanilleschote aus der abgekühlten Milch nehmen, die Milch langsam in den Eischaum einfließen lassen, zu einer glatten Creme rühren.

3 Ricotta durch ein feines Sieb streichen und untermischen. 50 g Schokolade reiben, unter die Creme rühren. Mit 2 cl Amaretto aromatisieren.

4 Biskuit in etwa 5 cm breite Streifen schneiden. Den Boden einer feuerfesten, rechteckigen Form mit ⅓ der Biskuitstreifen auslegen. Mit 2 cl Rum tränken, ⅓ Creme aufstreichen. Restliche Zutaten in der gleichen Reihenfolge einschichten (ergibt insgesamt drei Etagen!).

5 Im Kühlschrank mindestens 2 Std. durchziehen und abkühlen lassen.

6 Kurz vorm Servieren den Backofen auf 250° vorheizen. Das übriggebliebene 1 Eiweiß zu steifem Schnee schlagen. In einen Spritzbeutel mit glatter Tülle füllen und die Oberfläche des Desserts damit garnieren. Im sehr heißen Backofen (Gas: Stufe 5) ganz kurz überbacken, bis sich die Spitzen hellbraun färben. Sofort servieren.

• Sie kennen die »Zuppa« ganz anders? Dann handelt es sich wahrscheinlich um die Variante aus der Emilia-Romagna. Dort wird nicht wie in Neapel (oder in Rom) mit Eischnee überbacken, sondern Scheiben von Napfkuchen werden mit Likör getränkt und abwechselnd mit Vanille-und Schokoladencreme in eine Schüssel geschichtet. Beliebt ist auch eine Vanillecreme mit feingehackten kandierten Früchten.

Kampanien und Basilicata

Pasta – pure Leidenschaft

In Länge und Breite liegt ihre Würze, in Kurven und Wölbungen, in den Hohlräumen gewundener Schneckenhäuschen, in Spalten und Lücken verschlungener Maschen, in Hütchen und Öhrchen, in Löckchen, Federn und Spiralen, in dünnen und dicken Röhren, in Wagenrädern und goldenen Nestern, in Muscheln und Schmetterlingen, in Sternen, Perlen und in Engelshaar...

Pasta, dies phantastische Phänomen, das sind all die nudeligen Kreationen aus Mehl, Wasser oder Ei, Öl und Salz. Von Natur aus mit nahezu neutralem Aroma ausgestattet, entpuppen sich Maccheroni & Co. in der Küche als Meister der Geschmacksvielfalt. Dabei ist nicht nur entscheidend, daß die Grundzutaten stimmen, sondern welche Gebilde kunstvoll aus dem Teig entstehen.

In mindestens 300 Formen tritt Pasta auf, und jede für sich scheint geschaffen zu sein für einen einzigen, erfüllenden Begleiter: *sugo* oder *ragù*, Fleischbrühe, zerlassene Butter oder frisches Olivenöl.

Sugo, eines der Zauberwörter aus der Pastaküche, ist die ideale Ergänzung für viele Nudelsorten – mit »Sauce« nur recht dürftig zu übersetzen. In einem *sugo* vereinen sich für die jeweilige Region typische Zutaten wie feingeschnittene Wurzelgemüse, kleine Fleischportionen, Fisch oder Meeresfrüchte mit Gewürzen und Kräutern, Wein oder Brühe und in vielen Fällen Tomaten oder Tomatenpüree. Im Gegensatz zum *ragù*, einer gehaltvollen, geduldig geschmorten Fleischsauce, nimmt ein *sugo* weniger Zeit in Anspruch – oft reicht es sogar, mit dem Köcheln zu beginnen, sobald das Nudelwasser aufgesetzt ist.

Je zarter die Pasta, desto dezenter, leichter und feiner sollte die begleitende Sauce sein – im Extremfall genügt auch etwas flüssige Butter oder ein Schuß Olivenöl. Die kleinen gefüllten Teigwaren wie *Tortellini* oder *Cappelletti* werden in den nördlichen Regionen Italiens oft »in brodo« serviert, in einer klaren, hausgemachten Brühe, damit das Aroma der Füllung voll zur Geltung kommen kann. »Pasta asciutta« wiederum ist die Bezeichnung für alle Nudeln, die nicht in Flüssigkeit schwimmen, sondern »trocken« mit Sauce oder Käse angerichtet werden. Bizarr geformte Pastasorten mit geräumigen Höhlen und Vertiefungen, zum Beispiel *Conchiglie* oder *Lumache* schlucken besonders viel Sauce, sofern diese nicht zu kompakt geraten ist. Den gleichen Sinn, nämlich reichlich cremige Sauce aufzunehmen, haben die Rillen und Einkerbungen in Nudeln wie *Rigatoni*, *Ditali*, *Tortiglioni*. Üppigere Mischungen oder dicke Fleischragouts als Beilage vertragen Teigwaren mit breiter Fläche oder großem Hohlraum wie *Pappardelle*, *Cannelloni* und *Lasagne* oder auch *Maccheroni*.

Mit den feinen Teigfäden aus Fernost, von Marco-Polo-Fans nach wie vor als Urnudeln gefeiert, hat Italiens Pastakunst allerdings wenig zu tun. Entstanden ist der Kult des Stiefels vielmehr auf Sizilien, dem Inseldreieck im Süden, dessen Bewohner lange Zeit unter arabischer Herrschaft kochten und speisten. Ungewöhnliche Dokumente über die Herkunft der Pasta finden sich in einem kleinen Ort an der ligurischen Küste – im Spaghettimuseum in Pontedassio (Imperia), liebevoll gestaltet von der Agnesi-Familie, die seit Generationen die Teigware als Lebensinhalt pflegt. Dort erfährt der Besu-

Spezialität Pasta

cher alles über Pasta – von den Mehlbeutelchen der Etrusker bis hin zum modernsten Nudeldesign.

Wenn auch nicht die Wiege der Pasta, so ist Neapel doch mit heftigster Leidenschaft dem Nudelkochen verfallen. Maccheroni-Garküchen auf offener Straße, sonnige Plätze und Gassen, wo die Teigfäden wie Wäsche zum Trocknen auf der Leine hängen – solch kulinarische Szenen prägten das Bild dieser Stadt und der umliegenden Orte noch bis zum Beginn unseres Jahrhunderts. Hier liegen auch die Anfänge der industriellen Produktion,

Ganz links: Vor mehr als 2000 Jahren standen ihre Vorgänger bereits Modell für die Reliefs etruskischer Säulen, heute finden sie Eingang in die besten Küchen der Welt – Nudelholz, Teigrädchen und anderes Werkzeug zur Pastaproduktion.

Oben: Einfach, aber wirkungsvoll sind auch die etwas neueren Modelle zum »Nudeln« – je nach Walzeneinstellung verläßt die dünn ausgerollte Teigplatte in schmalen oder breiten Bändern die Maschine.

Mitte: Immer wieder Hand anlegen heißt es vor allem bei gefüllter Pasta, etwa bei hausgemachten Ravioli. Damit die Teigtaschen rundum fest schließen, muß die ausgerollte Teigplatte sehr rasch verarbeitet werden.

Links: Pasta secca heißen die Hartweizen-Nudeln in Tüten und Packungen, von Spaghetti bis Fusilli und Farfalle. Die Hersteller in ganz Italien liefern sich dabei einen formschönen, phantasiereichen und klangvollen Wettbewerb.

Kampanien und Basilicata

und erst von hier aus wurde Pasta zum Lieblingsgericht einer ganzen Nation.

In Genua, Ligurien, wurde vor rund 500 Jahren die gesetzliche Grundlage geschaffen für die unvergleichliche Qualität italienischer Pasta: Hartweizen muß es sein! Der überdurchschnittlich hohe Anteil an Klebereiweiß macht diese Weizensorte zum idealen Rohstoff für Pasta – speziell für *Pasta secca*, die industriell hergestellten Teigwaren, die nur Mehl, in diesem Falle Hartweizengrieß, und Wasser, aber keinesfalls Eier enthalten. Jahrzehnte hindurch wurde der robuste, auffallend dicht wachsende Hartweizen an den Ufern des Schwarzen Meeres, vor allem im fruchtbaren russischen Taganrog angebaut und in die Pasta-Hochburgen Italiens verschifft. Die Oktoberrevolution 1917 machte dem Handel ein Ende und sorgte für gehörigen Wirbel rund um die Spaghettitöpfe. Glücklicherweise fand sich bald ein neues Anbaugebiet im eigenen Land – am Stiefelabsatz, im tiefen Süden Italiens, wächst nun der apulische Grano duro auf wogenden Feldern am Meer. Hartweizen wird außerdem auf Sizilien angebaut und seit neuestem auch in Mittel- und Norditalien.

Das Geheimnis der *Pasta secca* ist also die Verbindung einer bestimmten Weizensorte, als Grieß ausgemahlen, mit purem Wasser. Das Besondere der *Pasta fresca* dagegen liegt am individuellen Flair. Der Teig für diese hausgemachten Eiernudeln, auch *Pasta all'uovo* oder *Pasta fatta in casa* genannt, besteht aus feinem Weizenmehl und Eiern. Je nach Rezept wird der Teig noch verfeinert und gefärbt, beispielsweise mit aromatischem Olivenöl, püriertem Spinat, gehackten Kräutern oder Tomatenpüree, Safran oder Chilipulver, mit dem intensiven Saft der Roten Bete oder mit pikantem Reibkäse. Salz kann, muß aber nicht sofort mit in den Teig – später beim Kochen und auch durch die begleitende Sauce wird die Würze in jedem Falle geliefert. Kraft gehört dazu, aber auch Ausdauer und Spaß, wenn's ans Kneten, Ausrollen,

Formen oder Zurechtschneiden der *Pasta fresca* geht. Wer eine Großfamilie hat, sollte auch eine Nudelmaschine besitzen, um die *sfoglia*, diese dünn bis hauchdünn ausgerollte Teigplatte als Basis der Nudelei möglichst rasch vor sich liegen zu sehen. Ob Bandnudeln oder kleine gefüllte Teigtäschchen, das kann in diesem Stadium noch spontan entschieden werden – allein die Schnittechnik macht's! Wenn Ihre Wahl auf gefüllte Täschchen fällt, müssen Sie allerdings sofort loslegen, solange der Teig noch ganz frisch und etwas feucht ist. Zum Ausschneiden der Bandnudeln sollte der Teig dagegen leicht angetrocknet sein.

Die Vorliebe für die hausgemachten, eher aufwendigen Eiernudeln ist vor allem im Norden Italiens verbreitet – von Rom aus südwärts sprudelt das hitzige Temperament mit der *Pasta secca* im Kochtopf um die Wette. Womit wir bei der Technik des Pasta-Garens angelangt wären. Besonders wichtig beim Nudelkochen ist die Wassermenge: In einem ausreichend großen Topf, der

Oben: Kein feiner Mehlstaub, sondern der ausgemahlene Grieß des Hartweizens wird für Pasta secca verwendet – und mit einem Wasseranteil von maximal 12,5% zu Teig verarbeitet.

Mitte: Zartgelb ist der echte Pasta-Teig aus Hartweizen, auch wenn darin kein einziges Ei steckt. Die Technik macht's möglich, daß allein in Italien jährlich 25 kg Pasta pro Person verspeist werden.

Links: Frische Teigreste vom Ausstanzen der verschiedenen Formen wandern zurück in die große Mischmaschine und werden mit dem Rohteig neu verknetet.

Spezialität Pasta

nur zu dreiviertel gefüllt sein soll, wird pro 100 g Pasta etwa 1 Liter Wasser zum Aufwallen gebracht und gesalzen. Bei der *Pasta secca* sind die Zeitangaben auf der Packung eine nützliche Empfehlung – Sie sollten trotzdem immer schon etwas früher prüfen, ob die Nudeln bereits »al dente« gegart sind, das heißt, ob sie im Inneren noch einen bißfesten Kern besitzen. Denn: Zu weich gekochte Pasta ist die unbestritten schlimmste Sünde im Nudelparadies. Bei hausgemachten Eiernudeln und gefüllten Teigtaschen gilt ebenfalls die Pflicht der rechtzeitigen Kontrolle. Mit einem Schuß Öl im Kochwasser verhindern Sie außerdem, daß die Nudeln zusammenkleben. »Al dente« gegarte Pasta in einen Durchschlag abgießen und gut abtropfen lassen, keinesfalls mit kaltem Wasser abbrausen. Die sehr heißen Nudeln sofort in einer Schüssel mit der vorgesehenen Sauce mischen oder auch nur mit etwas Olivenöl beträufeln – prónto! Da bleibt nur noch zu bemerken: Buon appetito!!

Auf die Schnelle: Die wichtigsten Pastasorten

Agnolotti – mit Fleisch, Gemüse und Käse gefüllte Teigtaschen; Piemont.
Anolini – gefüllte Halbmonde, in Hühnerbrühe serviert; Emilia-Romagna.
Bigoli – dicke Spaghettisorte aus Weizenvollkornmehl; Venetien.
Bucatini – Röhrchennudeln, dicke, hohle Spaghettiform; Latium.
Cannelloni – Nudelröhren, werden unterschiedlich gefüllt und im Ofen gegart.
Capellini – sehr dünne Spaghettiart, auch Engelshaar, *Capelli d'angelo*, genannt.
Cappelletti – kleine, mit Fleisch und Käse gefüllte Hütchen; Emilia-Romagna.
Conchiglie – Muschelnudeln.
Culingiones – gefüllte, runde Teigtaschen; Sardinien.
Ditali – kurze, gerillte Röhrennudeln; Ligurien.
Farfalle – Schmetterlingsform.
Fettuccine – schmale Bandnudeln, zu Nestern gedreht.

Exakte Maßarbeit ist nicht allein beim Mischen der Zutaten gefragt – wenn's ans Zuschneiden geht, muß auch die Teigrolle richtig sitzen.

Am laufenden Band verlassen Tagliatelle die Maschine, perfekt in die richtige Länge und Breite geteilt und für die nächste Etappe in Falten gelegt.

Auf feinmaschigen, luftigen Sieben liegen die Bandnudeln zum Trocknen aus, bevor sie vollautomatisch verpackt werden.

Selbst für einige der gefüllten Pastasorten, hier zum Beispiel Ravioli, gibt es inzwischen die guten Geister der Technik – bereit zum Füllen, Ausstanzen und Verpacken.

Lochkarten aus Teig bleiben zurück, wenn die Raviolimaschine ihre Arbeit getan hat – sie werden nochmals gründlich verknetet und neu ausgerollt.

Maschinell geformte und getrocknete Tortellini schickt man ohne weiteres auf Weltreise, die Feinschmecker allerdings bevorzugen nach wie vor hausgemachte, frische Teigkringel.

Fusilli – lange oder kurze, gekräuselte Nudeln; Kampanien, Kalabrien.
Gnocchi – kleine Klößchen aus verschiedenen Teigen: Grieß, Mehl oder Kartoffeln, in Sardinien auch als *Pasta secca* industriell gefertigt.
Lasagne – große Teigplatten, die mit Füllung in eine feuerfeste Form geschichtet und mit Sauce und Käse überbacken werden.
Linguine – schmale, flache Nudeln, auch *bavette* genannt.
Lumache – Schneckenform.
Maccheroni – lange oder kurze, dicke Nudelröhrchen; ursprünglich ein umfassender Begriff für einige Pastasorten.
Maccheroni alla chitarra – Spezialität aus den Abruzzen (siehe Seite 209), mit gitarrenähnlichem Gerät hergestellte schmale Bandnudeln.
Malfatti – regional unterschiedlich und unregelmäßig geformte Nocken.
Malloreddus – hausgemachte kleine Nocken; Sardinien.
Orecchiette – aufwendig geformte Teigöhrchen; Apulien.
Pansoòti – mit Kräutern gefüllte Teigtäschchen; Ligurien.
Pappardelle – sehr breite Bandnudeln; Toskana.
Penne – kurze, schräg abgeschnittene Hohlnudeln.
Ravioli – gefüllte Teigtaschen; die berühmteste Variante kommt aus Ligurien.
Rigatoni – kurze, röhrenförmige Nudeln, außen gerillt.
Spaghetti – das «non plus ultra» aller Pastafans, direkt übersetzt »Bindfaden« oder »dünne Schnur«.
Spaghettini – sehr dünne Spaghettiart.
Tagliatelle – Bandnudeln; Emilia-Romagna.
Tortellini – kleine, ringförmige, gefüllte Teigwaren; das kulinarische Wahrzeichen von Bologna, Emilia-Romagna.
Tortelloni – große, gefüllte Teigtaschen.
Tortiglioni – lange, röhrenförmige, gerillte Nudeln.
Trenette – lange, schmale und flache Nudeln; Ligurien.
Trofie – spiralförmig gewickelte, hausgemachte Teigwaren; Ligurien.
Vermicelli – sehr dünne Fadennudeln.

Kalabrien und Sizilien

Hügelland und Insel:
Flickenteppich des Ackerbaus
auf kalabrischen Hügeln

Kalabrien und Sizilien

Das Land und seine Produkte

Das Herz der kalabrischen Küche schlägt im gebirgigen Inneren der langgestreckten Stiefelspitze. An den bis zum 17. Jh. unsicheren Küsten mochten sich die Menschen nicht auf Dauer niederlassen. Und auch heute noch liegen von 408 Dörfern und Ortschaften 387 im schützenden Hügel- und Bergland. Jedes Fleckchen fruchtbaren Ackerlandes wird hier für den Gemüseanbau genutzt – mit besonderer Vorliebe für Auberginen und Tomaten. Aber auch Kartoffeln, Kohl, Paprika, Zwiebeln, Hülsenfrüchte und Artischocken werden hier reichlich geerntet. Ebenso fruchtbar sind die Tiefebenen von Gioia Tauro, Lamezia und Sibari, die sich aus dem Schwemmland vieler kleiner, von den Bergen kommender Flüsse und Bäche bildeten. Häufig reichen die Berge bis dicht an die Ufer, wie bei der Diamant- und Cirella-Küste, um dann in steilen Klippen ins Meer zu stürzen. Doch auch hier mischt sich Grün mit Felsgrau, finden Zitronengärten ihre kleinen Refugien.

Sizilien: Vier Fünftel der rund 25 500 Quadratkilometer großen Fläche bedecken Hügel- und Bergland, und wie die Nachbarregion Kalabrien kann die größte der Mittelmeerinseln mit dem Ionischen, Tyrrhenischen und dem Mittelmeer aufwarten. Ein Kranz von Inseln gehört dazu, im Norden die Äolischen oder Liparischen, im Westen die Ägadischen und im Süden die Pälagischen Inseln sowie Pantelleria. So unterschiedlich sie sich auch geben,

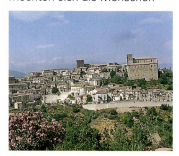

Ganz oben: Wie Bastionen liegen viele Orte auf Berggipfeln, so auch Altomonte in Nord-Kalabrien.

Oben: In den gebirgigen Regionen liefern Ziegen und Schafe die Milch, Grundsubstanz für herzhafte Käsesorten.

Rechts oben: Zitrusfrüchte gedeihen an der Straße von Messina.

Rechts Mitte: Oliven und eingelegte Gemüse begleiten fast jede Mahlzeit.

Rechts: Schwertfisch gehört zu den begehrten Delikatessen.

Das Land und seine Produkte

eines haben viele gemeinsam: guten Wein und eine reiche Thunfischbeute.

Das große Inseldreieck Sizilien läßt sich ebenfalls nicht auf einen Nenner bringen. Während an der Südküste die Vegetation schon vom heißen Atem des nahen Afrika gestreift wird, in dem sich die Mandelbäume wohl fühlen, sind in den Gebirgsketten Bäume und Pflanzen zu Hause, die an nördlichere Breiten erinnern, wie Ginster, Walnüsse und Eßkastanien. Die Ostküste im Schutze des Ätna bleibt das Jahr über grün. Im Inselinneren, auf dem Hochplateau bei Enna und Caltanisetta, dagegen wogt im Frühling ein Meer grüner Getreidefelder, das sich bald in Weizenblond verwandelt und dem Sommer dann nur noch Stoppeln und ausgedörrte, ockerfarbene Erde zeigt. Der Westen der Insel, zwischen Palermo und Marsala, gehört fast ausschließlich dem Wein.

An den Küsten Siziliens und Kalabriens zu beiden Seiten des Stretto, der Straße von Messina, wird zwischen März und September der Schwertfisch gefangen, Grundzutat süditalienischer Spezialitäten. Kalabriens Binnenland bietet Wild und Pilze, Forellen aus den Seen und Bächen der Sila, mit Eicheln und Kastanien gemästete Schweine, die zu deftigen Würsten verarbeitet werden. Schafe und Ziegen finden im trockenen Sommer noch genügend Nahrung und liefern die Milch für Butirri, Käse mit Butterkern. In der Provinz Ragusa auf Sizilien wird auch Käse aus Kuhmilch produziert. Neben den herzhaften Sorten, die Pasta-Gerichten Würze verleihen, unverzichtbar: Ricotta – für die Cassata siciliana oder auch als Füllung für Cannoli, die krossen Teigröhren. Diese beiden Berühmtheiten repräsentieren jedoch nur einen winzigen Teil all der süßen Köstlichkeiten, die zu den Festen des Jahres hergestellt werden. Und daß es Muselmanen aus Arabien waren, die die Rezepte als Souvenirs hier zurückließen, hat auf Sizilien noch niemanden gestört.

Links oben: Sonntagsmarkt in Randazzo am Ätna, auf dem Käse aus ganz Sizilien angeboten wird – Canestrato aus Schafsmilch, frischer oder im Ofen getrockneter Ricotta, Provola und Pecorino.

Links Mitte: Aus Mandeln sind die berühmten sizilianischen Süßigkeiten, so auch Pasta di mandorla, die aus Marzipanmasse gebacken wird.

Links: Neben Tomaten und Peperoncini beherrschen in Kalabrien vor allem Auberginen in unzähligen Zubereitungsarten die Küche.

Oben: Kräuter, Pilze, kleine wilde Artischocken sowie wildwachsende rosa Zwiebelchen werden von den Frauen Kalabriens in den Bergen und Wäldern gesammelt. In Öl und Essig eingelegt sind die Cipudazzi allerdings nicht nur als Vorspeise für den eigenen Tisch bestimmt, sondern kommen auch in den Export. Man kann sie bei uns in Gläsern kaufen.

Kalabrien und Sizilien

Menschen, Feste, Sehenswertes

Kalabrien machte es seinen Bewohnern nie leicht. Die sich keck zwischen Tyrrhenisches und Ionisches Meer schiebende Stiefelspitze betrachteten nicht nur eroberungssüchtige Mittelmeervölker als ständige Herausforderung. So sahen sich die Menschen immer wieder gezwungen, den Kontakt zum Meer aufzugeben und im gebirgigen Landesinneren Zuflucht zu suchen. Statt sich in Tälern zu verkriechen, klebten die Kalabresen ihre Städte und Dörfer auf schwierigste Felsgrate, um vor Überraschungen sicher und dem Himmel und seinen Heiligen etwas näher zu sein. Ihre Existenzgrundlage fanden sie als Hirten, Bauern und Handwerker.

Die Spuren mühevollen Lebens machten die Gesichter der Menschen herb und verschlossen. Doch wie der Frühling die steingraue Landschaft mit einem Teppich aus gelbem Ginster, rotem Mohn und weißen Margeriten überzieht, geben auch sie ihre Zurückhaltung auf, sucht man Kontakt und Freundschaft. Die seltenen Touristen, die Kalabrien durchqueren und in spärlich bewohnten Gegenden auf Hirten oder Bauern treffen, werden mit rührender Herzlichkeit empfangen.

Sizilien, das Dreieck im Mittelmeer, war schon immer ein Schmelztiegel vieler Völker und Kulturen. Und wer die Sizilianer ergründen möchte, lernt sie

Oben: Vom antiken Theater über Taormina ist der Blick auf Ätna und Küste beeindruckend. Im Frühling und Sommer werden hier, wie auch in den Theatern von Segesta, Tindari, Selinunt und Syrakus, Festspiele veranstaltet.

Rechts oben: Das »Fest der sizilianischen Trachten und Karren« im Mai in Taormina.

Rechts: Fischerboote mit Langusten-Reusen im Hafen von Syrakus. Ihren Schutzpatron, St. Peter, ehren die Fischer im Juni mit einem Patronatsfest.

Menschen, Feste, Sehenswertes

vielleicht am besten über ihre Küche kennen. Gäbe man alles, was sich darin befindet, in einen großen Topf, so vermischten sich der Duft des Meeres mit den Wohlgerüchen Arabiens, die herben Aromen wilder Kräuter mit dem satten Duft sonnenreifer Tomaten und süßer Orangen, dem Öl jahrhundertealter Olivenbäume. Nicht fehlen dürfen dabei auch die Würze von Käse und Würsten, die Süße von Honig, Rosinen und Mandeln, nicht zuletzt das Bukett der in Sonne und Ätnafeuer gereiften Weine.

Und auch der Charakter des Sizilianers ist geprägt von unterschiedlichsten Einflüssen, gleicht einem üppigen Gemisch wundervoller Zutaten. So paart sich in ihm lebhafte, spritzige, kreative Phantasie mit orientalischer Trägheit. Armut und Existenzkampf zwangen den Inselbewohner häufig zum Auswandern, verliehen ihm Fleiß und Härte, stärkten die Liebe zur Heimat, das Festhalten an der Familie und archaischen Traditionen sowie Zuverlässigkeit.

Kulinarische Höhepunkte im Jahreslauf sind in Kalabrien im Juli das Fest des Schwertfisches in Bagnara mit Schiffsprozession. Vibo Valentia ehrt am 26. Juli beim Fest »dei Fileia« seine hausgemachten Nudeln. Im August feiert man in Spilinga das Fest der Nduja, der Kutteln, die hier in einen scharfen Eintopf mit Schweinezunge kommen. In Soveria Mannelli steht im August der Festmarkt der Kartoffeln auf dem Programm, am 15. September in Soverato Fest und Markt der Auberginen, wie im Januar in Corigliano Calabro das Fest der Zitrusfrüchte mit großem Umzug.

In Sizilien feiert man im Februar in Agrigento die Mandelblüte mit einem internationalen Folklorefest. Castelbuono läßt im Juni die Kirschen weihen, und zum Namenstag ihres Schutzpatrons St. Petrus am 29. Juni wird in allen Fischerorten auf der Straße gebrutzelt und geschmaust. Am Pfingstmontag, zum Fest des San Liberante in Trapani, köchelt in großen Kesseln auf Straßen und Plätzen Tintenfisch mit Bohnen. Zu Allerseelen beschenkt man die Kinder mit süßem, hartem Gebäck in Form von Totenknochen, den Ossa dei morti, die verstorbene Angehörige, so wird erzählt, heimlich für sie gebracht haben.

Erika Casparek-Türkkan

Links oben: Der Corso Umberto, quirliger Treffpunkt und Flanierstraße Taorminas. Ein Scherenschnitt-Künstler hat hier sein fliegendes Atelier aufgebaut.

Links Mitte: Frutti della martorana, Früchte, Gemüse, sogar Fische und anderes Meeresgetier, von sizilianischen Konditoren täuschend ähnlich aus Marzipan geformt.

Oben: Sommerfrühstück auf sizilianische Art, das aus Granita di Caffè mit Sahne und einem Brioche besteht. Er wird in die eiskalte Kaffeespezialität getunkt. Darauf folgt ganz nach Gusto ein Espresso.

Ganz links: Der edle Ritter aus dem sizilianischen Marionetten-Theater wartet vor einem Souvenir-Laden auf Liebhaber.

Links: Wo gefeiert wird, darf in Kalabrien und auf Sizilien die Blasmusik nicht fehlen.

277

Die Weine

Kalabrische Athleten aus den griechischen Kolonien, heißt es, wurden nach triumphaler Rückkehr von einer antiken Olympiade mit »Krimis« gefeiert. Ob er wirklich der älteste Wein der Welt war, sei dahingestellt, jedoch gilt als sicher, daß er einer der ersten Weine Europas war. Er wuchs an der Ionischen Küste, in der heutigen Provinz Cosenza.

Wenn auch nicht von ganz so altem Adel, ist der jetzt dort wachsende *Cirò* der berühmteste unter den kalabrischen Weinen. Die Traube für *Cirò rosso* und *rosato* wie auch für die meisten Weine Kalabriens ist die Gaglòppo. Um zu reifen und Harmonie zu gewinnen, braucht der Cirò mindestens vier Jahre auf dem Faß und jährliches Umfüllen. Doch wird er nie ganz trocken und behält einen süßlichen Einschlag. Der weiße Cirò wird aus der Greco di Bianco, einer alten Rebsorte, bereitet, die sowohl funkelnde trockene Weine von angenehmer Frische als auch üppige Dessertweine liefert, zum Beispiel den *Greco di Bianco*, der samtig ist, mit zartem Orangenblütenaroma.

Die gebirgige Stiefelspitze beschränkt die meisten Lagen auf schroffe, relativ kühle Hänge, und große Erträge sind nicht zu erwarten. So wird denn zunehmend auf Qualität ausgebaut. Bei Castrovillari, im nördlichen Kalabrien, wird der rote *Pollino* aus Trauben verschiedener Rebsorten gekeltert. Jung paßt er als Tischwein zu rustikalen Gerichten. Charakteristisch für viele kalabrische Weine sind die halbtrockene Note und der relativ hohe Alkoholgehalt mit 14 bis 17°. Doch sind Bemühungen im Gange, neben diesen Weinen im alten Stil junge, leichte Tafelweine auszubauen.

Weitere bemerkenswerte Gewächse: *Cerasuolo di Scilla*, ein kirschroter, lokaler Wein aus Scilla an der Straße von Messina; *Donnici* aus den Hügeln um Cosenza, rubin- bis hellrot, fruchtig und duftig. *Palizzi* und *Pellaro*, die bekanntesten Weine der Provinz Reggio Calabria, die nach angemessener Lagerung gut zu kräftigen Fleischgerichten passen.

Rebflächen, soweit das Auge reicht: Die Provinz Trapani erzeugt fast die Hälfte aller sizilianischen Weine. Der berühmteste ist der *Marsala*, der aus dem Intermezzo der Phönizier auf der Insel stammt. Aus bodenständigen Rebsorten, den Grillo-, Cataratto- und Inzilio-Trauben, entsteht ein strohgelber Wein mit hohem Zuckergehalt. Unter Zusatz anderer Weinfaktoren, Nektaren aus dem gleichen Gebiet, entwickelt sich nach langer Lagerung in Eichenfässern der große Konkurrent berühmter Port-, Sherry- und Madeiraweine. Marsala gibt es von trocken bis süß in verschiedenen Duft- und Geschmacksnuancen. Probieren sollte man den trockenen zu der Provinz-Spezialität Cuscusu, dem arabischen Couscous ähnlich, mit Fisch und Languste zubereitet. Zu den großen Dessertweinen dieser Region zählt auch der *Moscato* der Insel Pantelleria aus Zibibbo-Trauben. Die Provinz produziert weitere hervorragende Tafelweine im kontrollierten Anbaugebiet um Alcamo, den *Bianco d'Alcamo*, ein guter Begleiter zu Fisch, den eigenwilligen *Rapitalà* und andere Weine aus kleineren Lagen. In der Provinz Agrigent ragen der *Libecchio bianco* und *rosso* heraus, deren Etiketten der berühmte Maler Renato Guttuso entwarf; außerdem der *Settesoli bianco* mit frischem Geschmack, der *rosato* mit fruchtigem Bukett. Die Anbauregion um Palermo erzeugt den renommiertesten Wein, den *Corvo*, der weiß zu Fisch und Krustentieren, rot zu allen Fleischgerichten paßt. Vom Gut *Donnafugata*, bekannt durch den »Leopard« von Tomaso di Lampedusa, kommt der Wein gleichen Namens. Die Provinz Caltanisetta produziert den *Regaleali*, Catania die *Ätna*-Weine, trockene, charaktervolle Rot- und Weißweine, die die Fisch- und Gemüsegerichte der Region bestens begleiten. Kleine Mengen, jedoch hervorragende Erzeugnisse, liefern die Provinzen Ragusa und Messina. Voller Stolz wird hier noch immer der *Mamertino* gepflegt, der schon Julius Cäsar entzückte. Herausragende Malvasierweine erzeugen die Liparischen Inseln, exakt das kleine Salina, das auch für ausgezeichnete Tafelweine bekannt ist.

Erika Casparek-Türkkan

Oben: Seit Urzeiten wächst auf Sizilien Wein. Der Weingott Bacchus persönlich soll ihn auf die Insel gebracht haben. Aus seinen Fußstapfen entsprangen Weinstöcke. Und auch in Kalabrien kelterten die alten Griechen die ersten Trauben.

Links: Von süß bis trocken, vom Marsala bis zum Rapitalà, sind alle Geschmacksnuancen auf Siziliens Weinkarte vertreten, während Kalabrien zu 90% auf Rotwein setzt. Das verbleibende Zehntel besteht fast ausschließlich aus süßem Weißwein.

Rezepte der Region

Antipasti
280 Arancini di riso
Fritierte Reiskugeln
282 Olive fritte
Gebratene Kräuter-Oliven
282 Insalata di arance
Orangensalat
283 Insalata di mare
Meeresfrüchte-Salat

Primi Piatti
284 Cannelloni
Gefüllte Nudelröllchen
286 Maccheroni alla calabrese
Makkaroni mit Schinken
286 Pasta con le sarde
Nudeln mit Sardinen und Fenchel
287 Fusilli alla siracusana
Nudeln mit Gemüse und Kapern

Secondi Piatti
288 Cuscusu
Couscous mit Fisch
290 Nasello alla palermitana
Seehecht mit Rosmarin
290 Tonno alla marinara
Geschmorter Thunfisch
291 Braciole di pesce spada
Gegrillte Schwertfischrouladen
292 Farsumagru
Gefüllter Rollbraten
294 Scaloppine al marsala
Kalbsschnitzel in Marsala
294 Morseddu
Fleischpastete
295 Pollo alla messinese
Huhn mit Thunfischsauce

Contorni
296 Pomodori alla siciliana
Gefüllte Tomaten
298 Peperonata
Paprikagemüse
298 Patate al marsala
Bratkartoffeln mit Marsala
299 Insalata mista
Gemischter Salat
300 Caponata
Süß-saures Auberginengemüse
301 Involtini di melanzane con salsa di pomodoro
Auberginenröllchen mit Tomatensauce

Dolci
302 Cassata siciliana
Festtagstorte
304 Vecchiarelle
Fritierte Honigstäbchen
304 Pesche ripiene
Gefüllte Pfirsiche
305 Budino di ricotta
Ricottapudding
305 Mantecato di melone
Meloneneis

Kalabrien und Sizilien

Arancini di riso
Fritierte Reiskugeln (Sizilien)

Zutaten für 8–10 Stück:

100 g Putenbrust
100 g Rinderhackfleisch
50 g frische Erbsen, enthülst (ersatzweise tiefgekühlte)
1 Stange Staudensellerie
1 Bund glatte Petersilie
½ Bund Basilikum
50 g frisch geriebener Pecorino (oder Parmesan)
300 g Rundkornreis (Vialone oder Avorio)
2 EL Tomatenmark
200 ml heiße Fleischbrühe
2 Eier
3 EL Butter
3 EL Olivenöl + Olivenöl (oder Butterschmalz) zum Fritieren
1 Zwiebel
4 EL Semmelbrösel
2 EL Mehl
1 Prise Chilipulver
1 Döschen Safran
Salz, Pfeffer aus der Mühle
Lorbeerblätter (eventuell frisch) zum Garnieren

<u>Zubereitungszeit: 2 Std.</u>
Bei 10 Stück pro Stück:
1250 kJ / 300 kcal

Arancini – goldgelb und kugelrund erinnern sie tatsächlich, wie es der Name andeutet, an winzige Orangen, sind aber in Wirklichkeit fritierte Reisbällchen, die beim Anbeißen mit einem würzigen Innenleben überraschen.

In Sizilien besteht die Füllung traditionsgemäß aus einer Mischung von Geflügel und Fleisch mit frischem Gemüse und geriebenem Hartkäse.

Ein ähnliches Rezept wird in Latium zubereitet, dort nennen sich die Knusperkugeln *Supplì alla romana* oder *Supplì al telefono*, und in ihnen verbirgt sich ein schmelzendes Herz aus Mozzarella (Rezept auf Seite 179).

• Tip: Die doppelte Menge Fleischragout zubereiten und alles, was beim Füllen übrigbleibt, als saftige Beilage zu den krossen Bällchen servieren.

1 1 Zwiebel und ½ Bund Petersilie fein hacken. Putenbrust und 1 Selleriestange in sehr feine Würfelchen schneiden. In einem Topf 3 EL Olivenöl erhitzen, 1 EL Butter darin schmelzen. Zwiebel glasig dünsten. Putenfleisch und Rinderhack portionsweise dazugeben und kräftig anbraten. Sellerie und Petersilie untermischen, kurz mitbraten. Mit Salz, Pfeffer und 1 Prise Chilipulver würzen. 2 EL Tomatenmark mit 200 ml heißer Fleischbrühe verrühren, angießen. 50 g Erbsen einstreuen, Topf zudecken und das Ragout bei niedrigster Hitze schmoren lassen.

2 In einem Topf ½ l Salzwasser aufkochen. 300 g Reis einstreuen, bei niedriger Hitze und unter häufigem Rühren ausquellen lassen. Bei Bedarf noch etwas Wasser nachgießen. Gegen Ende der Garzeit den Inhalt von 1 Döschen Safran in 2 EL heißem Wasser auflösen, untermischen. Der fertige Reis sollte schön körnig und nicht zu weich sein. 2 EL Butter und 50 g frisch geriebenen Pecorino unter den heißen Reis rühren. Etwas abkühlen lassen, dann 1 Ei untermischen.

3 Restliche Petersilie hacken, ½ Bund Basilikum in feine Streifchen schneiden. Das Ragout eventuell im offenen Topf etwas einköcheln lassen. Vom Herd nehmen, Kräuter untermischen und mit Salz und Pfeffer abschmecken.

4 In einem tiefen Teller 1 Ei verquirlen, leicht salzen und pfeffern. Vom abgekühlten Reis nacheinander etwa 10 Portionen in Größe einer Mandarine oder winzigen Orange entnehmen und zu einer Kugel formen. Mit dem Finger jeweils eine Vertiefung in die Mitte der Kugel drücken, etwa 1 EL des vorbereiteten Ragouts einfüllen, Öffnung wieder mit Reis verschließen. Die Bällchen dünn mit Mehl bestäuben. In verquirltem Ei und danach in Semmelbröseln wenden. Vorsichtig auf ein Tuch legen.

5 Inzwischen reichlich Olivenöl oder Butterschmalz fürs Fritieren erhitzen. Reiskugeln portionsweise knusprig ausbacken. Auf Küchenkrepp gut abtropfen lassen und auf eine vorgewärmte Platte legen. Zur Dekoration jeweils 1 Lorbeerblatt in jede Reiskugel stecken.

Kalabrien und Sizilien

Olive fritte
Gebratene Kräuter-Oliven (Sizilien)

Insalata di arance
Orangensalat (Sizilien)

Zutaten für 4 Portionen:

250 g schwarze Oliven
1 Zweig frischer Oregano
 (oder 1–2 TL getrocknete
 Oreganoblättchen)
3 Knoblauchzehen
3 EL Olivenöl
6 EL guter Weißweinessig
Pfeffer aus der Mühle

Zubereitungszeit: 10 Min.
Pro Portion: 1170 kJ / 280 kcal

1 Oliven kurz abbrausen, abtropfen lassen und abtrocknen. 3 Knoblauchzehen in dünne Scheiben schneiden.

2 In einer Pfanne 3 EL Olivenöl mit den Knoblauchscheibchen sachte erhitzen. Oliven einrühren, unter ständigem Rühren 3 Min. sanft braten. Hälfte der Oreganoblättchen einstreuen.

3 6 EL Weißweinessig und 2–3 EL Wasser angießen, kräftig aufkochen und den Sud zur Hälfte eindampfen lassen.

4 Restlichen Oregano untermischen, mit frisch gemahlenem Pfeffer würzen. Oliven heiß aus der Pfanne servieren.

• Dazu knuspriges Weißbrot reichen, mit dem man die feine Sauce aufstippen kann.

• Aus Kalabrien gibt es zahlreiche Rezepte für selbst eingelegte Oliven – dazu braucht man allerdings die frisch gepflückten Früchte. Meist werden sie 24 Std. gewässert und danach mit Würzzutaten wie Knoblauch, Oregano, Peperoncino, Olivenöl, Weinessig, Salz und Pfeffer eingeschichtet.

Zutaten für 4 Portionen:

2 saftige Orangen
1 kleine Fenchelknolle (150 g)
2 kleine weiße Zwiebeln
1 TL frischer Rosmarin
 (oder ½ TL getrockneter)
1 EL Weißweinessig
4 EL bestes Olivenöl
Salz, Pfeffer aus der Mühle

Zubereitungszeit: 15 Min.
Pro Portion: 580 kJ / 140 kcal

1 2 Orangen rundum dick abschälen, dabei auch die weiße Haut entfernen. Saft in einem Schüsselchen auffangen. Die Orangen in ½ cm dicke Scheiben schneiden, eventuell vorhandene Kerne entfernen. Orangenscheiben auf einer großen Platte ausbreiten.

2 Fenchelknolle putzen, die harten äußeren Teile entfernen. Fenchelgrün zum Garnieren beiseite legen. Das zarte Fenchelherz in kleine Würfelchen schneiden. 2 Zwiebeln in sehr feine Ringe schneiden.

3 Aufgefangenen Orangensaft mit 1 EL Weißweinessig und 4 EL Olivenöl verquirlen. 1 TL Rosmarin fein hacken, untermischen. Mit Salz und Pfeffer abschmecken.

4 Fenchelwürfelchen gründlich in der Sauce wenden, herausnehmen und auf den Orangenscheiben verteilen. Zwiebelringe aufstreuen, die restliche Sauce über den Salat träufeln. Grob aus der Mühle pfeffern, mit Fenchelgrün garnieren.

• Sie können den Fenchel auch weglassen, dafür mehr milde Zwiebeln über die Orangen verteilen und eventuell mit schwarzen Oliven garnieren.

Insalata di mare
Meeresfrüchte-Salat (Kalabrien/Sizilien)

Zutaten für 4 Portionen:
500 g Tintenfisch (frisch oder tiefgekühlt)
100 g gekochte, geschälte Garnelen
2 Zitronen
1 Bund glatte Petersilie
1 TL frischer Oregano (oder ½ TL getrockneter)
1–2 rote, eingelegte Peperonischoten
2 Knoblauchzehen
5 EL bestes Olivenöl
Salz, Pfeffer aus der Mühle
Zubereitungszeit: 50 Min. (+ 2 Std. Marinieren)
Pro Portion: 930 kJ / 220 kcal

1 Tintenfisch vorbereiten: unter fließendem Wasser gründlich waschen, die dünne Haut abziehen. Kopf und Innereien nach außen stülpen und abschneiden.

2 In einem Topf 1 l Wasser mit dem Saft von ½ Zitrone und ½ TL Salz aufkochen. Geputzten Tintenfisch hineingeben, zugedeckt etwa 30 Min. weichköcheln (Garprobe mit einem Spießchen machen!). Abgießen und abtropfen lassen. Tentakel etwas zerkleinern, Tintenfischmantel in feine Ringe schneiden. Mit den Garnelen in einer Schüssel mischen.

3 Für die Marinade Peperonischoten entkernen und in feine Ringe schneiden, 2 Knoblauchzehen hacken. 2–3 EL Zitronensaft mit 5 EL Olivenöl kräftig verquirlen. Peperoniringe und Knoblauch einrühren, mit Salz, Pfeffer und Oregano würzen.

4 Tintenfisch und Garnelen mit der Marinade begießen, gründlich mischen und im Kühlschrank mindestens 2 Std. durchziehen lassen.

5 Etwa 15 Min. vorm Servieren herausholen. Petersilie sehr fein hacken, unterrühren. Salat nochmals mit Salz, Pfeffer und eventuell Zitronensaft abschmecken. Mit Zitronenschnitzen garnieren.

• Auch so gibt's Tintenfischsalat: geputzten und zerkleinerten Tintenfisch in feinem Olivenöl anbraten, mit Knoblauch, Oregano, Chilipulver, Salz und Pfeffer würzen. Weißwein angießen und den Tintenfisch darin weichschmoren. Im Sud abkühlen lassen oder noch lauwarm mit frischem Olivenöl, Kräutern und Zitronensaft als Salat zubereiten. Mit kleinen Tomatenwürfelchen, roten Paprikastreifen und abgeriebener Zitronenschale wird's noch würziger und schön bunt.

Kalabrien und Sizilien

Cannelloni
Gefüllte Nudelröllchen (Sizilien/Kalabrien)

Zutaten für 4–6 Portionen:

Für den Teig:
150 g Mehl + Mehl zum Ausrollen
150 g Hartweizengrieß
2 Eier
Salz

Für die Füllung:
500 g geschmorter Rinderbraten mit kräftiger Sauce (zubereitet zum Beispiel nach dem Rezept auf Seite 68: Brasato alla milanese)
100 g Caciocavallo-Käse zum Reiben (oder Pecorino)
Muskatnuß
Salz, Pfeffer aus der Mühle

Sonstige Zutaten:
Salz
2–3 EL Öl
5 EL Olivenöl
2 Eier

Zubereitungszeit: 2 Std. (Schmorbraten am Vortag zubereiten!)
Bei 6 Portionen pro Portion: 2000 kJ / 480 kcal

Für eine schnellere Variante nehmen Sie am besten vorgegarte Cannelloni aus der Packung. Beim Füllen aufpassen, daß die zarten Röllchen nicht brechen.

Die Füllung kann ebenfalls zeitsparend abgewandelt werden – mit Hackfleisch.

Köstliche und echt italienische Alternativen zum Fleisch: Füllungen aus Ricotta und Blattspinat oder kräftigem Tomatensugo mit Mozzarellawürfelchen und Kräutern.

Häufig werden die gefüllten Teigröllchen vorm Überbacken noch mit einer dicken Béchamelsauce bestrichen (Rezept zum Beispiel auf Seite 60).

1 Nudelteig: 150 g Mehl mit 150 g Hartweizengrieß mischen, auf die Arbeitsfläche häufen und eine Mulde in die Mitte drücken. 2 Eier und ½ TL Salz dazugeben, mit etwa 100 ml lauwarmem Wasser zu einem glatten Nudelteig kneten. Mit einem Tuch bedeckt 20 Min. ruhen lassen.

2 Nudelteig auf bemehlter Fläche 2 mm dünn ausrollen. Quadrate von etwa 10 cm Kantenlänge ausschneiden. In einem großen Topf 3 l Salzwasser mit 2–3 EL Öl aufkochen. Teigplatten portionsweise hineingeben und 5 Min. vorgaren. Mit dem Schaumlöffel herausheben, kurz in kaltes Wasser tauchen. Gut abtropfen lassen, auf ein Küchentuch legen.

3 Fertig geschmorten Rinderbraten durch den Fleischwolf drehen oder in sehr kleine Würfelchen schneiden. Mit der Hälfte der Schmorsauce in einen Topf geben, kräftig zu einem sämigen Ragout einköcheln. Mit Salz, Pfeffer und frisch geriebener Muskatnuß würzig abschmecken.

4 Eine große feuerfeste Form mit 3 EL Olivenöl ausstreichen. Backofen auf 200° vorheizen. Caciocavallo-Käse reiben. Auf einen Randstreifen jeder Teigplatte 2 EL Fleischragout häufen, mit 1 EL Käse bestreuen, Teigplatte aufrollen. Teigröllchen dicht nebeneinander in die vorbereitete Form legen. Eventuell übrig gebliebene Fleischsauce darüber verteilen, mit dem restlichen Käse bestreuen. 2 EL Olivenöl darüber träufeln.

5 Form in den vorgeheizten Backofen (Gas: Stufe 3) schieben, Cannelloni etwa 15 Min. garen. 2 Eier verquirlen, über die Nudelröllchen gießen und weitere 5 Min. im Ofen lassen, bis die Oberfläche schön gebräunt ist.

Kalabrien und Sizilien

Maccheroni alla calabrese
Makkaroni mit Schinken (Kalabrien)

Zutaten für 4–6 Portionen:

100 g milder roher Schinken
1 kg reife Tomaten
1 Bund glatte Petersilie
½ Bund Basilikum
100 g Caciocavallo-Käse zum
    Reiben (oder Pecorino)
400 g Makkaroni
3 EL Schweineschmalz
2 EL Olivenöl
1 getrocknete Chilischote
1 Zwiebel
2–3 Knoblauchzehen
½ TL schwarze Pfefferkörner
Salz, Pfeffer aus der Mühle

Zubereitungszeit: 70 Min.
Bei 6 Portionen pro Portion:
2100 kJ / 500 kcal

1 Tomaten überbrühen, enthäuten und entkernen. Das Fruchtfleisch zerkleinern. Schinken in Streifen schneiden, 1 Zwiebel und 2–3 Knoblauchzehen hacken.

2 2 EL Olivenöl und 1 EL Schmalz erhitzen. Zwiebel und Chilischote andünsten. Knoblauch und Schinken einrühren, kurz anbraten, dann Tomaten untermischen. Die Sauce etwa 45 Min. einköcheln lassen, dabei öfter umrühren.

3 In einem Topf 3 l Salzwasser aufkochen. 400 g Makkaroni in Stücke brechen, in etwa 8 Min. bißfest garen.

4 Caciocavallo reiben, Petersilie fein hacken, ½ Bund Basilikum in Streifen schneiden. Tomatensauce salzen und pfeffern, Chilischote entfernen. ¾ der Petersilie einrühren. ½ TL Pfefferkörner im Mörser zerstoßen.

5 Makkaroni abtropfen lassen, mit 2 EL Schmalz und dem zerstoßenen Pfeffer mischen. Käse und Tomatensauce untermengen. Mit feingeschnittenen Kräutern bestreuen.

Pasta con le sarde
Nudeln mit Sardinen und Fenchel (Sizilien)

Zutaten für 4–6 Portionen:

500 g frische Sardinen
1 Fenchelknolle (etwa 200 g)
    mit reichlich Grün
1 unbehandelte Zitrone
    (Saft + Schale)
1 Bund glatte Petersilie
4 eingelegte Sardellenfilets
50 g Sultaninen
2 EL Pinienkerne
400 g Bucatini (dicke, hohle
    Spaghetti) oder Makkaroni
1 TL Fenchelsamen
1 mittelgroße Zwiebel
3 Knoblauchzehen
etwa 100 ml Olivenöl
Salz, Pfeffer aus der Mühle

Zubereitungszeit: 1 ¾ Std.
Bei 6 Portionen pro Portion:
2500 kJ / 600 kcal

1 Sardinen ausnehmen und entgräten, Köpfe abschneiden. Gründlich waschen, abtrocknen. Leicht salzen, mit dem Saft von 1 Zitrone beträufeln und kühlstellen.

2 50 g Sultaninen in ⅛ l Wasser einweichen. Fenchel putzen, harte Stellen entfernen. Zartes Grün aufbewahren. 1 l Salzwasser aufkochen, Fenchel 10 Min. garen. Abtropfen lassen, Kochwasser aufbewahren. Fenchel in Würfel schneiden.

3 ½ Bund Petersilie sehr fein hacken. 4 Sardellenfilets abspülen, trocknen und kleinschneiden. 3 Knoblauchzehen hacken. Die 3 Zutaten in einem Mörser mit 4 EL Olivenöl, abgeriebener Schale von ½ Zitrone und 1 TL Fenchelsamen zu einer Paste zermahlen.

4 Zwiebel fein hacken. In einer Pfanne 2 EL Olivenöl erhitzen, Zwiebel glasig dünsten. Fenchel einrühren und kurz anbraten. Temperatur verringern, Sardellenpaste, Sultaninen mit Sud, einige EL Fenchelbrühe und 2 EL Pinienkerne untermischen. Sanft köcheln.

Fusilli alla siracusana
Nudeln mit Gemüse und Kapern (Sizilien)

5 Fenchelwasser auf 3 l auffüllen, salzen und erhitzen. 400 g Nudeln in etwa 10 Min. bißfest garen. Gut abtropfen lassen, 2 EL Olivenöl untermischen.

6 Inzwischen in einer zweiten Pfanne 4 EL Olivenöl erhitzen. Sardinen mit Küchenkrepp abtrocknen, von jeder Seite 2 Min. braten, salzen und pfeffern. ½ Bund Petersilie und Fenchelgrün grob hacken.

7 Nudeln lagenweise in eine vorgewärmte Form schichten, salzen und pfeffern. Jede Schicht mit einem Teil der Sardellensauce begießen, einige gebratene Sardinen darauf verteilen. Petersilie und Fenchelgrün aufstreuen, mit 2–3 EL Olivenöl beträufeln.

• Wird in Sizilien mit wildem Bergfenchel zubereitet, teilweise auch mit Tomaten gemischt und kurz überbacken.

<u>Zutaten für 4–6 Portionen:</u>
1 kleine Aubergine (200 g)
2 kleine gelbe Paprikaschoten
750 g reife Tomaten
1 Bund Basilikum
50 g Caciocavallo-Käse zum Reiben (oder Pecorino)
4 eingelegte Sardellenfilets
50 g schwarze Oliven ohne Stein
2 EL Kapern
2 Knoblauchzehen
400 g Fusilli
6 EL Olivenöl
Salz, Pfeffer aus der Mühle

<u>Zubereitungszeit:</u> 1 ¾ Std.
Bei 6 Portionen pro Portion:
 1860 kJ / 440 kcal

1 Aubergine in 1 cm große Würfel schneiden. In ein Sieb legen, mit Salz bestreuen und durchziehen lassen.

2 Paprikaschoten halbieren, Kerne und Trennwände entfernen. Schotenhälften unterm Grill oder im heißen Backofen (225°, Gas Stufe 4) anrösten, bis die Haut Blasen wirft und sich dunkel färbt. Schoten herausnehmen, mit einem feuchten Küchentuch bedecken, dann die Haut ablösen. Etwas abkühlen lassen, die Schoten in kleine Stückchen schneiden.

3 Tomaten kurz überbrühen, enthäuten und entkernen. Fruchtfleisch in kleine Würfel schneiden. 4 Sardellenfilets abspülen, mit Küchenkrepp trocknen, kleinhacken. 50 g entsteinte Oliven zerkleinern. 2 Knoblauchzehen in Scheibchen schneiden.

4 Auberginenwürfel kurz abbrausen und gründlich trocknen. In einem breiten Topf 4 EL Olivenöl erhitzen. Auberginen und Knoblauch unter Rühren anbraten. Gehackte Sardellenfilets und Tomaten untermischen, mit wenig Salz und Pfeffer würzen. Zugedeckt etwa 15 Min. köcheln lassen. 50 g Caciocavallo-Käse reiben.

5 In einem großen Topf 3–4 l Salzwasser zum Kochen bringen. 400 g Fusilli darin in 8–10 Min. bißfest garen.

6 Währenddessen Paprikastückchen, Oliven und Kapern in die Sauce rühren und im geöffneten Topf mitgaren, bis die Fusilli fertig sind. Nudeln abgießen, 2 EL Olivenöl untermischen.

7 Sauce mit Salz und Pfeffer kräftig abschmecken. In einer vorgewärmten Schüssel mit den heißen Fusilli mischen. Mit Basilikumblättchen bestreuen, geriebenen Käse dazu servieren.

• Fusilli – eine spiralig gekräuselte Nudelform, die auch in Kalabrien oft und gerne gegessen wird.

Kalabrien und Sizilien

Cuscusu
Couscous mit Fisch (Sizilien)

Zutaten für 4–6 Portionen:
300 g Couscous-Grieß
1 Döschen Safranpulver
1 Prise Nelkenpulver
1 Prise Zimt
Muskatnuß
Salz, Pfeffer aus der Mühle

Für die Fischsuppe:
1 kg gemischte Fische (zum Beispiel Brassen, Barben, Sardinen, Schellfisch)
500 g reife Tomaten
2 Stangen Staudensellerie
1 Bund glatte Petersilie
1 Zwiebel
3 Knoblauchzehen
1 Lorbeerblatt
5 EL Olivenöl
2 Gewürznelken
Salz, Pfeffer aus der Mühle

Zubereitungszeit: 3 Std.
Bei 6 Portionen pro Portion:
2200 kJ / 520 kcal

Orientalische Geschichten würzen dieses Kapitel sizilianischer Kochkunst – und die Spuren arabischer Vergangenheit schmecken nach Zimt und Muskat, nach Nelken und Safran.

Couscous, die kleinen Grießkörnchen aus Hartweizen oder Hirse, wird in den Ursprungsländern meist mit Hammel, Geflügel und Kichererbsen kombiniert, die Sizilianer mischen eigenwillig mit Fisch und Meeresfrüchten. Eine Variante mit Lammfleisch gehört jedoch ebenfalls zum inseleigenen Repertoire.

Schön locker, weich und trotzdem körnig wird Couscous, wenn er traditionsgemäß im Dampf gart. »Couscousier« heißt das Original-Kochgeschirr dafür. Sie können aber auch einen großen Topf mit passendem Siebeinsatz und gut schließendem Deckel nehmen.

- Wichtig: Couscous-Grieß während des Garens immer wieder mit einer Gabel auflockern, zum Schluß mit den Fingern fein zerkrümeln.

1 Für die Fischsuppe alle Fische ausnehmen, waschen und filetieren oder in Portionsstücke schneiden, je nach Fischsorte vorher schuppen (gilt zum Beispiel für Brassen und Schellfisch; Sardinen leicht schuppen). Filets für später kühlstellen. Nur die Fischabschnitte (Köpfe, Flossen, Gräten) für die Suppe verwenden.

2 Tomaten überbrühen, enthäuten und entkernen. Das Fruchtfleisch kleinschneiden. 2 Selleriestangen, 1 Zwiebel, 3 Knoblauchzehen und ½ Bund Petersilie fein hacken. In einem großen Topf 5 EL Olivenöl erhitzen. Sellerie, Zwiebel, Knoblauch und Petersilie darin andünsten.

3 Fischabschnitte, Tomaten und 1 Lorbeerblatt einrühren, kräftig salzen und pfeffern. 1½ l Wasser angießen, zugedeckt 30 Min. köcheln. Suppe durchsieben, etwa 1 l der aufgefangenen Brühe in den Topf zurückgießen. Restliche Brühe zum Garen der Fischfilets in eine tiefe Pfanne geben.

4 Safranpulver in einigen EL Brühe auflösen, 300 g Couscous-Grieß damit befeuchten. Brühe im großen Topf aufkochen. Couscous-Grieß in ein Sieb füllen, über der kochenden Fischbrühe einhängen, Topf fest schließen. Etwa 10 Min. im Dampf garen, dabei öfter mit einer Gabel auflockern.

5 Couscous auf eine Platte stürzen, mit einer Gabel gut auflockern und etwas abkühlen lassen. Danach ins Sieb zurückfüllen, wieder über der kochenden Brühe einhängen und nochmals etwa 10 Min. im Dampf garen.

6 Inzwischen in der tiefen Pfanne die restliche Fischbrühe (½ l) aufkochen. Fischfilets (oder die vorbereiteten Portionsstücke) einlegen, bei milder Hitze 5–10 Min. ziehen lassen. Restliche Petersilie grob hacken.

7 Fertigen Couscous-Grieß mit Salz, Pfeffer, 1 Prise Nelkenpulver, 1 Prise Zimt und etwas frisch geriebener Muskatnuß würzen, auf eine sehr gut vorgewärmte Platte häufen. Die heißen Fischstücke darauf anrichten. Die gehackte Petersilie aufstreuen, sofort servieren.
• Tip: Übrigen Fischsud einköcheln, mit Chilipulver pikant abschmecken, als Sauce über den Couscous träufeln (Couscous solange abgedeckt warm halten, Fisch erst kurz vorm Servieren darauf anrichten).

289

Kalabrien und Sizilien

Nasello alla palermitana
Seehecht mit Rosmarin (Sizilien)

Zutaten für 4 Portionen:

1 frischer Seehecht (etwa 1 kg), küchenfertig vorbereitet
2 kleine, frische Rosmarinzweige
2 Zitronen
6 eingelegte Sardellenfilets
2 Knoblauchzehen
4 EL frisch geriebene Semmelbrösel
etwa 1/8 l Olivenöl
Salz, Pfeffer aus der Mühle

Zubereitungszeit: 1 Std.
Pro Portion: 2100 kJ / 500 kcal

1 Frischen Seehecht vom Fischhändler küchenfertig vorbereiten lassen (schuppen und ausnehmen, Kiemen entfernen). Vorm Zubereiten den Fisch unter fließendem Wasser kurz abspülen, mit Küchenkrepp trocknen. Innen und außen mit Salz und Pfeffer würzen.

2 Eine flache, feuerfeste Form mit 2 EL Olivenöl ausstreichen, 2 Rosmarinzweige hineinlegen. Backofen auf 175° vorheizen.

3 6 Sardellenfilets gründlich abspülen, trocknen und kleinschneiden. In einem Töpfchen mit 2–3 EL Olivenöl vorsichtig erwärmen, mit einer Gabel zerdrücken und zu einer Creme rühren. 2 Knoblauchzehen fein hacken, untermischen. Mit 2–3 EL Zitronensaft abschmecken.

4 Den Seehecht innen mit einem Teil der Sardellencreme ausstreichen, Fisch in die Form auf die Rosmarinzweige setzen. Restliche Creme darüber träufeln. Mit 4 EL Semmelbrösel bestreuen und mit restlichem Olivenöl beträufeln. Im vorgeheizten Backofen (Gas: Stufe 2) knapp 40 Min. garen. Mit Zitronenschnitzen garniert servieren.

Tonno alla marinara
Geschmorter Thunfisch (Sizilien/Kalabrien)

Zutaten für 4 Portionen:

4 Scheiben frischer Thunfisch (je 200 g)
1 kg reife Tomaten (oder 1 große Dose geschälte Tomaten, 800 g)
1 Bund Basilikum
einige frische Minzeblätter
1/8 l trockener Weißwein
50 g schwarze Oliven ohne Stein
2 EL Kapern
1 kleine Zwiebel
2 Knoblauchzehen
6 EL Olivenöl
Salz, Pfeffer aus der Mühle

Zubereitungszeit: 1 Std.
Pro Portion: 3000 kJ / 720 kcal

1 Thunfisch häuten, kurz abspülen, mit Küchenkrepp trocknen. 2 Knoblauchzehen durchpressen, die 4 Fischscheiben damit bestreichen, mit Salz und Pfeffer würzen. Backofen auf 175° vorheizen.

2 Tomaten kurz überbrühen, enthäuten und entkernen (Tomaten aus der Dose gut abtropfen lassen, den Sud für etwas anderes verwenden). Tomatenfruchtfleisch kleinhacken. 50 g entsteinte schwarze Oliven kleinschneiden. 2 EL Kapern und 1 Zwiebel fein hacken, Basilikum und Minze in Streifen schneiden.

3 Eine feuerfeste Form mit 4 EL Olivenöl ausstreichen. Thunfischscheiben nebeneinander in die Form legen, mit 1/8 l Weißwein beträufeln. Gehackte Tomaten, Zwiebeln, Oliven, Kapern und die Hälfte der Kräuter darauf verteilen, mit den restlichen 2 EL Olivenöl beträufeln. Kräftig salzen und pfeffern.

4 Im vorgeheizten Backofen (Gas: Stufe 2) auf mittlerer Schiene 20–30 Min. garen. Mit frischen Kräutern bestreuen und servieren.

Braciole di pesce spada
Gegrillte Schwertfischrouladen (Sizilien)

Zutaten für 4 Portionen:
4 lange, dünne Scheiben
 Schwertfisch (je etwa 180 g)
50 g Provolone (ersatzweise
 Mozzarella)
½ Bund Petersilie
1 TL frischer Thymian
 (oder ½ TL getrockneter)
1 EL Kapern
3 EL Semmelbrösel (am besten
 frisch gerieben)
1 Zwiebel
2 Knoblauchzehen
5 EL Olivenöl
1 Prise Cayennepfeffer
Salz, Pfeffer aus der Mühle

Für die Sauce:
2 Zitronen (7–8 EL Saft)
½ Bund Petersilie
1 TL frischer Oregano
 (oder ½ TL getrockneter)
⅛ l bestes Olivenöl
Salz

Zubereitungszeit: 1 Std.
Pro Portion: 2100 kJ / 500 kcal

1 Schwertfischscheiben enthäuten, kurz abspülen und trocknen. Mit wenig Salz bestreuen, kühlstellen.

2 1 Zwiebel, 2 Knoblauchzehen, 1 EL Kapern, ½ Bund Petersilie und 1 TL Thymian fein hacken. In einer Pfanne 2 EL Olivenöl erhitzen. Zwiebel und Knoblauch darin sanft andünsten. 3 EL Semmelbrösel untermischen, unter Rühren kurz anrösten. Die Pfanne vom Herd nehmen, Kräuter und Kapern einrühren. Mischung mit Salz, Pfeffer und 1 Prise Cayennepfeffer würzen.

3 50 g Provolone in dünne Scheibchen schneiden. Die Schwertfischscheiben gleichmäßig mit den Kräuterbröseln bestreuen, mit Käsescheiben belegen und aufrollen. Die Rouladen mit Spießchen gut feststecken.

4 Eine Grillpfanne mit 1 EL Olivenöl ausstreichen und erhitzen. Fischrouladen hineinlegen, mit restlichem Öl beträufeln und bei milder Hitze rundum garen (7–8 Min.).

5 Inzwischen die Sauce zubereiten. 2 Zitronen auspressen. ½ Bund Petersilie und 1 TL Oregano fein hacken. ¼ TL Salz in 100 ml warmem Wasser auflösen. ⅛ l Olivenöl in eine kleine Schüssel geben und ins warme Wasserbad setzen. Nach und nach Salzwasser und 7–8 EL Zitronensaft einfließen lassen, mit dem Schneebesen kräftig unters Öl schlagen. Kräuter unterrühren, zum gegrillten Schwertfisch servieren. Fisch mit frisch gemahlenem Pfeffer würzen.

• Schmeckt auch gut mit Haifischscheiben.

Kalabrien und Sizilien

Farsumagru
Gefüllter Rollbraten (Sizilien)

Zutaten für 4–6 Portionen:
1 große, etwa 3 cm dicke Rindfleischscheibe zum Schmoren (etwa 600 g, zum Beispiel aus der Schulter geschnitten)
200 g Rinderhackfleisch
150 g Kalbsbrät
100 g roher Schinken
1 Bund glatte Petersilie
1 TL frischer Rosmarin (oder ½ TL getrockneter)
1 TL frischer Thymian (oder ½ TL getrockneter)
3 EL frisch geriebener Pecorino (oder Parmesan)
100 g junger Provolone-Käse (ersatzweise Mozzarella)
1 Brötchen ohne Rinde
3 Eier (2 davon hartgekocht)
2 Eigelb
4 EL Milch
½ l Rotwein
1 Dose geschälte Tomaten (800 g)
1 Lorbeerblatt
2 Knoblauchzehen
1 Zwiebel
6 EL Olivenöl
Salz, Pfeffer aus der Mühle

Zubereitungszeit: 3 Std.
Bei 6 Portionen pro Portion:
3500 kJ / 830 kcal

Große Braten aus Rind- oder Kalbfleisch sind eher die Ausnahme in der sizilianischen Alltagsküche – diese üppige Roulade gehört besonders wegen ihrer typischen und reichhaltigen Füllung zu den Klassikern.

• In dünne Scheiben aufgeschnitten schmeckt das würzige Fleisch auch kalt oder lauwarm sehr gut und eignet sich so als kleiner Zwischengang oder als Vorspeise.

1 Rindfleisch in der Mitte quer einschneiden, aber nicht durchtrennen. Auseinanderklappen, flachdrücken und zu einer etwa 1 cm dünnen, großen Scheibe klopfen.

2 Die Krume von 1 Brötchen in winzige Stückchen zupfen. 1 rohes Ei mit 2 Eigelb und 4 EL Milch verquirlen, Brotkrume darin einweichen. Petersilie, 2 Knoblauchzehen und 1 TL Rosmarin fein hacken.

3 Für die Füllung Rinderhackfleisch und Kalbsbrät in eine Schüssel geben. Das Ei-Brotgemisch, 3 EL geriebenen Pecorino, Petersilie, Knoblauch, Rosmarin und 1 TL Thymian hinzufügen. Alles gründlich vermengen, mit Salz und Pfeffer kräftig würzen.

4 Die Fleischscheibe flach auf die Arbeitsplatte legen. Füllung mit angefeuchteten Händen gleichmäßig darauf verteilen, glattstreichen. Die Ränder ringsum etwa 2 cm frei lassen.

5 Provolone-Käse in dünne Scheiben, rohen Schinken in feine Streifen schneiden. 2 hartgekochte Eier pellen, in Scheiben schneiden. Käse, Schinken und Eier gleichmäßig auf der Hackfleischmasse verteilen.

6 Fleischscheibe aufrollen, mit Küchengarn sorgfältig verschnüren. Den Backofen auf 175° vorheizen. 1 Zwiebel grob hacken. In einem großen Bräter mit passendem Deckel 6 EL Olivenöl erhitzen.

7 Rollbraten ins heiße Öl geben, rundum kräftig anbräunen und wieder herausnehmen. Zwiebel in den Bräter geben, andünsten. 1/2 l Rotwein angießen, kräftig aufkochen und etwa auf die Hälfte eindampfen lassen. Braten wieder hineinlegen.

8 Geschälte Tomaten aus der Dose grob hacken, mit dem Saft um das Fleisch herum verteilen. Salz, Pfeffer und 1 Lorbeerblatt zufügen, Deckel schließen. Im Ofen (Gas: Stufe 2) knapp 2 Std. sachte schmoren. Fertigen Rollbraten in Scheiben aufschneiden, mit der Tomatensauce servieren.

Kalabrien und Sizilien

Scaloppine al marsala
Kalbsschnitzel in Marsala (Sizilien)

Zutaten für 4 Portionen:

4 große Kalbsschnitzel
   (je 150 g)
2 EL Butterschmalz
150 ml trockener Marsala
   (sizilianischer Dessertwein)
1 Knoblauchzehe
2 EL eiskalte Butter
Salz, Pfeffer aus der Mühle

Zubereitungszeit: 30 Min.
Pro Portion: 1300 kJ / 310 kcal

1 Kalbsschnitzel quer halbieren, mit der stumpfen Seite des Fleischklopfers vorsichtig dünner klopfen. Schnitzel von beiden Seiten leicht mit Pfeffer einreiben.

2 1 Knoblauchzehe schälen. In einer großen, schweren Pfanne langsam 2 EL Butterschmalz erhitzen. Knoblauchzehe hineingeben und bei milder Hitze etwa 2 Min. unter Rühren anbraten. Knoblauch herausnehmen, Temperatur erhöhen.

3 Schnitzel ins heiße Schmalz geben, von beiden Seiten jeweils etwa 5 Min. braten. Herausnehmen, auf eine vorgewärmte Platte legen, leicht salzen und abgedeckt warm halten.

4 Fett aus der Pfanne gießen, den Bratensatz mit 150 ml Marsala ablöschen und unter kräftigem Rühren loskochen. 2 EL eiskalte Butter in kleinen Flöckchen in die Sauce einrühren und darin auflösen. Mit Salz und Pfeffer abschmecken. Schnitzel in die fertige Sauce legen und vorm Servieren nochmals richtig heiß werden lassen.

• Knoblauchfans können auch mehrere Zehen anbraten, in der Sauce weichschmoren und zum Fleisch servieren.

• Als Beilage passen Kartoffeln und Gemüse, zum Beispiel frischer Broccoli.

Morseddu
Fleischpastete (Kalabrien)

Zutaten für 4 Portionen:

Für den Teig:
10 g Hefe
250 g Mehl + Mehl zum
   Ausrollen
1 Prise Salz

Für die Füllung:
250 g Schweinenacken
150 g Schweineleber
150 g Kalbsleber
4 EL Tomatenpüree (oder
   Tomatenmark)
2 EL Schweineschmalz
1 Peperoncino oder Chilischote
1 Zwiebel
2 Knoblauchzehen
1 TL getrockneter Oregano
Salz, Pfeffer aus der Mühle

Sonstige Zutaten:
Olivenöl zum Bestreichen
   (für Form und Teig)
1 TL Oregano zum Bestreuen

Zubereitungszeit: 2 Std.
   (+ 30 Min. Ruhezeit)
Pro Portion: 2500 kJ / 600 kcal

1 Für den Teig 10 g Hefe mit 2 EL lauwarmem Wasser und 2 EL Mehl zu einem Vorteig verrühren. Restliches Mehl in eine Schüssel geben, eine Mulde hineindrücken, salzen und den Vorteig hineingeben. Mit einem Tuch bedeckt an einem warmen Ort 30 Min. gehen lassen. Danach mit etwa 1/8 l lauwarmem Wasser zu einem glatten, elastischen Teig kneten. Nochmals abgedeckt etwa 1 Std. gehen lassen, bis sich das Teigvolumen etwa verdoppelt hat.

2 Inzwischen das Ragout für die Füllung zubereiten: Schweinenacken und Leber in 1 cm große Würfel schneiden. 1 Zwiebel und 2 Knoblauchzehen fein hacken.

3 In einem breiten Topf 2 EL Schweineschmalz erhitzen. Leberstückchen kurz anbraten, wieder herausnehmen. Zwiebel, Knoblauch und Peperonci-

Pollo alla messinese
Huhn mit Thunfischsauce (Sizilien)

no ins heiße Schmalz geben, unter Rühren andünsten.

4 Die Temperatur erhöhen, Schweinenackenwürfel einrühren, rundum kräftig anbraten. Mit 1 TL Oregano, Salz und Pfeffer würzen. 4 EL Tomatenpüree mit 4 EL Wasser glattrühren und angießen. Zugedeckt etwa 10 Min. garen. Leberstückchen untermischen, weitere 10 Min. schmoren. Danach das Ragout im offenen Topf kurz einköcheln lassen. Peperoncino entfernen, mit Salz und Pfeffer abschmecken.

5 Backofen auf 175° vorheizen. Eine Springform (26 cm ø) mit Olivenöl ausstreichen. ⅔ vom Hefeteig auf leicht bemehlter Fläche ½ cm dick ausrollen. Springform mit der Teigplatte auslegen, Ränder seitlich überlappen lassen. Das Fleischragout einfüllen und die überhängenden Teigränder nach innen einschlagen.

6 Restlichen Teig zu einer runden Platte ausrollen, die Pastete damit abdecken, Rand ringsum fest andrücken. Teigdecke mit einem Spießchen einige Male einstechen, mit Olivenöl bestreichen, eventuell Oregano aufstreuen. Im vorgeheizten Backofen (Gas: Stufe 2) etwa 50 Min. backen.

• Auch in Sizilien sind Fleischpasteten beliebt, zum Beispiel die *Pasticcio di carne* – zubereitet mit einem Teig aus Mehl, Schmalz und Eiern und einer Füllung aus Schweinefleisch, Mandeln, Zimt und Pistazien.

Zutaten für 4 Portionen:

1 Huhn oder Poularde (frisch; etwa 1,2 kg)
1 Möhre
2 Stangen Staudensellerie
2 Zitronen (Saft)
1 Bund glatte Petersilie
½ Bund Basilikum
1 Dose Thunfisch ohne Öl (150 g)
1 EL Kapern
1 Eigelb
1 Zwiebel
150 ml Olivenöl
Salz, Pfeffer aus der Mühle

Zubereitungszeit: etwa 2 Std.
Pro Portion: 2800 kJ / 670 kcal

1 3 l Wasser mit 1 TL Salz aufkochen. 1 Möhre, 2 Selleriestangen und 1 Zwiebel grob zerteilen, hineingeben. Den Saft von 1 Zitrone angießen. Huhn oder Poularde rundum mit Pfeffer einreiben, ins kochende Wasser geben und danach bei kleinster Hitze garziehen lassen (je nach Qualität des Geflügels 1–2 Std.).

2 Thunfisch mit 1 EL Kapern und 2 EL Olivenöl pürieren. Petersilie und ½ Bund Basilikum sehr fein hacken.

3 In einer hohen Schüssel 1 Eigelb mit 1 Prise Salz und 2 EL Zitronensaft verrühren. In dünnem Strahl restliches Olivenöl einfließen lassen, mit den Quirlen vom elektrischen Handrührgerät zu einer Mayonnaise aufschlagen.

4 Kräuter, Thunfisch und einige Löffel der Brühe unterrühren. Mit Salz, Pfeffer und eventuell weiterem Zitronensaft würzig abschmecken.

5 Huhn aus der Brühe nehmen, etwas abkühlen lassen. In Portionsstücke teilen und enthäuten. Auf einer Platte anrichten, die Thunfischsauce dazu servieren.

Kalabrien und Sizilien

Pomodori alla siciliana
Gefüllte Tomaten (Sizilien)

Zutaten für 4 Portionen:
4 große, reife Tomaten
½ Zitrone (etwa 2 EL Saft)
1 Bund glatte Petersilie
4 EL frisch geriebener Pecorino
　(oder Parmesan)
100 g eingelegte Sardinen
50 g schwarze Oliven
2 EL Kapern
2 Zwiebeln
2 Knoblauchzehen
1 trockenes Brötchen
　(oder 4 EL Semmelbrösel)
6 EL Olivenöl
Salz, Pfeffer aus der Mühle

Zubereitungszeit: 1 ½ Std.
Pro Portion: 1200 kJ / 290 kcal

• Auch aus Kalabriens Küchen kennt man würzige Variationen für gefüllte Tomaten: traditionell mit Nudeln und Kräutern oder mit fein gehacktem Rindfleisch, geriebenem Pecorino, Brotbröseln und Petersilie.

• Gefüllte Tomaten passen besonders gut als Beilage zu gebratenem Fleisch oder Fisch, können aber auch wunderbar als Vorspeise oder kleiner Imbiß mit knusprigem Weißbrot serviert werden.

1 Tomaten waschen, oben jeweils einen Deckel abschneiden und mit einem Löffel die Kerne entfernen. Fruchtfleisch herauslösen und kleinhacken. Tomaten innen leicht salzen, zum Abtropfen kopfüber auf ein Sieb legen.

2 Sardinen abtropfen lassen und kleinschneiden. Mit etwa 2 EL Zitronensaft beträufeln. Das Brötchen zu Bröseln reiben. Fruchtfleisch von 50 g Oliven von den Steinen lösen. 2 Zwiebeln, 2 Knoblauchzehen und ½ Bund Petersilie fein hacken.

3 In einer Pfanne 1 EL Olivenöl erhitzen. Zwiebeln glasig dünsten. Knoblauch und Petersilie untermischen, sanft weiterbraten. Zerkleinerte Sardinen und Tomatenfruchtfleisch dazugeben, unter Rühren kräftig aufköcheln und die Flüssigkeit völlig eindampfen lassen. Olivenstückchen und 2 EL Kapern untermischen, kurz mitgaren. Mit Pfeffer und eventuell Salz abschmecken, Pfanne vom Herd nehmen.

4 Backofen auf 175° vorheizen, eine feuerfeste Form mit 1 EL Olivenöl ausstreichen. Die gut abgetropften Tomaten mit der Öffnung nach oben hineinstellen.

5 In einer kleinen Pfanne 2 EL Olivenöl erhitzen, 4 EL Semmelbrösel darin unter Rühren anrösten. 3 EL geriebenen Pecorino und die Hälfte der Brösel mit der vorbereiteten Füllung mischen, würzig abschmecken. Ausgehöhlte Tomaten mit der Masse füllen.

6 Gefüllte Tomaten mit den übrigen Bröseln und 1 EL Pecorino bestreuen, mit den restlichen 2 EL Olivenöl beträufeln. Im vorgeheizten Backofen (Gas: Stufe 2) etwa 30 Min. garen. ½ Bund Petersilie hacken, aufstreuen und die Tomaten heiß servieren.

Kalabrien und Sizilien

Peperonata
Paprikagemüse (Sizilien)

Zutaten für 4 Portionen:
3 große Paprikaschoten
 (rot, grün, gelb)
500 g reife Tomaten
2 mittelgroße Zwiebeln
2 Knoblauchzehen
4 EL Weißweinessig
4 EL Olivenöl
1 Prise Cayennepfeffer
Salz, Pfeffer aus der Mühle

Zubereitungszeit: 1 Std.
Pro Portion: 560 kJ / 130 kcal

1 Paprikaschoten halbieren, Kerne und Trennwände entfernen. Schotenhälften waschen, in je vier Stücke schneiden.

2 Tomaten kurz überbrühen, enthäuten und vierteln. Kerne mit einem Löffel herauslösen. Fruchtfleisch grob zerteilen.

3 2 Zwiebeln halbieren, in dünne Scheiben schneiden. 2 Knoblauchzehen in Scheibchen schneiden.

4 In einem breiten Topf 4 EL Olivenöl erhitzen. Zwiebeln glasig dünsten, dann die Paprikastücke und Knoblauch einrühren und anbraten.

5 Das Gemüse mit 4 EL Weinessig beträufeln, einmal kräftig aufkochen. Mit Salz, Pfeffer und Cayennepfeffer würzen. Geschälte Tomaten untermischen. Temperatur herunterschalten, den Topf zudecken und das Paprikagemüse etwa 20 Min. schmoren lassen. Es soll schön gar, aber keinesfalls zu weich sein. Mit Salz und Pfeffer abschmecken.

• Heiß, lauwarm oder kalt als Beilage zu Fleisch servieren.

Patate al marsala
Bratkartoffeln mit Marsala (Sizilien)

Zutaten für 4 Portionen:
750 g kleine, möglichst gleich
 große Kartoffeln
 (festkochende Sorte,
 eventuell neue Kartoffeln)
1 Bund Basilikum
1/8 l trockener Marsala
 (sizilianischer Dessertwein)
4 EL Olivenöl
3 EL Butter
Salz, Pfeffer aus der Mühle

Zubereitungszeit: 1 Std.
Pro Portion: 1300 kJ / 310 kcal

1 Kartoffeln waschen und schälen. In einer großen Pfanne 4 EL Olivenöl erhitzen, 1 EL Butter darin schmelzen. Kartoffeln nebeneinander hineinlegen und bei milder Hitze 10 Min. anbraten.

2 Kartoffeln in der Pfanne wenden, 1 EL Butter in kleinen Flöckchen darüber verteilen, etwa 5 Min. weiterbraten.

3 Mit 1/8 l trockenem Marsala ablöschen, kräftig aufkochen. Danach die Temperatur herunterschalten, nochmals 1 EL Butter in die Pfanne geben, Kartoffeln salzen. In 20–25 Min. fertigbraten (je nach Größe der Kartoffeln). Ab und zu wenden. Knusprig gebratene Kartoffeln mit Basilikumblättchen bestreuen, frisch aus der Mühle pfeffern und sofort servieren.

• Wichtig: nur trockenen Marsala verwenden, keine süßen Sorten. Ersatzweise trockenen Sherry nehmen.

• Die gleiche Zubereitungsart paßt auch zu anderen Gemüsesorten – berühmt sind zum Beispiel die Möhren, *Carote al marsala*.

Insalata mista
Gemischter Salat (Kalabrien)

Zutaten für 4 Portionen:

1 zarte Fenchelknolle (200 g)
1 rote Paprikaschote (150 g)
150 g junge Möhren
2 kleine Zucchini (150 g)
4 Stangen Staudensellerie
7 EL bestes Olivenöl
2–3 EL Weißweinessig
Salz, Pfeffer aus der Mühle

Zubereitungszeit: 45 Min.
Pro Portion: 870 / 210 kcal

1 Fenchelknolle putzen, die harten Teile wegschneiden. Fenchelherz in hauchdünne Scheiben schneiden. Zartes Grün beiseite legen.

2 Paprikaschote halbieren, Kerne und Trennwände entfernen. Schotenhälften waschen, in feine Streifen schneiden.

3 150 g Möhren schälen, 2 Zucchini und 4 Stangen Staudensellerie waschen. In dünne Scheibchen oder in sehr feine Stifte schneiden.

4 Alle Salatzutaten in einer großen Schüssel anrichten. Zartes Selleriegrün und Fenchelgrün mit dazulegen.

5 Für die Sauce 7 EL Olivenöl mit 2–3 EL Weißweinessig, Salz und frisch gemahlenem Pfeffer kräftig verquirlen, abschmecken. Über den Salat träufeln und sofort servieren.

• Wichtig: aromatisches Olivenöl aus der ersten Pressung verwenden, mit einem Schneebesen sehr gründlich Essig und Gewürze unterschlagen. Nach Geschmack können Sie den Essiganteil auch erhöhen oder mit Zitronensaft ergänzen.

Kalabrien und Sizilien

Caponata
Süß-saures Auberginengemüse (Sizilien)

Zutaten für 4–6 Portionen:

600 g Auberginen
3 Stangen Staudensellerie
200 g milde, weiße Zwiebeln
1 Bund Basilikum
1 große Dose geschälte
  Tomaten (800 g)
50 g grüne Oliven ohne Stein
2 EL Kapern
5–6 EL aromatischer
  Weißweinessig
etwa 100 ml Olivenöl
½ TL Zucker
Salz, Pfeffer aus der Mühle

Zubereitungszeit: 1 ½ Std.
Bei 6 Portionen pro Portion:
  1000 kJ / 240 kcal

1 Auberginen in 1 cm große Würfel schneiden und in ein Sieb legen. Mit Salz bestreuen, etwa 1 Std. ziehen lassen, damit die Bitterstoffe entzogen werden.

2 3 Selleriestangen putzen, in 3 cm lange Stücke schneiden, zartes Grün beiseite legen. 200 g Zwiebeln grob hacken. Tomaten abtropfen lassen und kleinschneiden. Tomatensaft für etwas anderes verwenden (zum Beispiel für eine Suppe). 50 g Oliven halbieren.

3 In einem breiten Topf 4 EL Olivenöl erhitzen. Zwiebeln glasig dünsten. Selleriestücke einige Min. mitbraten. Mit ½ TL Zucker bestreuen, salzen und pfeffern. Tomaten, Oliven und 2 EL Kapern einrühren. Im offenen Topf 15 Min. bei niedrigster Temperatur garen. Ab und zu umrühren.

4 Inzwischen Auberginenwürfel kurz abspülen, mit Küchenkrepp abtrocknen. In einer Pfanne das restliche Olivenöl sehr heiß werden lassen. Auberginen portionsweise knusprig ausbacken. Auf Küchenkrepp abtropfen lassen.

5 Fritierte Auberginenwürfel zum Gemüse in den Topf geben. 5 EL Weißweinessig angießen, alles nochmals 15 Min. leise köcheln lassen. Mit Salz, Pfeffer und eventuell noch etwas mehr Essig abschmecken. Mit frischen Basilikumblättchen und gehacktem Selleriegrün bestreut servieren.

• Schmeckt lauwarm besonders gut. Als Vorspeise mit Brot oder Reis, als Beilage zu kurzgebratenem Fleisch oder als Hauptgericht, zum Beispiel mit hartgekochten Eiern oder kleinen Tintenfischen garniert.

Involtini di melanzane con salsa di pomodoro

Auberginenröllchen mit Tomatensauce (Kalabrien)

Zutaten für 4–6 Portionen:

Für die Auberginenröllchen:
2 große, längliche Auberginen (600 g)
1 Bund glatte Petersilie
1 Bund Basilikum
150 g Mozzarella
4 EL frisch geriebener Pecorino (oder Parmesan)
2 Knoblauchzehen
3 EL Semmelbrösel
etwa 6 EL Olivenöl
Salz, Pfeffer aus der Mühle

Für die Tomatensauce:
1 kg reife Tomaten
1 Peperoncino (scharfe Pfefferschote), ersatzweise Chilischote
1 Zwiebel
2 Knoblauchzehen
2 EL Olivenöl
1/8 l Rotwein
Salz, Pfeffer aus der Mühle
eventuell Cayennepfeffer

Zubereitungszeit: 80 Min.
Bei 6 Portionen pro Portion:
1200 kJ / 290 kcal

1 Für die Röllchen die Auberginen waschen und putzen. Längs in 1/2 cm dicke Scheiben schneiden. Auberginenscheiben von beiden Seiten mit Salz bestreuen, nebeneinander auf einem Tuch ausbreiten und etwa 1 Std. liegenlassen, damit die Bitterstoffe entzogen werden.

2 Inzwischen die Tomatensauce zubereiten. Dazu Tomaten mit kochendem Wasser überbrühen. Enthäuten, entkernen und das Fruchtfleisch kleinhacken. 1 Zwiebel und 2 Knoblauchzehen fein hacken. In einem breiten Topf 2 EL Olivenöl erhitzen, Zwiebel und Knoblauch andünsten. Peperoncino, 1/8 l Rotwein und die gehackten Tomaten einrühren. Salzen und pfeffern, bei kleiner Hitze köcheln lassen.

3 Auberginenscheiben kurz abspülen, gründlich trocknen. Petersilie, Basilikum und 2 Knoblauchzehen sehr fein hacken. 1 EL Olivenöl erhitzen, 3 EL Semmelbrösel darin anrösten, mit Kräutern, Knoblauch und 4 EL geriebenem Pecorino gründlich mischen. 2 EL Olivenöl unterrühren, mit Salz und Pfeffer würzen. Mozzarella in dünne, kleine Scheibchen schneiden.

4 Die Kräuterpaste gleichmäßig auf die Auberginenscheiben streichen, mit Mozzarellascheibchen belegen und aufrollen. Mit Spießchen feststecken.

5 Eine Grillpfanne mit 3 EL Olivenöl ausstreichen, erhitzen. Auberginenröllchen in die Pfanne legen und rundum knusprig braten. Nach Bedarf weiteres Öl nachgießen. Aus der Mühle pfeffern.

6 Die sämig eingeköchelte Tomatensauce mit Salz und Pfeffer abschmecken, eventuell mit Cayennepfeffer schärfen. Peperoncino herausnehmen. Sauce zu den gegrillten Röllchen servieren.

• Schmeckt als Beilage zu gegrilltem Fleisch oder Fisch. Auberginenröllchen können Sie aber auch lauwarm als kleine Vorspeise zu Brot servieren.

Cassata siciliana
Festtagstorte (Sizilien)

Zutaten für 12 Portionen:

Für den Biskuit (am besten schon am Vortag zubereiten):
1/2 unbehandelte Zitrone (Schale)
4 Eier
120 g Zucker
150 g Mehl
1 Prise Salz

Für die Füllung:
800 g Ricotta (italienischer Frischkäse)
6 cl Maraschino-Likör
150 g Zartbitter-Schokolade
50 g geschälte Pistazien
150 g kandierte Früchte
300 g Zucker

Für die Dekoration:
200 g Sahne
1 TL Vanillezucker
250 g schöne kandierte Früchte

Zubereitungszeit: 2 Std. (+ 3 Std. Kühlen)
Pro Portion: 2800 kJ / 670 kcal

Hierzulande kennt man die Cassata oft nur als Eisdessert, das mit dem sizilianischen Original bis auf die kandierten Früchte wenig gemeinsam hat. Für die Inselbewohner bedeutet diese köstliche Torte weitaus mehr: Sie bildet den glanzvollen Schlußpunkt der großen Festmenüs, zum Beispiel zu Ostern oder bei Hochzeiten.

• Ricotta, den italienischen Frischkäse, gibt es nicht immer und überall – er läßt sich am besten ersetzen durch gut abgetropften Magerquark oder Schichtkäse.

• Varianten für die Dekoration: Sie können die Torte auch mit Schokoladenkuvertüre bestreichen – oder einfach nur dünn mit Puderzucker bestäuben.

1 Biskuit: Backofen auf 175° vorheizen. 4 Eiweiß mit 1 Prise Salz steifschlagen. 120 g Zucker einrühren, abgeriebene Schale von 1/2 Zitrone, 4 Eigelb und 150 g Mehl unterziehen. Springform (24 cm ø) mit Backpapier auslegen. Teig einfüllen, glattstreichen.

2 Im vorgeheizten Backofen (Gas: Stufe 2) etwa 45 Min. backen. Biskuit herausnehmen, auf ein Gitter stürzen und gut auskühlen lassen. Danach quer in 3 Schichten schneiden.

3 Füllung: Ricotta in einer Schüssel cremig rühren. In einem Töpfchen 300 g Zucker mit etwa 1/8 l Wasser verrühren und erhitzen, den Zucker schmelzen lassen und zu einem hellen Sirup köcheln. Vom Herd nehmen, etwas abkühlen lassen. Mit 3 cl Maraschino-Likör unter den Frischkäse rühren.

4 150 g Zartbitter-Schokolade und 50 g Pistazien grob hacken, 150 g kandierte Früchte in kleine Würfel schneiden. Alle Zutaten unter die Ricottacreme mischen.

5 Einen der Biskuitböden in die Springform legen, mit 1 cl Maraschino-Likör beträufeln. Die Hälfte der Ricottacreme einfüllen, glattstreichen, mit dem zweiten Biskuitboden abdecken. Diesen ebenfalls mit Likör tränken, übrige Creme einfüllen und mit dem letzten Biskuitboden abdecken, restlichen Likör aufträufeln.

6 Die Torte für mindestens 3 Std. in den Kühlschrank stellen und fest werden lassen. Dann vorsichtig aus der Form lösen und auf eine Tortenplatte setzen.

7 Sahne mit 1 TL Vanillezucker sehr steif schlagen. Die Torte rundum mit etwa ¾ der Sahne bestreichen, Rest in eine Spritztüte füllen, Muster aufspritzen. 250 g kandierte Früchte dekorativ zerteilen und die Torte damit garnieren. Möglichst sofort servieren.

Kalabrien und Sizilien

Vecchiarelle
Fritierte Honigstäbchen (Kalabrien)

Zutaten für 6 Portionen:
50 g abgezogene Mandeln
50 g dünnflüssiger Honig
20 g Hefe
100 g Puderzucker
400 g Mehl + Mehl zum Ausrollen
1 Prise Salz
1 Prise Nelkenpulver
¼ TL Zimtpulver
Pflanzenöl zum Fritieren

Zubereitungszeit: 30 Min.
(+ 1 Std. Ruhezeit für den Teig)
Pro Portion: 1800 kJ / 430 kcal

1 Die Mandeln fein hacken, in einer trockenen Pfanne kurz anrösten.

2 Teig: 400 g Mehl mit den Gewürzen in einer Schüssel mischen und eine Mulde hineindrücken. 20 g Hefe in 2 EL lauwarmem Wasser auflösen, mit Mandeln und 100 g Puderzucker in die Mulde geben.

3 Alles mischen, nach und nach etwa 100 ml lauwarmes Wasser untermengen, bis ein geschmeidiger Teig entsteht. Zu einer Kugel formen, mit einem Tuch bedeckt an einem warmen Ort 1 Std. gehen lassen, bis sich das Volumen etwa verdoppelt hat. Bis zur Weiterverarbeitung im Kühlschrank aufbewahren.

4 Teig auf bemehlter Fläche gut durchkneten, dann Stäbchen von etwa 1 cm Dicke und 3–4 cm Länge formen. Öl in einem Topf oder einer Friteuse erhitzen. Stäbchen darin portionsweise goldbraun ausbacken. Auf Küchenkrepp abtropfen lassen und auf eine Platte geben. Mit Honig dünn beträufeln und sofort servieren.

• Im Originalrezept werden die knusprig-heißen Stäbchen vollständig in Honig getaucht – wir haben eine etwas schlankere Version daraus gemacht.

Pesche ripiene
Gefüllte Pfirsiche (Sizilien)

Zutaten für 4 Portionen:
4 große, gelbe Pfirsiche
80 g Amaretti (kleine Mandelmakronen, fertig gekauft oder nach dem Rezept auf Seite 120 zubereitet)
100 ml Marsala
2 TL Zitronensaft
1 Eigelb
8 geschälte Mandelkerne
1–2 EL Zucker
2–3 EL Butter
1 EL Puderzucker

Zubereitungszeit: 35 Min.
Pro Portion: 1600 kJ / 380 kcal

1 Pfirsiche kurz überbrühen und enthäuten, halbieren und die Steine entfernen. Fruchthälften leicht aushöhlen, das entnommene Fruchtfleisch in eine Schüssel geben und zerdrücken. Backofen auf 200° vorheizen.

2 Amaretti zerbröseln, mit 2–3 EL Marsala tränken. Zusammen mit 1–2 EL Zucker, 2 TL Zitronensaft und 1 Eigelb in die Schüssel geben und gründlich untermischen. Masse in die Pfirsichhälften füllen, mit jeweils einer Mandel garnieren.

3 Früchte in eine gebutterte, feuerfeste Form setzen, mit Butterflöckchen belegen und restlichen Marsala angießen.

4 Im vorgeheizten Ofen (Gas: Stufe 3) etwa 15 Min. überbacken. Dünn mit Puderzucker bestäuben.

• Der köstliche Dessertwein Marsala ist ein Produkt dieser Insel – und wird hier nicht nur genippt, sondern auch mit Begeisterung in süße und pikante Speisen gegossen. Die trockene (»secco«) Variante des Weines eignet sich dazu am allerbesten.

Budino di ricotta
Ricottapudding (Sizilien)

Zutaten für 6 Portionen:

400 g Ricotta (italienischer Frischkäse, ersatzweise gut abgetropfter Speisequark)
1 unbehandelte Zitrone (Schale)
200 ml Milch (oder Wasser)
4 Eier
2 EL Sultaninen
2 cl Rum
je 30 g Zitronat und Orangeat
3 EL Grieß
4 EL Puderzucker + Puderzucker zum Bestäuben
¼ TL Zimt
Butter und Mehl für die Form
eventuell kandierte Früchte zum Garnieren

Zubereitungszeit: 1 ½ Std.
Pro Portion: 1090 kJ / 260 kcal

1 2 EL Sultaninen in 2 cl Rum einweichen, je 30 g Zitronat und Orangeat sehr fein hacken.

2 200 ml Milch erhitzen, 3 EL Grieß einstreuen, gut durchrühren. Kurz quellen lassen.

3 Vom Herd nehmen, Grieß auf einen kalt abgespülten Teller geben, abkühlen lassen. Backofen auf 175° vorheizen.

4 Inzwischen Ricotta mit 4 EL Puderzucker, 1 ganzen Ei, 3 Eigelb, zerkleinertem Zitronat und Orangeat, marinierten Sultaninen, ¼ TL Zimt und der abgeriebenen Schale von 1 Zitrone gründlich mischen.

5 Restliche 3 Eiweiß zu steifem Schnee schlagen. Grieß unter die Ricottamasse rühren, dann den Eischnee unterziehen.

6 Puddingform (1 ½ l Inhalt) gut fetten, mit Mehl ausstreuen. Masse einfüllen, glattstreichen. Pudding im warmen Wasserbad im Backofen (Gas: Stufe 2) etwa 1 Std. garen. Aus der Form stürzen, mit Puderzucker bestäubt servieren. Eventuell mit kandierten Früchten garnieren.

Mantecato di melone
Meloneneis (Sizilien)

Zutaten für 6 Personen:

1 Honigmelone (etwa 800 g)
1 Zitrone (etwa 4–5 EL Saft)
6 EL Zucker

Zubereitungszeit: 20 Min.
(+ 3–4 Std. Gefrieren)
Pro Portion: 590 kJ / 140 kcal

1 6 EL Zucker mit 6–8 EL Wasser langsam unter Rühren erhitzen, bis sich der Zucker aufgelöst hat. Einige Min. bei milder Hitze köcheln, danach abkühlen lassen.

2 Melone schälen und entkernen, das Fruchtfleisch zerkleinern und im Mixer pürieren, 4–5 EL Zitronensaft unterrühren.

3 Abgekühlten Zuckersirup untermischen und das Püree in eine gefrierfeste Schale füllen.

4 Im Tiefkühlfach halbfest werden lassen (etwa 1 Std.). Herausnehmen und kräftig durchrühren, danach wieder ins Gefrierfach stellen, erstarren lassen.

5 Etwa ½ Std. vor dem Servieren herausnehmen und etwas antauen lassen. Nochmals kräftig verrühren, in Portionsschälchen oder dekorative Gläser füllen.

• Ein erfrischendes Dessert, das in Sizilien in unterschiedlichsten Spielarten zubereitet wird: mal mit Wassermelone statt mit Honigmelone, mal verfeinert mit Pinienkernen, Sultaninen, Zitronat und Zimt.

Kalabrien und Sizilien

Tomaten – der Schatz des Südens

Die Tomate, an sich schon ein Synonym für Italiens Küche, erweist sich im Süden des Stiefels und auf Sizilien als unumschränkte Herrscherin. Dieses Geschenk Amerikas an die Alte Welt, das im 16. Jh. spanische Eroberer mitbrachten, revolutionierte die kulinarische Szene. So läßt sich heute nicht mehr begreifen, wie die Italiener überhaupt ohne ihre »Goldäpfel« auskommen konnten.

Im Klima des Südens findet die Tomate die 120 sonnenwarmen Tage, die sie zur Entfaltung ihrer ganzen Geschmacksfülle benötigt. Als Hauptbestandteil, als Zutat oder Würze verleiht sie den Gerichten Kraft und Aroma, Geschmack und Farbe. Zur Erntezeit finden sich auch heute noch in zahlreichen Orten die Frauen zusammen, um gemeinsam den Segen des Sommers für den Winter zu konservieren, den Tomatenüberfluß in Flaschen und Gläsern zu sammeln, wie in Francavilla di Sicilia, einer Kleinstadt am Fuße des Ätna.

Das Gebiet rund um den Ätna strotzt vor Fruchtbarkeit. Vom mineralstoffreichen Boden, der dem unermüdlich vor sich hin schmauchenden, ab und zu Feuer, Asche und Lava spukkenden Vulkan zu verdanken ist, profitieren nicht nur Wein-, Obst- und Zitrusgärten. Dicht gedrängt zwischen den Reihen oder unter den immergrünen Orangenbäumen wächst das Gemüse für den täglichen Bedarf üppig und auf kleinstem Raum: Artischocken, Bohnen, Zwiebeln, Kartoffeln, Broccoli, Auberginen und Paprika – vor allem aber Tomaten.

Wenn Mitte August bis Ende September das Laub ihrer Stauden welk und braun wird, treten die prallen, sattroten Früchte um so intensiver leuchtend hervor. Unter ihrer glänzenden Schale hat sich im Laufe des Sommers eine ausgewogene Mischung aus Süße und Säure mit einem unvergleichlichen Aroma angesammelt. In dicken Bündeln hängen sie nun an den Stauden, die diese Last nur durch die Hilfe von Spalieren tragen können. Um so weniger Mühe macht so jedoch das Pflücken. Nur die am Stengelansatz noch grün gefärbten Früchte bleiben zurück und reifen langsam nach, gerade so, wie man sie Tag für Tag benötigt, bis der südliche Winter auch hier ein Ende setzt.

Vor allem die eiförmige *San Marzano*, eine Tomatensorte mit festem Fleisch und wenigen Kernen, wächst an den Ätna-Ausläufern. Sie ist ebenso geschätzt in der benachbarten Region Kalabrien jenseits des »Stretto«, der Straße von Messina, wie auch im Zentrum des sizilianischen Tomatenanbaus in der Provinz Ragusa. Hier, auf den Ebenen von Scicli, erntet in größerem Ausmaß die

Im Süden Italiens ein gewohntes Bild: Tomatenfelder, soweit das Auge reicht. Nicht nur die zahlreichen Selbstversorger schreiten hier zur Ernte, auch die Industrie weiß die aromastarken Früchte zu schätzen.

Ganz oben: Kistenweise leuchtendes Rot – mit solchem Signalreiz ausgestattet, hat der Gemüsehändler leichtes Spiel. Direkt von der Ladefläche weg verkauft sich das Gold des Südens mit oder ohne Traumkulisse.

Oben: Prall gefüllte Gläser bergen das kostbare Gut, mit dem sich die süditalienische Familie fürs Jahr eindeckt: Tomaten als wichtigste Grundlage für alltägliche Mahlzeiten und für besondere Spezialitäten – kaum eine kommt ohne diese würzige Zutat aus.

Spezialität Tomaten

Industrie, verpackt die Früchte gepellt oder als Konzentrat in Dosen und Tuben. So darf auch der sonnenarme Norden Europas den sizilianischen Tomatensegen genießen. Gegenüber den geschmacksneutralen Artverwandten aus nordischen Glashäusern bleiben die Tomaten aus dem Süden selbst in Dosen noch konkurrenzlos.

Statt zu einem Industrieprodukt zu greifen, bleiben in Kalabrien und Sizilien die Frauen lieber Selbstversorger, nicht nur, weil zu Hause Eingemachtes immer noch am besten schmeckt, sondern auch aus wirtschaftlichen Erwägungen. Ein reicher Tomatenschatz garantiert eine gehörige Portion Unabhängigkeit und Sicherheit, wenn das Geld mal knapp wird. Immerhin wird je nach Familiengröße ein Vorrat von etwa 150 Litern an gepellten, in Gläsern eingekochten oder passierten und in Flaschen konservierten Pomodori bis zur nächsten Ernte benötigt. Kein Tag, an dem nicht Pasta, Suppe oder Risotto, ein Fleisch-, Gemüse- oder Fischgericht nach der Tomatenzutat verlangt, von den Antipasti ganz zu schweigen.

So wundert es nicht, daß bei dem zu bewältigenden Tomatenberg die Frauen auf Nachbarschaftshilfe angewiesen sind und diese auch gern leisten. Die Gelegenheit wird wahrgenommen, um Neuigkeiten auszutauschen, zu klatschen und sich Sorgen vom Herzen zu reden. Um den Termin für das Treffen zu bestimmen, müssen vorher einige wichtige Punkte abgeklärt werden. So kommt der Montag generell nicht in Frage, da die an diesem Tag eingemachten Pomodori unter einem verderblichen Einfluß stehen. Keine würde es außerdem wagen, an ihren kritischen Tagen Hand an ein Tomatenglas zu legen, und sollte im Ort eine Hochzeit angesagt sein, haben die Tomaten ebenfalls zu warten. Steht endlich der Einmachtag fest, sind die Tomaten am Morgen gepflückt, das notwendige Gerät und Handwerkszeug besorgt und bereitgestellt, läuft alles wie gewohnt – in großer, lebhafter Runde, die bis in den

Oben: Die Tomaten liegen zum Trocknen auf einfachen Drahtgestellen unter freiem Himmel. Was dabei herauskommt, ist ein kleines Wunder an Würze.

Oben: Pelati aus der Dose – von Sizilien aus in alle Welt verschickt. Selbst als Konserve stellen die sonnengereiften, aromatischen Früchte manch einen ihrer nördlichen Artverwandten in den Schatten.

307

Kalabrien und Sizilien

Der Start in einen langen Arbeitstag: Am frühen Morgen werden die Tomaten gepflückt – und zwar nur die voll ausgereiften Früchte. Alle anderen bleiben am Strauch zurück und warten auf den nächsten Einsatz.

In großen Wannen und Kübeln wird die Ernte zu Hause gewaschen – bei diesen Wasserspielen sind vor allem die Kinder mit Begeisterung dabei.

Jetzt kann noch aussortiert werden, was nicht reif genug ist – und erst ein paar Tage später in die Küche wandert.

Auch im Hof tut sich was: Ein großer verzinnter Kupferkessel wird mit Wasser gefüllt und auf einen eisernen Dreifuß gestellt, das Tauchbad für die gewaschenen Tomaten vorbereitet.

Nicht selten, aber doch unerwartet, taucht in diesem Moment einer der Herren der Schöpfung auf – in der Annahme, Feuerchen anzuzünden sei vor allem Männersache.

Sobald das Wasser siedet, rückt die erste Tomatenration an und taucht zum kurzen Brühen im Kessel unter.

Zwei Frauen haben alle Hände voll zu tun, nach und nach die gebrühten Tomaten aus dem Tauchbad zu holen und gut abgetropft in Wannen zu sammeln.

Doch bevor es soweit ist, wird erst einmal vorgefühlt: mit einem Sieb einige Tomaten herausgefischt und probiert, ob sich die Haut schon lösen läßt.

Im Haus macht sich ein Grüppchen daran, die im Jahr gesammelten Gläser und Flaschen zu reinigen, andere Nachbarinnen setzen sich um die Wanne mit den heißen Tomaten und beginnen schon mal mit dem Pellen.

Dicke Bündel Basilikum liegen bereit, die ersten geschälten Tomaten sind bereits in Gläser eingeschichtet und entfalten zusammen mit den frischen Kräutern ihr volles Aroma.

Die Gespräche werden immer lebhafter, während man gemeinsam pellt, sorgfältig Wasser und Kerne aus den Tomaten drückt.

Von den Händen tropft roter Saft, wenn das Fruchtfleisch in die Gläser gefüllt und mit einem Löffel nachgestopft wird, damit sich ja keine Luftblasen bilden. Jetzt geht's ans Einkochen – und inzwischen ist längst später Abend geworden.

Spezialität Tomaten

späten Abend hinein mit dem Waschen, Pellen und Passieren von Tomaten beschäftigt ist.

Damit ist das Einmach-Kapitel noch lange nicht zu Ende. Hin und wieder sieht man große Teller mit Tomatenpüree in der Sonne stehen: Durch Austrocknen wird daraus ein konzentriertes Tomatenmark, wie man es bei uns aus Tuben oder Döschen kennt.

Vor allem in Kalabrien gehören zum Wintervorrat unbedingt Töpfe mit getrockneten, in Olivenöl eingelegten Tomatenhälften. Je nachdem, wie es die Zeit erlaubt, werden zwischen der Hausarbeit eine Portion Eiertomaten oder auch die kleineren, dunkelroten, gewellten *Napolitana* halbiert, die Schnittflächen leicht mit Meersalz bestreut. Am Morgen sieht man die noch gewölbten, dann mit zunehmendem Tag die immer flacher werdenden Ovale auf rechteckigen Drahtrosten vor der Haustür oder auf dem Balkon in der prallen Sonne liegen. Mehr als ein bis zwei Tage sind nicht nötig, um die Früchte von der überflüssigen Feuchtigkeit zu befreien und so alle Würze in einer kleinen Scheibe zu konzentrieren. Kommen im Tontopf oder Glas außer Öl noch Kapern oder Sardellenstücke, eventuell eine kleine Portion Peperoncino, scharfer Pfeffer oder ein Hauch Oregano dazu – wie in Kalabrien üblich – so kann man sich als Antipasti oder zu Brot und Käse nichts Würzigeres vorstellen. Auch Pastagerichten verleihen diese *Pomodori secchi* einen unvergleichlichen Urgeschmack von Tomate, den das Olivenöl noch verstärkt. Für Stadtbewohner, die keine Möglichkeit zum Tomatentrocknen haben, bieten die Wochenmärkte ein Halbfertigprodukt an, bereits getrocknete Tomaten, die dann individuell eingelegt werden können. Und das läßt sich keine Hausfrau aus Kalabrien oder Sizilien nehmen.

Erika Casparek-Türkkan

Dank einer besonderen Tomatensorte, der Pomodoro a grapolo läßt sich auch ein Vorrat an frischen Früchten bis weit in den Winter schön saftig halten. Die runden, besonders dickschaligen Tomaten werden an den stehengelassenen Stielen aufgefädelt, dann kühl und luftig, meist auf schattigen Balkons aufgehängt.

Unter der prallen Sonne des Südens dauert es höchstens zwei Tage, bis die mit Salz bestreuten Tomatenhälften sämtlichen Saft verloren haben, runzlig einschrumpeln und sich ganz unauffällig in eine begehrte Delikatesse verwandeln – die wundervoll würzigen Pomodori secchi.

Getrocknete Tomaten türmen sich neben eingelegten Oliven, Auberginenstreifen in Essig, Öl, Knoblauch und Basilikum, den berühmten, leicht bitteren Zwiebelchen und würzig marinierten Waldpilzen – wertvolle Schätze, mit denen sich die Genießer im Süden Italiens für besondere kulinarische Gelegenheiten wappnen.

Register und Glossar von A bis Z

Hier finden Sie die deutschen und italienischen Rezepttitel einmal in alphabetischer Reihenfolge und noch einmal unter den Zutaten, die im Titel vorkommen. Ebenso die Einführungen in die Regionen, sowie Erklärungen zu bestimmten Gerichten und Zutaten – am Ende mit einem * gekennzeichnet. Steht davor eine Seitenzahl, so ist dort noch eine nähere Erklärung oder ein Foto zu finden.

A

Aal in Tomatensauce 145
Abbacchio alla romana 192
Abruzzen 206 ff.*
Accademia Italiana della Cucina: In den 50er Jahren gegründete Organisation engagierter Persönlichkeiten aus den Bereichen Kunst, Wissenschaft, Wirtschaft und öffentliches Leben, die sich zum Ziel gesetzt haben, die Kultur der ursprünglichen italienischen Küche zu erhalten und zu pflegen, speziell durch Aufklärungsarbeit im Ausland, Betreuung und Beratung von Gastronomie und Fachpresse*
Aceto Balsamico: Balsamessig, edle Würzspezialität aus Modena 51*
Acquacotta 135
Agnello:
    Agnello alla pugliese 227
    Agnello alle olive 226
    Agnello brodettato 226
    Spezzatino d'agnello 112
al forno:
    Finocchi al forno 157
    Lasagne verdi al forno 60
    Patate al forno 230
    Triglie al forno 144
all'abruzzese: Fettuccine all'abruzzese 220
all'amatriciana: Bucatini all'amatriciana 180
all'arrabbiata: Penne all'arrabbiata 182

all'uccelletto:
    Vitello all'uccelletto 35
    Fagioli all'uccelletto 156
alla bolognese: Maccheroni alla bolognese 63
alla cacciatora:
    Lepre alla cacciatora 150
    Pollo alla cacciatora 151
alla calabrese: Maccheroni alla calabrese 286
alla carbonara: Spaghetti alla carbonara 180
alla fiorentina:
    Arista alla fiorentina 148
    Sogliola alla fiorentina 142
    Trippa alla fiorentina 149
alla genovese:
    Cima ripiena alla genovese 32
    Fagiolini alla genovese 38
    Moscardini alla genovese 31
    Ravioli alla genovese 22
    Zuppa alla genovese 27
alla livornese:
    Cacciucco alla livornese 28
    Triglie alla livornese 31
alla lucana:
    Pollo alla lucana 260
alla marchigiana: Merluzzo alla marchigiana 145
alla milanese:
    Brasato alla milanese 68
    Involtini alla milanese 69
    Ossobuco alla milanese 66
    Risotto alla milanese 56
alla napoletana:
    Bistecchine alla napoletana 260
    Crostini alla napoletana 251
    Fusilli alla napoletana 254
    Maccheroni alla napoletana 252
    Pizzette alla napoletana 250
    Polpi alla napoletana 258
    Zuppa inglese alla napoletana 267
alla palermitana: Nasello alla palermitana 290
alla parmigiana: Asparagi alla parmigiana 72
alla pizzaiola: Costolette alla pizzaiola 261
alla pugliese:
    Agnello alla pugliese 227
    Orata alla pugliese 224
    Orecchiette alla pugliese 216

alla puttanesca: Spaghetti alla puttanesca 255
alla romana:
    Abbacchio alla romana 192
    Fettuccine alla romana 181
    Saltimbocca alla romana 192
    Spinaci alla romana 197
    Stracciatella alla romana 184
    Supplì alla romana 179
alla sarda: Vitello alla sarda 193
alla siciliana: Pomodori alla siciliana 296
alla toscana:
    Crostini alla toscana 134
    Fegatelli alla toscana 148
    Funghi alla toscana 156
alla veneziana: Fegato alla veneziana 70
Alpengebiete 88 ff.*
Amaretti 120
Amaretti di Saronno: industriell hergestellte Mandelplätzchen aus der Emilia-Romagna*
Anguilla in umido 145
Antipasti: Vorspeisen*, siehe auch Register 317
Antipasto di peperoni 100
Aostatal 88 ff.*
Aperol: klassischer Aperitif mit fruchtig-herbem Orangengeschmack*
Apfelstrudel 118
Apulien 206 ff.*
Arancini di riso 280
Arista alla fiorentina 148
Artischocken:
    Artischocken auf jüdische Art 196
    Artischockenomelett 38
    Artischockenreis 218
    Mangold-Artischocken-Torte 21
Asparagi alla parmigiana 72
Auberginen:
    Auberginenauflauf 262
    Auberginenröllchen mit Tomatensauce 301
    Kartoffel-Auberginen-Topf 265
    Marinierte Auberginen 73
    Süß-saures Auberginengemüse 300
Aufgewärmte Gemüsesuppe 141
Ausgebackenes: siehe Fritiertes
Avorio-Reis: italienischer Rundkornreis, für Risottogerichte geeignet, auch unter dem Namen Arborio-Reis bekannt 56*

B

Bagna cauda 96
Bandnudeln:
    Bandnudeln in Safransauce 220
    Bandnudeln mit Hühnerlebersauce 181
    Bandnudeln mit Schinken 62
    Breite Bandnudeln mit Hasensauce 138
    Weiße und grüne Bandnudeln mit Sahne-Pilzsauce 139
Basilicata 238 ff.*
Basilikum: Pizza mit Mozzarella und Basilikum 246
Beeren: Weinschaum mit Beeren 120
Biscotti di Prato 163
Biskuit mit Vanillecreme 267
Bistecca alla Fiorentina: würziges Steak von Chianina-Rindern aus der Toskana, auf Holzkohlenglut gegrillt 128*
Bistecchine alla napoletana 260
Blumenkohl:
    Blumenkohlsalat 264
    Fritierte Blumenkohlröschen 158
Bohnen:
    Bohnen mit Wurst 101
    Bohneneintopf mit Fenchel 185
    Weiße Bohnen mit Salbei 156
Bollito freddo 34
Bollito misto con salsa verde 110
Bottarga: an Luft und Sonne getrocknete Eier von Meeräschen, Spezialität aus Venetien und Sardinien*
Braciole di pesce spada 291
Brasato alla milanese 68
Bratkartoffeln mit Marsala 298
Breite Bandnudeln mit Hasensauce 138
Broccoli:
    Broccolisuppe 184
    Öhrchennudeln mit Broccoli 216
Brodetto: Bezeichnung für Fischsuppe in verschiedenen Küstenorten der Adria 210*
Brotfladen:
    Brotfladen mit Käse 20
    Knusprige Brotfladen 176
Brühe mit Kräuteromelett 27
Bruschetta 214
Bucatini all'amatriciana 180
Budino di ricotta 305

310

Register und Glossar von A bis Z

C/D

Cacciucco alla livornese 28
Caffè 203 ff.*
Calamari ripieni 186
Calzone 248
Canèderli in brodo 104
Canestrelli 40
Cannelloni 284
Caponata 300
Cappelletti: kleine gefüllte Teighütchen 51, 268 ff.*
Cappon magro: üppiger Salat aus Meeresfrüchten, Fisch und Gemüse, eine Spezialität aus Genua (Ligurien) 13*
Cappuccini affogati 121
Cappuccino 203 ff.*
Caprese 251
Carciofi alla giudia 196
Carnaroli: feiner Rundkornreis für Risottogerichte 56*
Carne cruda: Vorspeise aus rohem, zartem Rinderfilet; Spezialität aus Piemont 99*
Carote al marsala: sizilianische Zubereitungsart für Möhren 298*
Carote in agro 100
Carpaccio 98
Carta die Musica: hauchdünnes Fladenbrot aus Sardinien 176*
Cassata siciliana 302
Catalogna: leicht herbes, löwenzahnähnliches Blattgemüse*
Cavolfiore fritto 158
Cavolo rosso 116
Chili-Sauce: Nudeln mit Chili-Sauce 182
Cianfotta 265
Cima ripiena alla genovese 32
Cime di rapa: junge, zarte Rapssprossen, als Gemüse oder in Pastagerichten (Orecchiette) verwendet*
Cinghiale in agrodolce 194
Cipolle:
  Cipollata 141
  Cipolle fritte 231
  Cipolle ripiene 116
Cipudazzi: kleine rosa Zwiebelchen aus Kalabrien, in Essig und Öl eingelegt als Vorspeise serviert 275*
Coda alla Vaccinara 190
Colomba: berühmtes Ostergebäck in Taubenform, wird in der Lombardei industriell hergestellt*
Coniglio:
  Coniglio in peperonata 112
  Coniglio in porchetta 146
  Coniglio in umido 35

Contorni: Beilagen zum Hauptgericht (meist Gemüse)*, siehe auch Register 318
Cornetto: knuspriges Hörnchen 172*
Costoletta alla milanese: goldgelb in Butter gebratenes, paniertes Kalbskotelett; traditionelles Gericht aus Mailand 68 f.*
Costolette alla pizzaiola 261
Couscous: grober Hartweizengrieß, der im heißen Dampf gegart wird; Ursprung des Gerichtes liegt in Nordafrika und Arabien; in Sizilien unter dem Namen Cuscusu eine besondere Spezialität 288*
Couscous mit Fisch 288
Coviglia di caffè 266
Cozze alla tarantina: gefüllte und überbackene Miesmuscheln 222*
Cozze ripiene 222
Crespelle: dünne Pfannkuchen mit feiner Füllung, zum Beispiel Spinat und Ricotta, oft im Ofen überbacken*
Crostata di visciole 198
Crostini:
  Crostini alla napoletana 251
  Crostini alla toscana 134
Crostoli 121
Cuccia: sizilianisches Dessert aus Weizenkörnern 266*
Culatello: feine Schinkensorte 51, 85*
Culingionis 182
Cuscusu 288
Dolci: Desserts und Gebäck*, siehe auch Register 319

E

Eier:
  Eiercremesuppe 140
  Eierflöckchensuppe 184
  Kürbis-Mandel-Eier 74
  Spaghetti mit Speck und Eiern 180
Eingelegte Zucchinischeiben 264
Eis:
  Eisgekühlte Kuppeltorte 160
  Eisgekühlte Schichttorte 76
  Meloneneis 305
  Ricotta-Eis mit Rum 200
Emilia-Romagna 48 ff.*
Erbsen:
  Erbsen mit Schinken 196
  Reis mit Erbsen 58
  Thunfisch mit Erbsen 188
Erdbeeren: Marinierte Erdbeeren 79
Ertrunkene Kapuziner 121
Espresso 202 ff.*

F

Fagiano arrosto 152
Fagioli al fiasco: Spezialität aus dem Chiantigebiet; weiße Bohnen werden mit Salbei und Olivenöl in einer bauchigen Flasche gegart 156*
Fagioli/Fagiolini:
  Fagioli all'uccelletto 156
  Fagioli con cotechino 101
  Fagiolini al tonno 197
  Fagiolini alla genovese 38
Farinata: Pizzavariante aus Kichererbsenmehl, Ligurien 14*
Farsumagru 292
Fasan: Gebratener Fasan mit Salbei 152
Favata 185
Fegatelli alla toscana 148
Fegato alla veneziana 70
Feigen:
  Mandel-Feigen-Nougat 233
  Schinken mit Feigen 98
Fenchel:
  Bohneneintopf mit Fenchel 185
  Gegrillte Sardinen mit Fenchel 188
  Geschmortes Kaninchen mit Fenchel 146
  Nudeln mit Sardinen und Fenchel 286
  Überbackener Fenchel 157
Festtagstorte 302
Fettuccine:
  Fettuccine all'abruzzese 220
  Fettuccine alla romana 181
Finocchi al forno 157
Fiori di zucca alla Padovana: Gebäck aus den Blüten einer Kürbisart, Spezialität aus Padua (Venetien)*
Fiori di zucchini ripieni 36
Fische und Meeresfrüchte 234 ff.*
  Austern 236
  Brassen 234 ff.
  Dreiecksmuscheln 236
  Herzmuscheln 236
  Kabeljau 235
  Kaisergranat 234
  Kalmare 235 f.
  Marmorbrassen 236
  Meeräschen 236
  Miesmuscheln 236
  Muscheln 236
  Riesengarnelen 236
  Rotbarben 235
  Sardellen 236
  Sardinen 234 ff.
  Scampi 234 ff.
  Schwertfisch 236
  Schwertmuscheln 236 ff
  Seeigel 236
  Sepia 236
  Stockfisch 235 ff.
  Tintenfische 235
  Venusmuscheln 236 f.
Fischgerichte:
  Aal in Tomatensauce 145
  Ausgebackene Fische und Krustentiere 256
  Couscous mit Fisch 288
  Fischsuppe mit Garnelen 225
  Fritierter Kabeljau 145
  Gebackene Meerbarben 144
  Gefüllte Muscheln 222
  Gefüllte Sardinen 189
  Gefüllte Tintenfische 186
  Gegrillte Sardinen mit Fenchel 188
  Gemischter Fisch-Eintopf 28
  Geschmorter Thunfisch 290
  Geschmorter Tintenfisch 31
  Kräuterforellen in Weißwein 144
  Marinierte Kräutermakrelen 259
  Marinierte Sardinen 30
  Meerbarben mit Tomaten 31
  Meeresfrüchte-Salat 283
  Muschelsuppe 27
  Nudeln mit Sardinen und Fenchel 286
  Rotbarben in Papierhülle 224
  Schwarzer Tintenfischreis 58
  Schwertfisch-Röllchen 291
  Seehecht mit Rosmarin 290
  Seezunge mit Spinat 142
  Spaghetti mit Muscheln 254
  Stockfisch-Eintopf 30
  Thunfisch mit Erbsen 188
  Tintenfische in Tomatensauce 258
  Überbackene Goldbrasse 224
Fleisch: Gemischtes gekochtes Fleisch mit grüner Sauce 110
Fleischgerichte: siehe unter Kalb, Lamm, Rind, Schwein
Fleischpastete 294
Fleischsauce:
  Makkaroni mit Bologneser Fleischsauce 63
  Makkaroni mit neapolitanischer Fleischsauce 252
  Nudelauflauf mit Fleischsauce 136
Focaccia:
  Focaccia al formaggio 20
  Focaccia sarda 178
Fonduta 108
Forellen: Kräuterforellen in Weißwein 144
Fragole all'aceto 79
Friaul-Julisch Venetien 88 ff.*
Frischer Pilzsalat 117
Fritiertes:
  Ausgebackene Fische und Krustentiere 256
  Ausgebackene Käsebrote 250

311

Register und Glossar von A bis Z

Fritiertes (Fortsetzung):
Ausgebackene Schwarzwurzeln 39
Ausgebackene Zwiebeln 231
Fritierte Blumenkohlröschen 158
Fritierte Honigstäbchen 304
Fritierte Minipizzen 250
Fritierte Reiskugeln 280
Fritierte Teigscherben 121
Fritierter Kabeljau 145
Gefüllte Reiskroketten 179
Reiskrapfen 162
Süße Teigtaschen 42
Frittata:
Frittata ai funghi 155
Frittata al formaggio 154
Frittata con le zucchine 154
Frittata di carciofi 38
Frittata in zoccoli 155
Frittelle di riso 162
Fritto misto di mare 256
Frühlingsgemüse 74
Funghi alla toscana 156
Fusilli:
Fusilli alla napoletana 254
Fusilli alla siracusana 287

G

Garnelen:
Ausgebackene Fische und Krustentiere 256
Fischsuppe mit Garnelen 225
Gebackene Meerbarben 144
Gebackene süße Creme 40
Gebraten:
Gebratene Knoblauchpilze 157
Gebratene Kräuter-Oliven 282
Gebratener Fasan mit Salbei 152
Gebratener Radicchio mit Speck 72
Geflügel:
Geflügelragout mit Tomaten 194
Geflügelragout mit Tomaten und Rührei 114
Gefülltes Hähnchen 260
Huhn mit Kapern und Oliven 151
Huhn mit Thunfischsauce 295
Mariniertes Teufelshähnchen 151
Geflügelleber:
Bandnudeln mit Hühnerlebersauce 181
Geröstetes Weißbrot mit Hühnerlebercreme und Olivenpaste 134
Reis mit Geflügelleber 59
Gefrorene Kaffeecreme 266

Gefüllt:
Gefüllte Kalbsbrust 32
Gefüllte Muscheln 222
Gefüllte Nudelkringel 64
Gefüllte Nudelröllchen 284
Gefüllte Paprikaschoten 228
Gefüllte Pfirsiche 304
Gefüllte Pizzataschen 248
Gefüllte Reiskroketten 179
Gefüllte Sardinen 189
Gefüllte Teigecken mit Nußsauce 24
Gefüllte Teigtäschchen 22
Gefüllte Tintenfische 186
Gefüllte Tomaten 296
Gefüllte Zucchini 158
Gefüllte Zucchiniblüten 36
Gefüllte Zwiebeln 116
Gefüllter Rollbraten 292
Gefülltes Hähnchen 260
Gegrillt:
Gegrillte Sardinen mit Fenchel 188
Gegrillte Schwertfischrouladen 291
Gekühlter Brotsalat 135
Gelato di ricotta 200
Gemischter Fisch-Eintopf 28
Gemischter Salat 299
Gemischtes gekochtes Fleisch mit grüner Sauce 110
Gemüse:
Aufgewärmte Gemüsesuppe 141
Frühlingsgemüse 74
Gemüseauflauf 75
Gemüseeintopf 219
Gemüsefondue mit heißer Sardellensauce 96
Gemüserohkost 159
Gemüsesuppe mit Pesto 26
Kuttelntopf mit Gemüse 149
Nudeln mit Gemüse und Kapern 287
Geröstetes Brot mit Sardellen 251
Geröstetes Knoblauchbrot 214
Geröstetes Weißbrot mit Hühnerlebercreme und Olivenpaste 134
Geschmort:
Geschmorte Kalbshaxe 66
Geschmorte Rindersteaks 260
Geschmorter Thunfisch 290
Geschmorter Tintenfisch 31
Geschmortes Kaninchen 35
Geschmortes Kaninchen mit Fenchel 146
Gestürzte Sahnecreme 79
Gewürzkuchen 162
Ginestrata 140
Gnocchi di patate alla piemontese 106
Goldbrasse: Überbackene Goldbrasse 224

Grane cuotte: apulisches Dessert aus Weizenkörnern 266*
Granita di caffè: eiskalte, durstlöschende Kaffeespezialität 267, 277*
Granita di limone: erfrischendes Getränk aus Zitronensaft und Zuckersirup 267*
Grano dolce 266
Grappa 122 ff.*
Graupensuppe 108
Gremolata: Würzmischung aus Petersilie, Knoblauch und Zitronenschale 66*
Grissini: knuspriges Gebäck in Stäbchenform, industriell hergestellt in Turin, Beilage zu Antipasti, Knabbergebäck zu Wein*
Grüne Bohnen:
Grüne Bohnen 38
Grüne Bohnen mit Thunfisch 197
Grüne Sauce: Gemischtes gekochtes Fleisch mit grüner Sauce 110
Grüner Nudelauflauf 60

H

Hähnchen:
Gefülltes Hähnchen 260
Mariniertes Teufelshähnchen 151
Hasenpfeffer 150
Hasensauce: Breite Bandnudeln mit Hasensauce 138
Honig:
Fritierte Honigstäbchen 304
Huhn:
Huhn mit Kapern und Oliven 151
Huhn mit Thunfischsauce 295
Hühnerleber:
Bandnudeln mit Hühnerlebersauce 181
Geröstetes Weißbrot mit Hühnerlebercreme und Olivenpaste 134

I

in brodo:
Canèderli in brodo 104
in umido:
Anguilla in umido 145
Coniglio in umido 35
Scorzonera in umido 39

Insalata:
Insalata di arance 282
Insalata di funghi 117
Insalata di mare 283
Insalata di rinforzo 264
Insalata mista 299
Involtini:
Involtini alla milanese 69
Involtini di melanzane con salsa di pomodoro 301

K

Kabeljau:
Fritierter Kabeljau 145
Kaffee 202 ff.*
Kalabrien 272 ff.*
Kalbfleisch:
Gefüllte Kalbsbrust 32
Geschmorte Kalbshaxe 66
Kalbfleisch in Weißwein 35
Kalbfleisch mit Thunfischsauce 99
Kalbsbraten in Milch 71
Kalbsbraten mit Kapernsauce 193
Kalbsleber mit Zwiebeln 70
Kalbsragout mit Zucchini 34
Kalbsröllchen 69
Kalbsschnitzel in Marsala 294
Kalbsschnitzel mit Salbei 192
Kalbsschnitzel mit Zitronensauce 70
Kalbszunge mit pikanter Sauce 113
Kampanien 238 ff.*
Kaninchen:
Geschmortes Kaninchen 35
Geschmortes Kaninchen mit Fenchel 146
Kaninchen mit Paprika 112
Kapern: Blütenknospen des Kapernstrauches, gesalzen oder in Essig eingelegt*
Kapern:
Huhn mit Kapern und Oliven 151
Kalbsbraten mit Kapernsauce 193
Nudeln mit Gemüse und Kapern 287
Spaghetti mit Oliven-Kapern-Sauce 255
Kapuziner: Ertrunkene Kapuziner 121
Kartoffeln:
Bratkartoffeln mit Marsala 298
Kartoffel-Auberginen-Topf 265
Kartoffel-Pilzauflauf 230
Kartoffelklößchen 106
Kartoffelpizza 214
Kartoffelpizza mit Schafkäse 178

Register und Glossar von A bis Z

Lammbraten mit Kartoffeln 227
Überbackene Kartoffeln 230
Käse:
  Brotfladen mit Käse 20
  Käsefondue 108
  Käse-Omelett 154
  Käsetörtchen 201
  Sellerie mit Käse 101
  Spinat-Käse-Nocken 62
  Wirsing-Käse-Suppe 109
Käsesorten 21, 129, 209, 275, 80 ff.*
  Asiago 83
  Asiago d'Allievo 83
  Asiago grasso di monte 83
  Bel Paese 83
  Butirri 275
  Caciocavallo 81 ff.
  Crescenza 83
  Fontina 83
  Formaggetta 21
  Formaggio di fòssa 82
  Giuncata 209
  Gorgonzola 80 ff.
  Grana Padano 80
  Marzolino 129
  Mascarpone 83
  Mozzarella 81 ff.
  Parmigiano Reggiano (Parmesan) 80 f.
  Pecorino 80 ff.
  Pecorino pepato 83
  Provolone 81 ff.
  Quagliata 209
  Ricotta 82
  Robiola 83
  Scamorza 209
  Taleggio 80 ff.
Kastanienpüree mit Sahne 78
Kichererbsensuppe 185
Kirschkuchen 198
Knoblauch:
  Gebratene Knoblauchpilze 157
  Geröstetes Knoblauchbrot 214
  Milchlamm mit Knoblauchsauce 192
  Schweinekoteletts mit Tomaten und Knoblauch 261
  Spaghetti mit Knoblauch, Öl und Pfefferschote 221
Knusprige Brotfladen 176
Kräuter:
  Brühe mit Kräuteromelett 27
  Gebratene Kräuter-Oliven 282
  Kräuterforellen in Weißwein 144
  Marinierte Kräutermakrelen 259
  Schweinebraten mit Kräutern 148
Kuchen: Pikanter Kuchen mit Sardellen 20
Kürbis-Mandel-Eier 74
Kutteltopf mit Gemüse 149

L

Lamm:
  Lammbraten mit Kartoffeln 227
  Lammbraten mit Oliven 226
  Lammgulasch mit Zitronensauce 226
  Lammragout 112
  Milchlamm mit Knoblauchsauce 192
Lampasciuoli: Zwiebeln einer Hyazinthenart, Spezialität aus Apulien 231*
Lasagne verdi al forno 60
Latium 168 ff.*
Latte dolce fritto 40
Leberspießchen 148
Lepre alla cacciatora 150
Ligurien 10 ff.*
Lingua in salsa piccante 113
Linsen:
  Nudeln mit Linsen 220
  Rebhuhn mit Linsen 195
  Reissuppe mit Linsen 140
Lombardei, der Norden 88 ff.*
Lombardei, der Süden 48 ff.*

M

Maccheroni:
  Maccheroni alla bolognese 63
  Maccheroni alla calabrese 286
  Maccheroni alla napoletana 252
Makkaroni:
  Makkaroni mit Bologneser Fleischsauce 63
  Makkaroni mit neapolitanischer Fleischsauce 252
  Makkaroni mit Schinken 286
Makrelen: Marinierte Kräutermakrelen 259
Malfatti 62
Malloreddus 183
Mandeln:
  Kürbis-Mandel-Eier 74
  Mandel-Feigen-Nougat 233
  Mandelkringel 40
  Mandelplätzchen 120
  Mandelschnitten 163
  Mandeltorte 200
Mangold-Artischocken-Torte 21
Mantecato di melone 305
Mariniert:
  Eingelegte Zucchinischeiben 264
  Marinierte Auberginen 73
  Marinierte Erdbeeren 79
  Marinierte Kräutermakrelen 259
  Marinierte Paprikaschoten 100
  Marinierte, rohe Rinderlende 98
  Marinierte Sardinen 30
  Mariniertes Rindfleisch 34
  Mariniertes Teufelshähnchen 151
Marken 126 ff.*
Marsala: trockener bis süßer Dessertwein aus Sizilien*
Marsala:
  Bratkartoffeln mit Marsala 298
  Kalbsschnitzel in Marsala 294
Mascarponecreme 78
Meerbarben:
  Gebackene Meerbarben 144
  Meerbarben mit Tomaten 31
Meeresfrüchte 234 ff.*
Meeresfrüchte-Salat 283
Melanzane marinate 73
Meloneneis 305
Merluzzo alla marchigiana 145
Milch:
  Gebackene süße Creme 40
  Kalbsbraten in Milch 71
Milchlamm mit Knoblauchsauce 192
Minestra:
  Minestra di broccoli 184
  Minestra di orzo 108
  Minestra di riso 140
  Minestra maritata 219
Minestrone:
  Minestrone col pesto 26
  Minestrone di ceci 185
Möhren:
  Süß-saure Möhren 100
Molise 206 ff.*
Monte Bianco 78
Morseddu 294
Moscardini alla genovese 31
Mostarda di Cremona (– di frutta): in Senf und Sirup eingelegte kandierte Früchte, Spezialität aus Cremona; beliebt als Beilage zu Fleisch, zum Beispiel Bollito misto 110*
Mozzarella:
  Mozzarella in carrozza (Ausgebackene Käsebrote) 250
  Mozzarella mit Tomaten (Caprese) 251
  Pizza mit Mozzarella und Basilikum (Pizza margherita) 246
Muscheln:
  Gefüllte Muscheln 222
  Muschelsuppe 27
  Spaghetti mit Muscheln 254

N

Nasello alla palermitana 290
Nocken:
  Nocken mit Pilzsauce 25
  Safrannocken 183
  Spinat-Käse-Nocken 62
  Spinatnocken 105
Nougat:
  Mandel-Feigen-Nougat 233
Nudelauflauf:
  Grüner Nudelauflauf 60
  Nudelauflauf mit Fleischsauce 136
Nudeln (siehe auch unter Bandnudeln, Makkaroni, Spaghetti, Teigtaschen):
  Gefüllte Nudelkringel 64
  Gefüllte Nudelröllchen 284
  Nudeln mit Chili-Sauce 182
  Nudeln mit Gemüse und Kapern 287
  Nudeln mit Linsen 220
  Nudeln mit Pesto 24
  Nudeln mit Sardinen und Fenchel 286
  Nudeln mit scharfer Specksauce 180
  Nudeln mit Tomatensauce 254
  Nudeltaschen mit Schafkäse 182
Nudelsorten 268 ff.*
Nußsauce: Gefüllte Teigecken mit Nußsauce 24

O

Ochsenschwanzragout 190
Öhrchennudeln:
  Öhrchennudeln mit Broccoli 216
  Öhrchennudeln mit Rucola 218
Olive fritte 282
Oliven:
  Gebratene Kräuter-Oliven 282
  Geröstetes Weißbrot mit Hühnerlebercreme und Olivenpaste 134
  Huhn mit Kapern und Oliven 151
  Lammbraten mit Oliven 226
  Spaghetti mit Oliven-Kapern-Sauce 255
Olivenöl 42 ff.*
Omelett:
  Artischockenomelett 38
  Käse-Omelett 154
  Pilz-Omelett 155
  Speck-Omelett 155
  Zucchini-Omelett 154
Orangensalat 282

313

Orata alla pugliese 224
Orecchiette:
    Orecchiette alla pugliese 216
    Orecchiette con la rucola 218
Ossobuco alla milanese 66
Ostertorte 18

P/Q

Paglia e fieno 139
Pandorato 178
Pane carasau 176
Pane fratau 177
Panettone: ursprünglich ein Mailänder Weihnachtskuchen; Spezialität aus Hefeteig, kandierten Früchten und Rosinen, heute das ganze Jahr über industriell hergestellt und in alle Welt exportiert*
Panforte di Siena 162
Panna cotta 79
Pansoòti con salsa di noci 24
Panzanella 135
Pappardelle alla lepre 138
Paprika:
    Kaninchen mit Paprika 112
    Paprikagemüse 298
    Gefüllte Paprikaschoten 228
    Marinierte Paprikaschoten 100
Pàrdulas 201
Parmigiana di melanzane 262
Parozzo 232
Pasta: Überbegriff für Teigwaren und Nudelgerichte*
Pastasorten 268 ff.*
    Agnolotti 271
    Anolini 271
    Bigoli 271
    Bucatini 271
    Cannelloni 268 ff.
    Capelli d'angelo 271
    Capellini 271
    Cappelletti 268 ff.
    Conchiglie 268 ff.
    Culingiones 271
    Ditali 268 ff.
    Farfalle 269 f.
    Fettuccine 271
    Fusilli 269 f.
    Gnocchi 271
    Lasagne 268 ff.
    Linguine 271
    Lumache 268 ff.
    Maccheroni 268 ff.
    Maccheroni alla chitarra 271
    Malfatti 271
    Malloreddus 271
    Orecchiette 271
    Pansoòti 271
    Pappardelle 268 f.
    Penne 271
    Ravioli 269 f.
    Rigatoni 268 ff.
    Spaghetti 269 f.
    Spaghettini 271
    Tagliatelle 271
    Tortellini 268 ff.
    Tortelloni 271
    Tortiglioni 268 ff.
    Trenette 271
    Trofie 271
    Vermicelli 271
Pasta con le sarde 286
Pasta di mandorla: süße sizilianische Spezialität aus Marzipanmasse 275*
Pasta e fagioli: Spezialität aus den Abruzzen und Apulien; Bohnen werden in einer kräftigen Fleischbrühe zusammen mit Nudeln gegart 221*
Pasta e lenticchie 220
Pasticcio di carne: sizilianische Fleischpastete 295*
Patate:
    Patate al forno 230
    Patate al marsala 298
Penne all'arrabbiata 182
Peperonata 298
Peperoncini: scharfe, rote Pfefferschoten, getrocknet als Gewürz verwendet 209*
Peperoni ripieni 228
Pernici con lenticchie 195
Pesche ripiene 304
Pesto: würzige Paste aus Basilikum, Knoblauch, Pinienkernen, Käse und Olivenöl, Spezialität aus Ligurien 26*
Pesto:
    Gemüsesuppe mit Pesto 26
    Nudeln mit Pesto 24
Pfefferschote: Spaghetti mit Knoblauch, Öl und Pfefferschote 221
Pfirsiche: Gefüllte Pfirsiche 304
Pflaumen: Wildschweinragout mit Pflaumen 194
Piadina: Brotfladen, der auf einer heißen Tonplatte gebacken wird; Spezialität aus der Emilia-Romagna 53*
Piemont 88 ff.*
Pikanter Kuchen mit Sardellen 20
Pikantes Brot aus der Pfanne 178
Pilze:
    Frischer Pilzsalat 117
    Gebratene Knoblauchpilze 157
    Kartoffel-Pilzauflauf 230
    Nocken mit Pilzsauce 25
    Pilz-Omelett 155
    Pilzsuppe mit Brot 135
    Weiße und grüne Bandnudeln mit Sahne-Pilzsauce 139
Pinzimonio 159
Piselli al prosciutto 196
Pizza:
    Kartoffelpizza mit Schafkäse (Focaccia sarda) 178
    Pizza di patate (Kartoffelpizza) 214
    Pizza margherita (mit Mozzarella und Basilikum) 246
    Pizza pugliese (Zwiebelpizza) 215
Pizzataschen: Gefüllte Pizzataschen 248
Pizzette alla napoletana 250
Po-Ebene 48 ff.*
Polenta:
    Polenta pasticciata (Polenta-Auflauf) 102
    Polenta smalzada trentina (Polenta mit Sardellen) 104
Pollo:
    Pollo alla cacciatora 151
    Pollo alla diavola 151
    Pollo alla lucana 260
    Pollo alla Marengo 114
    Pollo alla messinese 295
    Pollo in padella 194
Polpi alla luciana: geschmorte Tintenfische, Spezialität eines Stadtteils von Neapel 258*
Polpi alla napoletana 258
Pomodori 306 ff.*
Pomodori alla siciliana 296
Porchetta: mit Fenchel gewürztes, gegrilltes Spanferkel 131*
Primi Piatti: erster Gang in der Menüfolge nach den Vorspeisen*, siehe Register 317
Prosciutto e fichi 98
Puntarelle: feiner Blattsalat, in der römischen Küche häufig zu finden*
Quaglie al risotto 150

R

Radicchio: Salatart, kleine runde Köpfe oder längliche Blätter, rot-weiß, mit leicht bitterem Geschmack 51, 72*
Radicchio:
    Radicchio rosso (Gebratener Radicchio) 72
Ragù: gehaltvolle, lange geschmorte Fleischsauce, zu Nudelgerichten serviert 268*
Ravioli:
    Ravioli alla genovese 22
    Ravioli dolci 41
Rebhuhn mit Linsen 195
Reis:
    Artischockenreis 218
    Fritierte Reiskugeln 280
    Gefüllte Reiskroketten 179
    Reis mit Erbsen 58
    Reis mit Geflügelleber 59
    Reis mit Spargel 59
    Reiskrapfen 162
    Reissuppe mit Linsen 140
    Safranreis auf Mailänder Art 56
    Schwarzer Tintenfischreis 58
    Wachteln mit Reis 150
Ribollita 141
Ricotta:
    Ricotta-Eis mit Rum 200
    Ricottapudding 305
Rindfleisch:
    Gefüllter Rollbraten 292
    Geschmorte Rindersteaks 260
    Marinierte, rohe Rinderlende 98
    Mariniertes Rindfleisch 34
    Ochsenschwanzragout 190
    Schmorbraten in Rotwein 68
Risi e bisi 58
Riso ai carciofi 218
Risotto:
    Risotto alla milanese 56
    Risotto con asparagi 59
    Risotto con fegatini 59
    Risotto nero 58
Rollbraten:
    Gefüllter Rollbraten 292
Rom 168 ff.*
Rosinen:
    Spinat mit Rosinen 197
Rosmarin: Seehecht mit Rosmarin 290
Rotbarben in Papierhülle 224
Rotkohlgemüse 116
Rotwein: Schmorbraten in Rotwein 68
Rucola: leicht herbe, kleinblättrige Salatart mit Nußaroma 219*
Rucola: Öhrchennudeln mit Rucola 218
Rum: Ricotta-Eis mit Rum 200

S

Safran:
    Bandnudeln in Safransauce 220
    Safrannocken 183
    Safranreis auf Mailänder Art 56
Sahne:
    Gestürzte Sahnecreme 79
    Kastanienpüree mit Sahne 78
    Weiße und grüne Bandnudeln mit Sahne-Pilzsauce 139
Salate:
    Blumenkohlsalat 264
    Frischer Pilzsalat 117
    Gemischter Salat 299
    Meeresfrüchte-Salat 283
    Orangensalat 282

Register und Glossar von A bis Z

Salbei:
   Gebratener Fasan mit Salbei 152
   Kalbsschnitzel mit Salbei 192
   Weiße Bohnen mit Salbei 156
Salsa piccante: Lingua in salsa piccante 113
Salsa verde: Bollito misto con salsa verde 110
Saltimbocca alla romana 192
Salumi: Überbegriff für Schinken und Wurstwaren 86*
Sarde:
   Sarde arrosto 188
   Sarde in marinata 30
   Sarde ripiene 189
Sardellen:
   Gemüsefondue mit heißer Sardellensauce 96
   Geröstetes Brot mit Sardellen 251
   Grüne Bohnen mit Sardellen 38
   Pikanter Kuchen mit Sardellen 20
   Polenta mit Sardellen 104
Sardenaira 20
Sardinien 168 ff.*
Sardinen:
   Gefüllte Sardinen 189
   Gegrillte Sardinen mit Fenchel 188
   Marinierte Sardinen 30
   Nudeln mit Sardinen und Fenchel 286
Scaloppine:
   Scaloppine al limone 70
   Scaloppine al marsala 294
Schafkäse:
   Kartoffelpizza mit Schafkäse 178
   Nudeltaschen mit Schafkäse 182
Schinken:
   Bandnudeln mit Schinken 62
   Erbsen mit Schinken 196
   Makkaroni mit Schinken 286
   Schinken mit Feigen 98
Schinken- und Wurstsorten 84 ff.*
   Bresàola 85
   Capocollo 85
   Casentino-Schinken 85
   Coppa 85 ff.
   Cotechino 86
   Culatello 85
   Finocchiona 87
   Guanciale: gepökelte und geräucherte Schweinebacke, wird häufig in Latium zum Kochen verwendet
   Lardo: fetter Speck
   Mortadella 86 f.
   Pancetta 86
   Pancetta arrotolata 86
   Prosciutto di Parma (Parmaschinken) 84
   Prosciutto di San Daniele (San-Daniele-Schinken) 84 f.
   Prosciutto di Veneto 84
   Salami 86 f.
   Sauris 85
   Südtiroler Speck 84
   Zampone 86 f.
Schmorbraten in Rotwein 68
Schokoladenkuchen 232
Schüttelbrot: dünnes, lange haltbares Fladenbrot, Spezialität aus Südtirol 91*
Schwarzer Tintenfischreis 58
Schwarzwurzeln:
   Ausgebackene Schwarzwurzeln 39
   Schwarzwurzel-Ragout 39
Schweinefleisch:
   Fleischpastete 294
   Schweinebraten mit Kräutern 148
   Schweinekoteletts mit Tomaten und Knoblauch 261
Schwertfisch: Gegrillte Schwertfischrouladen 291
Scorzonera:
   Scorzonera fritta 39
   Scorzonera in umido 39
Secondi Piatti: Hauptgericht, zweiter Gang eines Menüs – Fleisch, Fisch, Wild, Geflügel oder Eiergericht*, siehe auch Register 318
Sedani al formaggio 101
Seehecht mit Rosmarin 290
Seezunge mit Spinat 142
Sellerie mit Käse 101
Semifreddo 76
Sgombri alla marinara 259
Sizilien 272 ff.*
Soffrito: feingeschnittenes Gemüse, Knoblauch und Speck als würzige Grundmischung für bestimmte Saucen, Schmorbraten*
Sogliola alla fiorentina 142
Spaghetti:
   Spaghetti alla carbonara (mit Speck und Eiern) 180
   Spaghetti alla puttanesca (mit Oliven-Kapern-Sauce) 255
   Spaghetti alle vongole (mit Muscheln) 254
   Spaghetti con aglio, olio e peperoncino (mit Knoblauch, Öl und Pfefferschote) 221
Spargel:
   Reis mit Spargel 59
   Überbackener Spargel 72
Speck:
   Nudeln mit scharfer Specksauce 180
   Spaghetti mit Speck und Eiern 180
   Speckknödel-Suppe 104
   Speck-Omelett 155
Spezzatino con zucchine 34
Spezzatino d'agnello 112
Spinaci:
   Spinaci alla romana 197
   Spinaci gratinati 156
Spinat:
   Seezunge mit Spinat 142
   Spinat-Käse-Nocken 62
   Spinat mit Rosinen 197
   Spinatnocken 105
   Überbackener Spinat 156
Stoccafisso 30
Stockfisch-Eintopf 30
Stracciatella alla romana 184
Strangolapreti 105
Strudel di mele 118
Südtirol 88 ff.*
Sugo: aromatische Sauce, oft auf der Grundlage von Tomaten oder Tomatenpüree, für Nudelgerichte 268*
Suppen:
   Aufgewärmte Gemüsesuppe 141
   Broccolisuppe 184
   Eiercremesuppe 140
   Eierflöckchensuppe 184
   Fischsuppe mit Garnelen 225
   Gemüsesuppe mit Pesto 26
   Graupensuppe 108
   Kichererbsensuppe 185
   Muschelsuppe 27
   Reissuppe mit Linsen 140
   Speckknödel-Suppe 104
   Wirsing-Käse-Suppe 109
   Zwiebelsuppe 141
Supplì alla romana 179
Süß-saure Möhren 100
Süß-saures Auberginengemüse 300
Süße Teigtaschen 41
Süßer Weizen 266

T

Tagliatelle al prosciutto 62
Tegamaccio: Suppe aus Süßwasserfischen, Spezialität aus Umbrien 129*
Teigecken: Gefüllte Teigecken mit Nußsauce 24
Teigtäschchen: Gefüllte Teigtäschchen 22
Teigtaschen: Süße Teigtaschen 41
Thunfisch:
   Geschmorter Thunfisch 290
   Grüne Bohnen mit Thunfisch 197
   Huhn mit Thunfischsauce 295
   Kalbfleisch mit Thunfischsauce 99
   Thunfisch mit Erbsen 188
Timballo verde 75
Tintenfisch:
   Gefüllte Tintenfische 186
   Geschmorter Tintenfisch 31
   Meeresfrüchte-Salat 283
   Schwarzer Tintenfischreis 58
   Tintenfisch in Tomatensauce 258
Tirami su 78
Tomaten 306 ff.*
Tomaten:
   Aal in Tomatensauce 145
   Auberginenröllchen mit Tomatensauce 301
   Geflügelragout mit Tomaten 194
   Geflügelragout mit Tomaten und Rührei 114
   Gefüllte Tomaten 296
   Meerbarben mit Tomaten 31
   Mozzarella mit Tomaten 251
   Nudeln mit Tomatensauce 254
   Schweinekoteletts mit Tomaten und Knoblauch 261
   Tintenfisch in Tomatensauce 258
Tonno:
   Tonno alla marinara 290
   Tonno con i piselli 188
Torrone 233
Torta di biete e carciofi 20
Torta di mandorle 200
Torta pasqualina 18
Törtchen: Käsetörtchen 201
Torten:
   Eisgekühlte Kuppeltorte 160
   Eisgekühlte Schichttorte 76
   Festtagstorte 302
   Mandeltorte 200
   Mangold-Artischocken-Torte 21
   Ostertorte 18
Tortellini 64
Tortiera di patate e funghi 230
Toskana 126 ff.*
Toskanaküste 10 ff.*
Trenette col pesto 24
Trentino 88 ff.*
Tresterschnaps (Grappa) 122 ff.*
Triglie:
   Triglie al cartoccio 224
   Triglie al forno 144
   Triglie alla livornese 31
Trippa alla fiorentina 149
Trofie con salsa di funghi 25
Trote affogate 144
Trüffel: delikate und kostbare Pilzart, die als Knolle unter der Erde wächst. Die weiße Sorte aus dem Piemont gilt als besonders edel, schwarze Trüffeln kommen meist aus Umbrien 93*

Register und Glossar von A bis Z

U

U Dulcit: berühmter Kuchen in Form eines Bären, Spezialität eines Bäckers im Nationalpark der Abruzzen 211*
Überbacken:
　Überbackene Goldbrasse 224
　Überbackene Kartoffeln 230
　Überbackener Fenchel 157
　Überbackener Spargel 72
　Überbackener Spinat 156
Umbrien 126 ff.*
Uova zuccate 74

V

Vanillecreme: Biskuit mit Vanillecreme 267
Vecchiarelle 304
Venetien 48 ff.*
Verdure alla primavera 74
Vialone: Rundkornreis, typische Reissorte für Risotto 56*
Vincisgrassi 136
Vitello:
　Vitello al latte 71
　Vitello all'uccelletto 35
　Vitello alla sarda 193
　Vitello tonnato 99

W

Wachteln mit Reis 150
Weine 16, 54, 94, 132, 164 ff., 174, 212, 244, 278*
　Aglianico dei Colli Lucani 244
　Aglianico del Vùlture 244
　Aglianico di Matera 244
　Albana di Romagna 54
　Ätna 278
　Barbaresco 94
　Barbarossa Ligure 16
　Barbera 54, 94
　Bardolino 54
　Barolo 94
　Bianchello del Metauro 132
　Bianco d'Alcamo 278
　Bianco della Lega 165
　Bianco di Pitigliano 16
　Bianco Vergine della Valdichiana 132
　Biferno 212
　Bolgheri 16
　Brunello di Montalcino 132, 166 f.
　Brunesco di San Lorenzo 166
　Ca' del Bosco 94
　Calaluna 174
　Cannonau di Sardegna 174
　Capri bianco 244
　Carignano del Sulcis 174
　Carmignano 132
　Castel del Monte 212
　Castelli Romani 174
　Cerasuolo d'Abruzzo 212
　Cerasuolo di Scilla 278
　Cesanese del Piglio 174
　Cesanese di Affile 174
　Cesanese di Olevano Romano 174
　Chianti 132
　Chianti Classico 132, 164 ff.
　Cinqueterre 16
　Cirò 278
　Colli Albani 174
　Colli del Trasimeno 132
　Colli Lanuvini 174
　Copertino 212
　Coronata 16
　Corvo 278
　Dolcetto 94
　Donnafugata 278
　Donnici 278
　Enfer d'Arvier 94
　Est! Est!! Est!!! 174
　Falerno 244
　Frascati 174
　Galestro 132 165
　Greco di Bianco 278
　Gutturnio 54
　Ischia 244
　Lacrimae Christi 244
　Lagrein 94
　Lambrusco 54
　Libeccchio 278
　Locorotondo 212
　Malvasia di Cagliari 174
　Malvasier 278
　Mamertino 278
　Marino 174
　Marsala 278
　Martina 212
　Martina Franca 212
　Marzemino 94
　Monica di Sardegna 174
　Montecompatri Colonna 174
　Montepulciano d'Abruzzo 212
　Montepulciano del Molise 212
　Montescudaio 16, 132
　Morellino di Scansano 16
　Moscato 54, 278
　Moscato d'Asti Spumante 94
　Moscato di Cagliari 174
　Moscato di Sorso-Sennori 174
　Müller-Thurgau 94
　Nebbiolo d'Alba 94
　Nocillo 244
　Nuragus di Cagliari 174
　Oltrepò Pavese 54
　Orvieto 132
　Palizzi 278
　Parrina 16
　Pellaro 278
　Pentro di Isernia 212
　Picolit 94
　Pigato 16
　Pollino 278
　Primitivo di Manduria 212
　Prosecco 54
　Ramitello 212
　Rapitalà 278
　Ravello 244
　Regaleali 278
　Riesling 94
　Rosato 16
　Rossese Dolceacqua 16
　Rosso Conero 132
　Rosso Piceno 132
　Sangiovese di Romagna 54
　Sauvignon 94
　Sciacchetrà 16
　Settesoli 278
　Silvaner 94
　Soave 54
　Solatio Basilica 132, Ei166
　Solopaca 244
　Spumanti 94
　Squinzano 212
　Taurasi 244
　Teroldego 94
　Tocai 94
　Torgiano 132
　Traminer 94
　Trebbiano d'Abruzzo 212
　Valpolicella 54
　Verdicchio dei Castelli di Jesi 132
　Verdicchio di Matelica 132
　Vermentino 16
　Vernaccia di Oristano 174
　Vernaccia di San Gimignano 132
　Vernatsch 94
　Vin Santo 132
　Vino Nobile di Montepulciano 132
Weinschaum mit Beeren 120
Weißbrot:
　Ausgebackene Käsebrote 250
　Ertrunkene Kapuziner 121
　Gekühlter Brotsalat 135
　Geröstetes Brot mit Sardellen 251
　Geröstetes Knoblauchbrot 214
　Geröstetes Weißbrot mit Hühnerlebercreme und Olivenpaste 134
　Pikantes Brot aus der Pfanne 178
　Pilzsuppe mit Brot 135
Weiße Bohnen mit Salbei 156
Weiße und grüne Bandnudeln mit Sahne-Pilzsauce 139
Weißwein:
　Kalbfleisch in Weißwein 35
　Kräuterforellen in Weißwein 144
Weizen: Süßer Weizen 266
Wildschweinragout mit Pflaumen 194
Wirsing-Käse-Suppe 109
Wurst: Bohnen mit Wurst 101
Wurstsorten: siehe Schinken- und Wurstsorten

Z

Zabaione con bacche 120
Zitronensauce:
　Kalbsschnitzel mit Zitronensauce 70
　Lammgulasch mit Zitronensauce 226
Zucchine marinate 264
Zucchine ripiene 158
Zucchini:
　Eingelegte Zucchinischeiben 264
　Gefüllte Zucchini 158
　Kalbsragout mit Zucchini 34
　Zucchini-Omelett 154
Zucchiniblüten: Gefüllte Zucchiniblüten 36
Zuccotto 160
Zuppa:
　Zuppa alla genovese 27
　Zuppa di cozze 27
　Zuppa di pesce 225
　Zuppa di Valpelline 109
Zuppa inglese alla napoletana 267
Zwiebeln:
　Ausgebackene Zwiebeln 231
　Gefüllte Zwiebeln 116
　Kalbsleber mit Zwiebeln 70
　Zwiebelpizza 215
　Zwiebelsuppe 141

Rezeptverzeichnis von Antipasti bis Dolci

Hier finden Sie die Rezepte aus allen Regionen nach der Menüabfolge geordnet: Zuerst alle italienischen Titel in alphabetischer Reihenfolge, danach alle deutschen.

Antipasti • Vorspeisen

Acquacotta 135
Antipasto di peperoni 100
Arancini di riso 280
Bagna cauda 96
Bruschetta 214
Caprese 251
Carote in agro 100
Carpaccio 98
Crostini alla napoletana 251
Crostini alla toscana 134
Fagioli con cotechino 101
Insalata di arance 282
Insalata di mare 283
Mozzarella in carrozza 250
Olive fritte 282
Panzanella 135
Prosciutto e fichi 98
Sedani al formaggio 101
Supplì alla romana 179
Vitello tonnato 99

Ausgebackene Käsebrote 250
Bohnen mit Wurst 101
Fritierte Reiskugeln 280
Gebratene Kräuter-Oliven 282
Gefüllte Reiskroketten 179
Gekühlter Brotsalat 135
Gemüsefondue mit heißer Sardellensauce 96
Geröstetes Brot mit Sardellen 251
Geröstetes Knoblauchbrot 214
Geröstetes Weißbrot mit Hühnerlebercreme und Olivenpaste 134
Kalbfleisch mit Thunfischsauce 99
Marinierte Paprikaschoten 100
Marinierte, rohe Rinderlende 98
Meeresfrüchte-Salat 283
Mozzarella mit Tomaten 251
Orangensalat 282
Pilzsuppe mit Brot 135
Schinken mit Feigen 98
Sellerie mit Käse 101
Süß-saure Möhren 100

Pizze e pane • Pizza und pikante Kuchen

Calzone 248
Focaccia al formaggio 20
Focaccia sarda 178
Pandorato 178
Pane carasau 176
Pizza di patate 214
Pizza margherita 246
Pizza pugliese 215
Pizzette alla napoletana 250
Sardenaira 20
Torta di biete e carciofi 20
Torta pasqualina 18

Brotfladen mit Käse 20
Fritierte Minipizzen 250
Gefüllte Pizzataschen 248
Kartoffelpizza 214
Kartoffelpizza mit Schafkäse 178
Knusprige Brotfladen 176
Mangold-Artischocken-Torte 21
Ostertorte 18
Pikanter Kuchen mit Sardellen 20
Pikantes Brot aus der Pfanne 178
Pizza mit Mozzarella und Basilikum 246
Zwiebelpizza 215

Primi Piatti

Minestre • Suppen

Canèderli in brodo 104
Cipollata 141
Favata 185
Fonduta 108
Ginestrata 140
Minestra di broccoli 184
Minestra di orzo 108
Minestra di riso 140
Minestra maritata 219
Minestrone col pesto 26
Minestrone di ceci 185
Pasta e lenticchie 220
Ribollita 141
Stracciatella alla romana 184
Zuppa alla genovese 27
Zuppa di cozze 27
Zuppa di Valpelline 109

Aufgewärmte Gemüsesuppe 141
Bohneneintopf mit Fenchel 185
Broccolisuppe 184
Brühe mit Kräuteromelett 27
Eiercremesuppe 140
Eierflöckchensuppe 184
Gemüseeintopf 219
Gemüsesuppe mit Pesto 26
Graupensuppe 108
Käsefondue 108
Kichererbsensuppe 185
Muschelsuppe 27
Nudeln mit Linsen 220
Reissuppe mit Linsen 140
Speckknödel-Suppe 104
Wirsing-Käse-Suppe 109
Zwiebelsuppe 141

Risotti e polente • Reis und Polenta

Polenta pasticciata 102
Polenta smalzada trentina 104
Risi e bisi 58
Riso ai carciofi 218
Risotto alla milanese 56
Risotto con asparagi 59
Risotto con fegatini 59
Risotto nero 58

Artischockenreis 218
Polenta-Auflauf 102
Polenta mit Sardellen 104
Reis mit Erbsen 58
Reis mit Geflügelleber 59
Reis mit Spargel 59
Safranreis auf Mailänder Art 56
Schwarzer Tintenfischreis 58

Paste asciutte • Teigwaren

Bucatini all'amatriciana 180
Cannelloni 284
Culingionis 182
Fettuccine all'abruzzese 220
Fettuccine alla romana 181
Fusilli alla napoletana 254
Fusilli alla siracusana 287
Gnocchi di patate alla piemontese 106
Lasagne verdi al forno 60
Maccheroni alla bolognese 63
Maccheroni alla calabrese 286
Maccheroni alla napoletana 252
Malfatti 62
Malloreddus 183
Orecchiette alla pugliese 216
Orecchiette con la rucola 218
Paglia e fieno 139
Pansoòti con salsa di noci 24
Pappardelle alla lepre 138
Pasta con le sarde 286
Penne all'arrabbiata 182
Ravioli alla genovese 22
Spaghetti alla carbonara 180
Spaghetti alla puttanesca 255
Spaghetti alle vongole 254
Spaghetti con aglio, olio e peperoncino 221
Strangolapreti 105
Tagliatelle al prosciutto 62
Tortellini 64
Trenette col pesto 24
Trofie con salsa di funghi 25
Vincisgrassi 136

Bandnudeln in Safransauce 220
Bandnudeln mit Hühnerlebersauce 181
Bandnudeln mit Schinken 62
Breite Bandnudeln mit Hasensauce 138
Gefüllte Nudelkringel 64
Gefüllte Nudelröllchen 284
Gefüllte Teigecken mit Nußsauce 24
Gefüllte Teigtäschchen 22
Grüner Nudelauflauf 60
Kartoffelklößchen 106
Makkaroni mit Bologneser Fleischsauce 63
Makkaroni mit neapolitanischer Fleischsauce 252
Makkaroni mit Schinken 286
Nocken mit Pilzsauce 25
Nudelauflauf mit Fleischsauce 136
Nudeln mit Chili-Sauce 182
Nudeln mit Gemüse und Kapern 287
Nudeln mit Pesto 24
Nudeln mit Sardinen und Fenchel 286
Nudeln mit scharfer Specksauce 180
Nudeln mit Tomatensauce 254
Nudeltaschen mit Schafkäse 182
Öhrchennudeln mit Broccoli 216
Öhrchennudeln mit Rucola 218
Safrannocken 183
Spaghetti mit Knoblauch, Öl und Pfefferschoten 221
Spaghetti mit Muscheln 254
Spaghetti mit Oliven-Kapern-Sauce 255
Spaghetti mit Speck und Eiern 180
Spinat-Käse-Nocken 62
Spinatnocken 105
Weiße und grüne Bandnudeln mit Sahne-Pilzsauce 139

Secondi Piatti

Pesci e frutti di mare • Fisch und Meeresfrüchte
Anguilla in umido 145
Braciole di pesce spada 291
Cacciucco alla livornese 28
Calamari ripieni 186
Cozze ripiene 222
Cuscusu 288
Fritto misto di mare 256
Merluzzo alla marchigiana 145
Moscardini alla genovese 31
Nasello alla palermitana 290
Orata alla pugliese 224
Polpi alla napoletana 258
Sarde arrosto 189
Sarde in marinata 30
Sarde ripiene 188
Sgombri alla marinara 259
Sogliola alla fiorentina 142
Stoccafisso 30
Tonno alla marinara 290
Tonno con i piselli 188
Triglie al cartoccio 224
Triglie al forno 144
Triglie alla livornese 31
Trote affogate 144
Zuppa di pesce 225

Aal in Tomatensauce 145
Ausgebackene Fische und Krustentiere 256
Couscous mit Fisch 288
Fischsuppe mit Garnelen 225
Fritierter Kabeljau 145
Gebackene Meerbarben 144
Gefüllte Muscheln 222
Gefüllte Sardinen 189
Gefüllte Tintenfische 186
Gegrillte Sardinen mit Fenchel 188
Gegrillte Schwertfischrouladen 291
Gemischter Fisch-Eintopf 28
Geschmorter Thunfisch 290
Geschmorter Tintenfisch 31
Kräuterforellen in Weißwein 144
Marinierte Kräutermakrelen 259
Marinierte Sardinen 30
Meerbarben mit Tomaten 31
Rotbarben in Papierhülle 224
Seehecht mit Rosmarin 290
Seezunge mit Spinat 142
Stockfisch-Eintopf 30
Thunfisch mit Erbsen 188
Tintenfische in Tomatensauce 258
Überbackene Goldbrasse 224

Frittate • Omeletts
Frittata ai funghi 155
Frittata al formaggio 154
Frittata con le zucchine 154
Frittata in zoccoli 155

Käse-Omelett 154
Pilz-Omelett 155
Speck-Omelett 155
Zucchini-Omelett 154

Pollame, coniglio e selvaggina • Geflügel, Kaninchen und Wild
Cinghiale in agrodolce 194
Coniglio in peperonata 112
Coniglio in porchetta 146
Coniglio in umido 35
Fagiano arrosto 152
Lepre alla cacciatora 150
Pernici con lenticchie 195
Pollo alla cacciatora 151
Pollo alla diavola 151
Pollo alla lucana 260
Pollo alla Marengo 114
Pollo alla messinese 295
Pollo in padella 194
Quaglie al risotto 150

Gebratener Fasan mit Salbei 152
Geflügelragout mit Tomaten 194
Geflügelragout mit Tomaten und Rührei 114
Gefülltes Hähnchen 260
Geschmortes Kaninchen 35
Geschmortes Kaninchen mit Fenchel 146
Hasenpfeffer 150
Huhn mit Kapern und Oliven 151
Huhn mit Thunfischsauce 295
Kaninchen mit Paprika 112
Mariniertes Teufelshähnchen 151
Rebhuhn mit Linsen 195
Wachteln mit Reis 150
Wildschweinragout mit Pflaumen 194

Carne • Fleisch
Abbacchio alla romana 192
Agnello alla pugliese 227
Agnello alle olive 226
Agnello brodettato 226
Arista alla fiorentina 148
Bistecchine alla napoletana 260
Bollito freddo 34
Bollito misto con salsa verde 110
Brasato alla milanese 68
Cima ripiena alla genovese 32
Coda alla Vaccinara 190
Costolette alla pizzaiola 261
Farsumagru 292
Fegatelli alla toscana 148
Fegato alla veneziana 70
Involtini alla milanese 69
Lingua in salsa piccante 113
Morseddu 294
Ossobuco alla milanese 66
Saltimbocca alla romana 192
Scaloppine al limone 70
Scaloppine al marsala 294
Spezzatino con zucchine 34
Spezzatino d'agnello 112
Trippa alla fiorentina 149
Vitello al latte 71
Vitello all'uccelletto 35
Vitello alla sarda 193

Fleischpastete 294
Gefüllte Kalbsbrust 32
Gefüllter Rollbraten 292
Gemischtes gekochtes Fleisch mit grüner Sauce 110
Geschmorte Kalbshaxe 66
Geschmorte Rindersteaks 260
Kalbfleisch in Weißwein 35
Kalbsbraten in Milch 71
Kalbsbraten mit Kapernsauce 193
Kalbsleber mit Zwiebeln 70
Kalbsragout mit Zucchini 34
Kalbsröllchen 69
Kalbsschnitzel in Marsala 294
Kalbsschnitzel mit Salbei 192
Kalbsschnitzel mit Zitronensauce 70
Kalbszunge mit pikanter Sauce 113
Kutteltopf mit Gemüse 149
Lammbraten mit Kartoffeln 227
Lammbraten mit Oliven 226
Lammgulasch mit Zitronensauce 226
Lammragout 112
Leberspießchen 148
Mariniertes Rindfleisch 34
Milchlamm mit Knoblauchsauce 192
Ochsenschwanzragout 190
Schmorbraten in Rotwein 68
Schweinebraten mit Kräutern 148
Schweinekoteletts mit Tomaten und Knoblauch 261

Contorni • Beilagen
Asparagi alla parmigiana 72
Caponata 300
Carciofi alla giudia 196
Cavolfiore fritto 158
Cavolo rosso 116
Cianfotta 265
Cipolle fritte 231
Cipolle ripiene 116
Fagioli all'uccelletto 156
Fagiolini al tonno 197
Fagiolini alla genovese 38
Finocchi al forno 157
Fiori di zucchini ripieni 36
Frittata di carciofi 38
Funghi alla toscana 156
Insalata di funghi 117
Insalata di rinforzo 264
Insalata mista 299
Involtini di melanzane con salsa di pomodoro 301
Melanzane marinate 73
Parmigiana di melanzane 262
Patate al forno 230
Patate al marsala 298
Peperonata 298
Peperoni ripieni 228
Pinzimonio 159
Piselli al prosciutto 196
Pomodori alla siciliana 296
Radicchio rosso 72
Scorzonera fritta 39
Scorzonera in umido 39
Spinaci alla romana 197
Spinaci gratinati 156
Timballo verde 75
Tortiera di patate e funghi 230
Uova zuccate 74
Verdure alla primavera 74
Zucchine marinate 264
Zucchine ripiene 158

Artischocken auf jüdische Art 196
Artischockenomelette 38
Auberginenauflauf 262
Auberginenröllchen mit Tomatensauce 301
Ausgebackene Schwarzwurzeln 39
Ausgebackene Zwiebeln 231
Blumenkohlsalat 264
Bratkartoffeln mit Marsala 298
Eingelegte Zucchinischeiben 264
Erbsen mit Schinken 196
Frischer Pilzsalat 117
Fritierte Blumenkohlröschen 158
Frühlingsgemüse 74
Gebratene Knoblauchpilze 157
Gebratener Radicchio 72
Gefüllte Paprikaschoten 228
Gefüllte Tomaten 296
Gefüllte Zucchini 158
Gefüllte Zucchiniblüten 36
Gefüllte Zwiebeln 116

Gemischter Salat 299
Gemüseauflauf 75
Gemüserohkost 159
Grüne Bohnen 38
Grüne Bohnen mit
 Thunfisch 197
Kartoffel-Auberginen-Topf 265
Kartoffel-Pilzauflauf 230
Kürbis-Mandel-Eier 74
Marinierte Auberginen 73
Paprikagemüse 298
Rotkohlgemüse 116
Schwarzwurzel-Ragout 39
Spinat mit Rosinen 197
Süß-saures Auberginen-
 gemüse 300
Überbackene Kartoffeln 230
Überbackener Fenchel 157
Überbackener Spargel 72
Überbackener Spinat 156
Weiße Bohnen mit Salbei 156

Dolci • Desserts und Gebäck

Amaretti 120
Biscotti di Prato 163
Budino di ricotta 305
Canestrelli 40
Cappuccini affogati 121
Cassata siciliana 302
Coviglia di caffè 266
Crostata di visciole 198
Crostoli 121
Fragole all'aceto 79
Frittelle di riso 162
Gelato di ricotta 200
Grano dolce 266
Latte dolce fritto 40
Mantecato di melone 305
Monte Bianco 78
Panforte di Siena 162
Panna cotta 79
Pàrdulas 201
Parozzo 232
Pesche ripiene 304
Ravioli dolci 41
Semifreddo 76
Strudel di mele 118
Tirami su 78
Torrone 233
Torta di mandorle 200
Vecchiarelle 304
Zabaione con bacche 120
Zuccotto 160
Zuppa inglese alla
 napoletana 267

Apfelstrudel 118
Biskuit mit Vanillecreme 267
Eisgekühlte Kuppeltorte 160
Eisgekühlte Schichttorte 76
Ertrunkene Kapuziner 121
Festtagstorte 302
Fritierte Honigstäbchen 304
Fritierte Teigscherben 121
Gebackene süße Creme 40
Gefrorene Kaffeecreme 266
Gefüllte Pfirsiche 304
Gestürzte Sahnecreme 79
Gewürzkuchen 162
Käsetörtchen 201
Kastanienpüree mit Sahne 78
Kirschkuchen 198
Mandel-Feigen-Nougat 233
Mandelkringel 40
Mandelplätzchen 120
Mandelschnitten 163
Mandeltorte 200
Marinierte Erdbeeren 79
Mascarponecreme 78
Meloneneis 305
Reiskrapfen 162
Ricotta-Eis mit Rum 200
Ricotta-Pudding 305
Schokoladenkuchen 232
Süße Teigtaschen 41
Süßer Weizen 266
Weinschaum mit Beeren 120

Küchen-Italienisch

Abbacchio: Milchlamm
Aceto: Essig
Aglio: Knoblauch
Agnello: Lamm
al dente: Fachausdruck für
 bißfest gegarte Teigwaren,
 die im Inneren noch einen
 festen Kern haben
al forno: im Ofen überbacken
alla griglia: gegrillt
Anguilla: Aal
arrosto: gebraten
Arancia: Orange
Arista: Schweinebraten
Asparagi: Spargel

Baccalà: Stockfisch
Biscotti: Kekse
Bistecca: Steak
Bollito: gekochtes Fleisch
Brasato: Schmorbraten
Budino: Pudding

Calamari: Tintenfische
Carciofi: Artischocken
Carne: Fleisch
Carote: Möhren
casalinga: hausgemacht
Cavolfiore: Blumenkohl
Cavolo: Kohl
Ceci: Kichererbsen
Cinghiale: Wildschwein
Cipolla: Zwiebel
Coniglio: Kaninchen
Costoletta: Kotelett
Cotechino: Schweinswurst
cotto: gekocht
Cozze: Muscheln
crudo: roh

Fagiano: Fasan
Fagioli: weiße Bohnenkerne
Fagiolini: grüne Bohnen
Fegato: Leber
Fichi: Feigen
Finocchio: Fenchel
Formaggio: Käse
Fragole: Erdbeeren
Frittata: Omelett
fritto: fritiert
Frutti di mare: Meeresfrüchte
Funghi: Pilze

Gelato: Eis
Gnocchi: Nocken, Klößchen
gratinato: überbacken, gratiniert

in agro: säuerlich eingelegt
in agro-dolce: süß-sauer
in brodo: in Brühe
in marinata: eingelegt, mariniert
in padella: aus der Pfanne
in umido: in Sauce gedünstet
 oder geschmort (Ragouts)
Insalata: Salat
Involtini: gefüllte Röllchen

Latte: Milch
Lenticchie: Linsen
Lepre: Hase
Limone: Zitrone
Lingua: Zunge

magro: mager
Maiale: Schweinefleisch
Manzo: Rindfleisch
Mela: Apfel
Melanzane: Auberginen
Merluzzo: Kabeljau, Dorsch
Minestre: Suppen

Nasello: Seehecht
Noci: Nüsse

Olio: Öl
Orata: Goldbrasse
Orzo: Gerste

Pane: Brot
Panna: Sahne
Patate: Kartoffeln
Peperoncini: scharfe Pfeffer-
 schoten
Petti di pollo: Hühnerbrüstchen
Peperoni: Paprikaschoten
Pernici: Rebhühner
Pesce spada: Schwertfisch
Pesche: Pfirsich
Pesci: Fischgerichte
Piselli: Erbsen
Pollame: Geflügel
Pollo: Hähnchen, Huhn
Polpi: Tintenfische (Kraken)
Pomodori: Tomaten
Porchetta: Spanferkel
Porcini: Steinpilze
Prosciutto: Schinken

Quaglie: Wachteln

Ricotta: italienischer Frischkäse
ripieno: gefüllt
Riso: Reis

Sarde: Sardinen
Scaloppine: Schnitzel
Scorzonera: Schwarzwurzeln
Sedani: Stangensellerie
Selvaggina: Wild
Sgombri: Makrelen
Sogliola: Seezunge
Spinaci: Spinat

Tonno: Thunfisch
Triglie: Meerbarben
Trippa: Kutteln, Kaldaunen
Trote: Forellen

Uova: Eiergerichte

Verdure: Gemüse
Visciole: Sauerkirschen
Vitello: Kalbfleisch
Vongole: Venusmuscheln

Zucca: Kürbis

Autoren und Fotografen

Professor Franco Benussi
Sein Engagement beschränkt sich nicht alleine auf den Beruf – der gebürtige Mailänder, Jurist und Professor der Rechtswissenschaften widmet sich ebenso fachkundig der Musik, der angewandten Kunst, dem Studium volkstümlicher Traditionen. Als Leiter der Münchner Delegation der Accademia Italiana della Cucina liegt ihm besonders die Pflege der italienischen Kochkultur am Herzen. Für dieses Buch war er kompetenter Berater und schrieb die Einführung.

Reinhardt Hess
Fürs Kochen interessierte er sich schon in jungen Jahren, doch zum Beruf wurde es erst nach dem Germanistik- und Geographiestudium 1979, als er Redakteur bei der größten deutschen Kochzeitschrift wurde. Während dieser Zeit arbeitete er auch an Kochbüchern mit und war freier Mitarbeiter einer Weinzeitschrift. Die Konzeption von Kochbüchern wurde sein Spezialgebiet; 4 Jahre arbeitete er exklusiv als Autor für Gräfe und Unzer.

Sabine Sälzer
Aus der badischen Heimat hat sie das kulinarische Gespür mitgebracht, ein Ökotrophologie-Studium an der TU München lieferte das wissenschaftliche Rüstzeug für alles, was mit dem Thema Essen und Trinken zu tun hat. Nach fast 5 Jahren Zeitschriftenredaktion lockte das Abenteuer Buch – seit Oktober 1988 ist sie Autorin des Gräfe und Unzer Verlages und Mitarbeiterin in der Ideen-Schmiede für neue Projekte.

Erika Casparek-Türkkan
Die Wurzeln ihres kulinarischen Interesses liegen in einem rheinischen Landgasthof, wo ihre Großmutter in der Küche Regie führte. Dieses Hobby verband sie geschickt mit ihrem zweiten, dem Reisen: Als Journalistin und freie Autorin für Kochbücher und Reiseführer lebt und arbeitet sie nun am Starnberger See. Sie fotografierte und textete das Kapitel »Kalabrien und Sizilien« einschließlich der Reportagen »Tomaten«.

Foodfotografie Eising
Pete A. und Susanne Eising haben sich ausschließlich auf Foodfotografie spezialisiert und einen sehr persönlichen, stimmungsvollen Stil entwickelt. Neben Pete A. Eising und Susanne Eising hat an diesem Buch Martina Görlach mitgearbeitet. Sie war für die Requisite zuständig und wirkte auch an der fotografischen Gestaltung mit. Köche im Studio waren Reinhold Apfelbeck und Tina Kempe.

Gottfried Aigner
Als freier Journalist und Fotograf lebt er in München, noch häufiger jedoch führen ihn seine Wege in Richtung Süden, zum Beispiel quer durch Italien. Seine Motive: Menschen, Landschaften und das Leben im Alltag – unverfälscht und direkt bringt er sie vor die Kamera.

Wolf Heider
arbeitet als Fotojournalist für Illustrierte und Zeitschriften, für die er Aktuelles im Bild dokumentiert. Die weniger bekannten Gebiete Italiens in stimmungsvollen Bildern festzuhalten und zugleich das kulinarisch Eigenständige von Land und Leuten zu vermitteln, war für ihn eine interessante Aufgabe.

Bildnachweis

Umschlag- und Rezeptfotos: Foodfotografie Eising.
Die Fotografen der anderen Bilder nachstehend in alphabetischer Reihenfolge. Sind alle Fotos auf einer Seite von einem Fotografen, so ist nur die Seitenzahl angegeben, andernfalls gibt die Zahl in Klammern dahinter die Position des Fotos auf der Seite nach folgendem Raster an (Bezugspunkt ist die linke obere Ecke des Bildes).

1	2	3	4
5	6	7	8
9	10	11	12
13	14	15	16
17	18	19	20
21	22	23	24

Gottfried Aigner: Seite 10, 11, 12(7), 13(17), 14, 15, 16(2), 16(12), 42, 45(11), 47(15), 48, 49, 50(15), 51(5), 51(6), 51(14), 52(3), 52(11), 53, 54(2), 54(12), 82(1), 82(4), 82(20), 83(2), 85(5), 85(8), 87(12), 90(6), 91(7), 91(17), 92(6), 92(17), 93(9), 93(17), 94(2), 94(10), 94(11), 126, 127, 128(13), 129(17), 130(13), 130(19), 131(1), 131(17), 164(5), 167(1), 167(9), 171(11), 173(9), 204(9), 204(10), 204(13), 204(17), 204(18)
Archiv Aigner: Seite 82(12), 87(16), 90(17)
Nina Andres: Seite 12(15), 13(9), 44, 45(3)
Antrazit/Brigitte Kraemer: Seite 129(19)
Azienda di Promozione Turistica (APT) della Provincia di Reggio Emilia: Seite 80
Azienda die Promozione Turistica Parma-Salsomaggiore Terme: Seite 51(9)
Wilfried Becker: Seite 91(15), 91(16)
Erika Casparek-Türkkan: Seite 83(18), 272, 273, 274, 275, 276, 277, 278, 306, 307, 308, 309
Consorzio del Formaggio Parmigiano Reggiano/Dr. Mario Zannoni: Seite 81
Consorzio del Gallo nero: Seite 132(3), 164(19), 164(20), 165, 166
Consorzio del Prosciutto di Parma: Seite 85(5), 85(13), 85(14)
Hans-Joachim Döbbelin: Seite 128(11), 128(19), 129(9), 129(11), 164(3), 167(17), 268
Eising: Seite 13(6), 51(17) 86(5), 87(14)
Marlene Fetzer: Seite 130(3), 131(12), 131(16)
Robert Gigler: Seite 52(13), 52(14), 269(2), 269(10)
Wolf Heider: Seite 6, 82(9), 84(6), 85(16), 86(4), 86(12), 86(14), 86(20), 170(17), 170(19), 171(1), 171(17), 172, 173(16), 174(10), 203, 204(2), 204(4), 204(12), 205, 206, 207, 208, 209, 210, 211, 212, 234, 235, 236, 237, 238, 239, 240, 241, 242, 243, 269(18)
Calle Hesslefors: Seite 93(1), 93(7), 93(15), 94(18), 244
Christian Michel: Seite 90(19)
Klaus-D. Neumann: Seite 12(13), 170(3), 170(11), 170(13), 171(3), 173(1), 173(17), 174(18), 174(19)
Hermann Rademacker: Seite 2, 3, 83(10), 129(1), 167(3)
Franz Roth/V-Dia: Seite 50(13)
Franz Roth/V-Dia/Tjörben: Seite 88, 89, 90(8), 92(19)
Franz Roth/V-Dia/Tjörben/Pavla Chrapek: Seite 270, 271
Sabine Sälzer: Seite 84(15), 87(6), 87(7)
Lothar Schiffler: Seite 12(17), 13(5), 50(7), 128(3), 130(11), 202(3)
Ulrike Schlüter/Peter Wellnitz: Seite 16(17), 54(17), 132(17)
Silvestris/Gerhard Palinkas: Seite 168, 169
Stock Food/Martina Meuth: Seite 46(1, 2, 9, 10), Seite 47(4, 19)
Stock Food/S.& P. Eising: Titelbild, Seite 46(17)
Verlag und Druckerei Meininger GmbH: Seite 122, 123, 124, 125
Georg Weindl: Seite 82(17), 82(24)

Dankeschön

und Grazie allen, die uns geholfen haben:

Azienda di Promozione Turistica (APT) della Provincia di Reggio Emilia
Agenzia Regionale di Promozione Turistica Emilia-Romagna, Katja Schmale
Azienda di Promozione Turistica Parma-Salsomaggiore Terme
Consorzio del Formaggio Parmigiano Reggiano, Dr. Mario Zannoni
Consorzio del Prosciutto di Parma Parma Alimentare
Consorzio del Gallo nero, Dr. Lucia Franciosi
I.C.E. Düsseldorf, Gertrud Schmitz
Touristikbüro in Reggio di Calabria, Gabriella Romeo
Touristikbüro der Provinz Catanzaro, Roberto Ianni
den Frauen von Francavilla di Sicilia sowie dem dortigen Verkehrsverein
Elisabeth Koppelberg und Antonio Bambara, Taormina
Elisabetta Lampe, Mailand
Staatliches Italienisches Fremdenverkehrsamt, München

Impressum

© 1991 Gräfe und Unzer Verlag GmbH, München
Alle Rechte vorbehalten. Nachdruck auch auszugsweise, sowie Verbreitung durch Film, Funk, Fernsehen und Internet durch fotomechanische Wiedergabe, Tonträger und Datenverarbeitungssysteme jeder Art nur mit schriftlicher Genehmigung des Verlages.

Redaktion: Reinhardt Hess, Birgit Rademacker, Sabine Sälzer
Lektorat: Adelheid Schmidt-Thomé
Versuchsküche: Dorothea Henghuber, Reinhold Hocke, Renate Neis, Gudrun Ruschitzka, Christa Schmedes
Herstellung: Birgit Rademacker
Gestaltung: Ludwig Kaiser, Heinz Kraxenberger
Umschlaggestaltung: Heinz Kraxenberger
Kartografie: Huber
Reproduktion: Oestreicher & Wagner
Satz (DTP): Birgit Rademacker und typostudio
Druck: Appl, Wemding
Bindung: Großbuchbinderei Monheim

ISBN 3-7742-1102-7

Auflage	27.	26.	25.
Jahr	2003	02